2026

브랜드 만족 1위

수석합격 연속 배출

9급 공무원 영어 시험대비

박문각 공무원

예상문제

신경향 대비 합격률 4.2배 증가

다양한 난이도의 문제로 빈틈없는 실전 대비!

약점을 강점으로 바꾸는 유형별 집중 공략!

최신 출제 트렌드를 반영한 후반부 300제

진가영 편저

동영상강의 www.pmg.co.kr

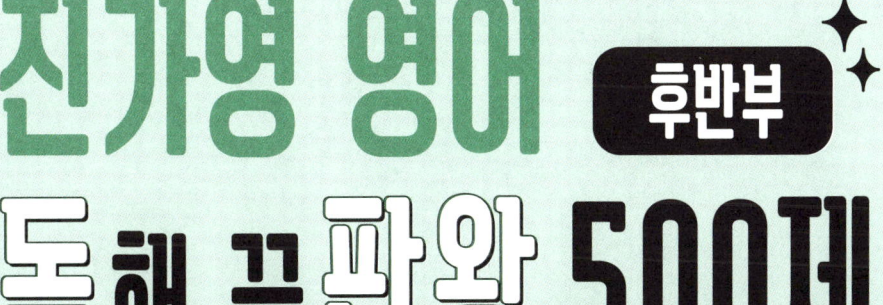

진가영 영어 후반부
독해 끝판왕 500제

진가영 영어 후반부
독해 끝판왕 500제

PREFACE 머리말

진가영 영어
독해 끝판왕 500제 - 후반부

수험생들을 위한 최고의 독해 문제집!
공무원 영어 끝장내기!
독해 끝판왕 500제를 펴내며...

"안녕하세요, 여러분들의 단기합격 길라잡이 진가영입니다."

공무원 영어는 많은 수험생들에게 두렵고 버겁게 느껴지는 과목 중 하나입니다. 그러나 저는 수많은 제자들과 함께한 시간을 통해, 두려움의 대상이던 영어가 오히려 합격을 앞당기는 든든한 힘이 될 수 있다는 사실을 확인했습니다.

저는 단순히 문제 풀이만 가르치는 강사가 아니라, 여러분을 단기합격으로 이끄는 길라잡이로서 시험에 꼭 필요한 것만을 선별해 체계적으로 반복할 수 있도록 교재와 강의를 설계했습니다. 또한 여러분이 인생의 중요한 순간을 준비하고 있다는 사실을 알기에, 그 무게를 함께 짊어진다는 책임감으로 끝까지 여러분 곁에서 든든한 버팀목이 되어 왔습니다.

그리고 그 결과, 많은 학생들이 방향을 잃지 않고 짧은 시간 안에 단기합격이라는 성과를 낼 수 있었습니다.

이 교재는 단순한 공부 도구를 넘어, 여러분들에게 영어를 잘 할 수 있다는 확신을 주고 여러분의 실질적인 점수를 올려줄 발판이 될 것입니다. 나아가 이 교재와 함께 양질의 강의를 통해 나아가신다면 학습 부담을 줄이고 효율적으로 점수 상승을 이뤄 빠른 합격을 이룰 수 있을 겁니다.

저는 오늘도 제 모든 진심을 다해 여러분과 함께 단기합격의 길을 걸어가겠습니다.

Dreams come true!
꿈은 반드시 이루어진다!

진심을 다해 가르치는 영어 - 진가영

ANALYSIS **최신 출제 경향**

전반적인 최신 출제 경향

★ 이번 2025년 9급 영어 시험은 **전 영역에 걸쳐 기존 출제 기조를 유지**하면서도 예시문제 범위 내에서 변형된 형태로 출제되었습니다.

★ 기존 기출과 예시문제를 충분히 복습한 수험생이라면 대부분의 문제를 무리 없이 풀 수 있었을 것입니다.

★ 전반적인 **난이도는 무난한 편**이었으며, 크게 어렵다고 느껴질 문제는 많지 않았습니다. 다만, 수험생 간의 점수 차이를 만들어내는 **고난도 문제**가 각 영역마다 한 문제 정도씩 **출제**되었습니다.

★ 특히 **문법** 영역에서는 문맥을 바탕으로 **문장의 구조를 정확히 분석**해야 하는 문제가 눈에 띄었습니다. 단순 암기보다 **실전 문장 속에서 문법을 적용하고 해석**하는 능력이 중요한 시험이었습니다.

영역별 최신 출제 경향

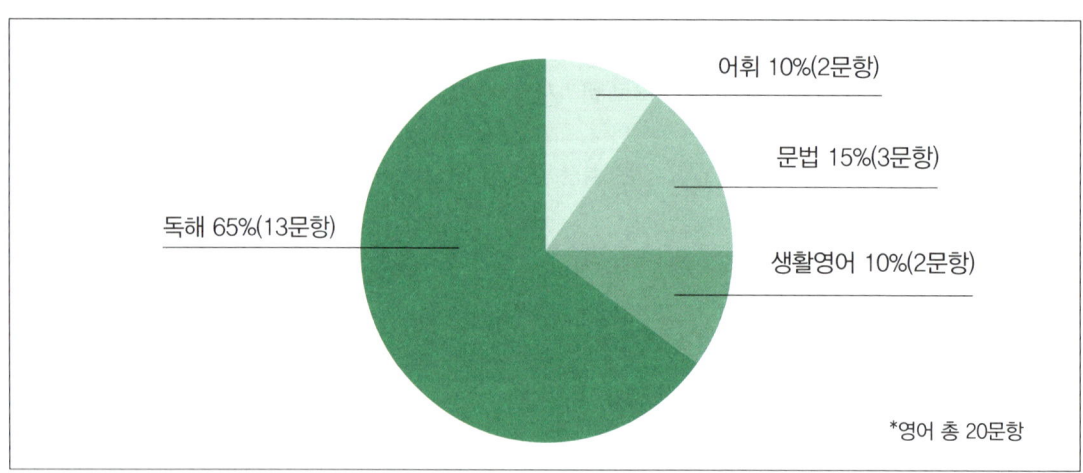

*영어 총 20문항

01 어휘 [2문항 출제]

★ 기존 9급 공무원 시험에서 **반복적으로 출제된 기출 어휘**가 다수 포함되었습니다.

★ 고등학교 수준의 익숙한 단어들도 일부 포함되어 있어 전반적인 체감 난이도는 무난하거나 살짝 어려운 수준이었습니다.

★ 빈칸 앞뒤 문장이나 전체 문맥 속에 **정답을 유추할 수 있는 분명한 단서가 제시**되었습니다.

02 문법 [3문항 출제]

★ 기존 9급 시험에서 **자주 출제된 문법 포인트를 기반으로** 문제가 출제되었습니다.

★ 문장은 비교적 길고, 주어·동사·수식어구 등이 **복합적으로 얽힌 구조**로 구성되었습니다.

★ 해석에 의존하기보다는, **문장을 빠르게 문법적으로 분해하여 핵심 요소를 파악하는 능력**이 중요했습니다.

★ 문법 지식뿐만 아니라, 문장 전체의 흐름을 이해하는 능력도 함께 요구되었습니다.

03 생활영어 [2문항 출제]

★ 표면적으로는 자연스러운 대화였지만, 그 속뜻이나 뉘앙스를 파악해야 정답을 도출할 수 있는 문제들이었습니다.

★ 표현이나 어휘를 정확히 외우지 않더라도, **앞뒤 문맥과 화자의 의도를 바탕으로 정답을 유추**할 수 있는 문제가 출제되었습니다.

04 독해 [13문항 출제]

★ 지문 유형, 질문 방식, 정답의 위치 등은 **기출 및 예시문제에서 반복적으로 사용된 구조와 매우 유사하게** 출제되었습니다.

★ 지문의 길이나 난이도는 중간 수준이었으나, 처음부터 끝까지 전부 해석하려 할 경우 **시간 부족이 발생할 수 있었습니다.**

★ 핵심 정보를 중심으로 효율적으로 읽는 능력이 요구되었으며, **구문독해 훈련을 통해** 문장을 구조 단위로 끊어 읽는 것이 필요합니다.

★ 특히 **빈칸 추론, 문장 삽입, 주제 파악, 무관한 문장 찾기** 등의 유형은 **전략적 접근과 풀이 방식 숙지**가 중요했습니다.

★ 정답은 대부분 **지문 속 명확한 단서에 근거해** 도출할 수 있었으며, 전체 지문을 모두 해석하기보다는 **핵심 문장을 정확히 파악하는 전략**이 필요합니다.

ANALYSIS 최신 출제 경향

✧ 2025년 국가직 9급 기출 내용 분석

01 어휘 영역 [총 2문항]

[1번] 빈칸	① currency 통화 ② identification 신원 확인 서류	③ insurance 보험 ④ luggage 수하물
[2번] 빈칸	① depriving 빼앗다(deprive) ② informing 통지하다(inform)	③ accusing 비난하다(accuse) ④ curing 치료하다(cure)

02 문법 영역 [총 3문항] (단판승 적중 포인트100 교재 기준)

[3번] 빈칸	적중 포인트 067 주의해야 할 조동사와 조동사 관용 표현 & 적중 포인트 034 완료시제와 잘 쓰이는 시간 부사
[12번] 밑줄	① 적중 포인트 078 등위접속사와 병렬 구조 ② 적중 포인트 055 감정 분사와 분사형 형용사 ③ 적중 포인트 039 현재시제 동사와 be동사의 수 일치 ④ 적중 포인트 078 등위접속사와 병렬 구조
[13번] 밑줄	① 적중 포인트 089 주의해야 할 전치사 ② 적중 포인트 060 to부정사의 명사적 역할 & 적중 포인트 078 등위접속사와 병렬 구조 ③ 적중 포인트 078 등위접속사와 병렬 구조 ④ 적중 포인트 054 분사 판별법[현재분사 VS 과거분사]

03 생활영어 영역 [총 2문항]

[4번] 빈칸	① Yes, it's an online meeting 네, 온라인 회의예요 ② Yes, be sure to reply to the email 네, 이메일에 꼭 답장하세요 ③ No, I didn't receive your text message 아니요, 문자 메시지를 받지 못했어요 ④ No, I don't have another meeting today 아니요, 오늘 다른 회의는 없어요
[5번] 빈칸	① I have already read it 나 이미 그거 읽었어 ② Lin Lee is the author Lin Lee가 저자야 ③ It originally belongs to me 그건 원래 내 거야 ④ She is one of my relatives in Korea 그녀는 한국에 있는 내 친척 중 한 명이야

04 독해 영역 [총 13문항]

	지문	유형		지문	유형
신유형 (7)	세트형 문항 (홈페이지 게시글)	제목 내용 불일치	기존 유형 (6)	대의 파악	주제
	세트형 문항 (안내문)	유의어 목적		일관성	문장 삽입
	단일형 문항 (전자메일)	목적		일관성	문장 제거
	단일형 문항 (안내문)	내용 불일치		일관성	순서 배열
	단일형 문항 (안내문)	내용 일치		빈칸 추론	빈칸

✧ 2025 지방직 9급 기출 내용 분석

01 어휘 영역 [총 2문항]

[1번] 빈칸	① nourish 영양을 주다, 키우다 ② eradicate 근절하다, 박멸하다	③ proliferate 급증하다, 확산되다 ④ detect 발견하다, 감지하다
[2번] 빈칸	① humility 겸손 ② sincerity 진심, 진실, 정직	③ frugality 절약, 검소 ④ punctuality 시간 엄수, 꼼꼼함

02 문법 영역 [총 3문항] (단판승 적중 포인트100 교재 기준)

[3번] 빈칸	적중 포인트 054 분사 판별법[현재분사 vs 과거분사]
[13번] 밑줄	① 적중 포인트 060 to부정사의 명사적 역할 ② 적중 포인트 088 전치사와 명사 목적어 ③ 적중 포인트 043 혼동하기 쉬운 주어와 동사 수 일치 ④ 적중 포인트 049 5형식 동사의 수동태 구조
[14번] 밑줄	① 적중 포인트 017 어순에 주의해야 할 형용사와 부사 ② 적중 포인트 080 부사절 접속사의 구분과 특징 ③ 적중 포인트 063 to부정사의 동사적 성질 ④ 적중 포인트 082 관계대명사의 선행사와 문장 구조

03 생활영어 영역 [총 2문항]

[4번] 빈칸	① I'm on a tight budget. 나는 예산이 빠듯해. ② I need to get in shape. 나는 몸매를 가꿀 필요가 있어. ③ It should clear up soon. 곧 날씨가 개일 거야. ④ I can pick you up later. 나중에 너를 태우러 갈게.
[5번] 빈칸	① How early do we need to distribute the materials 　자료를 얼마나 일찍 배포해야 하나요? ② Should we also have a digital version for sharing 　공유를 위해 디지털 버전도 준비해야 할까요? ③ Will the materials be printed in color or black and white 　자료는 컬러로 인쇄되나요, 아니면 흑백으로 인쇄되나요? ④ Are there any specific materials we should avoid including 　우리가 포함하지 말아야 할 특정 자료가 있나요?

04 독해 영역 [총 13문항]

	지문	유형		지문	유형
신유형 (7)	세트형 문항 (홈페이지 게시글)	제목 내용 불일치	**기존 유형 (6)**	대의 파악	주제
	세트형 문항 (홈페이지 게시글)	유의어 목적		일관성	순서 배열
	단일형 문항 (전자메일)	목적		일관성	문장 삽입
	단일형 문항 (홈페이지 게시글)	내용 일치		일관성	문장 제거
	단일형 문항 (안내문)	내용 불일치		빈칸 추론	빈칸

ANALYSIS 최신 출제 경향

✧ 9급 출제기조 전환 1차 예시문제

01 어휘 영역 [총 2문항]

[1번] 빈칸	① irregular 불규칙한, 고르지 못한 ② consistent 한결같은, 일관된	③ predictable 예측[예견]할 수 있는 ④ ineffective 효과[효력] 없는
[2번] 빈칸	① temporary 일시적인, 임시의 ② rational 이성[합리]적인	③ voluntary 자발적인, 임의적인 ④ commercial 상업의, 상업적인

02 문법 영역 [총 3문항] (단판승 적중 포인트100 교재 기준)

[3번] 빈칸	적중 포인트 038 시제 관련 표현
[4번] 밑줄	① 적중 포인트 039 현재시제 동사와 be동사의 수 일치 ② 적중 포인트 032 의미와 구조에 주의해야 할 타동사 ③ 적중 포인트 014 형용사와 부사의 차이 ④ 적중 포인트 053 암기해야 할 동명사 표현
[5번] 밑줄	① 적중 포인트 053 암기해야 할 동명사 표현 ② 적중 포인트 082 관계대명사의 선행사와 문장 구조 ③ 적중 포인트 054 분사 판별법[현재분사 VS 과거분사] ④ 적중 포인트 015 주의해야 할 형용사

03 생활영어 영역 [총 2문항]

[6번] 빈칸	① Yes, I'd like to upgrade to business class. 네, 비즈니스 클래스로 업그레이드하고 싶어요. ② No, I'd like to buy a one-way ticket. 아니요, 편도 티켓을 사고 싶어요. ③ No, I don't have any luggage. 아니요, 짐은 없습니다. ④ Yes, I want an aisle seat. 네, 복도 쪽 좌석을 원해요.
[7번] 빈칸	① You need to bring your own laptop. 개인 노트북을 직접 가져와야 합니다. ② I already have a reservation. 저는 이미 예약했어요. ③ Follow the instructions on the bulletin board. 게시판의 안내를 따르세요. ④ You should call the doctor's office for an appointment. 진료 예약을 하시려면 병원에 전화하셔야 해요.

04 독해 영역 [총 13문항]

	지문	유형		지문	유형
신유형 (6)	세트형 문항 (전자메일)	목적 유의어	기존 유형 (7)	대의 파악	주제
	세트형 문항 (안내문)	제목 내용 불일치		대의 파악	요지
				일관성	문장 제거
	단일형 문항 (홈페이지 게시글)	내용 불일치		일관성	문장 삽입
				일관성	순서 배열
	단일형 문항 (홈페이지 게시글)	내용 일치		빈칸 추론	빈칸

✧ 9급 출제기조 전환 2차 예시문제

01 어휘 영역 [총 2문항]

[1번] 빈칸	① cozy 편한, 아늑한 ② stuffy 답답한, 통풍이 되지 않는	③ ample 충분한, 풍만한 ④ cramped 비좁은
[2번] 빈칸	① secret 비밀, 기밀 ② priority 우선 사항, 우선(권)	③ solution 해결책, 해법 ④ opportunity 기회

02 문법 영역 [총 3문항] (단판승 적중 포인트100 교재 기준)

[3번] 빈칸	적중 포인트 034 완료시제와 잘 쓰이는 시간 부사 & 적중 포인트 045 능동태와 수동태의 차이
[4번] 밑줄	① 적중 포인트 054 분사 판별법[현재분사 VS 과거분사] ② 적중 포인트 078 등위접속사와 병렬 구조 ③ 적중 포인트 029 명사나 형용사를 목적격 보어로 취하는 5형식 동사 ④ 적중 포인트 086 관계부사의 선행사와 완전 구조
[5번] 밑줄	① 적중 포인트 019 주어만 있으면 완전한 1형식 자동사 ② 적중 포인트 045 능동태와 수동태의 차이 ③ 적중 포인트 045 능동태와 수동태의 차이 ④ 적중 포인트 045 능동태와 수동태의 차이 & 054 분사 판별법[현재분사 VS 과거분사]

03 생활영어 영역 [총 2문항]

[6번] 빈칸	① Could I have your contact information? 연락처를 알 수 있을까요? ② Can you tell me the exact date of your meeting? 회의가 정확히 언제인지 알려주실 수 있나요? ③ Do you need a beam projector or a copy machine? 빔프로젝터나 복사기가 필요하신가요? ④ How many people are going to attend the meeting? 회의에 참석할 사람은 몇 명인가요?
[7번] 빈칸	① You can save energy because it's electric 전기식이라 에너지를 절약할 수 있어요 ② Just apply for a permit to park your own bike 자전거를 주차하려면 허가증만 신청하세요 ③ Just download the bike sharing app and pay online 공유 자전거 앱을 다운로드하고 온라인으로 결제하면 됩니다 ④ You must wear a helmet at all times for your safety 안전을 위해 항상 헬멧을 착용해야 합니다

04 독해 영역 [총 13문항]

	지문	유형		지문	유형
신유형 (6)	세트형 문항 (홈페이지 게시글)	내용 일치 유의어	기존 유형 (7)	대의 파악	주제
	세트형 문항 (안내문)	제목 내용 불일치		대의 파악	요지
	단일형 문항 (전자메일)	목적		일관성	문장 제거
	단일형 문항 (안내문)	내용 불일치		일관성	문장 삽입
				일관성	순서 배열
				빈칸 추론	빈칸

REVIEW

'생생한' 합격 후기

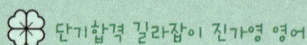

단기합격 길라잡이 진가영 영어

가영쌤과 점수 수직 상승을 만들어 낸 "생생한" 후기

★★★★★ **2025년 국가직 9급 일반행정 합격**   김**

교재와 커리 구성만으로도 탄탄하게 이루어져 있지만 마지막으로 가영쌤만의 장점! 왜 가영쌤이어야 했는지, 그 이유를 꼽자면 바로 진심을 다해 수강생을 도와주시려고 한다는 점입니다! 저의 경우에는 처음 공시를 시작했을 때 어려움을 겪었던 문법 파트와, 공부 기간이 늘어남에도 불구하고 마땅한 해결책을 찾지 못해 힘들어했던 독해 순서 맞추기 유형과 문장 삽입 유형에 대한 고민이 깊을 때마다 가영쌤께 찾아가서 질문을 드리고 도움을 요청하였었습니다. 그럴 때마다 항상 진심을 다해 도와주려 하시고, 구체적으로 어떻게 문제인지 정확하게 진단해 주시면서 명확한 솔루션을 주신 덕에 단점을 보완하고 무려 100점이라는 성적으로 합격할 수 있었습니다~!! 항상 너무 감사드립니다 교수님~!!~!! Thank you for everything you've done for me!!

★★★★★ **2025년 국가직 9급 교정직 합격**   한**

제가 공시하러 처음 왔을 때 2024년 4월 월간 모의고사 영어점수가 30점이었어요. 그러다 5월부터 수업을 들어가기 시작했는데 그때 임신 중인 선생님께서 저희를 위해 일요일에도 보강하시는 모습 보고 저는 이 선생님 밑에서 최고득점하고 싶은 마음이 들었습니다. 선생님 커리큘럼 상담 모든 게 다 반영돼서 95점이 나온 거 같아요. 인생에 목표가 있어 행복한 시간이었고 좋은 친구 옆에서 공부한 거에 감사하고 최고의 선생님의 가르침을 받아서 인생에서 가장 기억에 남을 순간일 것 같아요. 앞으로 저는 더 많은 걸 도전할 거 같아요. 저는 꺾이지 않고 계속 노력하는 선생님이 너무 좋았습니다. 가끔 올라가서 인사 올리겠습니다. 존경하는 선생님.

★★★★★ **2025년 검찰직 합격**   대**

2024년 1월부터 박문각 인강으로 공부해서 1년 3개월 동안 공부했고 검찰직 합격했습니다. 인강 들으면서 전화 상담까지 해주셨던 교수님은 진가영 교수님뿐이셔서, 게다가 영어가 심리적으로 오랫동안 힘든 과목이었기 때문에 감사한 마음뿐입니다. 워낙 영어가 취약 과목이었고 꽤 오랫동안 독해 때문에 힘든 시간을 보냈지만 임신, 출산하시면서도 강의에 영향 없이 최선을 다해 주시는 모습에 감동을 받았고 그만큼 교수님께서 이 일을 얼마나 소중히 하고 계시는지 느껴졌습니다. 교수님이 안보이는 곳에서 얼마나 노력하고 계시는지 너무 잘 알 것 같아서 그저 리스펙이라고 밖에는 표현할 길이 없습니다. 마지막 문법 특강 끝에 기도하시듯 손 모으고 말씀하시는 모습에 뭉클했고 나는 교수님처럼 내 일에 최선을 다한 적이 있었는지 스스로 반성도 하게 되었습니다. 간절한 시간을 보낸 만큼 앞으로 최선을 다해서 공직 생활하도록 하겠습니다.

★★★★★ **2025년 국가직 9급 우정직 합격**   경**

제가 생각하는 가영쌤만의 장점은 첫째로, 미친 반복입니다. 공부가 하기 싫어도, 저절로 하게 되고, 강의를 듣지 않아도 떠오르는 경지가 될 때까지 정말 열심히 가르쳐주십니다. 동형 문제를 풀 때 알아서 개념이 뽑아져 나올 정도로 들었고, 단어강의는 최소 20회독을 했을 정도로 많이 복습하니 이젠 툭 치면 알아서 가영쌤이 가르쳐주신 내용이 나옵니다. 둘째로, 가영쌤의 친절하고 꼼꼼한 학생관리입니다. 현강에서는 학생들 하나하나 잘 챙겨주시고, 질문은 시간이 오래 걸려도 자세하게 받아주시며, 상담 신청했을 때 누구보다도 열정적인 자세로 상담을 받아주십니다. 카페에서도 학생들 질문을 잘 받아주시기도 하니, 현강생 뿐 아니라 인강생도 가영쌤의 정성을 느끼실 수 있습니다. 셋째로, 자신의 실력을 점검하고 보완할 수 있는 다양한 커리큘럼입니다. 구문이 부족하면 구문 강의로, 문법이 부족하면 단판승으로, 독해가 부족하면 독해 끝판왕으로, 신경향이 낯설면 신경향 독해 마스터로 보완할 수 있도록 세분화되어 있습니다. 꼭 모든 강의를 강제로 들을 필요는 없지만, 부족한 부분이 있다면 발췌하시는 것도 좋은 선택입니다.

CURRICULUM

'단기합격' 커리큘럼

진가영 영어
독해 끝판왕 500제 - 후반부

단계	강의명	학습 내용 및 특징
[0단계] 입문	기초탄탄 입문 이론	**기초부터 탄탄하게, 차근차근 시작!** • 공무원 영어의 기초를 쉽게 이해하고, 탄탄하게 다질 수 있는 입문 강의 • 영어 공부가 처음인 분들도 기초부터 확실히 잡고, 영어에 대한 장벽을 낮춰주는 강의
[1단계] 이론 완성	✿ 단기합격 필수 커리 ✿ 단기합격 All In One (문법/독해/어휘)	**흔들리지 않는 실력을 위한 공무원 영어의 뼈대를 세우는 과정!** • 공무원 영어의 **전반적인 이론 및 내용을 한 번에** 배우고, **중요한 내용은 집중적으로** 학습할 수 있는 강의 • 시험장에서 흔들리지 않는 토대를 만드는 필수 이론 과정을 완성하는 강의
[2단계] 기출 분석	반한다 기출 분석 시리즈 (독해/ 문법·어휘&생활영어)	**출제 경향 및 알고리즘 분석으로 문제를 보는 안목을 키우는 과정!** • 출제 경향과 알고리즘 분석을 통해 시험의 **흐름을 완벽히 이해**하고 배운 내용을 문제 풀이 실력으로 만드는 강의 • **자주 출제되는 문제 유형**을 철저히 분석하며 실력을 쌓아 시험을 꿰뚫어 볼 수 있는 안목을 키우는 강의
[3단계] 문제 풀이	끝판왕 문제 풀이 N제 시리즈 (어휘/문법/독해)	**배운 것들을 문제에 빠르고 정확하게 적용하는 과정!** • **영역별 문제 풀이**로 각 부분을 체계적으로 점검하고 **약점을 보완해** 점수 상승을 이끄는 강의 • 출제 예상 문제를 집중적으로 풀면서 **빠르고 정확하게** 문제를 풀 수 있는 기술을 배우는 강의
[4단계] 파이널	만점으로 가는 실전 동형 모의고사	**100% 실력 발휘를 위한 실전 모의고사 과정!** • **실제 시험과 유사한** 구성의 **고퀄리티 모의고사**로 전 범위를 점검하고, 실력을 최종 완성하는 강의 • 다양한 난이도의 실전 동형 모의고사로 **어떤 시험 상황에서도 굳건한 점수**를 얻을 수 있도록 하는 강의
	'진족보' 마무리 합격 특강	**합격의 열쇠, 단 한 권으로 마지막 준비 완료!** • 시험 직전, 전 영역 핵심 내용을 완벽하게 총정리하며 부족한 부분까지 확실히 채우는 합격 특강 • 시험의 마지막 순간에, 쌓아 온 실력을 시험장에서 발휘하도록 돕는 총정리 특강

데일리 학습
[루틴 형성]

단기합격 VOCA
• 객관적 적중률로 검증된 공무원 전용 어휘 학습
• 필수·핵심·실무 어휘까지 한번에 총정리!

굿모닝 '기출 문장' 구문독해
• 양질의 기출 문장으로 꾸준한 30분 트레이닝
• 감이 아닌 구조로 읽어, 빠르고 정확한 해석 실력 완성!

매일합격[일일] 모의고사
• 하루 10문제로 가볍게 시작하는 영어 루틴
• 영어가 익숙해지고 실력이 쌓이는 가장 확실한 방법!

올타임 레전드 하프 모의고사
• 수업 시간에 배운 핵심 개념을 문제로 복습
• 중간 실력 점검으로 부족한 부분을 파악하고 보완!

GUIDE

구성 및 특징

① 유형별 문제 제시

공무원 시험에 실제로 출제되는 문제를 유형별로 구성하여
학습자가 자신의 약점을 효과적으로 보완할 수 있도록 함.

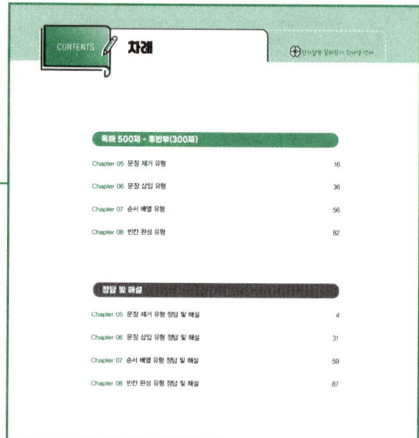

② 최신 출제 경향 반영

최근 기출 분석을 토대로 출제 예상 문제를 수록하여
실전 감각을 높이고 시험 대비력을 강화할 수 있음.

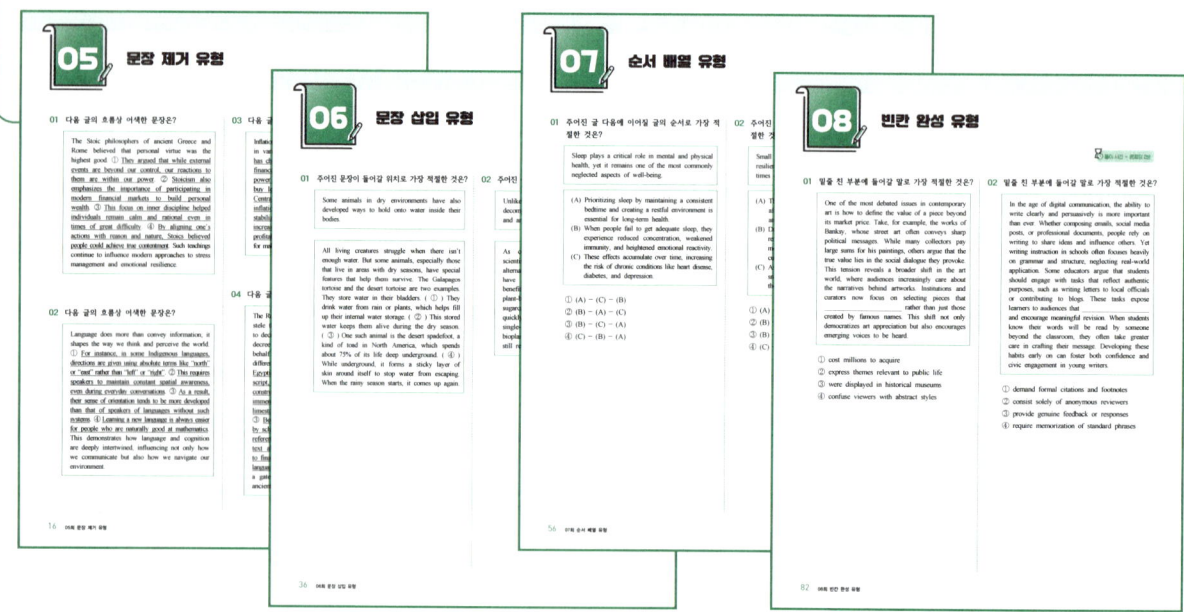

③ 난이도 지표 제공

각 문제에 난이도를 표시하여 학습자가 객관적인 기준을 바탕으로 학습 방향을 설정할 수 있도록 도움.

> **01** 정답 ② 난이도 ★★★☆☆
> 해설
> 이 글은 스토아 철학의 핵심 개념인 내면의 통제와 이성적 삶을 중심으로 내용을 전개하고 있다. ①, ③, ④번 문장은 모두 고대 스토아 철학자들의 삶의 태도와 정신적 실천을 설명하며, 공통적으로 자기 절제와 이성에 기반한 삶의 자세를 강조한다. 그러나 ②번 문장은 현대 금융 시장에 참여해 부를 축적하는 것의 중요성을 언급하며, 스토아 철학의 본질인 절제, 금욕, 자기 통제와는 맞지 않는 내용을 담고 있다. 따라서 글의 흐름상 어색한 문장은 ②이다.

④ 어휘 학습 강화

각 지문 해설에 간단한 어휘 정리를 포함해, 시험에 출제 가능성이 높은 핵심 어휘를 체계적으로 제공함.

> **어휘**
> ☐ convey 전달하다, 전하다, 운반하다
> ☐ perceive 인식하다, 지각하다, 이해하다
> ☐ Indigenous 토착의, 원주민의, 고유한
> ☐ require 요구하다, 필요로 하다, 명하다
> ☐ maintain 유지하다, 지속하다, 주장하다
> ☐ spatial 공간의, 공간적인, 입체적인
> ☐ orientation 방향 감각, 성향, 지향
> ☐ intertwine 서로 얽히다, 뒤얽히게 하다, 밀접하게 관련되다
> ☐ navigate 길을 찾다, 항해하다, 조종하다

⑤ 정답·해설 분리

정답과 해설지를 책속의 책으로 별도로 구성하여 자기 주도적 학습과 복습에 용이하도록 제작힘.

CONTENTS 차례

단기합격 길라잡이 진가영 영어

독해 500제 - 후반부(300제)

Chapter 05 문장 제거 유형 … 16

Chapter 06 문장 삽입 유형 … 36

Chapter 07 순서 배열 유형 … 56

Chapter 08 빈칸 완성 유형 … 82

정답 및 해설

Chapter 05 문장 제거 유형 정답 및 해설 … 4

Chapter 06 문장 삽입 유형 정답 및 해설 … 31

Chapter 07 순서 배열 유형 정답 및 해설 … 59

Chapter 08 빈칸 완성 유형 정답 및 해설 … 87

진가영 영어
독해 끝판왕 500제 후반부

Chapter

05

문장 제거 유형

진가영 영어연구소 | cafe.naver.com/easyenglish7

05 문장 제거 유형

01 다음 글의 흐름상 어색한 문장은?

The Stoic philosophers of ancient Greece and Rome believed that personal virtue was the highest good. ① They argued that while external events are beyond our control, our reactions to them are within our power. ② Stoicism also emphasizes the importance of participating in modern financial markets to build personal wealth. ③ This focus on inner discipline helped individuals remain calm and rational even in times of great difficulty. ④ By aligning one's actions with reason and nature, Stoics believed people could achieve true contentment. Such teachings continue to influence modern approaches to stress management and emotional resilience.

02 다음 글의 흐름상 어색한 문장은?

Language does more than convey information; it shapes the way we think and perceive the world. ① For instance, in some Indigenous languages, directions are given using absolute terms like "north" or "east" rather than "left" or "right". ② This requires speakers to maintain constant spatial awareness, even during everyday conversations. ③ As a result, their sense of orientation tends to be more developed than that of speakers of languages without such systems. ④ Learning a language is always easier for people who are naturally good at spatial intelligence. This demonstrates how language and cognition are deeply intertwined, influencing not only how we communicate but also how we navigate our environment.

03 다음 글의 흐름상 어색한 문장은?

Inflation affects consumers, businesses, and policymakers in various ways. ① Changes in consumer spending habits have influenced how people use digital banking services. ② When inflation rises, the purchasing power of money declines, meaning people can buy less with the same amount of money. ③ Central banks often raise interest rates to curb inflation, which can slow economic growth but stabilize prices. ④ Businesses may respond by increasing prices or reducing costs to maintain profitability. Understanding these dynamics is essential for making informed financial and policy decisions.

04 다음 글의 흐름상 어색한 문장은?

The Rosetta Stone, discovered in 1799, is an ancient stele that became the single most important key to deciphering Egyptian hieroglyphs. It contains a decree issued at Memphis, Egypt, in 196 BC on behalf of King Ptolemy V, inscribed in three different scripts. ① The uppermost text is in Ancient Egyptian hieroglyphs, the middle in Demotic script, and the lowest in Ancient Greek. ② The construction of the Great Pyramid at Giza required immense logistical organization, using millions of limestone blocks transported over great distances. ③ Because Ancient Greek was well understood by scholars, the Greek portion served as a crucial reference point for translation. ④ This parallel text allowed scholar Jean-François Champollion to finally unlock the structure of the hieroglyphic language in the 1820s. Ultimately, the stone provided a gateway into the rich history and culture of ancient Egypt that had been silent for centuries.

05 다음 글의 흐름상 어색한 문장은?

When dealing with stress, individuals adopt different coping mechanisms depending on their personalities. ① Some people rely on problem-focused strategies, actively seeking solutions to the source of their stress. ② Others turn to emotion-focused methods, such as talking to friends or engaging in calming activities. ③ Blood pressure can fluctuate significantly throughout the day depending on diet and physical activity. ④ Although both approaches are valid, the effectiveness of each often depends on the specific situation. Finding the right balance between these strategies is key to maintaining long-term emotional well-being.

06 다음 글의 흐름상 어색한 문장은?

Universal basic income (UBI) has emerged as a potential response to economic inequality and job displacement caused by automation. ① Advocates argue that UBI can provide financial security and allow individuals to pursue education, caregiving, or creative work without fear of losing income. ② Critics, however, warn that it might discourage people from seeking employment, thereby reducing overall productivity. ③ Several pilot programs across the globe have shown that recipients often experience improved mental health and reduced financial stress. ④ Economists generally agree that the effectiveness of UBI largely depends on global trade policies. This debate reflects broader concerns about how societies can adapt to technological change while preserving human dignity.

07 다음 글의 흐름상 어색한 문장은?

There has been ongoing debate over the effectiveness of online versus traditional classroom learning. ① Online courses offer flexibility and convenience, allowing students to study at their own pace and from any location. ② Some popular video games feature open-world environments that encourage exploration and creative problem-solving. ③ In contrast, traditional classrooms provide structured interaction with teachers and peers, which can enhance motivation and accountability. ④ Research suggests that a blended learning model, combining both methods, often produces the best outcomes. Each approach has its own strengths, and the choice often depends on the learner's preferences and needs.

08 다음 글의 흐름상 어색한 문장은?

Eastern and Western philosophies have long offered differing perspectives on the nature of the self. ① In many Eastern traditions, the self is viewed as interconnected with others and inseparable from the larger universe. ② Some of the most famous Renaissance artists were commissioned by wealthy patrons to paint religious scenes. ③ By contrast, Western philosophy often emphasizes the individual as a distinct, autonomous entity. ④ These differences influence how people understand identity, responsibility, and their place in the world. Recognizing these philosophical contrasts can foster greater cross-cultural understanding and respect.

09 다음 글의 흐름상 어색한 문장은?

Innovative solutions are being implemented worldwide to tackle the growing threat of climate change. ① Some meteorologists have proposed abolishing daylight saving time to improve sleep patterns in urban populations. ② In Copenhagen, the city has invested heavily in cycling infrastructure, aiming to become carbon-neutral by 2025. ③ A project in Morocco uses concentrated solar power to provide electricity to thousands of homes, even after sunset. ④ Singapore has developed vertical gardens on skyscrapers, both to reduce heat and to purify urban air. These initiatives demonstrate how localized innovations can contribute to the global effort to combat environmental challenges.

10 다음 글의 흐름상 어색한 문장은?

Art education should be considered an essential part of a well-rounded curriculum. ① It nurtures creativity and helps students express complex emotions that might be difficult to articulate in words. ② Exposure to various forms of art also enhances critical thinking and cultural awareness. ③ Many schools now use cloud computing systems to manage online classes and distribute learning materials more efficiently. ④ Beyond academic benefits, engaging with the arts has been shown to improve mental health and social skills. By integrating art into daily learning, educators can promote both intellectual and emotional development.

11 다음 글의 흐름상 어색한 문장은?

Many students struggle with vocabulary retention despite frequent exposure to new words. ① One major issue is the lack of meaningful context, which makes it difficult for learners to internalize definitions. ② Textbooks from the early 20th century relied heavily on textual explanations, with little use of visual or auditory materials. ③ To address this, educators have begun integrating stories, dialogues, and multimedia content into vocabulary lessons. ④ These methods not only make learning more engaging but also help reinforce word usage in realistic situations. As language learning becomes more immersive, students are better equipped to retain and apply new vocabulary effectively.

12 다음 글의 흐름상 어색한 문장은?

Many philosophers have emphasized the importance of doubt in the pursuit of knowledge. ① Descartes famously began his philosophical inquiry by doubting everything he believed to be true. ② Some languages place verbs at the end of sentences, which can change how listeners process information. ③ Doubt, rather than blind acceptance, encourages deeper questioning and reflection. ④ This approach often leads to more rigorous reasoning and stronger justifications for one's beliefs. In this way, doubt becomes not a weakness but a vital part of intellectual development.

13 다음 글의 흐름상 어색한 문장은?

Cities around the world are adopting innovative strategies to combat urban heat and promote sustainability. ① In Singapore, vertical gardens are being installed on high-rise buildings to lower surface temperatures and improve air quality. ② Energy efficiency scores in some European countries have exceeded 60%, thanks to national education campaigns. ③ Los Angeles has started painting rooftops white to reflect sunlight and reduce the urban heat island effect. ④ In Melbourne, tree-planting initiatives have helped cool down neighborhoods while increasing biodiversity. These efforts show how localized environmental actions can address global climate concerns.

14 다음 글의 흐름상 어색한 문장은?

The widespread use of facial recognition technology has sparked debate over its ethical implications. ① Proponents argue that it enhances security by helping law enforcement identify criminals more quickly. ② In many airports, facial recognition has significantly reduced waiting times at immigration checkpoints. ③ However, critics warn that such systems can infringe on privacy rights and lead to unauthorized surveillance. ④ This technology also enables people to find lost smartphones using GPS-based tracking systems. A growing number of civil rights organizations are calling for stricter regulations on how facial data is collected and stored.

15 다음 글의 흐름상 어색한 문장은?

Lack of quality sleep can have serious effects on a person's physical and mental well-being. ① Sleep deprivation impairs concentration, slows reaction time, and increases the risk of accidents. ② Numerous studies have linked chronic insomnia to anxiety and depressive disorders. ③ Healthy sleep habits are important for children's cognitive development and emotional regulation. ④ Consistently poor sleep can even weaken the immune system and raise susceptibility to illness. In contrast, short naps during the day can restore alertness and reduce fatigue in sleep-deprived individuals.

16 다음 글의 흐름상 어색한 문장은?

Artificial intelligence (AI) is transforming the way we live, work, and interact with the world. ① From personalized shopping suggestions to real-time language translation, AI applications are rapidly becoming integrated into everyday life. ② Renaissance artists such as Michelangelo and Leonardo da Vinci explored human creativity long before the rise of artificial intelligence. ③ In the medical field, AI is helping doctors detect diseases more accurately through advanced image analysis. ④ Similarly, autonomous vehicles powered by AI are reducing accidents by reacting faster than human drivers. As AI continues to evolve, its potential to increase efficiency and improve quality of life will only grow.

17 다음 글의 흐름상 어색한 문장은?

Plate tectonics is the theory that Earth's outer shell is divided into large plates that slowly move over the mantle. ① This movement is responsible for a vast array of geological phenomena, including earthquakes, volcanic eruptions, and the formation of mountain ranges. ② Over millions of years, this process has caused continents to drift apart and collide, leading to the assembly and breakup of supercontinents like Pangaea. ③ The Earth's core is a dense ball of metal, with a solid inner core and a liquid outer core composed mainly of iron and nickel. ④ The interactions at the boundaries where these plates meet, whether they are converging, diverging, or sliding past one another, shape the planet's surface. Thus, the face of our planet is not static but is perpetually being reshaped by these powerful subterranean forces.

18 다음 글의 흐름상 어색한 문장은?

When comparing classical music and popular music, one must consider their different roles and cultural significance. ① Classical music is often associated with formal settings and is appreciated for its complexity and historical depth. ② Popular music, on the other hand, is typically created for mass appeal and tends to reflect current social trends. ③ Some scholars argue that the emotional impact of classical compositions is objectively greater than that of pop songs. ④ However, listeners' emotional responses to music vary widely depending on personality and cultural background. Despite their differences, both forms have the power to move audiences and influence cultural identity.

19 다음 글의 흐름상 어색한 문장은?

Throughout history, the concept of justice has evolved across different cultures and legal traditions. ① In ancient Greece, philosophers like Plato and Aristotle viewed justice as a virtue tied to harmony and societal order. ② In contrast, Confucian thought emphasized justice in terms of relational duties and social hierarchy. ③ Medieval Europe saw justice as a divine order enforced through the church and monarchy. ④ Modern democracies have abandoned all traditional views and reject any concept of moral justice. Today, justice is often framed in terms of human rights, equality, and legal protections under secular law.

20 다음 글의 흐름상 어색한 문장은?

Different species have evolved various sleep patterns suited to their ecological needs. ① Some animals have developed complex social hierarchies to improve cooperation within their groups. ② Dolphins, for example, can rest one hemisphere of their brain at a time, allowing them to stay partially alert. ③ In contrast, bats sleep upside down for extended periods during the day, conserving energy for nighttime activity. ④ These adaptations reflect how environmental demands have shaped sleep behavior across the animal kingdom. Studying such patterns not only deepens our understanding of biology but also offers insight into our own sleep needs.

21 다음 글의 흐름상 어색한 문장은?

Many students struggle with writing because they are rarely taught how to organize their ideas effectively. ① Traditional instruction often emphasizes grammar and vocabulary over structure and clarity of thought. ② As a result, students may produce grammatically correct sentences that fail to convey coherent meaning. ③ One proposed solution is to explicitly teach rhetorical structures and modeling techniques in writing classes. ④ Linguists often debate whether language acquisition is driven more by innate ability or environmental factors. By focusing on how ideas are logically arranged, educators can help students become more confident and persuasive writers.

22 다음 글의 흐름상 어색한 문장은?

Introverts and extroverts differ not only in their social preferences but also in how they process stimuli. ① Introverts tend to have a more active prefrontal cortex, which makes them more sensitive to internal thoughts and external cues. ② Extroverts are generally more responsive to dopamine, a neurotransmitter linked to reward and excitement. ③ These biological differences explain why social events can feel energizing for one person but draining for another. ④ Emotional stability also plays a role, as extroverts tend to experience more positive moods in stimulating environments. Recognizing these distinctions can help individuals better understand their needs and manage social interactions accordingly.

23 다음 글의 흐름상 어색한 문장은?

Art plays a vital role in helping people understand the world around them. ① Unlike scientific explanations, which rely on logic and evidence, art communicates through emotion, symbolism, and interpretation. ② Artistic expression has the power to spark dialogue, challenge assumptions, and promote cultural empathy. ③ Digital tools like spreadsheets and data analysis software have become essential in organizing large-scale exhibitions. ④ From paintings and films to installations and performances, art invites audiences to engage with complex themes on a personal level. It is through this emotional engagement that art becomes a powerful force for reflection and societal change.

24 다음 글의 흐름상 어색한 문장은?

The development of 3D printing has opened new possibilities in manufacturing and medicine. ① In the medical field, doctors now use 3D printers to create customized prosthetics and even organ models for surgery preparation. ② The technology allows for rapid prototyping, reducing the time and cost involved in traditional production. ③ Researchers are exploring the use of biodegradable materials to make the printing process more eco-friendly. ④ Some critics argue that 3D printing will eventually replace all factory workers and lead to global unemployment. With continued innovation, 3D printing could revolutionize how we design, produce, and distribute goods.

25 다음 글의 흐름상 어색한 문장은?

In recent decades, public art has become an integral part of urban landscapes, offering aesthetic value and stimulating social engagement. ① Governments and city planners are increasingly commissioning murals and sculptures to revitalize neglected areas. ② Many artists struggle to make a living due to the inconsistent nature of gallery representation. ③ Such installations often reflect local culture, history, or social issues, connecting people to their environment. ④ Public art can encourage dialogue among citizens and contribute to a shared sense of identity. As cities grow, integrating art into public spaces is seen not as a luxury but as a vital aspect of community well-being.

26 다음 글의 흐름상 어색한 문장은?

In many urban centers, affordable housing has become increasingly inaccessible to low- and middle-income residents. ① As housing prices continue to rise while wages remain stagnant, a growing number of families are being forced to relocate to distant suburbs. ② This displacement not only disrupts social networks but also increases commuting times and environmental impact. ③ Governments in several regions have introduced rent control measures and public housing projects to curb the widening housing gap. ④ In contrast, the luxury fashion market has seen unprecedented growth, fueled by strong demand from affluent global consumers. Such measures, while not flawless, represent steps toward a more inclusive urban future.

27 다음 글의 흐름상 어색한 문장은?

Some actors fully immerse themselves in their characters by employing a technique known as method acting. ① This approach often leads performers to alter their daily routines, speech patterns, and even their physical appearance. ② The method was first developed in the early 20th century and has evolved through various acting schools. ③ By embracing the character's mindset, actors aim to express authentic emotional responses rather than artificial performances. ④ This intensity can take a psychological toll, sometimes resulting in anxiety or emotional exhaustion. Ultimately, method acting helps bridge the gap between fiction and reality, allowing audiences to connect more deeply with the story.

28 다음 글의 흐름상 어색한 문장은?

Broken heart syndrome, also known as Takotsubo Syndrome (TTS), is a medical condition in which severe stress weakens the heart's ability to pump blood. ① Although it often follows traumatic experiences like losing a loved one or enduring a natural disaster, some patients develop the syndrome after joyful events. ② Symptoms like dizziness and shortness of breath are common in both TTS and panic attacks, making early diagnosis difficult. ③ Researchers refer to this rare variant as "happy heart syndrome," and it is believed to be triggered by overwhelmingly positive emotions. ④ In a study of 1,750 patients with TTS, 20 out of 485 emotionally triggered cases were linked to happy events. These findings suggest that the brain may process extreme happiness and sadness in similar ways, leading to comparable physiological outcomes.

29 다음 글의 흐름상 어색한 문장은?

Many products for sale at local supermarkets contain a chemical called bisphenol A, more commonly known as BPA. BPA can be found in plastics used to make food containers and baby bottles. It is also used to protect the inside of metal food cans. These products can cause people to be exposed to BPA through their diet. ① This is because BPA may leak out of these containers and into the food itself. ② BPA is harmful to the body because its structure is similar to that of natural hormones. ③ Hormones are produced by glands and released into the bloodstream. ④ This similarity makes it easy for vital bodily functions to be negatively affected. Whether or not BPA should be banned is controversial, but many experts consider it unwise to use BPA products.

30 다음 글의 흐름상 어색한 문장은?

Some people believe that vaccines cause autism. Although it's easy to ignore such factually incorrect beliefs, we should take a closer look at how people come to this kind of conclusion. ① Actually, we all have certain human characteristics that can lead to the denial of scientific facts. ② Conditions that don't have an obvious cause, such as autism, make us uncomfortable, so we tend to fill the gaps in our knowledge with unproven connections. ③ To fill these knowledge gaps, we gather more information and decide which information is appropriate and supported by evidence. ④ What's more, when facing something that seems to be a risk, we often come up with the worst possible scenarios in our minds rather than approaching the situation rationally. This is what happens with vaccines — people who don't understand them find it is easy to imagine they're harmful, despite the data that shows this is untrue.

31 다음 글의 흐름상 어색한 문장은?

Dogs naturally know how to tell scents apart; training focuses on making them emotionally responsive to a particular smell, so they are motivated to seek it out. ① In the step-by-step training process, the trainer attaches an "emotional charge" to a particular scent so that the dog is drawn to it above all others. ② And then the dog is trained to search out the desired item on cue, so that the trainer can control or release the behavior. ③ This emotional arousal is also why playing tug with a dog is a more powerful emotional reward in a training regime than just giving a dog a food treat, since the trainer invests more emotion into a game of tug. ④ As long as the trainer gives the dog a food reward regularly, the dog can understand its "good" behavior results in rewards. From a dog's point of view, the tug toy is compelling because the trainer is "upset" by the toy.

32 다음 글의 흐름상 어색한 문장은?

When photography came along in the nineteenth century, painting was put in crisis. The photograph, it seemed, did the work of imitating nature better than the painter ever could. ① Some painters made practical use of the invention. ② There were Impressionist painters who used a photograph in place of the model or landscape they were painting. ③ But by and large, the photograph was a challenge to painting and was one cause of painting's moving away from direct representation and reproduction to the abstract painting of the twentieth century. ④ Therefore, the painters of that century put more focus on expressing nature, people, and cities as they were in reality. Because photographs accurately represented reality, painters were free to express their imagination and emotions through color, form, and composition.

33 다음 글의 흐름상 어색한 문장은?

Unrelenting psychological stress, when left unchecked, can precipitate a multitude of physical and cognitive disorders. ① It instigates the secretion of cortisol — a glucocorticoid hormone which, in excessive concentrations, compromises immune function and elevates arterial pressure. ② Acute stress responses are evolutionarily adaptive, enhancing short-term alertness and physical readiness, yet they differ markedly from the prolonged activation seen in chronic psychological stress. ③ Sustained exposure to stress is correlated with disturbances in sleep architecture, heightened anxiety, and impaired attentional control. ④ Cumulatively, these physiological and psychological disruptions may culminate in chronic pathologies such as cardiovascular disease or clinical depression. To counteract such outcomes, authorities in health psychology advocate for stress-alleviating practices such as habitual physical activity, contemplative mindfulness, and nurturing interpersonal engagement.

34 다음 글의 흐름상 어색한 문장은?

As more people turn to minimalism in response to today's overwhelming consumer culture, this lifestyle has gained significant attention for its promise of clarity and intentional living. ① Minimalism encourages individuals to eliminate excess and focus on meaningful experiences rather than material goods. ② Practitioners often report reduced stress, greater focus, and a deeper sense of purpose. ③ Letting go of items no longer needed is seen as a form of mental and emotional decluttering. ④ However, some economists argue that minimalism, if widely adopted, could suppress consumer demand and slow overall economic growth. Together, these aspects of minimalism illustrate why it continues to attract those seeking a more deliberate way of life.

35 다음 글의 흐름상 어색한 문장은?

Galileo Galilei is often credited with laying the foundations of modern experimental science through his bold challenges to established beliefs. ① One of his most famous demonstrations was conducted at the Leaning Tower of Pisa, where he dropped two spheres of different masses to test how they fall. ② Contrary to Aristotle's long-held claim that heavier objects fall faster, both spheres hit the ground at the same time. ③ This experiment was widely documented in scientific journals at the time and sparked public debates across Europe. ④ By proving that falling speed is independent of mass, Galileo helped shift scientific thinking toward empirical observation. Together, these moments marked the beginning of a new era in physics grounded in evidence, not tradition.

36 다음 글의 흐름상 어색한 문장은?

Max Weber's classic study *The Protestant Ethic and the Spirit of Capitalism* investigates how religious values can shape economic behavior. ① Weber argued that Protestant groups, especially Calvinists, promoted a disciplined lifestyle that unintentionally supported the growth of capitalist economies. ② These religious communities emphasized hard work, frugality, and personal responsibility as signs of spiritual virtue. ③ Their belief in predestination led them to avoid economic success, fearing it might be morally corrupting. ④ Over time, such practices contributed to the development of a work ethic aligned with capitalist productivity. Taken as a whole, these insights helped establish Weber's reputation as a pioneer in the sociology of religion and economic behavior.

37 다음 글의 흐름상 어색한 문장은?

Émile Durkheim, one of the founding figures of sociology, introduced the concept of anomie to explain social instability during periods of rapid change. ① He observed that when traditional norms break down, individuals often feel disconnected, confused, or without purpose. ② Durkheim's studies of suicide revealed that rates tend to increase when society fails to provide clear rules or collective goals. ③ This insight helped establish the importance of studying how social structures influence individual well-being. ④ Critics argue that suicide is mostly caused by genetic factors and that sociology cannot account for such deeply personal choices. Taken as a whole, Durkheim's theory highlighted the dangers of normlessness in modern societies.

38 다음 글의 흐름상 어색한 문장은?

Michel Foucault's work on power and surveillance has reshaped how we understand control in modern societies. ① He argued that power is not just concentrated in laws or institutions, but is dispersed throughout everyday practices. ② He believed that governments should maintain strict control over individuals to ensure national security and productivity. ③ His analysis of the panopticon—a prison design that allows inmates to be constantly visible to guards—illustrates how surveillance fosters self-regulation. ④ Rather than relying on force, modern power works by making people internalize control through constant observation. Taken as a whole, Foucault's theory reveals how invisible structures of power influence daily behavior in subtle but powerful ways.

39 다음 글의 흐름상 어색한 문장은?

Gregor Mendel's groundbreaking work with pea plants laid the foundation for modern genetics. ① Through careful crossbreeding experiments, he discovered predictable patterns in the inheritance of traits. ② His observations led to the formulation of what are now known as the laws of segregation and independent assortment. ③ Although he worked primarily with fruit flies, Mendel's conclusions applied broadly to many organisms. ④ At the time, his findings were largely ignored, but they were rediscovered decades later and recognized as key to understanding heredity. Taken together, Mendel's experiments marked a turning point in the study of biology and inheritance.

40 다음 글의 흐름상 어색한 문장은?

In a landmark study on the power of expectations, psychologists Rosenthal and Jacobson demonstrated how teacher beliefs could significantly influence student performance. ① They informed teachers that certain randomly selected students were expected to show intellectual growth, despite no actual difference among students. ② Over the course of the year, those students indeed showed greater academic improvement. ③ The study revealed how unconscious teacher behaviors, such as giving more time or feedback, could boost performance. ④ The study suggested that teachers' expectations had little to no effect on students' actual performance. As a result, the study became a cornerstone in educational psychology, emphasizing the role of expectations in shaping outcomes.

41 다음 글의 흐름상 어색한 문장은?

Jane Goodall's groundbreaking work in primatology reshaped how we understand human evolution and animal behavior. ① In the 1960s, she observed wild chimpanzees using sticks to extract termites, revealing that tool use was not unique to humans. ② She observed that chimpanzees rarely showed any emotional connection within their groups. ③ Goodall also documented complex social structures and emotional expressions among chimpanzees. ④ Her findings challenged long-standing beliefs about the cognitive boundaries between humans and other animals. Today, her legacy continues through conservation programs and scientific outreach that promote respect for all living beings.

42 다음 글의 흐름상 어색한 문장은?

A key moment in Western music was the late Medieval rise of polyphony, shifting from a single melodic line to multiple independent simultaneous lines. ① The earliest form of polyphony, known as organum, involved adding a second vocal part that moved in parallel motion with the original Gregorian chant. ② As the style developed, composers like Léonin and Pérotin at the Notre-Dame school in Paris began to write for three or even four voices, creating increasingly complex musical structures. ③ This move towards textural complexity required the development of a more precise system of musical notation to coordinate the different parts accurately. ④ The invention of the printing press in the 15th century greatly facilitated the spread of musical compositions across Europe. Ultimately, the invention of polyphony laid the groundwork for the intricate harmonic language of later Renaissance and Baroque music.

43 다음 글의 흐름상 어색한 문장은?

In anthropology, liminality, a term coined by Victor Turner, refers to the ambiguous, transitional phase in a rite of passage when participants have left their previous social status but have not yet assumed their new one, often marked by uncertainty and disorientation. ① Participants in the liminal phase are often separated from their community and stripped of their social rank and identity. ② During this period, they are in a state of reflection, contemplating their upcoming new roles and responsibilities within the society. ③ Many traditional societies rely on subsistence economies, where production is mainly for personal consumption rather than for market exchange. ④ Upon completion of the ritual, individuals are reincorporated into the community, often with a new, elevated social status. This transformative experience is considered crucial for both individual and social restructuring.

44 다음 글의 흐름상 어색한 문장은?

Urban planners around the world are increasingly recognizing the importance of green spaces in cities. Parks and community gardens not only provide residents with places to relax, but also improve air quality and reduce heat island effects. ① Green spaces have been linked to better mental health, reduced stress, and increased social cohesion. ② They also contribute to biodiversity by offering habitats for various plant and animal species. ③ Some cities are even converting old industrial zones into public parks. ④ The history of park design can be traced back to ancient Persian gardens and Roman villas. As more urban areas face the challenges of climate change, investing in green infrastructure has become a key strategy.

45 다음 글의 흐름상 어색한 문장은?

Researchers are developing bioengineered skin grafts that could revolutionize wound treatment, especially for burn victims. These lab-grown tissues are designed to mimic the structure and function of natural skin. ① They promote healing by integrating with the patient's body and stimulating the regeneration of blood vessels and nerves. ② Clinical trials have shown promising results, with patients experiencing faster recovery and reduced scarring. ③ Some hospitals have already begun using these grafts in emergency burn units. ④ However, the use of traditional bandages continues to decline in everyday first-aid kits. As biotechnologies advance, such innovations could become standard in trauma care worldwide.

46 다음 글의 흐름상 어색한 문장은?

Floating solar farms, also known as floatovoltaics, are emerging as an innovative solution to the challenges of land use and energy demand. These solar panels are installed on reservoirs, lakes, and other bodies of water, providing clean electricity without occupying valuable land space. ① They can also reduce water evaporation and improve panel efficiency due to the cooling effect of water. ② Many governments have announced plans to ban all fossil fuel vehicles within the next decade. ③ As urban areas expand and land becomes scarce, floatovoltaics offer a sustainable alternative. ④ In some regions, floating solar farms have already been integrated into water treatment facilities, showcasing their versatility. The continued development of this technology could play a crucial role in global energy transitions.

47 다음 글의 흐름상 어색한 문장은?

NASA's Artemis program aims to return humans to the Moon and eventually enable crewed missions to Mars. This initiative represents a renewed interest in deep space exploration and international collaboration. ① The Moon has long been thought to influence human emotions and behavior, especially during the full moon. ② Key objectives of the Artemis program include testing new propulsion systems and establishing a sustainable lunar base. ③ Such advancements could provide critical insights into long-duration space missions. ④ International partners like ESA and JAXA are contributing technology and expertise to the effort. With continued investment and coordination, the Artemis program could mark a turning point in humanity's journey beyond Earth.

48 다음 글의 흐름상 어색한 문장은?

In recent years, extreme weather events have become more frequent and intense, raising concerns about the impacts of climate change. Rising global temperatures are closely linked to phenomena such as prolonged droughts, stronger hurricanes, and more devastating wildfires. ① Scientists continue to study how these patterns are evolving and how societies can better prepare for them. ② They have found that personal stress levels tend to rise during economic downturns caused by climate policies. ③ In response, governments are investing in early warning systems and climate-resilient infrastructure. ④ Public awareness campaigns also play a vital role in encouraging sustainable practices. By taking action now, communities can build resilience and minimize future risks.

49 다음 글의 흐름상 어색한 문장은?

Smart farming technologies are reshaping the agricultural industry by improving efficiency, reducing waste, and helping farmers make better decisions. These technologies use data from soil sensors, drones, and satellite imagery to monitor crop health and optimize irrigation. ① With such tools, farmers can identify problem areas in their fields early and apply targeted treatments. ② This not only saves resources but also enhances overall crop yield and quality. ③ Moreover, automation in harvesting and planting helps reduce labor demands and operational costs. ④ Some critics argue that organic produce tastes better than conventionally grown crops. As these innovations continue to evolve, they promise a more sustainable and productive future for agriculture.

50 다음 글의 흐름상 어색한 문장은?

Mirror neurons are a remarkable class of brain cells that fire both when an individual performs an action and when they observe the same action being performed by another. This neural mirroring mechanism, first discovered in monkeys, is believed to be a cornerstone of social cognition in humans. ① By simulating observed actions within our own motor system, these neurons may allow us to understand the actions and intentions of others. ② The cerebellum, located at the back of the brain, plays a vital role in coordinating voluntary movements, balance, and posture. ③ This capacity for internal simulation is also thought to be a fundamental basis for empathy, enabling us to share the feelings of others. ④ Furthermore, mirror neurons are implicated in learning through imitation, from a child mimicking a parent's facial expression to an apprentice copying a master's craft. They are thus crucial for our ability to connect with and learn from each other.

51 다음 글의 흐름상 어색한 문장은?

Although the vast majority of scientists agree that climate change is a real and pressing issue, some people believe it to be an elaborate hoax. These climate change deniers claim that global warming is a fabrication promoted by scientists and politicians to gain funding and control. ① They argue that climate data is selectively reported to exaggerate warming trends and alarm the public. ② Some even point to periods of cooling as evidence that the Earth's temperature is naturally cyclical. ③ They claim that rising CO_2 levels are unrelated to human activity and reflect natural geological processes. ④ However, numerous scientific studies have conclusively shown that human activity is the primary driver of climate change. Despite such views, climate denialism continues to gain traction in some political circles.

52 다음 글의 흐름상 어색한 문장은?

Some critics argue that the enormous investment in space exploration is wasteful, especially when compared to urgent needs on Earth. They claim that billions of dollars could be better spent on solving problems like poverty, education, and public health. ① They also argue that space programs mainly benefit private corporations and elite researchers rather than the general public. ② According to them, the race to Mars or the Moon is more about national pride than scientific necessity. ③ Space exploration inspires younger generations to pursue careers in science and technology. ④ Despite these concerns, supporters contend that space technology often leads to practical innovations, such as GPS and weather forecasting. Ultimately, the debate reflects a broader tension between visionary goals and immediate social needs.

53 다음 글의 흐름상 어색한 문장은?

As AI-generated content becomes increasingly common, legal systems around the world are grappling with how to assign authorship and ownership. ① Some argue that since AI lacks consciousness and intention, it cannot be considered an author in the traditional sense. ② Others suggest that credit should go to the developers or users who prompt the AI, treating them as creative facilitators. ③ Many jurisdictions have passed laws declaring that only natural persons can own copyrights, regardless of how the content is created. ④ Artificial intelligence programs are now also lobbying for more flexible work hours and improved health benefits. This ongoing debate highlights the complexities of applying existing intellectual property laws to emerging technologies.

54 다음 글의 흐름상 어색한 문장은?

Many cities around the world are now embracing the concept of "15-minute neighborhoods," where residents can access most daily necessities within a short walk or bike ride. This approach is aimed at promoting sustainability, reducing traffic, and improving quality of life. ① By decentralizing urban services, cities hope to reduce reliance on cars and long commutes. ② Some experts argue that expanding highways and parking facilities is essential to make urban mobility more convenient for residents. ③ Instead, compact neighborhoods encourage local commerce and community engagement. ④ Urban planners are increasingly adopting mixed-use zoning to support these goals. This trend reflects a broader movement toward more livable and human-centered cities.

55 다음 글의 흐름상 어색한 문장은?

Public libraries have long served as vital community hubs, providing access to books, resources, and a quiet place to study. In recent years, however, their roles have expanded far beyond traditional boundaries. ① Many libraries now offer job training workshops, language classes, and digital literacy programs. ② They also provide shelter for the homeless during extreme weather conditions. ③ Some librarians have expressed concern about declining sales in the publishing industry. ④ This transformation reflects a broader shift in how we define public education and access to knowledge. As society changes, libraries continue to adapt and remain essential pillars of the community.

56 다음 글의 흐름상 어색한 문장은?

While many celebrate technological progress for its transformative power, a growing number of voices warn against its unchecked consequences. Critics argue that rapid innovation often outpaces ethical consideration, creating new dilemmas for society. ① For example, artificial intelligence and automation raise concerns about job displacement, surveillance, and loss of privacy. ② Similarly, developments in biotechnology prompt debates over genetic manipulation and the boundaries of human enhancement. ③ Some believe that without strong regulations, these technologies may deepen inequality and erode fundamental rights. ④ Online shopping platforms have made it easier for consumers to compare prices and access global markets. Such warnings remind us that progress is not inherently positive — it must be guided by thoughtful reflection and responsibility. By examining both benefits and risks, we can strive for innovation that serves the common good.

57 다음 글의 흐름상 어색한 문장은?

Educational reform is often pursued with the goal of improving student outcomes and reducing inequality. Policymakers argue that updated curricula, better teacher training, and performance-based assessments can drive systemic change. ① Proponents believe such reforms can enhance fairness by offering equal opportunities for all students regardless of background. ② They also point out that standardized testing can help identify schools that need additional support. ③ Ancient civilizations like the Greeks and Egyptians had different approaches to education based on class and gender. ④ However, critics argue that reforms can sometimes worsen disparities by overlooking local needs and overemphasizing test results. Ultimately, successful reform depends on balancing national standards with local flexibility to reflect diverse learning environments.

58 다음 글의 흐름상 어색한 문장은?

Tulip Mania in 17th-century Dutch Golden Age is often cited as one of the first speculative bubbles in history, when rare tulip bulbs were sold for more than ten times a skilled craftsman's annual income. ① This speculative frenzy was driven by a complex futures market where contracts to buy bulbs at the end of the season were traded. ② The Dutch East India Company, established in 1602, was the world's first multinational corporation and possessed quasi-governmental powers. ③ However, in February 1637, the contract prices collapsed abruptly and permanently, plunging the Dutch economy into a severe, albeit short-lived, crisis. ④ The event became a cautionary tale about the dangers of irrational exuberance and the collective greed that can fuel financial markets. This historical episode continues to serve as a powerful metaphor for the boom and bust cycles of modern economies.

59 다음 글의 흐름상 어색한 문장은?

Hydrothermal vents are fissures on the seafloor from which geothermally heated water erupts, often forming chimney-like structures. Found in volcanically active areas, they create unique ecosystems that exist in the absence of sunlight. ① The superheated water emerging from these vents is rich in dissolved minerals, such as sulfur compounds, which provide the energy source for the local food web. ② This energy is harnessed by chemosynthetic bacteria, which form the base of the ecosystem, supporting a diverse community of organisms like tubeworms and giant clams. ③ The Coriolis effect, caused by the Earth's rotation, influences the direction of ocean currents and weather patterns in the atmosphere. ④ These deep-sea oases demonstrate that life can thrive in extreme environments, challenging our understanding of the conditions necessary for existence. They are thus of great interest to astrobiologists searching for life on other planets.

60 다음 글의 흐름상 어색한 문장은?

The Bauhaus was a highly influential German art school operational from 1919 to 1933 that promoted a revolutionary approach to art, design, and architecture. Its core principle was the unification of all arts, aiming to erase the distinction between fine arts and applied arts or crafts. ① Bauhaus design is characterized by its emphasis on functionality, simplicity, and a clean, geometric aesthetic, rejecting ornate decoration. ② The school advocated for the use of modern materials and mass-production techniques to make well-designed objects accessible to the public. ③ This philosophy had a profound and lasting impact, shaping the development of Modernist architecture and industrial design worldwide. ④ The Rococo style, which flourished in 18th-century France, was known for its elaborate ornamentation, asymmetry, and pastel color palette. This new way of thinking continues to influence designers and architects to this day.

61 다음 글의 흐름상 어색한 문장은?

In educational psychology, scaffolding is a teaching method where an instructor provides temporary, tailored support to a student learning a new concept or skill, gradually removed as the student gains competence. ① The concept is rooted in Lev Vygotsky's idea of the "zone of proximal development," the gap between what a learner can do without help and what they can achieve with guidance. ② The instructor's role is to provide just enough assistance to help the learner bridge this gap, using tools like prompts, cues, and modeling. ③ Intrinsic motivation, which refers to behavior that is driven by internal rewards, is crucial for long-term academic success. ④ As the student's proficiency increases, the teacher systematically withdraws the support, fostering independence and confidence. This process ensures that students are challenged but not overwhelmed, allowing them to build a firm foundation of knowledge.

62 다음 글의 흐름상 어색한 문장은?

Acquired immunity is a part of the immune system consisting of specialized cells and processes that eliminate pathogens, "acquired" after prior exposure to an antigen. ① This memory-based defense is primarily mediated by white blood cells known as lymphocytes, specifically B-cells and T-cells. ② The circulatory system, composed of the heart, blood vessels, and blood, is responsible for transporting oxygen and nutrients throughout the body. ③ B-cells are responsible for producing antibodies, proteins that neutralize pathogens, while T-cells can directly kill infected host cells or help regulate the immune response. ④ Upon a second exposure to the same antigen, these memory cells enable a much faster and stronger response, often preventing illness altogether. This is the principle behind the effectiveness of vaccination.

63 다음 글의 흐름상 어색한 문장은?

The "Hero's Journey," or monomyth, is a narrative pattern identified by Joseph Campbell in myths and stories worldwide, depicting a protagonist who embarks on an adventure, overcomes a crisis, and returns transformed. ① *The Odyssey*, an epic poem attributed to Homer, mainly portrays the historical events and political aftermath of the Trojan War. ② The journey typically begins with the hero in an ordinary world who receives a "call to adventure." ③ After initially refusing the call, the hero is encouraged by a mentor figure to cross the threshold into an unknown world of trials and challenges. ④ The climax is reached in the "inmost cave," where the hero faces their greatest fear or a death-and-rebirth experience. This fundamental pattern resonates with audiences because it reflects universal human experiences of growth and transformation.

64 다음 글의 흐름상 어색한 문장은?

Max Weber's concept of the "iron cage" describes how modern capitalist societies' growing rationalization traps individuals in systems focused solely on efficiency and control, leading to a world where traditional values and emotions are replaced by bureaucratic logic. ① Individuals within this structure find their lives governed by rigid rules and hierarchical systems that limit personal freedom and autonomy. ② In contrast, Karl Marx argued that the primary source of social constraint was the economic alienation of labor under capitalism. ③ Weber feared that this hyper-rationalized world would ultimately stifle human creativity and individuality, leaving people as mere cogs in a vast, impersonal machine. ④ The bureaucracy, for Weber, was the ultimate expression of this rationalization, an inescapable framework for modern social life. Thus, the iron cage is not a physical prison but a metaphysical one, forged by the very progress that was meant to liberate humanity.

65 다음 글의 흐름상 어색한 문장은?

Photosynthesis is the vital process used by plants, algae, and certain bacteria to convert light energy into chemical energy in the form of glucose. This process is generally divided into two main stages: the light-dependent reactions and the light-independent reactions. ① In the first stage, the light-dependent reactions, chlorophyll absorbs sunlight and uses that energy to split water molecules, producing oxygen and energy-carrying molecules like ATP and NADPH. ② These energy-rich molecules then power the second stage, known as the Calvin cycle or light-independent reactions. ③ Cellular respiration, which occurs in the mitochondria, is the process by which organisms break down glucose to release energy for cellular activities. ④ In the Calvin cycle, carbon dioxide from the atmosphere is "fixed" into organic molecules, ultimately forming glucose, which serves as food for the plant. This entire sequence is the foundation of nearly all life on Earth, providing the oxygen we breathe and the energy that fuels ecosystems.

66 다음 글의 흐름상 어색한 문장은?

In ancient Greek tragedy, the Chorus was a group of performers acting as a collective commentator, often representing the community's voice or traditional wisdom against which the protagonists' actions were judged. ① They could interact directly with the characters, offering advice, asking questions, or expressing sympathy. ② Through their odes and lyrical songs, the Chorus provided background information, reflected on the moral implications of the events, and helped to create the mood of the play. ③ They also guided the emotional responses of the audience, modeling how a spectator might react to the unfolding tragedy. ④ The use of deus ex machina, a plot device where a seemingly unsolvable problem is suddenly resolved by an unexpected intervention, was common in later tragedies. This collective presence bridged the gap between the world of the play and the reality of the audience.

67 다음 글의 흐름상 어색한 문장은?

The "spiral of silence" is a political science and mass communication theory proposed by Elisabeth Noelle-Neumann. It posits that individuals have a fear of isolation, which leads them to remain silent when they feel their views are in opposition to the majority opinion. ① This perceived majority opinion, often amplified by the mass media, exerts social pressure on individuals to conform. ② As the perceived majority seems to grow, minority viewpoints are expressed less and less, creating a downward spiral of silence for those who hold them. ③ Cognitive dissonance is the mental discomfort experienced by a person who holds two or more contradictory beliefs or values. ④ This process can lead to a distorted public perception, where a viewpoint appears to be more widespread than it actually is simply because its proponents are more vocal. Ultimately, the theory suggests that what we perceive as public opinion is often just the loudest opinion, not necessarily the most common one.

68 다음 글의 흐름상 어색한 문장은?

Hurricanes, known as typhoons or cyclones in other parts of the world, are powerful rotating storms that form over warm tropical oceans. Several specific conditions are required for their development, including high sea surface temperatures of at least 26.5°C (80°F). ① This warm water provides the necessary heat and moisture to fuel the storm, acting as its primary energy source. ② The jet stream, a narrow band of strong winds in the upper levels of the atmosphere, often steers weather patterns across continents. ③ Another crucial ingredient is low vertical wind shear, which means there is little change in wind speed or direction with height, allowing the storm's structure to remain intact and organized. ④ The storm also requires a pre-existing weather disturbance and sufficient distance from the equator for the Coriolis force to initiate its cyclonic rotation. Once formed, a hurricane can sustain itself as long as it remains over warm water and the atmospheric conditions remain favorable.

69 다음 글의 흐름상 어색한 문장은?

Auteur theory is a mode of film criticism that views the director as the primary creative force or "author" of a film. Popularized by French critics in the 1950s, this theory posits that a director's body of work reflects their personal vision and distinctive style, much like that of a novelist. ① An auteur's signature can be identified through recurring themes, stylistic choices, and a consistent worldview across their films. ② This approach elevates the director from a mere technician to an artist, whose creative personality is imprinted on the final product. ③ In this view, the screenplay, cinematography, and editing are all seen as tools through which the director orchestrates their vision. ④ The primary role of the executive producer is to oversee the financial and administrative aspects of a film's production. The theory encourages audiences to trace these authorial marks to gain a deeper appreciation of the film as a work of personal expression.

70 다음 글의 흐름상 어색한 문장은?

The principle of "balance of power" is a key concept in international relations, holding that national security improves when military power is distributed so no single state can dominate, and that other states will act to counter any imbalance. ① These measures can include forming defensive alliances or engaging in a competitive arms buildup to restore equilibrium. ② International law, which comprises a system of treaties and agreements between nations, governs how nations interact with other nations. ③ The goal is not necessarily peace, but stability and the preservation of the state system, preventing the emergence of a universal hegemon. ④ This dynamic can be seen throughout history, such as in the coalition-building against Napoleonic France or the Cold War standoff between the United States and the Soviet Union. The logic of balancing thus incentivizes states to be vigilant and responsive to shifts in the global distribution of power.

Chapter 06

문장 삽입 유형

06 문장 삽입 유형

01 주어진 문장이 들어갈 위치로 가장 적절한 것은?

Some animals in dry environments have also developed ways to hold onto water inside their bodies.

All living creatures struggle when there isn't enough water. But some animals, especially those that live in areas with dry seasons, have special features that help them survive. The Galapagos tortoise and the desert tortoise are two examples. They store water in their bladders. (①) They drink water from rain or plants, which helps fill up their internal water storage. (②) This stored water keeps them alive during the dry season. (③) One such animal is the desert spadefoot, a kind of toad in North America, which spends about 75% of its life deep underground. (④) While underground, it forms a sticky layer of skin around itself to stop water from escaping. When the rainy season starts, it comes up again.

02 주어진 문장이 들어갈 위치로 가장 적절한 것은?

In contrast to traditional plastics, which take centuries to decompose, bioplastics break down more quickly and are often derived from renewable resources.

As concern about plastic pollution grows, scientists and industries are exploring sustainable alternatives. (①) Among these, bioplastics have gained attention for their environmental benefits. (②) They are typically made from plant-based materials such as corn starch or sugarcane. (③) Their ability to degrade more quickly makes them attractive for packaging and single-use products. (④) However, not all bioplastics are compostable, and their disposal still requires careful management.

03 주어진 문장이 들어갈 위치로 가장 적절한 것은?

Remote work offers flexibility in scheduling and eliminates commuting time, allowing for a better work-life balance.

The way people work has undergone dramatic changes in recent years. (①) One of the most significant shifts has been the rise of remote work, especially following the global pandemic. (②) Many companies now allow employees to work from home either full-time or in hybrid formats. (③) In contrast, the conventional office model requires employees to be present during set hours and often involves lengthy commutes. (④) Each approach has its strengths and weaknesses, and the ideal setup often depends on individual and organizational needs.

04 주어진 문장이 들어갈 위치로 가장 적절한 것은?

More importantly, people need to learn the truth about how foreign aid is actually used, rather than believing common misunderstandings.

Many people complain that giving foreign aid is a waste of money. They believe it doesn't help and often gets misused. In the past, this was sometimes true. Aid was often given to win political support. (①) Today, however, most foreign aid is focused on helping people live better lives, so waste is much less of a problem. (②) Of course, we should still work to make sure aid is used more effectively. (③) In fact, much of the money now goes toward improving health for poor communities and making life better for them. (④) Thanks to this, we are moving toward a world where no one has to suffer just because of the place they were born.

05 주어진 문장이 들어갈 위치로 가장 적절한 것은?

Customary law relies heavily on oral traditions and communal consensus.

Before the rise of formal legal codes, many societies governed themselves through customary law. (①) This form of law emerged organically from repeated practices and shared values. (②) It functioned as a flexible and adaptive system that responded to the needs of the community. (③) In such systems, disputes were often settled by elders or respected community members rather than by appointed judges. (④) Even today, customary law continues to operate in various indigenous and rural communities around the world.

06 주어진 문장이 들어갈 위치로 가장 적절한 것은?

Japanese kintsugi, the art of repairing broken pottery with gold, turns flaws into a visual celebration rather than something to hide.

Across cultures, art has been used not only to express beauty but also to reframe imperfection. (①) Some traditions focus on enhancing the cracks, damage, or irregularities rather than concealing them. (②) This philosophy teaches that flaws are part of an object's history and identity. (③) For example, in Korea, moon jars are treasured despite their asymmetrical shapes, representing harmony through imperfection. (④) Similarly, in the West, artists like Wabi-sabi followers embrace decay, erosion, and incompleteness as part of aesthetic value.

07 주어진 문장이 들어갈 위치로 가장 적절한 것은?

> Reading on screens tends to encourage skimming and shallow processing.

The medium through which we read affects how we understand and retain information. (①) Studies have shown that digital reading often leads to faster, more surface-level engagement with texts. (②) In contrast, reading printed books tends to promote slower, more reflective processing. (③) Researchers suggest that this may be due to the tactile and spatial cues present in physical books. (④) As digital reading becomes more common, educators are exploring ways to adapt teaching methods accordingly.

08 주어진 문장이 들어갈 위치로 가장 적절한 것은?

> This discomfort, known as cognitive dissonance, motivates people to change their beliefs, attitudes, or behaviors to restore a sense of consistency.

People generally strive for consistency in their thoughts, beliefs, and actions. However, we often encounter situations where our attitudes conflict with our behavior. (①) For example, a person who believes that smoking is unhealthy might continue to smoke cigarettes daily. (②) This creates a state of mental tension and psychological unease. (③) The smoker might either quit smoking (changing the behavior) or rationalize their action by concluding that the health risks are exaggerated (changing the belief). (④) Understanding this process is key to explaining many aspects of human decision-making and rationalization.

09 주어진 문장이 들어갈 위치로 가장 적절한 것은?

> This phenomenon, known as decision fatigue, can impair one's ability to make sound judgments after a long series of choices.

Making decisions is an essential part of everyday life, from choosing what to wear to making major financial choices. (①) However, research shows that the more decisions a person makes throughout the day, the harder it becomes to make subsequent ones. (②) People may begin to avoid decisions altogether or make impulsive, poorly thought-out choices. (③) One common example is grocery shopping while tired, which often leads to unhealthy purchases. (④) Experts suggest reducing trivial decisions in daily routines to preserve mental energy for more important choices.

10 주어진 문장이 들어갈 위치로 가장 적절한 것은?

> Universal basic income (UBI) aims to provide a regular, unconditional sum of money to every citizen, regardless of employment status.

As automation and artificial intelligence reshape the labor market, concerns about widespread job loss are growing. (①) In response, some economists and policymakers have proposed new approaches to ensure economic security. (②) One of the most discussed proposals is universal basic income. (③) Advocates argue that UBI could reduce poverty, improve mental health, and allow people to pursue meaningful work without fear of financial ruin. (④) Critics, however, question its affordability and potential disincentive to work.

11 주어진 문장이 들어갈 위치로 가장 적절한 것은?

Whereas Newtonian physics describes the universe as predictable and deterministic, quantum mechanics reveals a world governed by probabilities and uncertainties.

For centuries, scientists viewed the universe as a clockwork mechanism governed by precise laws. (①) This perspective was largely shaped by Newtonian physics, which provided clear mathematical rules to explain motion and gravity. (②) However, in the 20th century, the emergence of quantum theory challenged this orderly view of reality. (③) Subatomic particles were found to behave unpredictably, with outcomes influenced by observation itself. (④) This profound shift has led to new technologies, from quantum computing to advanced medical imaging.

12 주어진 문장이 들어갈 위치로 가장 적절한 것은?

In ancient Greece, philosophers like Socrates and Plato emphasized dialogue as a means of uncovering truth and promoting critical thinking.

Throughout history, cultures have developed distinct methods for transmitting knowledge and encouraging reflection. (①) In India, the guru-disciple tradition placed value on listening, memorization, and spiritual guidance. (②) In China, Confucian education emphasized moral cultivation through texts, repetition, and hierarchical respect. (③) Meanwhile, in the Western tradition, philosophy emerged as a tool for questioning assumptions and seeking rational explanations. (④) These varied approaches demonstrate how deeply culture influences educational values and intellectual practices.

13 주어진 문장이 들어갈 위치로 가장 적절한 것은?

To address this, some schools have implemented media literacy programs that teach students to critically evaluate online content.

Misinformation spreads rapidly on social media, often influencing public opinion and behavior. (①) Young people, who spend a significant amount of time online, are especially vulnerable to misleading headlines and manipulated images. (②) This poses a challenge for educators seeking to prepare students for an information-rich but credibility-poor digital environment. (③) These programs focus on analyzing sources, checking facts, and recognizing bias. (④) Early evidence suggests that students who participate in such programs become more discerning consumers of digital content.

14 주어진 문장이 들어갈 위치로 가장 적절한 것은?

Synesthesia is a neurological condition in which stimulation of one sense involuntarily leads to experiences in another, such as seeing colors when hearing music.

Not everyone experiences the world in the same way. (①) For some individuals, the boundaries between the senses are blurred. (②) This unusual sensory crossover is known to affect approximately 4% of the population. (③) Studies suggest that synesthesia is linked to heightened memory, creativity, and artistic expression. (④) As a result, it has attracted the interest of neuroscientists, psychologists, and artists alike.

15 주어진 문장이 들어갈 위치로 가장 적절한 것은?

> In contrast, parasitism is a relationship where one organism, the parasite, benefits at the expense of the other, the host.

Symbiosis describes any long-term interaction between two different biological species. One well-known type of symbiosis is mutualism, where both species benefit from the relationship. (①) For example, bees get nectar from flowers, and in the process, they pollinate the flowers, allowing them to reproduce. (②) This interaction is clearly advantageous for both the bee and the plant. (③) A tapeworm living in the intestines of a mammal, for instance, absorbs nutrients directly from the host, causing harm and malnutrition. (④) Such relationships highlight the complex and varied ways in which species co-exist in an ecosystem.

16 주어진 문장이 들어갈 위치로 가장 적절한 것은?

> One proposed solution is to implement a four-day workweek, which, by reducing hours without cutting pay, seeks to improve both productivity and employee well-being.

Burnout has become a pervasive issue in many modern workplaces, affecting not only individual health but also organizational efficiency. (①) Long hours and constant connectivity have blurred the line between work and personal life, leaving employees exhausted and disengaged. (②) While some companies have attempted to address this with flexible schedules or wellness programs, results have been mixed. (③) Emerging research suggests that simply working less — if structured properly — might be more effective than piecemeal interventions. (④) Trials in several countries have shown that companies adopting reduced workweeks often report increased morale, lower absenteeism, and sustained output.

17 주어진 문장이 들어갈 위치로 가장 적절한 것은?

> As concerns about resource depletion and environmental impact grow, many researchers and policymakers are turning their attention to alternative farming methods.

Feeding a growing global population while protecting the environment is a pressing challenge. (①) Traditional agriculture has long been the backbone of food production, but it also consumes vast amounts of water, land, and chemical fertilizers. (②) Vertical farming presents a more sustainable alternative by reducing land use and resource consumption. (③) It allows food to be grown closer to urban centers, minimizing transportation and spoilage. (④) Despite its benefits, critics point to high energy costs and technological barriers as potential limitations.

18 주어진 문장이 들어갈 위치로 가장 적절한 것은?

> Whereas Western approaches often seek to eliminate negative emotions through analysis or medication, Eastern traditions are more inclined to observe and accept them as transient states of mind.

Emotional suffering is a universal human experience, but the strategies used to manage it differ greatly across cultures. (①) In many Western societies, psychological distress is often pathologized, leading to treatment plans focused on diagnosis and intervention. (②) This model prioritizes symptom reduction and the restoration of normative functioning. (③) Meanwhile, in Eastern philosophies such as Buddhism or Taoism, emotional pain is approached not as a pathology to be cured but as a phenomenon to be witnessed and understood. (④) Such contrasting views reveal underlying philosophical differences regarding the nature of the mind and the role of suffering.

19 주어진 문장이 들어갈 위치로 가장 적절한 것은?

By mapping the brain's electrical patterns and associating them with specific cognitive functions, researchers are gaining unprecedented insight into how thought and behavior are generated.

Neuroscience has made remarkable strides in understanding the physical structure of the brain. (①) Advances in imaging technologies, such as fMRI and PET scans, have enabled scientists to observe neural activity in real time. (②) These innovations have laid the groundwork for connecting brain anatomy to mental processes such as memory, decision-making, and emotion. (③) Beyond simply observing brain regions in action, researchers are now decoding the very signals that underlie complex mental states. (④) This new frontier holds the potential to revolutionize treatments for mental illness and enhance our understanding of human consciousness itself.

20 주어진 문장이 들어갈 위치로 가장 적절한 것은?

This focus on uncertainty doesn't imply resignation, but rather invites us to approach life with humility, flexibility, and an openness to multiple perspectives.

The ancient Greek philosopher Heraclitus argued that change is the fundamental nature of reality. (①) He believed that nothing remains static, and that everything is in a state of constant flux. (②) In contrast to philosophies that emphasize permanence and stability, Heraclitus highlighted the unpredictability of existence. (③) This notion has had a lasting impact, influencing Eastern traditions like Taoism as well as modern science's probabilistic worldview. (④) Rather than promoting despair or nihilism, accepting impermanence can nurture a more adaptive and resilient mindset in the face of life's challenges.

21 주어진 문장이 들어갈 위치로 가장 적절한 것은?

In response to these challenges, several cities have begun experimenting with dynamic pricing models that adjust parking fees based on real-time demand.

Urban parking has become a growing problem in major cities, with vehicles circling blocks in search of affordable spots. (①) This behavior contributes to traffic congestion, increases emissions, and reduces overall urban efficiency. (②) Traditional flat-rate pricing fails to account for fluctuating demand at different times and locations, often leading to overcrowding in popular areas and underuse in others. (③) Some early trials of demand-based systems have shown promising results, including reduced cruising times and improved space turnover. (④) While the implementation of such models is not without challenges, including public resistance and infrastructure costs, their potential benefits warrant further exploration.

22 주어진 문장이 들어갈 위치로 가장 적절한 것은?

While artificial intelligence can analyze patterns far beyond human capacity, it lacks the intuitive judgment shaped by years of experience and contextual awareness.

The increasing integration of AI into medical diagnostics has sparked both excitement and concern. (①) Proponents argue that AI systems can process vast datasets, detect minute anomalies, and even predict disease progression with remarkable accuracy. (②) Critics, however, caution against over-reliance on algorithms, especially in high-stakes decisions where human nuance remains critical. (③) They point out that even the most sophisticated models can produce errors when encountering unfamiliar or ambiguous data. (④) A balanced approach, combining AI's efficiency with human expertise, may therefore be the most prudent path forward.

23 주어진 문장이 들어갈 위치로 가장 적절한 것은?

For the Stoics, virtue was not a luxury but a necessity for living well, as it enabled individuals to maintain inner peace regardless of external fortune.

The Stoic philosophers of ancient Greece and Rome placed extraordinary emphasis on the cultivation of virtue. (①) Unlike material wealth or social status, which could be taken away, virtue was seen as entirely within one's control. (②) It involved living in accordance with reason and nature, and responding to challenges with equanimity. (③) In this framework, external events were regarded as neutral; only our judgments about them could be deemed good or bad. (④) Thus, Stoicism encouraged detachment from external outcomes and a focus on the disciplined governance of one's own mind.

24 주어진 문장이 들어갈 위치로 가장 적절한 것은?

However, scientists have found it possible to fool the brain.

When we feel tired, it often seems like our bodies are the cause. But research shows that this tired feeling doesn't really start in our muscles. (①) Even when people say they are exhausted after a workout, their muscles still have enough energy left to keep going for a few more minutes. (②) This happens because the brain sends a warning signal to stop before the body actually reaches its limit, to protect us from injury. (③) For example, when researchers passed a small electric current through the brain, cyclists were able to increase their performance by 10%. (④) Other athletes also performed better in hot conditions when they were given false information about the actual temperature.

25 주어진 문장이 들어갈 위치로 가장 적절한 것은?

No single ant is making a thoughtful choice to change how the whole colony behaves.

When one ant finds a new source of food, the entire colony quickly shifts its behavior to start gathering food from that new place—without any leader giving commands. This happens because the ant leaves behind a chemical trail as it follows the smell of the food. (①) Nearby ants notice this trail and change their own direction to follow it. (②) Soon, other ants also see the change and follow along. (③) After this new information spreads through the colony, all the ants begin collecting food from the new location. (④) Still, a new pattern of group behavior appears, helping the colony work more efficiently.

26 주어진 문장이 들어갈 위치로 가장 적절한 것은?

They also observed that students who believed the lecturer would be warm were more willing to engage with him during the session.

People often wrongly assume that if a person has one trait, they automatically have other related traits. In one experiment, college students were told about a guest lecturer before he arrived. (①) Half of them were given a description that included the word "warm," while the other half were told he was "cold." (②) Afterward, the lecturer gave a talk and led a group discussion. The students were then asked to share their impressions of him. (③) As the researchers expected, students' impressions varied greatly depending on whether they were told the speaker was warm or cold. (④) This suggests that our expectations influence not only how we see someone, but also how we act around them and how our relationships develop.

27 주어진 문장이 들어갈 위치로 가장 적절한 것은?

Still, there's an important limitation to copyright protection that should not be overlooked.

Copyright is an easy and automatic way to legally protect original content, like books, images, software code, and films. Writers don't need to file any paperwork — copyright begins the moment the work is created. (①) It's also common for companies to license copyrighted content, especially in the software industry. (②) When someone buys regular software, they usually get permission to use it, not ownership of the program's design or idea. (③) Copyright only protects the exact written expression, not the general idea or invention behind it. (④) That means people who want to copy a copyrighted software's function can legally do so by writing their own code that does the same job.

28 주어진 문장이 들어갈 위치로 가장 적절한 것은?

However, humans — being social creatures — tend to adjust their desires based on what their society currently sees as a sign of a successful or enjoyable life.

Comparing ourselves with others is a strong source of motivation for human beings. (①) People often decide what goals to pursue based on what others around them are chasing. (②) If we were only wired to find food, shelter, and companionship, we would have no reason to keep striving once those basic needs were met. (③) What once seemed like a luxury—like cable TV or a second car—soon becomes something people feel they must have. (④) The idea of happiness keeps shifting over time, and much of this has to do with our flexible motivation, especially our desire to match what others have.

29 주어진 문장이 들어갈 위치로 가장 적절한 것은?

This doesn't mean that lifelong learners need to become experts in every subject they explore.

How can we improve the way we solve problems? It begins with a natural curiosity and a love for learning itself. People who keep learning throughout their lives often think across different fields of knowledge. (①) They appreciate how complex and detailed certain ideas are, and they know that insights from one area can sometimes solve problems in another. (②) In fact, they are usually quite good at knowing where their knowledge stops and where they need help. (③) That awareness also helps them know when to work with others or when to let someone else take the lead. (④) Through this approach, lifelong learning can become a powerful tool for solving both personal and professional challenges.

30 주어진 문장이 들어갈 위치로 가장 적절한 것은?

This new focus on humanism meant that artists began to portray religious figures in a more relatable, human-like manner, rather than as stylized, otherworldly beings.

The art of the Renaissance marked a significant departure from the medieval period that preceded it. Medieval art was primarily religious and symbolic, often lacking a sense of realism or depth. (①) In contrast, Renaissance artists sought to capture the reality of the human experience. (②) They studied anatomy, perspective, and light to create works that were lifelike and three-dimensional. (③) A key intellectual movement of the time, humanism, celebrated human potential and achievements, shifting focus from the divine to the individual. (④) Giotto's frescoes, for instance, depict saints with emotional expressions and naturalistic poses, a clear break from the rigid figures of the Byzantine era.

31 주어진 문장이 들어갈 위치로 가장 적절한 것은?

> Thus, for hundreds of years, creativity was associated with the divine as opposed to the human.

The word "creativity" itself shows why it's important to understand old histories. Its origin goes back to the Latin word creare, which meant to make or bring something into being. However, for many years, people did not think of creativity as something that humans could do. (①) Instead, they thought "creation" was something done by God or nature, and they used words like ars or artis to describe human-made things. (②) So, the earliest uses of "create" in the 13th century were in passive forms like "was created." (③) It wasn't until the 15th century that the present-tense forms like "create" and "creating" were used. (④) This old idea was later challenged during the Renaissance and mostly replaced during the Enlightenment.

32 주어진 문장이 들어갈 위치로 가장 적절한 것은?

> For example, the U. S. Air Force can now fly from Missouri to Mosul and complete a bombing mission without stopping to refuel.

Some people think that geography controls human history, and this view can seem negative. That's because it means nature is stronger than people and limits what we can do. (①) But, of course, there are other things — like technology — that also shape what happens in the world. (②) Technology is now changing the old limits set by geography. Planes, tunnels, and satellites let us move past natural barriers. (③) Together with powerful aircraft carrier fleets, this means the U. S. doesn't always need help from allies or bases in other countries to act globally. (④) Of course, if they do have bases like Diego Garcia or access to ports like Bahrain, they get more options — but those bases are no longer essential.

33 주어진 문장이 들어갈 위치로 가장 적절한 것은?

> Measuring emissions all the time can be expensive, especially when there are many different sources, and this can discourage using direct emission taxes.

Environmental taxes that are based directly on how much pollution is emitted can be very effective in helping the environment. If a company pollutes more, it pays more tax. (①) That gives the company a reason to lower emissions in any way that is cheaper than paying the tax. (②) A big benefit of this type of tax is that anything a company does to reduce taxes also helps reduce pollution. (③) Still, the tools we use to measure pollution levels have been improving quickly. (④) So in the future, it might be easier to tax emissions in more areas.

34 주어진 문장이 들어갈 위치로 가장 적절한 것은?

> True connection doesn't come from frequent messaging, but from shared presence and vulnerability.

We often mistake constant communication for meaningful connection. (①) We check our phones endlessly, reply instantly, and feel anxious when we are "left on read." (②) But in doing so, we may actually be building habits of dependency rather than intimacy. (③) Instead of fostering real understanding, we are reinforcing a cycle of digital validation. (④) For example, many people find themselves more emotionally fulfilled after a quiet walk with a friend than after hours of texting.

35 주어진 문장이 들어갈 위치로 가장 적절한 것은?

Taking the time to examine your thoughts, motives, and reactions allows you to grow beyond automatic behavior.

Many people go through their daily routines without ever questioning why they do what they do. (①) They follow habits that were formed years ago, often out of convenience or social pressure. (②) As a result, they may feel stuck, repeating patterns that no longer serve them. (③) Self-reflection offers a way out of this loop by shedding light on unconscious routines. (④) For example, someone might realize that their short temper in meetings stems not from coworkers' actions but from personal insecurities.

36 주어진 문장이 들어갈 위치로 가장 적절한 것은?

Ironically, the very tools designed to enhance our creativity can sometimes end up restricting it.

From AI-powered design assistants to preloaded music templates, technology has undoubtedly made creative work more accessible. (①) Aspiring artists can now generate realistic paintings in seconds or compose film scores with drag-and-drop tools. (②) But ease of access does not always translate to originality. (③) Overreliance on presets and automation may cause creators to follow trends rather than invent new ones. (④) As a result, much of today's digital art risks becoming derivative rather than daring.

37 주어진 문장이 들어갈 위치로 가장 적절한 것은?

Nature does not demand our productivity — it simply invites our presence.

Many people today feel drained and overwhelmed, caught in a loop of constant busyness and digital demands. (①) From back-to-back meetings to endless notifications, modern life rarely gives us room to breathe. (②) In search of relief, some turn to nature — not for achievement, but for reconnection. (③) Walking under trees, sitting by a lake, or simply watching the clouds can create a calming pause in our overstimulated lives. (④) It is in these moments of stillness that our minds begin to heal and our resilience starts to return.

38 주어진 문장이 들어갈 위치로 가장 적절한 것은?

Rather than focusing on punishment, its primary goal is to heal the harm caused by the crime and repair relationships among those affected.

In contrast to the traditional punitive justice system, which views crime as an act against the state, restorative justice sees crime as a violation of people and relationships. (①) This approach brings together those who have been harmed with those who have caused the harm, often in a carefully mediated meeting. (②) Victims have the opportunity to express the impact the crime has had on their lives, receive answers to their questions, and be directly involved in the process of justice. (③) Offenders, in turn, are encouraged to take responsibility for their actions, understand the harm they have caused, and contribute to repairing that harm. (④) This process aims to create a sense of resolution and reintegration for all parties, fostering a safer and more connected community.

39 주어진 문장이 들어갈 위치로 가장 적절한 것은?

To use an analogy, if DNA is the hardware of a computer, epigenetics is like the software that tells the hardware how to function.

Genetics has long focused on the DNA sequence itself as the primary determinant of an organism's traits. However, the field of epigenetics reveals that there is another layer of control. Epigenetics refers to modifications to DNA that do not change the DNA sequence but instead affect gene activity. (①) These epigenetic "marks" can turn genes on or off, controlling which proteins are produced. (②) This mechanism explains how genetically identical cells, like a neuron and a skin cell, can have vastly different functions and forms. (③) Furthermore, research suggests that some epigenetic changes can be influenced by environmental factors like diet and stress, and may even be heritable across generations. (④) Thus, it adds a dynamic dimension to our understanding of inheritance and identity.

40 주어진 문장이 들어갈 위치로 가장 적절한 것은?

In a culture obsessed with speed, waiting can be a quiet form of resistance and reflection.

We live in an era that prizes instant gratification. (①) One-click purchases, same-day deliveries, and real-time responses have become not just expectations, but norms. (②) As a result, waiting is often seen as an inconvenience — something to be eliminated or avoided. (③) Yet, when we pause instead of rushing, we allow space for deeper awareness and thoughtful decision-making. (④) Whether it's letting a conversation unfold, sitting with uncertainty, or simply standing in line without distraction, waiting can restore our connection to the present moment.

41 주어진 문장이 들어갈 위치로 가장 적절한 것은?

Rest is not simply the absence of activity, but the presence of restoration.

In a world that glorifies hustle, doing nothing is often viewed as laziness. (①) We push ourselves through fatigue, believing that constant productivity is a virtue. (②) Even on our days off, we fill our schedules with errands, obligations, and screens. (③) As a result, we rarely feel truly rested, even after hours of "free time." (④) Taking time for slow walks, quiet reflection, or simply being still can help reset our minds and bodies.

42 주어진 문장이 들어갈 위치로 가장 적절한 것은?

Sustained focus is a rare but transformative skill in a world of constant interruption.

In today's fast-paced environment, distraction has become the norm. (①) We check emails while on video calls, scroll through social media between tasks, and rarely complete a thought before something else grabs our attention. (②) As a result, many people struggle to produce meaningful work or even feel mentally exhausted without accomplishing much. (③) Deep focus, in contrast, allows us to enter a state of flow — where ideas connect more clearly and progress accelerates. (④) Practicing focus might mean silencing notifications, working in blocks of uninterrupted time, or even learning to be bored again.

43 주어진 문장이 들어갈 위치로 가장 적절한 것은?

But according to sports physiologists, static stretching can temporarily reduce strength and reaction time.

Many people believe that stretching before exercise is essential. (①) It's commonly thought to prevent injuries and prepare the muscles for activity. (②) Especially holding a stretch in a fixed position for a long period can reduce performance and even affect joint stability. (③) Experts now recommend "dynamic stretching" instead, which involves light movement to prepare the body. (④) Dynamic stretching increases blood flow and gradually raises body temperature, helping the body get ready for physical exertion.

44 주어진 문장이 들어갈 위치로 가장 적절한 것은?

In reality, psychologists point out that multitasking actually decreases efficiency and increases mental fatigue.

Many people pride themselves on their ability to multitask. (①) Answering emails during meetings or texting while cooking are seen as signs of productivity. (②) Trying to juggle multiple tasks often leads to errors and reduced focus. (③) Studies show that switching between tasks forces the brain to reset repeatedly, which drains energy. (④) To improve focus, experts recommend working on one task at a time and taking regular breaks.

45 주어진 문장이 들어갈 위치로 가장 적절한 것은?

However, recent studies show that even brief notifications can significantly interrupt cognitive flow.

Many people believe they can stay focused while occasionally checking their phones. (①) A message buzz or notification ping might seem harmless, especially if you ignore it or check it quickly. (②) Even a split-second distraction forces the brain to shift context, which requires time and mental energy to recover. (③) This "attention residue" makes it harder to return to the original task with the same depth of focus. (④) Over time, frequent alerts can lead to decreased productivity, fragmented thinking, and greater mental fatigue.

46 주어진 문장이 들어갈 위치로 가장 적절한 것은?

A Princeton University study showed that physical clutter in your surroundings competes for your attention, reducing performance and increasing stress.

A cluttered environment can subtly affect your mood and productivity. (①) When your space is messy, it creates visual noise that makes it harder to focus. (②) This often leads to a sense of overwhelm, even if you're not fully aware of it. (③) Clearing your desk or organizing your room can therefore be a simple way to boost clarity and calmness. (④) Many people report feeling more in control and motivated after tidying up their surroundings.

47 주어진 문장이 들어갈 위치로 가장 적절한 것은?

According to historical records, sometime in the early 1800s, a major flood submerged parts of the original settlement, burying tools, pottery, and remnants of daily life beneath thick layers of river sediment.

Archaeologists studying the Riverside Site in southern Illinois have uncovered valuable clues about early American frontier life. (①) Excavations revealed that the area was once home to settlers who relied heavily on farming and river trade. (②) Riverside was a key location along a now-dry river route that once connected remote villages to growing towns. (③) Many items unearthed during recent digs — such as clay pots, wooden implements, and preserved seeds — were found astonishingly intact. (④) In 2002, construction for a nearby road exposed part of the site, prompting professional archaeological investigation.

48 주어진 문장이 들어갈 위치로 가장 적절한 것은?

Some studies suggest that artificial light at night interferes with circadian rhythms, leading to disorientation in migrating birds and disrupted breeding in amphibians.

Artificial lighting has transformed urban life, making cities safer and more accessible at night. (①) Street lamps and illuminated buildings extend human activity well beyond daylight hours. (②) However, the benefits of night lighting come at an ecological cost that scientists are only beginning to understand. (③) Biologists have found growing evidence that nocturnal wildlife suffers from exposure to excessive lighting. (④) In response, some cities have adopted "dark sky" initiatives to reduce unnecessary illumination during nighttime.

49 주어진 문장이 들어갈 위치로 가장 적절한 것은?

Even when users don't respond, the mere presence of a notification can disrupt attention and hinder task performance.

Smartphones are designed to keep us connected, but their constant alerts may do more harm than good. (①) Notifications from apps, emails, and messages often arrive unexpectedly throughout the day. (②) Each alert competes for our limited attention, pulling our focus away from important tasks. (③) Studies have shown that people take longer to complete tasks and make more errors when interruptions occur. (④) As a result, some experts suggest disabling non-essential notifications or setting specific times to check devices.

50 주어진 문장이 들어갈 위치로 가장 적절한 것은?

However, when the music contains lyrics, it can compete with verbal processing and make it harder to focus on reading or writing tasks.

Background music is often used to boost concentration and productivity. (①) Many students and workers play music to create a more pleasant environment while studying or working. (②) Some research supports this practice, showing that instrumental music can enhance mood and sustain attention during repetitive tasks. (③) The steady rhythm and lack of sudden changes in tempo help maintain a stable cognitive state. (④) For tasks involving language, such as reading comprehension or essay writing, lyrical music can actually reduce performance.

51 주어진 문장이 들어갈 위치로 가장 적절한 것은?

In fact, the brain doesn't truly multitask but instead switches rapidly between tasks, creating a false sense of productivity.

Multitasking is often seen as a valuable skill in our fast-paced world. (①) People try to juggle emails, meetings, and assignments all at once to save time. (②) It may feel efficient, but studies show that it can actually reduce concentration and lead to more mistakes. (③) Attempting to do several things simultaneously places stress on the brain and makes it harder to store information. (④) This can affect not only work performance but also long-term memory retention.

52 주어진 문장이 들어갈 위치로 가장 적절한 것은?

If you choose to see the movie, for example, your opportunity cost is not just the ticket price, but also the value of the time you could have spent studying.

One of the most fundamental concepts in economics is opportunity cost—the value of the next-best alternative that must be forgone to pursue a certain action. It isn't just about monetary costs; it includes all real costs of making a choice. (①) This principle applies to all decisions, from an individual choosing how to spend their evening to a government deciding how to allocate its budget. (②) Essentially, every choice involves a trade-off. (③) Acknowledging opportunity costs forces a more careful evaluation of what is given up to gain something else. (④) Therefore, rational decision-making requires weighing the benefits of an option against its opportunity cost, not just its explicit costs.

53 주어진 문장이 들어갈 위치로 가장 적절한 것은?

But for others, artificial intelligence raises serious ethical concerns, such as bias in decision-making or lack of accountability.

Artificial intelligence (AI) is often praised for its ability to enhance efficiency, solve complex problems, and improve lives in many domains. (①) For some, AI represents a technological revolution that will benefit humanity by automating routine tasks and offering innovative solutions. (②) It can lead to improved medical diagnoses, smarter transportation systems, and more personalized education. (③) The debate surrounding AI's use often centers on how its benefits can be balanced with its potential drawbacks. (④) Experts emphasize the importance of developing transparent and responsible AI systems.

54 주어진 문장이 들어갈 위치로 가장 적절한 것은?

The tension between these differing views continues to shape education policy debates globally.

Recent educational reforms around the world emphasize measurable outcomes, accountability, and standardized testing. (①) For some, these reforms are seen as essential to raising educational standards and ensuring equity across school systems. (②) These changes aim to make schools more efficient, help identify underperforming institutions, and allocate resources more effectively. (③) But for others, such reforms are viewed as overly standardized, restricting teachers' autonomy and students' creativity. (④) Policymakers must consider both the need for assessment and the importance of preserving flexibility and innovation in classrooms.

55 주어진 문장이 들어갈 위치로 가장 적절한 것은?

However, this very cohesion can also lead to "groupthink," a phenomenon where the desire for harmony or conformity in the group results in an irrational or dysfunctional decision-making outcome.

Social cohesion refers to the strength of relationships and the sense of solidarity among members of a group or community. When cohesion is high, members are more likely to cooperate, support one another, and work towards common goals. (①) This can lead to enhanced productivity in workplaces and greater stability in communities. (②) The strong bonds and mutual trust foster a positive environment where people feel secure and valued. (③) For example, group members might suppress dissenting opinions to avoid conflict, leading the group to ignore potential risks and make poor choices. (④) Therefore, while social cohesion is often beneficial, it is crucial to encourage critical thinking and diverse perspectives to mitigate its potential downsides.

56 주어진 문장이 들어갈 위치로 가장 적절한 것은?

Failure, when approached with curiosity rather than shame, can become one of our greatest teachers.

We are often taught to fear failure — to avoid it at all costs and view it as a sign of weakness. (①) As a result, many people shy away from taking risks or trying something new. (②) This mindset not only limits personal growth, but also creates a culture that punishes experimentation. (③) But failure is not inherently harmful; what matters is how we respond to it. (④) Some of the world's most innovative discoveries emerged after repeated failures that revealed valuable insights.

57 주어진 문장이 들어갈 위치로 가장 적절한 것은?

This sudden, massive influx of gold devalued the precious metal in the region, causing a severe economic crisis that reportedly lasted for over a decade.

The Mali Empire, located in West Africa, was one of the wealthiest empires in world history, largely due to its vast control over the region's gold production. The fame of its wealth spread to Europe and the Middle East, primarily through the accounts of the pilgrimage of its emperor, Mansa Musa, in the 14th century. (①) During his journey to Mecca, Mansa Musa's caravan was said to have included tens of thousands of people and camels carrying enormous amounts of gold. (②) He generously distributed this gold as alms to the poor and as gifts to the rulers of the cities he passed through, including Cairo and Medina. (③) Ironically, the emperor's act of charity had a catastrophic economic impact on the places he visited. (④) This event is a rare historical example of a single individual's actions profoundly disrupting a regional economy.

58 주어진 문장이 들어갈 위치로 가장 적절한 것은?

Reducing digital clutter can create mental space for deeper focus and authentic engagement.

Many of us spend hours scrolling, swiping, and reacting — not out of purpose, but out of habit. (①) Notifications constantly pull our attention away from what truly matters. (②) Over time, this leads to reduced focus, mental fatigue, and a fragmented sense of self. (③) But what if we reclaimed our attention by simplifying our digital lives? (④) Turning off alerts, uninstalling nonessential apps, or scheduling phone-free hours are small changes that can make a big difference.

59 주어진 문장이 들어갈 위치로 가장 적절한 것은?

This problem, known as adverse selection, occurs because the party with more information has an incentive to use it to their advantage, potentially harming the less-informed party.

Many market transactions involve one party having more information than the other, creating "asymmetric information." A typical example is the used car market, where sellers know more about their vehicles than buyers. (①) A seller with a low-quality car (a "lemon") is more likely to sell it, while a seller with a high-quality car is more likely to keep it. (②) Consequently, the average quality of used cars on the market decreases, and buyers, aware of this risk, become unwilling to pay a high price. (③) This can lead to a market failure, where good products are driven out of the market because their true value cannot be recognized. (④) To counteract this, mechanisms like warranties or third-party inspections are often introduced.

60 주어진 문장이 들어갈 위치로 가장 적절한 것은?

For some, policies promoting gender equity represent long-overdue efforts to correct historical injustices and systemic imbalances.

Gender equality is often framed as a core value in modern democratic societies. (①) These include initiatives like workplace quotas, support for parental leave, and educational campaigns. (②) But for others, gender-focused initiatives are seen as overreaching or even unfair, reinforcing divisions rather than resolving them. (③) The public debate often reflects this tension, with some calling for stronger action and others urging restraint. (④) Governments and institutions now face the challenge of promoting inclusion while addressing concerns about fairness and effectiveness.

61 주어진 문장이 들어갈 위치로 가장 적절한 것은?

Because fungi can break down tough organic compounds, such as lignin and certain petroleum-based pollutants, they are increasingly seen as key agents in ecological restoration.

While discussions about sustainability often focus on solar panels or electric vehicles, a quieter revolution is taking place beneath our feet. (①) Fungi, long overlooked in environmental conversations, are emerging as powerful allies in the fight against pollution and soil degradation. (②) Unlike many conventional remediation methods that rely on synthetic chemicals, fungal networks operate through natural processes of decomposition and nutrient cycling. (③) These underground organisms not only absorb toxins but also improve soil structure, fostering long-term ecological resilience. (④) As scientists continue to uncover the diverse roles fungi play in ecosystems, their potential in addressing environmental crises becomes harder to ignore.

62 주어진 문장이 들어갈 위치로 가장 적절한 것은?

In this sense, artistic expression becomes not merely a mirror of society but a means through which the profound dimensions of human experience can be rendered visible.

Art has long been recognized as a reflection of culture, offering insight into the beliefs, struggles, and aspirations of a given time. (①) But beyond its documentary value, art holds the capacity to express what words often cannot capture — emotions, intuitions, and abstract states of being. (②) This is why purely literal or political readings of artworks can sometimes fall short of grasping their full impact. (③) Great art, from ancient sculptures to modern installations, frequently transcends its immediate historical context, resonating with audiences across cultures and centuries. (④) To approach art solely as a record of social reality is to overlook its deeper function as a conduit of the human condition.

63 주어진 문장이 들어갈 위치로 가장 적절한 것은?

> This signals to potential offenders that social control in the area is weak, making crime seem like a less risky endeavor.

The "Broken Windows" theory, proposed by James Q. Wilson and George L. Kelling in 1982, is a prominent criminological theory. It posits that visible signs of crime, anti-social behavior, and civil disorder create an urban environment that encourages further, more serious crime. (①) The theory uses a broken window as a metaphor: if a window in a building is left unrepaired, it suggests that no one cares and that breaking more windows costs nothing. (②) This idea extends to other signs of neglect such as graffiti, litter, and abandoned cars. (③) In this view, minor offenses and signs of disorder, if left unchecked, can spiral into a general atmosphere of lawlessness. (④) Therefore, the theory advocates for a policing strategy that focuses on maintaining order and cracking down on minor crimes to prevent the escalation to more serious ones.

64 주어진 문장이 들어갈 위치로 가장 적절한 것은?

> Unlike most countries that keep elephants publicly owned, Botswana, Zimbabwe, and South Africa gave private citizens the right to own elephants.

A common solution to the overuse of natural resources is to give individuals private ownership rights. In many African countries where elephants live, no one actually owns the elephants. Because of this, elephants are often hunted too much and are now at risk of disappearing. (①) Many countries have tried to protect elephants by creating national parks where hunting is banned. (②) However, despite these hunting bans, the number of elephants has continued to drop. (③) For example, Africa had over one million elephants just ten years ago, but that number has now been cut by more than half. (④) These private elephant owners raise and protect their elephants so they can breed and later be sold for their ivory, for trophy hunting in regulated parks, or to zoos around the world.

65 주어진 문장이 들어갈 위치로 가장 적절한 것은?

> These valuable commodities were the primary motivation for European powers to establish new maritime routes to Asia.

The Spice Trade, thriving from the Middle Ages to the early modern period, was a major driver of the global economy. Spices like cinnamon, cloves, and nutmeg from Southeast Asian islands were highly prized in Europe for flavoring food, preserving meat, and as medicines. (①) However, the overland routes, such as the Silk Road, were long, dangerous, and controlled by various intermediaries, making the final price of spices astronomically high in European markets. (②) The desire to bypass these traditional routes and gain direct access to the source of the spices fueled an age of exploration. (③) This led to Vasco da Gama's successful voyage around Africa to India in 1498, which opened a direct sea route for the spice trade. (④) Consequently, this shift in trade routes dramatically altered the balance of economic power, shifting it from the Italian city-states that dominated Mediterranean trade to nations like Portugal and Spain.

66 주어진 문장이 들어갈 위치로 가장 적절한 것은?

> As a result, literacy rates surged, and ideas could circulate with unprecedented speed and reach, bypassing traditional gatekeepers like the church and state.

The invention of the printing press by Johannes Gutenberg in the mid-15th century was a turning point in Western history. Before its invention, books were rare and expensive, meticulously copied by hand by scribes. (①) This process was slow and prone to error, limiting the dissemination of knowledge to a small, elite group. (②) The printing press, however, allowed for the mass production of texts at a fraction of the cost. (③) Suddenly, books and pamphlets became accessible to a much broader audience. (④) This technological shift fueled major social transformations, including the Protestant Reformation and the Scientific Revolution, which were driven by the widespread exchange of new thoughts and critiques.

67 주어진 문장이 들어갈 위치로 가장 적절한 것은?

> This concept of using coded instructions on punched cards to control a machine's operations is considered a foundational principle of modern computer programming.

Long before the advent of electronic computers, a significant step towards automated computation was made in the textile industry. In 1804, Joseph Marie Jacquard invented a loom that could automatically weave complex patterns into fabric. (①) The key to his invention was a system of replaceable punched cards. (②) Each card corresponded to one row of the design, and the presence or absence of a hole at a specific point on the card controlled whether a corresponding thread was raised or lowered. (③) By stringing these cards together in a sequence, the loom could produce intricate designs far more quickly and accurately than a human weaver. (④) Thus, this 19th-century weaving machine contained a crucial idea that would later shape the digital age.

68 주어진 문장이 들어갈 위치로 가장 적절한 것은?

> This stark contrast between light and shadow, known as chiaroscuro, creates a sense of volume, models the human form, and produces a powerful dramatic effect.

Baroque painting, which flourished in Europe from the early 17th century to the mid-18th century, is characterized by its drama, emotion, and grandeur. Artists of this period moved away from the harmony and balance of the Renaissance towards more dynamic and intense compositions. (①) One of the most significant techniques used to achieve this was the innovative use of light. (②) Painters like Caravaggio placed their subjects in near-total darkness, illuminated by a single, often harsh, light source from a specific direction. (③) In his painting "The Calling of Saint Matthew," for instance, a beam of light follows Christ's gesture, shining upon Matthew and symbolizing the moment of divine intervention. (④) This theatrical use of light became a hallmark of Baroque art, influencing countless artists that followed.

69 주어진 문장이 들어갈 위치로 가장 적절한 것은?

> When children are born into this pidgin-speaking community and acquire it as their native language, a process of nativization occurs, transforming the pidgin into a creole.

Languages are constantly evolving, and in situations of intense language contact, sometimes entirely new languages are born. This often happens when people from different language backgrounds are forced to communicate, such as in colonial plantations or trade posts. (①) Initially, they may develop a "pidgin," which is a grammatically simplified means of communication that emerges between two or more groups. (②) A pidgin is not a native language for anyone; it is a learned, makeshift language with a limited vocabulary and inconsistent grammar. (③) This new language is a fully developed and complex language, with its own consistent grammatical rules and a larger vocabulary. (④) Haitian Creole, which developed from contact between French and West African languages, is a prominent example of such a language.

70 주어진 문장이 들어갈 위치로 가장 적절한 것은?

> This ability, known as neuroplasticity, demonstrates that the brain is not a static organ but a dynamic system that can reorganize itself in response to experience.

For a long time, scientists believed that the adult brain was essentially fixed, meaning that its structures and neural pathways were unchangeable after a certain age. (①) However, modern research has overturned this outdated view. (②) Studies have shown that activities like learning a new language, playing a musical instrument, or even recovering from brain injury can create new neural connections. (③) For example, London taxi drivers, who must memorize a complex map of the city, have been found to have a significantly larger hippocampus, the brain region associated with memory. (④) This finding suggests that our daily activities and efforts can literally shape the physical structure of our brains.

진가영 영어
독해 끝판왕 500제 후반부

Chapter

07

순서 배열 유형

07 순서 배열 유형

⏳ 풀이 시간 - 문제당 1분 30초~2분

01 주어진 글 다음에 이어질 글의 순서로 가장 적절한 것은?

> Sleep plays a critical role in mental and physical health, yet it remains one of the most commonly neglected aspects of well-being.

(A) Prioritizing sleep by maintaining a consistent bedtime and creating a restful environment is essential for long-term health.
(B) When people fail to get adequate sleep, they experience reduced concentration, weakened immunity, and heightened emotional reactivity.
(C) These effects accumulate over time, increasing the risk of chronic conditions like heart disease, diabetes, and depression.

① (A) - (C) - (B)
② (B) - (A) - (C)
③ (B) - (C) - (A)
④ (C) - (B) - (A)

02 주어진 글 다음에 이어질 글의 순서로 가장 적절한 것은?

> Small businesses often drive innovation and resilience in local economies, especially during times of crisis.

(A) These flexible strategies not only kept businesses afloat but also strengthened community ties and customer loyalty.
(B) During the COVID-19 pandemic, many small restaurants adapted by offering delivery, selling meal kits, and using social media to reach customers.
(C) As a result, local economies with strong small business networks recovered faster than those heavily dependent on large chains.

① (A) - (C) - (B)
② (B) - (A) - (C)
③ (B) - (C) - (A)
④ (C) - (B) - (A)

03 주어진 글 다음에 이어질 글의 순서로 가장 적절한 것은?

Plastic pollution in the world's oceans has become a critical environmental issue affecting both marine life and human health.

(A) As global awareness grows, more governments are likely to adopt similar measures to protect the planet's ecosystems.
(B) These initiatives have already shown positive results by reducing waste in waterways and encouraging recycling behavior among citizens.
(C) To combat this problem, several countries have introduced deposit-return systems for plastic bottles and banned single-use plastics.

① (A) − (C) − (B)　② (B) − (A) − (C)
③ (C) − (A) − (B)　④ (C) − (B) − (A)

04 주어진 글 다음에 이어질 글의 순서로 가장 적절한 것은?

Acts of kindness, no matter how small, can significantly improve both the giver's and the receiver's well-being.

(A) These findings suggest that building kindness into daily routines can be a powerful tool for enhancing emotional health.
(B) Those on the receiving end also experienced increased feelings of social connection and reduced stress.
(C) In one study, participants who performed simple kind acts—like holding a door or writing a thank-you note—reported greater happiness after just one week.

① (A) − (C) − (B)　② (B) − (A) − (C)
③ (B) − (C) − (A)　④ (C) − (B) − (A)

05 주어진 글 다음에 이어질 글의 순서로 가장 적절한 것은?

While traditional classrooms emphasize structured lessons and standardized testing, alternative education models are gaining popularity for their flexibility.

(A) As debates about effective learning continue, many educators are exploring hybrid approaches that combine the strengths of both systems.
(B) In contrast, conventional education tends to group students by age and prioritize uniformity over individual needs.
(C) In Montessori schools, for example, students are encouraged to choose their own learning activities and move at their own pace.

① (B) − (A) − (C)　② (B) − (C) − (A)
③ (C) − (A) − (B)　④ (C) − (B) − (A)

06 주어진 글 다음에 이어질 글의 순서로 가장 적절한 것은?

The rising amount of space debris orbiting Earth has become a pressing concern for scientists and satellite operators.

(A) To address this threat, engineers are developing active debris removal technologies, such as robotic arms and nets designed to capture and de-orbit junk.
(B) If successful, these innovations could pave the way for safer and more sustainable use of Earth's orbital environment.
(C) These fragments, left behind by defunct satellites and rocket stages, pose collision risks to functioning spacecraft and even the International Space Station.

① (A) − (C) − (B)　② (B) − (C) − (A)
③ (C) − (A) − (B)　④ (C) − (B) − (A)

07 주어진 글 다음에 이어질 글의 순서로 가장 적절한 것은?

> Acts of creativity not only enrich individual lives but also contribute significantly to societal progress.

(A) These insights highlight the importance of integrating creative practices into everyday life for personal and collective growth.
(B) Moreover, communities that foster creative expression tend to experience higher levels of social cohesion and innovation.
(C) Studies have shown that engaging in creative activities, such as painting or writing, enhances problem-solving skills and emotional resilience.

① (A) − (C) − (B)   ② (B) − (A) − (C)
③ (C) − (A) − (B)   ④ (C) − (B) − (A)

08 주어진 글 다음에 이어질 글의 순서로 가장 적절한 것은?

> The printing press, invented in the mid-15th century, marked a turning point in the history of knowledge dissemination.

(A) As printing spread across Europe, literacy rates rose and ideas could be shared more quickly and widely.
(B) This democratization of knowledge helped fuel movements like the Renaissance and the Reformation in the centuries that followed.
(C) In 1455, Johannes Gutenberg produced the first printed Bible, making books more accessible than ever before.

① (A) − (C) − (B)   ② (B) − (C) − (A)
③ (C) − (A) − (B)   ④ (C) − (B) − (A)

09 주어진 글 다음에 이어질 글의 순서로 가장 적절한 것은?

> Music streaming platforms have fundamentally changed how people discover and engage with new artists.

(A) As a result, streaming services are not just entertainment tools, but influential forces shaping cultural trends and consumer habits.
(B) Unlike the traditional model where radio stations dictated popular songs, algorithms now personalize recommendations based on a listener's preferences and behavior.
(C) This shift has enabled independent musicians to gain visibility without major label support, leading to a more diverse music landscape.

① (A) − (C) − (B)   ② (B) − (A) − (C)
③ (B) − (C) − (A)   ④ (C) − (B) − (A)

10 주어진 글 다음에 이어질 글의 순서로 가장 적절한 것은?

> Universal basic income (UBI) has emerged as a controversial proposal aimed at addressing inequality and job displacement.

(A) Ongoing pilot programs in countries like Finland and Canada are exploring the real-world impacts of UBI on employment and well-being.
(B) Proponents argue that providing all citizens with a fixed income ensures financial stability and encourages creative or entrepreneurial pursuits.
(C) Critics, on the other hand, worry about the high cost of implementation and potential disincentives to work.

① (A) − (C) − (B)   ② (B) − (A) − (C)
③ (B) − (C) − (A)   ④ (C) − (B) − (A)

11 주어진 글 다음에 이어질 글의 순서로 가장 적절한 것은?

> Renewable energy sources are often compared to fossil fuels in terms of efficiency, cost, and environmental impact.

(A) Solar and wind energy produce no direct emissions and are becoming increasingly cost-competitive as technology improves.
(B) Understanding the strengths and limitations of each can help governments create balanced energy policies for the future.
(C) Even so, fossil fuels still dominate global energy use due to their established infrastructure and consistent energy output.

① (A) − (C) − (B)　② (B) − (A) − (C)
③ (B) − (C) − (A)　④ (C) − (B) − (A)

12 주어진 글 다음에 이어질 글의 순서로 가장 적절한 것은?

> The development of the polio vaccine is a landmark moment in medical history, illustrating how science can overcome devastating diseases.

(A) When the vaccine was declared safe and effective in 1955, it sparked nationwide vaccination campaigns and drastically reduced polio cases.
(B) Today, thanks to continued immunization efforts, polio has been eradicated in most parts of the world and remains close to global elimination.
(C) In the early 1950s, Dr. Jonas Salk conducted large-scale trials of his polio vaccine, involving over a million children in what became known as the "Polio Pioneers."

① (A) − (C) − (B)　② (B) − (C) − (A)
③ (C) − (A) − (B)　④ (C) − (B) − (A)

13 주어진 글 다음에 이어질 글의 순서로 가장 적절한 것은?

> Media literacy should be a core component of modern education, as students are constantly exposed to online information.

(A) However, teaching students how to critically evaluate media helps them make informed decisions and become responsible digital citizens.
(B) Without proper training, young people may struggle to distinguish between credible sources and misinformation.
(C) Schools must adapt curricula to include media analysis, fact-checking skills, and awareness of bias in digital content.

① (A) − (C) − (B)　② (B) − (A) − (C)
③ (B) − (C) − (A)　④ (C) − (B) − (A)

14 주어진 글 다음에 이어질 글의 순서로 가장 적절한 것은?

> The concept that true freedom arises not from the absence of constraints but from alignment with rational principles has long been central to philosophical discourse.

(A) Rather than viewing freedom as mere permission to act on impulse, philosophers such as Kant argued that autonomy stems from self-legislation guided by reason.
(B) According to this view, individuals are most free when they act not under compulsion or whim, but in accordance with universal moral laws they prescribe for themselves.
(C) This perspective is based on two key ideas: first, that moral reasoning transcends subjective desires, and second, that rational agency enables authentic autonomy.

① (A)−(C)−(B)　② (B)−(C)−(A)
③ (C)−(A)−(B)　④ (C)−(B)−(A)

15 주어진 글 다음에 이어질 글의 순서로 가장 적절한 것은?

The growing concern over plagiarism in popular culture calls for more than just legal measures.

(A) Legal actions often occur after the damage is done, and they rarely restore the original artist's full credit or profit.
(B) Moreover, such practices erode public trust in creative industries, as audiences become skeptical of the originality of what they consume.
(C) This is why a stronger emphasis on ethical education and industry transparency is needed to prevent plagiarism before it happens.

① (A)-(B)-(C)　② (A)-(C)-(B)
③ (B)-(C)-(A)　④ (C)-(A)-(B)

16 주어진 글 다음에 이어질 글의 순서로 가장 적절한 것은?

The concept of emotional intelligence (EI) refers to the ability to perceive, control, and evaluate emotions—in oneself and others. It is a critical skill for personal and professional success.

(A) For example, a leader with high EI can better manage team dynamics and motivate employees, while a person with low EI might struggle with interpersonal relationships.
(B) This ability can be broken down into four core components: self-awareness, self-management, social awareness, and relationship management.
(C) Each component builds on the previous one. Self-awareness, the foundation, is the ability to recognize your own emotions and how they affect your thoughts and behavior.

① (A)-(C)-(B)　② (B)-(A)-(C)
③ (B)-(C)-(A)　④ (C)-(B)-(A)

17 주어진 글 다음에 이어질 글의 순서로 가장 적절한 것은?

Climate change continues to accelerate despite international agreements and public awareness campaigns.

(A) This lack of clarity allows many governments to delay action without consequences, undermining trust in the global climate response.
(B) Therefore, it is essential to adopt policies with measurable targets and to implement strict monitoring to ensure that leaders follow through on their promises.
(C) These efforts, while well-intentioned, have proven insufficient because they often lack clear goals and enforceable commitments.

① (A)-(C)-(B)　② (B)-(C)-(A)
③ (C)-(A)-(B)　④ (C)-(B)-(A)

18 주어진 글 다음에 이어질 글의 순서로 가장 적절한 것은?

Art has evolved significantly, with digital media reshaping how we create and experience it.

(A) Nevertheless, both forms express human creativity and emotion, showing that the core purpose of art remains unchanged despite changes in medium.
(B) Unlike traditional art forms that require physical materials like canvas and paint, digital art relies on software tools and can be endlessly edited or shared online.
(C) This shift has made art more accessible and collaborative; however, some argue that it lacks the tactile presence and uniqueness found in traditional works.

① (A)-(C)-(B)　② (B)-(A)-(C)
③ (B)-(C)-(A)　④ (C)-(A)-(B)

19 주어진 글 다음에 이어질 글의 순서로 가장 적절한 것은?

In an effort to combat the plastic pollution crisis, two main alternatives have emerged: biodegradable plastics and recyclable plastics.

(A) However, both options have limitations—biodegradable plastics often require specific conditions to decompose properly, while many recyclable plastics are not actually recycled due to contamination or infrastructure gaps.
(B) In contrast, recyclable plastics are intended to be processed and reused multiple times, thus lowering the demand for raw materials and energy.
(C) Biodegradable plastics are designed to break down naturally through microbial activity, which can reduce long-term waste in landfills.

① (A)−(C)−(B) ② (B)−(C)−(A)
③ (C)−(A)−(B) ④ (C)−(B)−(A)

20 주어진 글 다음에 이어질 글의 순서로 가장 적절한 것은?

Concepts of time differ significantly between Western and Indigenous cultures, shaping how each views history and progress.

(A) Western societies often perceive time linearly, emphasizing forward movement, innovation, and chronological record-keeping.
(B) These distinct worldviews influence not only historical interpretation but also approaches to sustainability and cultural preservation.
(C) In contrast, many Indigenous communities regard time as cyclical, with past, present, and future intertwined in sacred rituals and storytelling.

① (A) − (B) − (C) ② (A) − (C) − (B)
③ (B) − (C) − (A) ④ (C) − (B) − (A)

21 주어진 글 다음에 이어질 글의 순서로 가장 적절한 것은?

When San Francisco's Golden Gate Bridge was under design in the 1930s, many people debated what color it should be painted.

(A) Eventually, architect Irving Morrow selected a color called "International Orange" because it was both eye-catching and suitable for the natural beauty of the area.
(B) However, some thought this choice would make the bridge look too industrial and harsh.
(C) The U. S. Navy recommended painting the bridge yellow with black stripes to prevent collisions in foggy conditions.

① (A)−(C)−(B) ② (B)−(A)−(C)
③ (B)−(C)−(A) ④ (C)−(B)−(A)

22 주어진 글 다음에 이어질 글의 순서로 가장 적절한 것은?

Youth unemployment remains a pressing issue in many developed countries, especially in times of economic uncertainty.

(A) In addition, offering more internships and apprenticeship programs can give students practical experience, making the transition from school to work smoother and more effective.
(B) One major factor is the mismatch between the skills young people acquire in school and the qualifications employers are seeking in the job market.
(C) To bridge this gap, governments and educational institutions must work together to design curricula that reflect the real demands of the workforce.

① (A)−(B)−(C) ② (B)−(A)−(C)
③ (B)−(C)−(A) ④ (C)−(A)−(B)

23 주어진 글 다음에 이어질 글의 순서로 가장 적절한 것은?

You might be surprised to learn that the shortest recorded war in history lasted only 38 minutes. It is known as the Anglo-Zanzibar War and took place in 1896 between Britain and a small African island nation called Zanzibar.

(A) In response, Britain sent three warships and began bombarding the palace. The attack killed hundreds and forced the new ruler to flee, leading Zanzibar to surrender quickly.

(B) Although the conflict lasted less than an hour, it effectively ended Zanzibar's political independence and solidified British control over the region.

(C) The war began shortly after Zanzibar's ruler died. His cousin seized power without British approval, prompting the British to demand that he step down. When he refused, he ordered 3,000 soldiers to defend the palace.

① (A)−(C)−(B)
② (B)−(A)−(C)
③ (C)−(A)−(B)
④ (C)−(B)−(A)

24 주어진 글 다음에 이어질 글의 순서로 가장 적절한 것은?

To set up a successful home composting system, the first step is choosing the right location. It should be a shady, well-drained spot that is easily accessible but not too close to your house.

(A) After a few weeks, you will need to turn the pile with a pitchfork or shovel. This aeration process is crucial for providing oxygen to the microorganisms that break down the waste.

(B) Next, begin layering your materials. Alternate between "green" materials like fruit and vegetable scraps, which are rich in nitrogen, and "brown" materials like dry leaves and cardboard, which provide carbon.

(C) Then, lightly water the pile to give it the moisture content of a damp sponge. Proper moisture is essential for the decomposition process to begin. Finally, cover the top of the pile to retain heat and moisture.

① (A)−(C)−(B)
② (B)−(A)−(C)
③ (B)−(C)−(A)
④ (C)−(B)−(A)

25 주어진 글 다음에 이어질 글의 순서로 가장 적절한 것은?

Not all childhood dreams become reality. According to a survey in the UK, about 96% of adults said they were not working in the job they had dreamed of as a child.

(A) On the other hand, people who dreamed of becoming athletes or actors were less likely to enter those fields. Many of them ended up working in hospitality, event planning, or accounting.

(B) The same survey found that jobs like teacher and lawyer were among the most achievable dreams. About 14% of those who wanted to be teachers were actually working in education, and the same percentage of those who wanted to be lawyers were employed in legal or security-related fields.

(C) But does it really matter if you achieve your childhood dream? Research says yes. Those working in their dream jobs reported a 92% satisfaction rate, compared to 84% among others. That means dream-fulfillment can significantly impact long-term happiness.

① (A)-(C)-(B)
② (B)-(A)-(C)
③ (B)-(C)-(A)
④ (C)-(A)-(B)

26 주어진 글 다음에 이어질 글의 순서로 가장 적절한 것은?

Unlike real-time discussions, online forums allow people to communicate by posting messages at different times. This method of interaction creates a unique form of dialogue that has its own strengths and weaknesses.

(A) However, this level of participation is often hard to maintain. As a result, online discussions may drag on for an unnaturally long time, and some posts might eventually get ignored.

(B) Some of the contributions may be simple comments, while others include questions, answers, or even challenges. These messages don't have to be long or detailed to keep the discussion going.

(C) Each new message usually responds to a previous one, and the conversation builds gradually. The biggest advantage of this format is that people can join the discussion whenever they have time.

① (B)-(A)-(C)
② (B)-(C)-(A)
③ (C)-(A)-(B)
④ (C)-(B)-(A)

27 주어진 글 다음에 이어질 글의 순서로 가장 적절한 것은?

> Some movies seem to deal directly with the major social issues that everyone is talking about. However, it's important to remember that not all films are made with the intention of addressing current events.

(A) In fact, the writer and director had come up with the story nearly fifteen years before the film was completed and released. That was long before the modern environmental movement had even begun.

(B) In some ways, their assumption made sense. After all, the film's plot centered on saving Earth from pollution using a small plant. And when the movie was released, environmental concerns were a hot topic. But that assumption turned out to be wrong.

(C) One reason is that making a film takes a long time. A hot issue at the time of a movie's release might not have existed when the script was originally written. This is exactly what happened with a movie many people assumed was about environmentalism.

① (B)−(A)−(C)
② (B)−(C)−(A)
③ (C)−(A)−(B)
④ (C)−(B)−(A)

28 주어진 글 다음에 이어질 글의 순서로 가장 적절한 것은?

> In the middle of a war, when life becomes almost unbearable, refugees accept the risk of a difficult journey—just like boarding a boat that might sink.

(A) For example, some carry clothing from their past, like old work uniforms, even if those are no longer useful. Sometimes, they even wear them to remind themselves of who they once were.

(B) No longer members of a society where they had names, addresses, and social networks, they are now simply called "refugees." Afraid of losing their identity, they hold on to memories from home.

(C) Although their journey is extremely hard, losing their homeland is often even more painful. The physical damage may seem serious, but the emotional damage is usually worse.

① (B)−(A)−(C)
② (B)−(C)−(A)
③ (C)−(A)−(B)
④ (C)−(B)−(A)

29 주어진 글 다음에 이어질 글의 순서로 가장 적절한 것은?

Many modern devices are not only designed to perform certain functions but also to make users feel assured that they are working properly.

(A) In fact, such features are not entirely new. In the 1960s, an early telephone switching system sometimes redirected failed calls to random recipients, leading the caller to believe they had simply dialed the wrong number.

(B) Although this might seem deceptive, it helped reduce user frustration and maintain public trust in the reliability of the new system.

(C) One example is that some voice call apps deliberately add artificial background noise. This is because a perfectly silent connection may make users think the call has been disconnected.

① (B)−(A)−(C)
② (B)−(C)−(A)
③ (C)−(A)−(B)
④ (C)−(B)−(A)

30 주어진 글 다음에 이어질 글의 순서로 가장 적절한 것은?

Weapons built for domination create games with clear winners and losers. They end conflict through destruction, not resolution.

(A) Think of two rivals who choose to end their conflict. They might go on to build something remarkable together—a community, a company, or even a movement for good.

(B) That's why peace can be more powerful than war. It's not just about stopping violence but about creating room for cooperation, creativity, and change.

(C) In contrast, when people choose peace, they open the door to new possibilities. Peace doesn't have a set ending—it continues and evolves with the choices people make.

① (A)−(C)−(B)
② (B)−(A)−(C)
③ (C)−(A)−(B)
④ (C)−(B)−(A)

31 주어진 글 다음에 이어질 글의 순서로 가장 적절한 것은?

There is a saying in the Netherlands: "You milk a cow through her mouth." It suggests that better care and attention to the cow — including feeding and treatment — lead to better milk.

(A) One key finding was that farmers who named their cows and treated them with personal care saw an increase in milk yield. This was not just a small improvement but a meaningful one.

(B) Similarly, using names and showing personal attention also benefits human interactions. Whether it's with customers or employees, addressing people by name improves satisfaction and engagement.

(C) But milk production is not only about food. In a study by researchers Catherine Bertenshaw and Peter Rowlinson, more than 500 English farmers were surveyed to investigate the effect of emotional interaction on cows.

① (A) − (C) − (B)
② (B) − (A) − (C)
③ (C) − (A) − (B)
④ (C) − (B) − (A)

32 주어진 글 다음에 이어질 글의 순서로 가장 적절한 것은?

We often decorate our personal spaces, even though these decorations may appear unnecessary from a purely functional perspective.

(A) So while a toy robot on a shelf won't finish a report for you, or a colorful wall hanging won't answer your emails, such items still influence how we feel and behave in the space. Our decorations are not accidental — they reflect and affect how we function.

(B) The results revealed that employees who feel "comfortable" in their workspaces are more likely to be productive and contribute positively to their company. Importantly, this "comfort" includes not only physical but also emotional and aesthetic factors.

(C) In fact, what seems like "just decoration" might significantly shape how we think and act in a space. One study by the Gallup Management Journal explored this connection between physical environment and employee engagement.

① (A) − (C) − (B)
② (B) − (A) − (C)
③ (C) − (A) − (B)
④ (C) − (B) − (A)

33 주어진 글 다음에 이어질 글의 순서로 가장 적절한 것은?

Sarah Harmer, a Canadian skier, was competing in a cross-country team event when her ski pole suddenly broke. Unable to keep up, she watched as other teams passed her on a steep hill.

(A) When asked about his action, Fagerstroem humbly said, "Winning isn't everything. If you can help someone and don't, then winning means nothing."
(B) Harmer later learned that the man was Asle Fagerstroem, coach of the Norwegian team, which finished just behind Canada. Canadians praised his sportsmanship.
(C) Just when things seemed hopeless, a man appeared from the side of the course and handed her a replacement pole. Energized, she rejoined the race and helped Canada earn the silver medal.

① (A) − (C) − (B)
② (B) − (A) − (C)
③ (C) − (A) − (B)
④ (C) − (B) − (A)

34 주어진 글 다음에 이어질 글의 순서로 가장 적절한 것은?

Some educators assume that children's knowledge depends mostly on what they have learned in school. This leads them to plan lessons based only on previous school activities.

(A) School instruction can support this outside learning by offering more structured opportunities. Still, schools should not act as if they are the only source of knowledge.
(B) However, this view overlooks the rich learning that happens outside school. Children bring knowledge from their homes and communities, which often connects deeply with academic content.
(C) Teachers should start their lessons by asking what students already know and what they might teach each other from their own experiences.

① (A) − (C) − (B)
② (B) − (A) − (C)
③ (B) − (C) − (A)
④ (C) − (B) − (A)

35 주어진 글 다음에 이어질 글의 순서로 가장 적절한 것은?

A sense of place forms when people connect emotionally with a location through repeated experiences.

(A) They often talked about childhood places they loved, such as a quiet forest or a neighborhood stream. Sadly, many of these places no longer exist, but the emotional bond remains strong.
(B) In many interviews, environmental activists from various countries said that their early memories of nature shaped their identity and values.
(C) This connection develops as people notice the sights, sounds, and routines of a space. Over time, these experiences help the space feel familiar and meaningful.

① (A) − (C) − (B)
② (B) − (A) − (C)
③ (C) − (A) − (B)
④ (C) − (B) − (A)

36 주어진 글 다음에 이어질 글의 순서로 가장 적절한 것은?

In India, elephants are often used for labor, but when they are not working, they still need to be kept under control. How can such powerful animals be restrained without using chains or cages?

(A) As the elephants grow, the rope becomes thinner. Yet they never try to break it again. They still believe escape is impossible, even though they are now strong enough to break free easily.
(B) The only thing keeping them in place is a belief planted during their early years. Their real limitation is not physical, but mental — a habit of the mind formed long ago.
(C) Handlers train them when they are young. A baby elephant, weighing about 150 pounds, is tied with a heavy rope. It struggles all day to escape but fails. Eventually, it learns that resistance is useless.

① (A) − (B) − (C)
② (B) − (A) − (C)
③ (C) − (A) − (B)
④ (C) − (B) − (A)

37 주어진 글 다음에 이어질 글의 순서로 가장 적절한 것은?

> The rise of automation and artificial intelligence (AI) has sparked intense debate about the future of human employment.

(A) While some jobs will inevitably disappear, others will be transformed, and entirely new roles will emerge that we can hardly imagine today.
(B) Two major perspectives dominate the conversation: one sees technological change as a threat to employment, while the other views it as an opportunity for reinvention.
(C) It is overly simplistic to assume that automation will merely replace workers; history suggests a more complex outcome.

① (A)−(C)−(B) ② (B)−(A)−(C)
③ (B)−(C)−(A) ④ (C)−(B)−(A)

38 주어진 글 다음에 이어질 글의 순서로 가장 적절한 것은?

> The growing environmental crisis has led to increasing calls for large-scale policy change and corporate responsibility.

(A) While these systemic efforts are crucial, individuals also play a significant role through daily choices—such as reducing waste, conserving energy, and adopting sustainable habits.
(B) Moreover, when individuals act collectively, their influence can drive broader social and political momentum for environmental reform.
(C) Two main reasons support the importance of personal action: its direct environmental impact and its power to inspire systemic change.

① (A)−(C)−(B) ② (B)−(C)−(A)
③ (C)−(A)−(B) ④ (C)−(B)−(A)

39 주어진 글 다음에 이어질 글의 순서로 가장 적절한 것은?

> With the increasing reliance on digital devices, how we remember information is undergoing significant change.

(A) Instead of storing facts in our minds, we often outsource memory to our phones or the internet, trusting we can retrieve it anytime.
(B) One consequence of this shift is what some researchers call "cognitive offloading," where the brain delegates storage tasks to external tools.
(C) Two key aspects characterize this change: we remember less information ourselves, and we become more dependent on devices for recall.

① (A)−(C)−(B) ② (B)−(C)−(A)
③ (C)−(A)−(B) ④ (C)−(B)−(A)

40 주어진 글 다음에 이어질 글의 순서로 가장 적절한 것은?

> People often think of self-control as a matter of willpower, assuming that resisting temptation is simply about trying harder.

(A) Instead of relying solely on willpower, successful self-control often depends on environmental strategies—like removing distractions or setting up reminders.
(B) However, research shows that willpower alone is a limited resource, one that weakens over time and under stress.
(C) This has led psychologists to explore alternative approaches that help people manage their impulses more effectively.

① (A)−(C)−(B) ② (B)−(A)−(C)
③ (B)−(C)−(A) ④ (C)−(B)−(A)

41 주어진 글 다음에 이어질 글의 순서로 가장 적절한 것은?

Many people assume that creativity is best sparked in fast-paced, stimulating environments full of activity and collaboration.

(A) In contrast, moments of solitude allow the brain to wander freely, connect distant ideas, and access inner thoughts without external interruption.
(B) This explains why writers, inventors, and artists often retreat from the world when they need to generate original ideas or solve complex problems.
(C) However, research in cognitive science suggests that solitude can play a critical role in the creative process.

① (A)-(C)-(B) ② (B)-(C)-(A)
③ (C)-(A)-(B) ④ (C)-(B)-(A)

42 주어진 글 다음에 이어질 글의 순서로 가장 적절한 것은?

Although empathy is often viewed as a soft or emotional trait, it plays a critical role in maintaining strong social bonds.

(A) In fact, by truly listening and acknowledging others' emotions, people create safe spaces where trust and openness can flourish.
(B) This emotional connection allows individuals to respond to conflict with greater compassion and reduces the likelihood of escalation.
(C) Research suggests that empathy enhances interpersonal communication and promotes cooperation, especially in moments of misunderstanding or disagreement.

① (A)-(C)-(B) ② (B)-(C)-(A)
③ (C)-(A)-(B) ④ (C)-(B)-(A)

43 주어진 글 다음에 이어질 글의 순서로 가장 적절한 것은?

It's easy to assume that small dogs aren't capable of heroic acts—especially when they're barely larger than a loaf of bread.

(A) The dog barked furiously and even bit the attacker's leg, giving her owner just enough time to escape and call for help.
(B) But one such dog defied those expectations when it protected its elderly owner from a thief during an early morning walk.
(C) News outlets picked up the story, and the local mayor awarded the dog a medal for bravery at a community event.

① (A)-(C)-(B) ② (B)-(A)-(C)
③ (B)-(C)-(A) ④ (C)-(B)-(A)

44 주어진 글 다음에 이어질 글의 순서로 가장 적절한 것은?

People often take photographs without thinking much about what they're capturing—especially when snapping random shots during travel or exploration.

(A) Scientists later examined the image and confirmed that it showed a previously undocumented species of orchid growing in the region.
(B) That's what happened when a hiker in Brazil casually posted a photo of a rainforest flower online, unaware of its significance.
(C) The image quickly gained attention from the scientific community, prompting a full expedition to locate and study the rare plant.

① (A)-(C)-(B) ② (B)-(A)-(C)
③ (B)-(C)-(A) ④ (C)-(B)-(A)

45 주어진 글 다음에 이어질 글의 순서로 가장 적절한 것은?

For centuries, the precise navigational methods used by ancient Polynesian voyagers to settle the vast islands of the Pacific Ocean remained a profound mystery to Western scholars.

(A) This hypothesis was put to the ultimate test in 1976 when the Polynesian Voyaging Society built a replica of an ancient canoe, the Hōkūle'a, and successfully navigated from Hawaii to Tahiti without modern instruments.
(B) Unlike European sailors who relied on magnetic compasses and sextants, these master mariners navigated by observing natural signs: the stars, the sun's path, ocean swells, cloud formations, and the flight patterns of birds.
(C) Based on this understanding, anthropologists began to hypothesize that a complex, non-instrumental system of wayfinding had been systematically developed and passed down through generations.

① (A)−(C)−(B)
② (B)−(C)−(A)
③ (C)−(A)−(B)
④ (C)−(B)−(A)

46 주어진 글 다음에 이어질 글의 순서로 가장 적절한 것은?

The small, independent bookstore was my sanctuary, a quiet haven in a city that never seemed to sleep. I knew its every corner, the scent of old paper and fresh ink a constant comfort. For years, it was my unchanging refuge.

(A) At first, I felt a sense of loss. The familiar clutter was replaced by sleek shelves, and a small café occupied the corner where the poetry section used to be. The comforting scent was now mixed with the aroma of coffee.
(B) That feeling of displacement, however, slowly transformed into a quiet appreciation. I saw new faces, young readers drawn in by the bright, modern space. The bookstore wasn't just my refuge anymore; it had become a community hub.
(C) Then, one morning, a "Under New Management" sign appeared on the door. The new owner, a young entrepreneur, initiated a major renovation, promising to modernize the space while preserving its spirit.

① (A)−(C)−(B)
② (B)−(A)−(C)
③ (C)−(A)−(B)
④ (C)−(B)−(A)

47 주어진 글 다음에 이어질 글의 순서로 가장 적절한 것은?

When children draw imaginary maps or treasure hunts, adults usually treat them as harmless play with no real-world consequence.

(A) After an initial investigation, researchers confirmed that the symbols resembled markers used by ancient coastal tribes and aligned with known settlement patterns.
(B) The child had drawn a "pirate map" based on strange stone shapes seen during a beach visit, unknowingly reproducing features of a lost archaeological site.
(C) But in one remarkable case, a child's drawing led historians to revisit a stretch of coastline that had long been overlooked.

① (A)−(C)−(B) ② (B)−(A)−(C)
③ (B)−(C)−(A) ④ (C)−(B)−(A)

48 주어진 글 다음에 이어질 글의 순서로 가장 적절한 것은?

Most passengers stare out of airplane windows just to pass the time, rarely expecting to see anything extraordinary.

(A) Experts confirmed that the strange spiral pattern was the result of a rare atmospheric phenomenon known as gravity waves, which had never been photographed so clearly.
(B) But one passenger on a flight over the Pacific noticed an unusual cloud formation, snapped a photo, and later uploaded it to a weather forum.
(C) The post quickly caught the attention of meteorologists, who launched a collaborative study using satellite data to analyze the event further.

① (A)−(C)−(B) ② (B)−(A)−(C)
③ (B)−(C)−(A) ④ (C)−(B)−(A)

49 주어진 글 다음에 이어질 글의 순서로 가장 적절한 것은?

Recording ambient sound is a common habit for nature enthusiasts, but rarely does it lead to scientific breakthroughs.

(A) Intrigued, a team of biologists analyzed the audio and found that the call matched no known species, suggesting it could belong to a nearly extinct rainforest bird.
(B) However, while hiking in a remote part of Borneo, one traveler unknowingly captured a unique bird call while testing his new field recorder.
(C) This unexpected clue sparked a new expedition to track the sound's origin and confirmed sightings of a bird believed to have vanished decades earlier.

① (A)−(C)−(B) ② (B)−(A)−(C)
③ (B)−(C)−(A) ④ (C)−(B)−(A)

50 주어진 글 다음에 이어질 글의 순서로 가장 적절한 것은?

In recent years, there has been a growing interest in exhibitions that reveal not only an artist's works but also their private letters, journals, or studio spaces.

(A) Writers, for instance, are increasingly featured in shows that highlight their annotated manuscripts or the personal objects found on their desks.
(B) Visual artists have long had their creative environments staged for audiences, offering a glimpse into their habits, routines, and inner lives.
(C) While both types of exhibitions appeal to curiosity about the private self, literary exhibitions tend to emphasize emotional insight, whereas art shows often focus on the myth of genius and inspiration.

① (A)−(C)−(B) ② (B)−(A)−(C)
③ (B)−(C)−(A) ④ (C)−(B)−(A)

51 주어진 글 다음에 이어질 글의 순서로 가장 적절한 것은?

Audiences today are increasingly drawn to media that claim to show "real life," but not all forms of so-called reality content are created equal.

(A) Despite both being labeled "nonfiction," documentaries tend to highlight social issues with editorial restraint, while reality shows focus more on drama and entertainment value.
(B) Reality television, for instance, often uses scripted scenarios, selective editing, and competitive structures to create a heightened sense of conflict.
(C) Documentaries, on the other hand, typically present carefully researched stories and feature interviews with real participants in real-world contexts.

① (A)−(C)−(B)
② (B)−(A)−(C)
③ (B)−(C)−(A)
④ (C)−(B)−(A)

52 주어진 글 다음에 이어질 글의 순서로 가장 적절한 것은?

For centuries, humans relied on memory not only to store facts but also to pass down stories, values, and collective identity.

(A) As we outsource more memory tasks to machines, some researchers worry we may also lose aspects of self-reflection and cultural continuity tied to traditional memory practices.
(B) With the rise of digital technologies, however, we have begun to rely less on our internal memory and more on external devices to record and retrieve information.
(C) This shift doesn't merely affect how we store data — it changes the role of memory itself in shaping identity, relationships, and even emotional processing.

① (A)−(C)−(B)
② (B)−(A)−(C)
③ (B)−(C)−(A)
④ (C)−(B)−(A)

53 주어진 글 다음에 이어질 글의 순서로 가장 적절한 것은?

Cities are not only visual landscapes but also acoustic ones; the sounds around us shape how we feel, think, and act, often in ways we don't consciously notice.

(A) One study found that areas with consistent traffic noise led to more hurried walking speeds, while locations with birdsong or music encouraged people to stroll or linger longer.

(B) Increasingly, urban planners and psychologists are turning their attention to "soundscapes" — the overall sound environment — as a factor in shaping public behavior.

(C) Insights like these have led some cities to install ambient music or design quieter green spaces as a way to subtly influence crowd flow and promote psychological well-being.

① (A)−(C)−(B)
② (B)−(A)−(C)
③ (B)−(C)−(A)
④ (C)−(B)−(A)

54 주어진 글 다음에 이어질 글의 순서로 가장 적절한 것은?

To bake a classic sourdough bread, the first step is to activate the starter. You must feed it with flour and water and let it sit for several hours until it becomes bubbly and doubles in size.

(A) After this resting period, you shape the dough into a round loaf and place it in a proofing basket. This is the final rise, which develops the flavor.

(B) Once the starter is active, mix it with more flour, water, and salt to form a shaggy dough. Then, let this mixture rest for about an hour. This initial rest is called the autolyse.

(C) Next, you perform a series of "stretches and folds" on the dough every 30 minutes for a few hours. This process builds strength in the dough without kneading.

① (A)−(C)−(B)
② (B)−(A)−(C)
③ (B)−(C)−(A)
④ (C)−(B)−(A)

55 주어진 글 다음에 이어질 글의 순서로 가장 적절한 것은?

Artificial intelligence (AI) is becoming an increasingly powerful force in the classroom, both enhancing and complicating the way students learn.

(A) This dual nature of AI can be empowering for some educators, who see its potential to personalize learning, but overwhelming for others who struggle to keep pace with the tools.
(B) On one hand, it enables adaptive learning and instant feedback; on the other, it raises concerns about dependency and equity.
(C) In response to these challenges, continuous professional development and ethical guidelines are necessary to ensure AI serves all learners effectively.

① (A)−(C)−(B)   ② (B)−(A)−(C)
③ (B)−(C)−(A)   ④ (C)−(B)−(A)

56 주어진 글 다음에 이어질 글의 순서로 가장 적절한 것은?

Digital literacy is now considered essential in modern education, but its integration into schools presents both opportunities and challenges.

(A) Educators must not only learn to use digital tools, but also help students critically evaluate information and behave ethically online.
(B) On one hand, digital platforms expand access to information and foster collaboration; on the other, they risk spreading misinformation and widening digital divides.
(C) These complexities require a more thoughtful approach to digital education—one that goes beyond basic skills and emphasizes digital citizenship.

① (A)−(C)−(B)   ② (B)−(A)−(C)
③ (B)−(C)−(A)   ④ (C)−(B)−(A)

57 주어진 글 다음에 이어질 글의 순서로 가장 적절한 것은?

Mindfulness has gained popularity in recent years, not only as a personal practice but also as a tool in education, business, and healthcare.

(A) However, without proper understanding, its use can become superficial—reduced to a trendy buzzword rather than a meaningful practice.
(B) As a result, experts emphasize the importance of teaching mindfulness with depth, grounding it in evidence-based methods and ethical intentions.
(C) Its appeal lies in its simplicity and its reported benefits—reducing stress, improving focus, and enhancing emotional well-being.

① (A)−(C)−(B)   ② (B)−(A)−(C)
③ (B)−(C)−(A)   ④ (C)−(B)−(A)

58 주어진 글 다음에 이어질 글의 순서로 가장 적절한 것은?

Gamification is increasingly being used in education to engage students, but its effects are not universally positive.

(A) Depending too heavily on external rewards may reduce students' intrinsic motivation to learn, making them more focused on points than on understanding content.
(B) While elements like badges, points, and leaderboards can make learning more enjoyable and interactive, they may also shift attention away from deeper cognitive engagement.
(C) To use gamification effectively, educators must balance game elements with meaningful feedback and opportunities for reflection.

① (A)−(C)−(B)   ② (B)−(A)−(C)
③ (B)−(C)−(A)   ④ (C)−(B)−(A)

59 주어진 글 다음에 이어질 글의 순서로 가장 적절한 것은?

While global policies are essential in tackling climate change, individual actions also play a critical role in shaping a sustainable future.

(A) Yet focusing solely on individual responsibility may obscure the need for systemic reforms, leading people to overlook the role of corporations and governments.
(B) Simple behaviors such as reducing meat consumption, driving less, and conserving electricity may seem small, but collectively they can create meaningful impact.
(C) In addition, these actions can signal demand for greener policies and help shift cultural norms toward environmental consciousness.

① (A)−(C)−(B) ② (B)−(A)−(C)
③ (B)−(C)−(A) ④ (C)−(B)−(A)

60 주어진 글 다음에 이어질 글의 순서로 가장 적절한 것은?

The rise of social media has led to growing concern about its influence on public discourse and democratic processes.

(A) For example, platforms that reward sensational content often deepen division, whereas those that promote verified information can strengthen public trust.
(B) Scholars generally fall into two camps: some argue that social media empowers civic engagement, while others warn that it erodes reasoned debate and fosters echo chambers.
(C) It is misleading to frame social media as either purely beneficial or entirely harmful; its impact depends largely on how platforms are designed and used.

① (A)−(C)−(B) ② (B)−(C)−(A)
③ (C)−(A)−(B) ④ (C)−(B)−(A)

61 주어진 글 다음에 이어질 글의 순서로 가장 적절한 것은?

He stood by the gate, the scarf I had given him years ago hanging loosely around his neck. I wanted to say something — but the words wouldn't come.

(A) The train was already waiting, its engine humming. I picked up my bag, not daring to look back, afraid he might not be there anymore.
(B) He gave me a half-smile and reached out, not for a handshake, but to fix the collar of my coat — like he used to when we were kids.
(C) When the train pulled away, I finally looked. He hadn't moved. He just raised one hand, palm open — not goodbye, but something softer, heavier.

① (A)−(C)−(B) ② (B)−(A)−(C)
③ (B)−(C)−(A) ④ (C)−(A)−(B)

62 주어진 글 다음에 이어질 글의 순서로 가장 적절한 것은?

The gunfire had stopped, but the smoke still clung to the air as I stepped over the shattered gate, searching for my brother.

(A) I reached the collapsed trench where we had last been together. His jacket was there, covered in dust, and I called his name — but no answer came.
(B) I ran past twisted metal and fallen helmets, my boots sinking into mud and ash. Every step felt heavier than the last.
(C) Then I heard a cough — faint, but real. I dropped to my knees and started digging. When our hands met, we didn't speak. We just held on.

① (A)−(C)−(B) ② (B)−(A)−(C)
③ (B)−(C)−(A) ④ (C)−(A)−(B)

63 주어진 글 다음에 이어질 글의 순서로 가장 적절한 것은?

For years, I regarded the old wooden desk in my study as nothing more than a functional piece of furniture. It was sturdy and spacious, but I had always assumed it was a mass-produced item with no particular history.

(A) Inside this small, hidden space was a leather-bound journal. The entries, written in elegant cursive, detailed the life of a woman who had lived in my house a century ago.
(B) However, one rainy afternoon, while cleaning a sticky drawer, my fingers caught on a loose piece of wood at the back. To my surprise, it was the front of a secret compartment.
(C) That discovery transformed the mundane object into a treasure chest, connecting me directly to the past. The desk was no longer just a desk; it was a silent keeper of stories.

① (A)−(C)−(B)
② (B)−(A)−(C)
③ (B)−(C)−(A)
④ (C)−(B)−(A)

64 주어진 글 다음에 이어질 글의 순서로 가장 적절한 것은?

To cultivate a small herb garden indoors, the first step is to choose the right container. It should have drainage holes at the bottom to prevent the roots from rotting.

(A) Next, place the container in a location where it will receive at least six hours of sunlight per day, such as a south-facing windowsill. Consistent light is crucial for the herbs to photosynthesize and grow strong.
(B) Finally, water the seeds gently but thoroughly. The soil should be moist but not waterlogged. With proper care, tiny sprouts should emerge within a week or two.
(C) Once you have the container, fill it with a quality potting mix, leaving about an inch of space at the top. Then, sprinkle the herb seeds evenly over the soil surface and cover them with a thin layer of mix.

① (A)−(C)−(B)
② (B)−(A)−(C)
③ (C)−(A)−(B)
④ (C)−(B)−(A)

65 주어진 글 다음에 이어질 글의 순서로 가장 적절한 것은?

For botanists studying nocturnal ecosystems, a nighttime walk through the forest is a routine part of their research. Typically, the focus is on observing night-blooming flowers or the behavior of nocturnal pollinators.

(A) This faint, ethereal light was not from any known source. Intrigued, the researcher moved closer and found that the glow emanated from a cluster of small, unassuming mushrooms growing on a decaying log.

(B) This phenomenon was later confirmed to be a species of bioluminescent fungi, which glows through a chemical reaction. This accidental discovery opened up a new avenue of research into the ecological role of these light-emitting organisms.

(C) However, on one particular expedition in a remote rainforest, a researcher noticed an unexpected phenomenon: a soft, ghostly green glow filtering through the dense undergrowth.

① (A)-(C)-(B)
② (B)-(A)-(C)
③ (C)-(A)-(B)
④ (C)-(B)-(A)

66 주어진 글 다음에 이어질 글의 순서로 가장 적절한 것은?

The field of genetics has long focused on the DNA sequence itself as the primary determinant of an organism's traits. However, a newer field called epigenetics is revealing that there is another layer of control that influences how genes are expressed without altering the DNA code.

(A) This process, which can be triggered by environmental factors like diet or stress, acts like a series of molecular switches that can turn genes on or off, thereby modifying their activity.

(B) One of the most studied epigenetic mechanisms is DNA methylation. This involves the addition of a small chemical group, called a methyl group, to specific parts of the DNA molecule.

(C) What this means is that two individuals with identical DNA, such as twins, can exhibit different traits or health outcomes based on their unique epigenetic patterns shaped by their life experiences.

① (A)-(C)-(B)
② (B)-(A)-(C)
③ (B)-(C)-(A)
④ (C)-(A)-(B)

67 주어진 글 다음에 이어질 글의 순서로 가장 적절한 것은?

The term "post-truth" was chosen as the Oxford Dictionaries' Word of the Year in 2016, signifying a new era in public discourse. It describes circumstances where objective facts are less influential in shaping public opinion than appeals to emotion and personal belief.

(A) Consequently, in this environment, expert opinions and verifiable data are often dismissed as mere "opinions," while baseless claims can gain traction if they align with an audience's pre-existing feelings.

(B) It is crucial to distinguish this concept from simply lying. A liar acknowledges the truth but tries to conceal it; a post-truth narrative, on the other hand, makes the truth itself irrelevant.

(C) Instead, the emphasis shifts to how a story makes people feel. Narratives that resonate emotionally or confirm deeply held biases are accepted as true, regardless of their factual basis.

① (A)−(C)−(B)
② (B)−(A)−(C)
③ (B)−(C)−(A)
④ (C)−(B)−(A)

68 주어진 글 다음에 이어질 글의 순서로 가장 적절한 것은?

The act of parents documenting their children's lives on social media, a phenomenon known as "sharenting," has become a common aspect of modern family life. This practice stems from a desire to connect with family and friends and to create a digital scrapbook of memories.

(A) This dilemma has sparked a global conversation about a child's "right to be forgotten," questioning where a parent's right to share ends and a child's right to privacy begins.

(B) For many parents, this digital sharing is a natural extension of proud parenting in the 21st century. It allows them to celebrate milestones and receive community support in their parenting journey.

(C) However, a conflict arises as these digitally documented children grow older and develop their own sense of self and privacy. They may not consent to their childhood photos and anecdotes remaining publicly accessible online.

① (A)−(C)−(B)
② (B)−(A)−(C)
③ (B)−(C)−(A)
④ (C)−(B)−(A)

69 주어진 글 다음에 이어질 글의 순서로 가장 적절한 것은?

A Non-Fungible Token (NFT) is a unique digital identifier that is recorded on a blockchain and is used to certify ownership and authenticity. It cannot be copied, substituted, or subdivided.

(A) An NFT works in a similar way for a digital file, like an image or a song. The blockchain acts as a public ledger, providing a permanent record of who created the item and who owns it now.

(B) To understand this, think of a famous painting like the Mona Lisa. Anyone can buy a poster of the painting, but only one person or institution can own the original, authentic piece.

(C) This verifiable proof of ownership is what gives a unique digital item value, allowing creators to sell their work directly to collectors in a way that was not possible before.

① (A)−(C)−(B)
② (B)−(A)−(C)
③ (B)−(C)−(A)
④ (C)−(A)−(B)

70 주어진 글 다음에 이어질 글의 순서로 가장 적절한 것은?

"Citizen science" refers to scientific research conducted, in whole or in part, by amateur or nonprofessional scientists. It allows the public to contribute to the discovery of new scientific knowledge.

(A) A well-known example of this is the "Great Backyard Bird Count," where thousands of volunteers report the birds they see in their local areas on a specific day.

(B) By collecting vast amounts of data from many different places at the same time, these projects allow scientists to study large-scale patterns that one research team could never observe alone.

(C) The process usually begins when professional scientists design a research protocol that volunteers can follow with minimal training. This ensures that the data collected is consistent and reliable.

① (A)−(C)−(B)
② (B)−(A)−(C)
③ (C)−(A)−(B)
④ (C)−(B)−(A)

진가영 영어
독해 끝판왕 500제 후반부

Chapter 08

빈칸 완성 유형

빈칸 완성 유형

01 밑줄 친 부분에 들어갈 말로 가장 적절한 것은?

One of the most debated issues in contemporary art is how to define the value of a piece beyond its market price. Take, for example, the works of Banksy, whose street art often conveys sharp political messages. While many collectors pay large sums for his paintings, others argue that the true value lies in the social dialogue they provoke. This tension reveals a broader shift in the art world, where audiences increasingly care about the narratives behind artworks. Institutions and curators now focus on selecting pieces that _____ rather than just those created by famous names. This shift not only democratizes art appreciation but also encourages emerging voices to be heard.

① cost millions to acquire
② express themes relevant to public life
③ are selected for their historical prestige
④ confuse viewers with abstract styles

02 밑줄 친 부분에 들어갈 말로 가장 적절한 것은?

In the age of digital communication, the ability to write clearly and persuasively is more important than ever. Whether composing emails, social media posts, or professional documents, people rely on writing to share ideas and influence others. Yet writing instruction in schools often focuses heavily on grammar and structure, neglecting real-world application. Some educators argue that students should engage with tasks that reflect authentic purposes, such as writing letters to local officials or contributing to blogs. These tasks expose learners to audiences that _____ and encourage meaningful revision. When students know their words will be read by someone beyond the classroom, they often take greater care in crafting their message. Developing these habits early on can foster both confidence and civic engagement in young writers.

① demand formal citations and footnotes
② consist solely of anonymous reviewers
③ provide genuine feedback or responses
④ require memorization of standard phrases

03 밑줄 친 부분에 들어갈 말로 가장 적절한 것은?

Recent studies in cognitive science suggest that one unexpected benefit of learning to play a musical instrument is _____.
Music education has long been associated with emotional expression and artistic development. However, neuroscientists have begun to uncover its role in strengthening executive functions such as attention control and working memory. Brain scans show increased activity in areas responsible for task-switching and impulse regulation among trained musicians. These effects are especially pronounced in children who begin lessons at an early age. As a result, some educators are advocating for music programs not only in arts curricula but also as a tool for cognitive development. The findings challenge the idea that music is merely a creative outlet and highlight its broader role in brain health.

① an enhanced ability to remember specific details
② enhanced control over high-level thinking skills
③ faster reflexes during physical competition
④ the ability to regulate emotions

04 밑줄 친 부분에 들어갈 말로 가장 적절한 것은?

_____ can lead to more satisfying and long-lasting relationships. When Mia started practicing active listening with her friends, she noticed a significant improvement in how deeply they connected. Instead of thinking about her own responses, she focused on what others were truly saying. Over time, her friends opened up more, shared personal stories, and expressed appreciation for her presence. In another example, Jason applied the same technique at work, and it helped him build trust with colleagues. They began to seek his input more often and included him in important decisions. These cases show that small shifts in communication style can have meaningful impacts on personal and professional relationships.

① Expressing strong opinions
② Practicing empathetic communication
③ Changing topics frequently
④ Avoiding emotional discussions

05 밑줄 친 부분에 들어갈 말로 가장 적절한 것은?

> Multilingualism is often viewed as a cognitive and cultural asset in today's globalized society. Surprisingly, some recent studies suggest that regularly switching between languages may also enhance _____.
> This phenomenon, known as language switching, forces the brain to manage competing systems without confusion. Researchers have found that bilingual individuals show greater mental flexibility and quicker task adaptation than monolinguals. In one experiment, participants who alternated languages during problem-solving tasks completed them more efficiently. Such findings have led some educators to reconsider the value of code-switching in the classroom, rather than discouraging it. These insights point to a broader understanding of how bilingualism affects executive control and learning efficiency.

① exposure to standardized grammar instruction
② sensitivity to subtle cultural differences
③ the ability to perform complex cognitive tasks
④ resistance to second language acquisition

06 밑줄 친 부분에 들어갈 말로 가장 적절한 것은?

> The true power of scientific modeling lies in _____, not merely in generating predictions. While forecasts are valuable for planning, the deeper role of models is to illuminate relationships between variables and test hypothetical scenarios. For example, climate models not only project temperature rise but also help policymakers understand how specific interventions might affect long-term outcomes. Similarly, economic models allow researchers to isolate key factors in complex systems, revealing underlying dynamics. By treating models as exploratory tools rather than absolute truths, scientists can refine theories and enhance understanding. Thus, the value of modeling lies as much in the questions it raises as in the answers it provides.

① its ability to reveal causal mechanisms
② its capacity to summarize recent discoveries
③ its role in visually presenting complex data
④ its role in popularizing scientific jargon

07 밑줄 친 부분에 들어갈 말로 가장 적절한 것은?

Metacognitive thinking, which _____ _____, helps students become more independent and reflective learners. Unlike traditional education, which often focuses on delivering facts and expecting memorization, metacognitive strategies encourage students to think about their own thinking. These strategies include planning how to approach a task, monitoring one's comprehension, and evaluating the effectiveness of learning methods. For example, a student using metacognition might realize that re-reading notes is less effective than explaining the content aloud to someone else. Such awareness helps students adjust their strategies and improve academic performance. Teachers can support this process by modeling metacognitive thinking and giving students tools to assess their progress. Ultimately, learners who develop strong metacognitive skills are better prepared to handle complex problems and lifelong learning.

① encourages learners to memorize information more rigidly
② supports the ability to reflect on and regulate one's learning
③ focuses on group discipline over individual autonomy
④ provides access to more multimedia materials in class

08 밑줄 친 부분에 들어갈 말로 가장 적절한 것은?

Psychologists have long studied how humans respond to failure. Recent findings suggest that people who reframe their setbacks as learning opportunities show improvements in _____. This cognitive strategy, known as "adaptive self-reflection," involves analyzing what went wrong without falling into self-criticism. Instead of avoiding failure or denying responsibility, individuals examine their actions and extract useful lessons. Brain imaging studies reveal that those who practice this technique show reduced activity in regions associated with shame and increased engagement in areas related to planning. Over time, this pattern can lead to better decision-making and greater persistence in the face of challenges. As a result, therapists and educators alike are exploring ways to teach adaptive self-reflection to help people develop emotional resilience.

① patterns of unhealthy perfectionism
② managing stress responses to negative feedback
③ emotional regulation and future behavior
④ general intelligence and memory recall

09 밑줄 친 부분에 들어갈 말로 가장 적절한 것은?

The success of modern recycling programs depends less on public participation alone and more on _____. While early campaigns focused heavily on consumer responsibility, today's systems must address the inefficiencies in collection, sorting, and material recovery. Even when citizens recycle diligently, poorly designed infrastructure can result in contamination or low reuse rates. Moreover, inconsistent regulations and lack of incentives discourage investment in circular economy models. To move beyond symbolic recycling, policymakers must create systems that integrate technological innovation with effective governance. Only then can recycling fulfill its promise as a key solution to global waste and resource challenges.

① the integration of policy and industrial infrastructure
② sustained commitment to environmental protection
③ the profitability of single-use plastic production
④ grassroots opposition to environmental regulation

10 밑줄 친 부분에 들어갈 말로 가장 적절한 것은?

_____ has contributed to a decline in children's creativity and attention span. In many households, screen time has replaced open-ended play and real-world exploration. Instead of drawing, building, or inventing stories, children often passively consume content. Experts warn that this shift limits the development of imagination and problem-solving skills. To address this concern, some educators and parents are introducing structured tech-free hours. During these times, children are encouraged to engage in hands-on projects, outdoor play, or collaborative storytelling. Such efforts aim to restore a balance between digital media and creative expression in young minds.

① The increasing dominance of digital entertainment
② The social trend toward digital-centered education
③ Excessive parental involvement and attention
④ The negative perception of play-based learning

11 밑줄 친 부분에 들어갈 말로 가장 적절한 것은?

Digital textbooks have gained popularity in schools due to their portability and interactive features. However, studies comparing digital and print reading suggest that print readers, who often engage more deeply with the text, outperform their digital counterparts in comprehension tests. One explanation is that the physical structure of print provides spatial cues which _____. For instance, flipping through pages, underlining with a pen, or feeling the thickness of read versus unread pages can help students form a mental map of the material. In contrast, scrolling through endless text on a screen often leads to fragmented reading and reduced focus. Educators are therefore advised to be mindful of media format when designing reading-based assignments. Instead of abandoning digital tools altogether, the goal should be to blend them with print in ways that optimize learning outcomes.

① prevent students from becoming overly engaged with the content
② help readers locate and remember information more effectively
③ contribute to alleviating eye fatigue
④ serve to eliminate the risk of data leakage

12 밑줄 친 부분에 들어갈 말로 가장 적절한 것은?

While traditional museums emphasize the preservation of artifacts and historical context, contemporary art spaces _____.
They prioritize engagement and interpretation, encouraging viewers to interact with the work or even become part of it. For example, immersive installations that respond to body movement or sound invite visitors to co-create the experience. Such interactivity transforms passive spectators into active participants, reshaping how art is defined and consumed. However, critics argue that too much focus on audience participation risks diluting artistic intent. Still, the democratization of art spaces reflects a shift in cultural values toward inclusivity and dialogue. Striking a balance between artistic autonomy and public involvement remains a central challenge for curators today.

① train visitors to recreate ancient methods of art-making
② preserve only government-approved classical artworks
③ aim to isolate viewers from emotionally charged work
④ blur the boundary between artist and audience

13 밑줄 친 부분에 들어갈 말로 가장 적절한 것은?

_____ has placed growing economic pressure on younger generations, limiting their ability to live independently or plan for the future. In major cities around the world, rising property prices and stagnant wages have created a widening gap between income and rent. Many young adults are forced to live with their parents longer, delay marriage, or spend a large portion of their income on housing costs. This financial pressure limits their ability to save for the future or invest in personal growth opportunities. To address this issue, some governments have introduced policies such as rent control, first-time buyer subsidies, and the construction of affordable housing units. Nonprofit organizations are also stepping in, creating cooperative housing models that emphasize shared ownership and community values. While these solutions may not resolve the entire crisis, they represent meaningful steps toward a more inclusive housing system.

① A shift to remote work
② The deepening housing crisis
③ The tendency to give up on employment
④ Government spending cuts

14 밑줄 친 부분에 들어갈 말로 가장 적절한 것은?

The development of assistive technologies has significantly enhanced the autonomy of individuals with disabilities. For instance, screen readers allow visually impaired users to access _____, enabling them to interact with digital systems on more equitable terms. Voice-controlled interfaces further empower users with motor impairments to complete tasks that would otherwise require manual input. Even subtitling and real-time transcription tools support those with hearing challenges, promoting broader information equity. Collectively, such innovations transcend accommodation and signal a paradigm shift toward universal usability. Yet without thoughtful integration, these tools may perpetuate barriers if designed without input from the communities they aim to serve. True accessibility requires a design philosophy grounded in empathy, functionality, and inclusion.

① complex textual content across diverse online platforms
② unauthorized financial records and transaction logs
③ restricted information not open to the public
④ unrelated advertising banners and visual clutter

15 밑줄 친 부분에 들어갈 말로 가장 적절한 것은?

_____ has made it harder for small businesses to survive in competitive markets. With the rise of e-commerce platforms and multinational chains, local shops often struggle to attract customers. Many consumers prioritize convenience and lower prices, overlooking the value of community-based stores. This trend leads to the closure of small businesses, job losses, and weakened local economies. To combat this, some cities have introduced initiatives such as "shop local" campaigns, tax breaks for independent retailers, and community events that support small business visibility. In addition, digital training programs help local store owners develop online marketing strategies and improve their customer reach. These combined efforts aim to level the playing field and preserve the cultural and economic diversity of neighborhoods.

① The lack of government subsidies
② The expansion of large corporations
③ Declining loyalty to local businesses
④ Fluctuations in local consumer demand

16 밑줄 친 부분에 들어갈 말로 가장 적절한 것은?

_____ is no longer just a corporate trend but a vital factor in long-term business success. Today's consumers are increasingly aware of the ethical and environmental impact of the products they buy. They expect companies not only to deliver quality goods but also to operate responsibly. Surveys show that customers are more likely to remain loyal to brands that support fair labor practices, use sustainable materials, and reduce carbon emissions. Moreover, employees are drawn to companies with clear social missions, improving retention and workplace morale. Critics argue that corporate social responsibility (CSR) is merely a branding strategy, but its real-world impact on community well-being and environmental health cannot be denied. Firms that neglect CSR may find themselves out of touch with modern market demands and social expectations.

① Corporate social responsibility
② Employee performance evaluation
③ Mass production and automation
④ Competitive price cutting strategies

17 밑줄 친 부분에 들어갈 말로 가장 적절한 것은?

Artificial intelligence (AI) is rapidly changing how we interact with the world. _____, it enables machines to make decisions, recognize speech, and even translate languages in real time. These capabilities rely on complex algorithms trained with vast amounts of data. AI is now being applied across industries — from healthcare to finance — where it helps detect diseases, predict market trends, and improve customer service. While these applications offer many benefits, they also raise ethical questions about data privacy, bias, and the role of machines in society. As AI continues to evolve, developing clear regulations and ethical guidelines will be crucial to ensuring its responsible use.

① Because of advances in mechanical automation
② Despite limited computing power
③ By mimicking human intelligence
④ With minimal data input

18 밑줄 친 부분에 들어갈 말로 가장 적절한 것은?

Digital payment systems have revolutionized how consumers conduct transactions. They allow users to complete _____ without relying on physical cash or even traditional bank cards. From mobile apps to contactless smartwatches, a variety of tools now enable fast and secure purchases. This shift has not only increased convenience but also accelerated the global movement toward a cashless society. However, it also raises concerns about cybersecurity and data privacy, especially in regions with weak digital infrastructure. As these systems continue to evolve, governments and businesses must work together to ensure both accessibility and protection for all users.

① convenient payments when traveling abroad
② online purchases and peer-to-peer transfers
③ everyday cashless transactions
④ measures to ensure full privacy

19 밑줄 친 부분에 들어갈 말로 가장 적절한 것은?

Watching live theater and watching a movie may seem similar, but they offer quite different experiences. While films can use camera angles, editing, and visual effects to enhance storytelling, stage plays rely on real-time performance and physical space. This difference forces theater directors to carefully design _____ to keep the audience engaged throughout the show. In contrast, film directors can control the viewer's focus with close-ups or rapid scene changes. Despite these differences, both forms can effectively convey emotion, narrative, and meaning. Understanding their unique strengths allows audiences to appreciate each medium on its own terms.

① audience ratings and online reviews
② computer-generated imagery and sound mixing
③ lighting, staging, and actor movement
④ costume rental policies and camera permits

20 밑줄 친 부분에 들어갈 말로 가장 적절한 것은?

Exceptional leadership in complex environments is often misconstrued as the capacity for decisive, unilateral action. A more nuanced view reveals that it is characterized by a commitment to fostering collective intelligence. _____ _____, a leader cultivates an ecosystem of psychological safety where dissent is not punished but mined for valuable insights. This deliberate cultivation of cognitive diversity acts as an organizational immune system against groupthink and suboptimal decisions. By prioritizing the rigorous, often uncomfortable, process of listening over the expedient act of commanding, a leader does not abdicate responsibility; rather, they architect a more resilient and adaptive decision-making apparatus for the entire organization.

① With an emphasis on obedience over cooperation
② Through the resolute projection of hierarchical authority
③ Instead of presuming a monopoly on correct perspectives
④ By accelerating the speed of top-down directives

21 밑줄 친 부분에 들어갈 말로 가장 적절한 것은?

The Enlightenment fundamentally redefined _____, moving away from divine authority toward reason, evidence, and individual rights. This intellectual movement, which began in 17th-century Europe, emphasized human capacity for rational thought and empirical inquiry. Thinkers like John Locke and Voltaire rejected inherited power structures, advocating instead for democratic governance and secular morality. In contrast to the medieval worldview rooted in religious doctrine, the Enlightenment promoted a vision of progress based on critical thinking and scientific advancement. Its influence continues to shape modern legal systems, political ideologies, and educational institutions.

① the supremacy of religious doctrine
② the artistic value of medieval iconography
③ the practical benefits of feudal obligations
④ the foundation of legitimate authority

22 밑줄 친 부분에 들어갈 말로 가장 적절한 것은?

Markets have always responded to shifts in supply and demand, but today's changes are faster and more unpredictable. This volatility is largely the result of _____.
Digital platforms, algorithmic trading, and consumer sentiment expressed through social media can trigger immediate fluctuations. Traditional forecasting models often struggle to keep up with such real-time dynamics. As a result, economists and businesses are adopting adaptive tools that can respond to short-term variations. These include AI-driven analytics and flexible pricing strategies. Ultimately, understanding these mechanisms is essential for making informed economic decisions.

① economic systems grounded in long-standing historical traditions
② a growing number of external factors and rapidly shifting information streams
③ stable financial institutions and long-term planning frameworks
④ reduced participation of consumers in shaping market demand

23 밑줄 친 부분에 들어갈 말로 가장 적절한 것은?

Social media platforms have transformed how people communicate and interact on a daily basis. This transformation reflects _____.
Users now expect constant connectivity, instantaneous responses, and personalized content delivery. While these features offer convenience, they also reshape attention spans and social expectations. Many experts argue that such platforms amplify emotional reactions and reduce opportunities for deep reflection. Consequently, concerns are rising about their impact on mental health, civic discourse, and democratic processes. Understanding the psychological and societal consequences of this shift is therefore essential.

① a return to slow, deliberate communication modes rooted in tradition
② a cultural shift toward rapid, feedback-driven interaction
③ the growing decline of interpersonal interaction
④ the growing rejection of technology in favor of face-to-face dialogue

24 밑줄 친 부분에 들어갈 말로 가장 적절한 것은?

Stress affects nearly every aspect of human health, from mood and memory to immune response. Researchers have found that _____ _____. Chronic exposure to stress hormones can lead to structural changes in the brain, particularly in areas related to emotion and decision-making. Over time, this can increase the risk of anxiety, depression, and cognitive decline. However, stress is not inherently harmful; the problem lies in its intensity, duration, and how it is managed. Regular exercise, mindfulness practices, and social support are known to buffer against the negative effects. Addressing stress early can thus prevent long-term damage and improve overall quality of life.

① a lack of external stimuli promotes psychological flexibility
② even low-level stressors can have measurable biological consequences
③ the immune system benefits from constant mild pressure
④ only traumatic stressors are associated with neural changes

25 밑줄 친 부분에 들어갈 말로 가장 적절한 것은?

> Group behavior often emerges in ways that individuals alone would not anticipate or perform. Psychologists attribute this to _____.
> In a crowd, personal responsibility can diffuse, and actions become driven more by shared emotion than reason. This helps explain why protests can escalate quickly or why people follow trends without fully understanding them. Moreover, social identity theory suggests that individuals tend to conform to norms associated with their in-group. While such behavior promotes unity, it can also lead to polarization and groupthink. Understanding these dynamics is key to managing collective decision-making in complex societies.

① deliberate ethical reasoning and individual accountability
② unconscious processes and social pressures inherent in group settings
③ the longing to be accepted and admired by people around
④ private reflection and rational consensus-building

26 밑줄 친 부분에 들어갈 말로 가장 적절한 것은?

> As artificial intelligence becomes more integrated into daily life, ethical concerns are gaining attention. Many of these concerns revolve around _____. For example, algorithmic bias can reproduce and amplify existing social inequalities. There are also questions about accountability when machines make life-altering decisions. Some ethicists argue that technological progress should be guided by human-centered values, not just efficiency. Balancing innovation with ethical reflection has thus become a central challenge in modern society.

① moral obligations tied to the decision-making power of intelligent systems
② the spiritual value of limiting human access to new technologies
③ the growing anxiety over AI surpassing human capabilities
④ the right of artificial intelligence to possess moral autonomy

27 밑줄 친 부분에 들어갈 말로 가장 적절한 것은?

The process of modernization reshaped societies around the world in fundamental ways. It introduced new economic systems, political institutions, and cultural values. Urbanization brought about _____. These changes not only altered how people lived and worked, but also redefined social roles and expectations. At the same time, modernization was not uniform; its effects varied widely depending on geography and context. As a result, historians view modernization as a complex and multidimensional phenomenon. Understanding its long-term consequences can help societies better prepare for future transformations.

① the rural-urban development gap
② resistance to all forms of centralized authority
③ population growth and the development of new social dynamics
④ the collapse of industrial systems and market economies

28 밑줄 친 부분에 들어갈 말로 가장 적절한 것은?

As technology continues to evolve, questions about its ethical implications have become increasingly urgent. Scholars emphasize the need to align innovation with moral reasoning and social responsibility. At the heart of this discussion lies _____. Technologies like facial recognition and autonomous weapons raise concerns about privacy, consent, and accountability. Many ethicists argue that just because something is technologically possible does not mean it is ethically permissible. They stress the importance of foresight and ethical frameworks when implementing powerful tools. This perspective encourages more deliberate and value-driven approaches to innovation.

① the moral necessity of halting technological innovation altogether
② a fundamental tension between capability and ethical acceptability
③ universal agreement on the ethical uses of artificial intelligence
④ the need to eliminate all forms of morally ambiguous innovation

29 밑줄 친 부분에 들어갈 말로 가장 적절한 것은?

As global interactions increase, understanding cultural differences becomes more critical. In business, education, and diplomacy, success often depends on the ability to navigate unfamiliar norms. One major source of misunderstanding is _____. For example, while Western cultures may value directness and individual initiative, many Eastern cultures emphasize group harmony and indirect communication. These contrasting values can affect everything from negotiation styles to classroom participation. Without cultural sensitivity, well-intended actions can easily be misinterpreted or even cause offense. Promoting intercultural awareness, therefore, plays a vital role in building effective global cooperation.

① a shared commitment to universal behavioral standards
② the absence of any significant variation in communication styles
③ differing views on authority, expression, and interpersonal interaction
④ a growing cultural uniformity between the West and the East

30 밑줄 친 부분에 들어갈 말로 가장 적절한 것은?

Managing stress is not just about avoiding pressure — it's about understanding its sources and our reactions to it. While some stress is unavoidable, how we interpret and respond to it plays a critical role in its impact. A common cause of chronic stress is _____. For instance, perfectionists often set unrealistically high standards, which can lead to frustration and burnout. Additionally, people with poor time management skills may experience constant anxiety and a sense of being overwhelmed. Experts recommend building coping strategies such as journaling, mindfulness, and seeking social support. By addressing internal triggers and reshaping habits, individuals can reduce stress and improve mental health.

① genetic differences in emotional sensitivity among individuals
② demanding external circumstances beyond our control
③ internal beliefs and expectations that heighten self-imposed pressure
④ a tendency to hesitate to show emotions to others

31 밑줄 친 부분에 들어갈 말로 가장 적절한 것은?

Modern education must place greater emphasis on _____.
In an age dominated by information and rapid technological change, students often focus on absorbing facts rather than questioning their meaning. Philosophical thinking fosters habits of reflection, critical analysis, and ethical reasoning that are vital in a democratic society. It encourages learners to explore different perspectives and challenge assumptions. Despite its value, philosophy is frequently marginalized in contemporary curricula. Reintegrating it into education could equip future generations with the tools needed to navigate complexity and uncertainty. Ultimately, fostering philosophical literacy should be seen as a core component of holistic education.

① memorizing technical definitions without critical reflection
② solving mathematical equations through rote calculation
③ philosophical inquiry that promotes independent and ethical thought
④ absorbing knowledge from authoritative sources without doubt

32 밑줄 친 부분에 들어갈 말로 가장 적절한 것은?

Effective societies rely on _____. Unlike informal customs, official rules are codified, enforceable, and publicly understood. They do not merely prevent wrongdoing; they actively encourage responsible conduct and civic cooperation. In educational settings, rules teach students the principles of fairness and accountability. In workplaces, they clarify duties and promote mutual respect among colleagues. Such rules help establish social roles and shared expectations, which are essential for coordination and trust. Without them, individuals may act solely out of personal interest, weakening collective order.

① a system that strictly regulates illegal acts
② official guidelines that promote structured interaction and mutual responsibility
③ spontaneous actions rooted in emotional instincts and personal freedom
④ personal beliefs that vary according to cultural context and social mood

33 밑줄 친 부분에 들어갈 말로 가장 적절한 것은?

Contemporary education should place renewed focus on _____. In fast-paced societies driven by results and performance, students often learn to memorize and comply rather than reflect and question. Philosophical thinking encourages careful analysis, ethical awareness, and openness to ambiguity. It cultivates intellectual humility and the ability to consider diverse viewpoints. These qualities are especially important in a world marked by complexity, uncertainty, and cultural diversity. That is why many educators advocate for teaching habits of inquiry and reasoning over rote learning. Ultimately, helping students develop the capacity to think deeply and independently should be central to modern curricula.

① technical training for immediate job readiness
② passive consumption of standardized knowledge
③ philosophical habits that support thoughtful and independent reasoning
④ unquestioning acceptance of institutional authority

34 밑줄 친 부분에 들어갈 말로 가장 적절한 것은?

Recycling and upcycling are both methods aimed at reducing waste and promoting sustainability, but they differ significantly in their approach and impact. Recycling involves breaking down waste materials and turning them into raw components to be used in new products. While this reduces the need for virgin resources, the process often requires large amounts of energy and may result in material degradation. In contrast, upcycling gives a second life to waste items by creatively transforming them into new, often higher-quality products without breaking them down. It not only minimizes environmental impact but also adds value through design and innovation. As the world seeks more sustainable practices, _____ _____.

① recycling remains the most efficient method
② both methods must be replaced with incineration
③ upcycling is often discouraged due to cost
④ understanding their differences can guide better choices

35 밑줄 친 부분에 들어갈 말로 가장 적절한 것은?

Many people assume that having constant access to information through smartphones and other devices makes them more knowledgeable. However, studies show that this easy access can actually reduce our ability to remember things. When people know they can look something up at any time, they tend to rely on their devices instead of storing the information themselves. This phenomenon, often called "digital amnesia," is becoming more common, especially among younger generations. It raises concerns about how much we truly understand versus how much we simply retrieve. Fortunately, there are ways to reduce this dependence on technology. For instance, setting time limits on device use and practicing memory techniques such as visualization or repetition can strengthen mental recall. _____ encourages individuals to regain control over their cognitive habits.

① Memorizing by rote without genuine understanding
② Controlling device usage completely
③ Using deliberate strategies to improve memory
④ Trusting technology to store information

36 밑줄 친 부분에 들어갈 말로 가장 적절한 것은?

A man finds a wallet on the street filled with cash and credit cards. He decides to turn it in to the local police without taking anything. In another case, a student reports their own mistake on a test, even though it might lead to a failing grade. At first glance, these actions may seem foolish or overly idealistic. But they reveal something deeper about human nature: our desire to do what we believe is right. _____ helps individuals maintain a consistent sense of self and earn the trust of others. This is why people often choose honesty and fairness, even when no one is watching. Social harmony and personal dignity both depend on these unseen choices.

① Seeking social approval at all times
② Compromising one's moral values
③ Sticking to one's moral principles
④ Avoiding responsibility at any cost

37 밑줄 친 부분에 들어갈 말로 가장 적절한 것은?

> While technology has significantly improved our daily lives, it has also changed the way we interact emotionally. In the past, face-to-face conversations allowed people to pick up on subtle emotional cues like tone, facial expressions, and body language. Now, with the rise of text messaging and online chats, many of these signals are lost. As a result, misunderstandings occur more frequently, and genuine emotional connections can be harder to build. This shift has also influenced how people express empathy. Instead of offering a comforting touch or tone, we often respond with emojis or brief phrases. These responses, though convenient, may lack the depth needed to truly comfort someone. _____ is essential for preserving the emotional depth of human relationships in a digital age.

① Improving digital communication skills
② Prioritizing emotional awareness
③ Replacing words with images
④ Avoiding technology altogether

38 밑줄 친 부분에 들어갈 말로 가장 적절한 것은?

> Many consumers claim they care about the environment, and surveys often show strong support for eco-friendly practices. People express concern about climate change, pollution, and waste, and say they are willing to make changes to protect the planet. However, when faced with real purchasing decisions, these intentions often don't translate into action. _____ creates a noticeable gap between what people say and what they actually do. For example, while many shoppers say they prefer sustainable products, they may still choose cheaper, less eco-friendly options when given the choice. This inconsistency is known as the "attitude-behavior gap," and it highlights the complexity of promoting real environmental change. Overcoming this challenge requires not only raising awareness but also making eco-friendly choices more accessible and rewarding.

① Relying on government policies
② The pressure of social expectations
③ The influence of convenience and cost
④ A heartfelt care for the environment

39 밑줄 친 부분에 들어갈 말로 가장 적절한 것은?

> _____ often leads people to assume that failure is a sign of weakness or a lack of ability. In reality, however, failure is a natural and even necessary part of the learning process. When individuals try something new, they rarely succeed on their first attempt. It's through these initial setbacks that they gain insights, adjust strategies, and build resilience. For example, inventors often face multiple failures before achieving a breakthrough. Thomas Edison, for instance, conducted thousands of experiments before perfecting the light bulb. Instead of seeing these failures as defeats, he treated them as valuable lessons. When people change how they interpret failure, they become more open to growth and challenge. Ultimately, embracing failure can lead to greater personal development and long-term success.

① A focus on external rewards
② The relentless obsession to invent
③ An emphasis on perfection
④ A belief in natural talent

40 밑줄 친 부분에 들어갈 말로 가장 적절한 것은?

> Different languages shape how people think and experience the world. For example, some cultures use absolute directions—like north or south—rather than left or right, which causes speakers to be constantly aware of their surroundings. Other languages have no future tense, which may lead their speakers to plan more practically for the long term. These linguistic differences are more than simple grammar; they reflect distinct ways of perceiving reality. Understanding these differences helps people avoid cultural misunderstandings and appreciate unfamiliar worldviews. _____ _____ can foster greater empathy and more effective global cooperation.

① Understanding the grammatical system of the language
② Ignoring differences to focus on shared goals
③ Dismissing alternative worldviews as illogical
④ Recognizing the link between language and thought

41 밑줄 친 부분에 들어갈 말로 가장 적절한 것은?

After graduating from college, Maria struggled to find a job in her field. She worked part-time at a local bookstore while sending out dozens of resumes each week. Realizing that she needed to develop new skills, she enrolled in an online certification course in digital marketing. The course not only expanded her technical knowledge but also helped her build _____.
By creating a portfolio of digital campaigns and sharing her progress on LinkedIn, Maria began attracting attention from recruiters. Eventually, she landed a full-time job at a marketing firm where she now leads social media strategy for multiple clients. Maria's experience shows how continuous learning and self-promotion can turn a period of uncertainty into a career opportunity.

① a professional network
② a stronger sense of confidence
③ a deeper interest in digital marketing
④ multiple sources of income

42 밑줄 친 부분에 들어갈 말로 가장 적절한 것은?

Historical records show that while ancient Athens practiced a form of direct democracy, Sparta adhered to a rigid militaristic oligarchy. The contrast between these two city-states reveals not only differences in governance but also in the values they promoted. Athenians believed that civic participation was essential to a functioning society, whereas Spartans emphasized discipline and obedience to the state. This divergence highlights _____ shaped distinct political and educational systems. For instance, while Athenian boys were taught rhetoric and philosophy, Spartan youths were trained in endurance and warfare. The Athenians celebrated debate and expression, while Spartans discouraged individualism in favor of collective strength. Despite these differences, both systems aimed to ensure the survival and stability of their respective societies.

① that the level of civic consciousness in each state
② that the difference in geographical location
③ that cultural values and priorities
④ that the period in which each state was founded

43 밑줄 친 부분에 들어갈 말로 가장 적절한 것은?

The ancient Silk Road and modern global trade routes both facilitated cultural and economic exchange across vast distances. The Silk Road linked East Asia to the Mediterranean through an intricate web of overland and maritime paths. It enabled the spread of goods like silk, spices, and precious metals, as well as ideas such as Buddhism and new technologies like papermaking. Modern trade routes, enabled by container shipping and air freight, operate on a much faster scale and handle a wider array of goods. Digital communication also allows for real-time coordination and market responsiveness that were unimaginable in ancient times. Yet despite these technological advancements, both systems _____, shaping the interconnected world we live in today. Understanding these parallels offers insight into how commerce and culture have evolved hand-in-hand throughout history.

① revived struggling local economies
② were widely used means of exchange
③ made people more prosperous
④ played pivotal roles in connecting diverse societies

44 밑줄 친 부분에 들어갈 말로 가장 적절한 것은?

Media literacy is increasingly recognized as a crucial skill in the digital age. It enables individuals to critically evaluate the information they encounter online, from social media posts to news articles. This is especially important in an era where misinformation can spread rapidly, often through platforms _____.
Without proper training, people may fall prey to false narratives that reinforce biases or manipulate emotions. Educational institutions should therefore integrate media literacy into curricula from an early age. Students need to be equipped with the tools to distinguish credible sources from misleading content. Only then can we expect the next generation to participate responsibly in civic and digital life.

① that promote only government-approved media
② that distribute user-generated content without verification
③ that covers only sports and entertainment news
④ where every article is fact-checked before publication

45 밑줄 친 부분에 들어갈 말로 가장 적절한 것은?

The idea of civil disobedience has played a significant role in political movements throughout history. One of the most influential examples was Henry David Thoreau's refusal to pay taxes in protest against slavery and the Mexican-American War. His writings inspired later activists such as Mahatma Gandhi, who used nonviolent resistance to challenge British colonial rule in India. Martin Luther King Jr. also cited Thoreau as an influence in his campaign for racial justice in the United States. These leaders believed that moral responsibility sometimes required breaking unjust laws. While civil disobedience can disrupt social order temporarily, it often _____ in the long run. By drawing public attention to injustice, it pressures authorities to reflect, reform, and move toward a more equitable society.

① leads to meaningful legal and cultural transformations
② undermines public trust in democratic institutions
③ depends solely on political violence for success
④ promotes apathy and political disengagement

46 밑줄 친 부분에 들어갈 말로 가장 적절한 것은?

The gig economy has reshaped the labor market by offering flexible work opportunities outside traditional employment structures. Many workers appreciate the freedom to choose their schedules and projects, but this model comes with significant drawbacks. Gig workers often lack access to essential benefits such as health insurance, retirement plans, and job security. This instability can make long-term financial planning difficult and increase stress levels among workers. To address these issues, several countries have introduced legislation to grant gig workers certain rights previously reserved for full-time employees. Some platforms have also begun offering limited benefits voluntarily, hoping to attract and retain talent. However, ensuring fair treatment for gig workers in the long run will require that policymakers _____ _____ rather than leave the burden solely on private companies.

① implement stricter tax audits on freelance income
② introduce balanced regulations that protect worker rights
③ encourage more people to switch to gig work
④ prioritize gig workers' rights over full-time employees'

47 밑줄 친 부분에 들어갈 말로 가장 적절한 것은?

Many people view museums as quiet spaces that preserve historical artifacts and showcase famous artworks. However, some curators are now embracing experimental design strategies to make exhibitions more interactive and emotionally engaging. One approach involves using ambient sound, dynamic lighting, and immersive visuals to create a multi-sensory experience. Instead of passively observing paintings or sculptures, visitors move through spaces that tell stories through atmosphere and mood. This trend is especially popular among younger audiences who seek experiences that blur the line between art and environment. As a result, exhibition designers are collaborating with neuroscientists and theater professionals to develop _____.
Such efforts reflect a broader shift toward making art more participatory, memorable, and emotionally resonant.

① systems that create a serene exhibition atmosphere
② security protocols for protecting valuable collections
③ techniques that heighten emotional response through spatial design
④ programs that cultivate artistic appreciation

48 밑줄 친 부분에 들어갈 말로 가장 적절한 것은?

Plastic pollution has become one of the most pressing environmental concerns in recent decades. Each year, millions of tons of plastic waste end up in the oceans, where it harms marine ecosystems and enters the food chain. Governments and environmental organizations have tried various strategies to reduce plastic use, from bans on single-use items to promoting alternatives like biodegradable packaging. However, the effectiveness of these efforts depends heavily on public awareness and _____. While regulations provide structure, it is individual behavior that determines whether change truly occurs. People must be willing to change habits, such as using reusable bags or avoiding bottled water, for policies to work. Environmental education, especially when started early in schools, has been shown to increase eco-friendly behavior in adulthood. A sustainable future requires not only innovation and regulation but also a shared sense of responsibility.

① corporate sponsorship
② education in schools
③ personal commitment
④ economic investment

49 밑줄 친 부분에 들어갈 말로 가장 적절한 것은?

The ubiquity of persuasion often leads to a cynical view of it as an intrusive, manipulative force. _____, reducing it to mere rhetoric or coercion misses its function as the essential lubricant of social cooperation. All collective human achievement, from building a city to launching a satellite, is predicated on the alignment of individual intentions and efforts, a process invariably mediated by persuasion. It is the mechanism through which novel ideas are vetted, consensus is forged, and coordinated action is made possible. Thus, to engage in society is to engage in persuasion. A blanket condemnation of it is not only naive but also overlooks its pro-social capacity to transform disparate interests into a shared vision.

① While this perception holds some truth in adversarial contexts
② Because its effectiveness relies solely on emotional appeals
③ Indeed, the historical record of persuasion is one of exploitation
④ While ethical guidelines are needed to ensure responsible persuasion

50 밑줄 친 부분에 들어갈 말로 가장 적절한 것은?

Archaeologists studying ancient urban planning have long focused on monumental architecture and street layouts. More recently, however, researchers have turned their attention to the orientation of buildings in relation to sunlight. At a site in Central America, evidence shows that residential structures were carefully aligned with seasonal solar paths. These alignments allowed sunlight to enter homes during cooler months and remain blocked during hotter periods, functioning as an early form of passive climate control. Unlike modern HVAC systems, this method required no energy input but still regulated indoor temperatures effectively. Based on these findings, architects and sustainability experts are analyzing ancient blueprints to identify _____.
Such insights may help modern designers reduce energy consumption while preserving environmental harmony, much like their ancient counterparts once did.

① construction techniques used to enhance structural stability
② reasons for religious rituals tied to daily sunset
③ design principles that optimized light and heat exposure
④ social hierarchies reflected in residential layouts

51 밑줄 친 부분에 들어갈 말로 가장 적절한 것은?

When children learn to read, they often begin by sounding out letters and syllables. But mastering reading fluency involves much more than decoding words — it also requires the ability to group words into meaningful chunks. This process, known as "prosodic reading," allows readers to interpret rhythm, tone, and pauses, much like they would in spoken language. Neuroscientific research shows that prosodic reading activates brain regions linked to emotion and comprehension, not just language decoding. In fact, students who read with appropriate phrasing tend to retain more information and understand texts on a deeper level. Because of this, some educators now train young readers to recognize natural phrasing patterns in order to develop _____. Such instruction shifts the focus from speed to expression, fostering better engagement with written language.

① techniques for speed-reading academic articles
② skills needed to analyze sentence rhythm and structure
③ strategies for improving reading speed and accuracy
④ the cognitive foundation for expressive reading

52 밑줄 친 부분에 들어갈 말로 가장 적절한 것은?

While physical fitness is often associated with structured workouts and athletic performance, recent studies suggest that even small, unconscious movements have measurable health benefits. This phenomenon, known as "non-exercise activity thermogenesis" (NEAT), includes actions like fidgeting, pacing, or standing while working. NEAT can account for a significant portion of daily calorie expenditure, especially in people who do not engage in formal exercise routines. In long-term observational studies, individuals with higher NEAT levels were less likely to gain weight over time and showed improved metabolic markers. As a result, some health professionals are encouraging people to increase _____ _____. These are simple actions that require no gym membership but still contribute meaningfully to long-term health.

① participation in motivational exercise programs
② the adoption of athletes' recommended diets
③ time for walking whenever one has spare moments
④ movements that people perform spontaneously throughout the day

53 밑줄 친 부분에 들어갈 말로 가장 적절한 것은?

The concept of zero seems so fundamental today that it's easy to forget it was once controversial. While ancient number systems could represent quantities, many lacked a symbol for "nothing." It wasn't until Indian mathematicians in the 5th century CE introduced a placeholder zero that calculations involving large numbers became more efficient. Later, Islamic scholars translated and expanded on these ideas, bringing them to Europe through Arabic texts in the Middle Ages. Historians now credit this development with enabling innovations in algebra, accounting, and even modern computing. Because of its transformative power, zero is often listed among _____.
Its emergence marked not just a mathematical breakthrough, but a shift in how civilizations understood the abstract concept of absence.

① ancient counting systems that simplified early trade
② symbolic laws that regulated early trade
③ philosophical symbols that shaped ethical theory
④ inventions that redefined how humans think about quantity

54 밑줄 친 부분에 들어갈 말로 가장 적절한 것은?

In many multilingual societies, language is more than a communication tool — it can be a symbol of identity, power, and inclusion. Linguistic choices often reveal social status, regional affiliation, or political stance. For example, in post-colonial countries, debates over which language to use in education or government often reflect deeper struggles about history and autonomy. Choosing to speak a local dialect instead of a former colonial language can be a political act, asserting cultural pride and resistance. Because of this, sociolinguists study _____
to understand how language shapes public perception and group belonging. Their findings suggest that what people say — and how they say it — can have real consequences for social mobility and cohesion.

① grammar systems that are rarely used in oral tradition
② phonetic variations that hinder effective translation
③ word origins that reveal scientific misconceptions
④ language practices that carry symbolic social meaning

55 밑줄 친 부분에 들어갈 말로 가장 적절한 것은?

Satellites have long been used to monitor weather patterns and map terrain from space. But with recent advances in imaging resolution and data analysis, scientists can now detect changes invisible to the human eye. For instance, satellite sensors can identify subtle shifts in soil moisture that occur before droughts or crop failures. These early warnings allow governments and farmers to prepare for agricultural disruptions well in advance. To improve such capabilities, research teams are training AI systems on satellite imagery to recognize _____.
These are environmental indicators that emerge long before visible symptoms appear on the ground.

① areas prone to flooding that require early evacuation planning
② objects that reflect ultraviolet radiation in the upper atmosphere
③ biological indicators that reflect declining crop health
④ patterns that signal ecological stress before it becomes critical

56 밑줄 친 부분에 들어갈 말로 가장 적절한 것은?

Coral reefs are often celebrated for their vibrant beauty, but their ecological importance goes far beyond aesthetics. They provide habitat for nearly a quarter of all marine species and serve as natural barriers that protect coastlines from storms. However, rising ocean temperatures and acidification are causing widespread coral bleaching, in which corals lose the algae they depend on for energy. Without intervention, many reefs may not survive the next few decades. To combat this, marine biologists are developing coral strains _____ _____, using selective breeding and genetic tools. These resilient varieties may help restore degraded reefs and preserve marine biodiversity in the face of climate change.

① whose growth rates help stabilize local fish populations
② that can withstand warmer waters and more acidic conditions
③ which limit the spread of invasive species in inland rivers
④ that absorb atmospheric oxygen at unusually high rates

57 밑줄 친 부분에 들어갈 말로 가장 적절한 것은?

_____ represents a classic and frequently misunderstood paradox. I was initially puzzled by Charlotte Linde's research showing that some police officers, in recounting their life stories, often spoke fondly of their younger years as "bad boys." They described, sometimes with pride, how they had flouted rules and cleverly broken laws during their reckless youth. At first glance, this seemed ironic. But with a deeper understanding of the hierarchical nature of society, the pieces began to fit. Those who defy authority are not blind to it; they are, in fact, hyper-aware of its presence. Rejecting authority in youth serves as a way to assert identity and avoid submission. Yet paradoxically, when these individuals eventually attain positions of power, they begin to uphold and reinforce the very systems they once rejected. They now use authority as a tool of self-assertion, not rebellion.

① The law-abiding citizen who loses power to the system
② A rebel who continues to resist all forms of authority
③ The rebellious youth who later embraces institutional control
④ The gentle follower who unexpectedly turns against authority

58 밑줄 친 부분에 들어갈 말로 가장 적절한 것은?

Marketers often view generational cohorts like "Millennials" or "Gen Z" as monolithic blocks with uniform preferences. _____, potentially leading to significant misallocations of resources. A closer analysis reveals that a single generation contains multiple sub-segments, each with distinct life stages, financial capacities, and priorities. For instance, an older Millennial establishing a family has vastly different consumption patterns from a younger Millennial just entering the workforce. Treating them as a single entity ignores crucial nuances that determine market behavior. Therefore, effective marketing strategies must move beyond broad generational labels and adopt more granular segmentation models that account for these internal variations.

① This broad-brush approach is a cost-effective starting point
② This assumption, however, is a critical oversimplification
③ This demographic insight offers a clear path to brand loyalty
④ This trend of generational marketing has proven highly successful

59 밑줄 친 부분에 들어갈 말로 가장 적절한 것은?

In ancient philosophy, the concept of the "sublime" referred to experiences that transcend ordinary perception, often evoking awe or even fear. While originally discussed in the context of rhetoric and art, the sublime later became associated with encounters in nature — towering mountains, violent storms, or vast deserts. Philosophers like Edmund Burke and Immanuel Kant argued that such landscapes force individuals to confront the limits of human control and comprehension. Unlike beauty, which comforts, the sublime unsettles — yet it also elevates the mind by revealing something greater than oneself. Modern scholars studying environmental aesthetics are especially interested in places _____, as they challenge people to reflect on their place in the universe. These settings blur the line between external geography and internal contemplation.

① where natural beauty evokes comfort rather than awe
② that inspire a sense of immensity beyond rational understanding
③ whose ecological value can be easily measured and monetized
④ which limit philosophical insight to only visual phenomena

60 밑줄 친 부분에 들어갈 말로 가장 적절한 것은?

Even during major evolutionary transformations, animals face constraints that limit what kinds of changes are possible. A striking example of this is the evolution of wings in vertebrates. Bats, birds, and pterosaurs each evolved wings independently, but in every case, the wing developed from the forelimb. This adaptation came at a cost: these animals lost much of the forelimb's original function, such as grasping objects. Although it would have been advantageous to retain the forelimb and grow an entirely new wing, evolution rarely works that way. Instead, natural selection tends to favor gradual modifications to existing structures over the creation of entirely new ones. This reflects a broader evolutionary principle: organisms adapt through _____, not through unlimited reinvention. Such compromises define the path evolution is able to take.

① ecological pressures that reduce the need for mobility
② inherited patterns that eliminate all structural redundancy
③ environmental changes that promote the reuse of existing traits
④ structural changes that alter previous functions over time

61 밑줄 친 부분에 들어갈 말로 가장 적절한 것은?

Many people assume that evolution always produces traits that are optimal for survival, but this is a misunderstanding. Evolution works not toward perfection but through a process of cumulative changes that happen to be beneficial in a specific context. A structure that is useful in one environment may become a liability in another, especially when environmental conditions shift rapidly. For instance, the massive tusks of some Ice Age mammals were once advantageous for foraging and defense, but later became a burden when forests replaced open tundra. To understand such trade-offs, evolutionary biologists study anatomical features _____, often revealing how past advantages turned into present constraints. This approach shows that survival is often about being "good enough," not perfect.

① whose origins lie in convergent evolutionary pressures
② that remain unchanged despite their adaptive success
③ that once served a function but now limit flexibility
④ which evolved in aquatic species and disappeared on land

62 밑줄 친 부분에 들어갈 말로 가장 적절한 것은?

The human brain has a natural tendency to prefer familiar patterns, a phenomenon known as the "mere exposure effect." People tend to develop a liking for things simply because they are exposed to them repeatedly, even if they were neutral or unpleasant at first. This effect has been observed not only in consumer preferences but also in social relationships. Repeated encounters with a person, even without direct interaction, can lead to a sense of comfort and trust. Psychologists studying this phenomenon often examine social environments _____ to understand how proximity and repetition influence emotional connection. Their findings suggest that what feels like natural affinity may in fact be the result of repeated exposure.

① whose communication is based on verbal reasoning and logic
② where intentional avoidance leads to long-term memory loss
③ that increase social familiarity without direct interaction
④ in which individuals repeatedly encounter the same people

63 밑줄 친 부분에 들어갈 말로 가장 적절한 것은?

While most people think of writing as a tool for communication, anthropologists have pointed out that it also functions as a cultural technology. Different writing systems encode not only language but also values, power structures, and even worldviews. For example, logographic scripts like Chinese assign meaning to each character, often rooted in historical symbolism, while alphabetic scripts prioritize sound over meaning. The structure of a script can shape how its users conceptualize time, space, and hierarchy. Scholars now study ancient and modern scripts _____ to better understand how writing reflects and reinforces cultural identity. This perspective treats scripts not just as neutral tools but as cultural artifacts shaped by—and shaping—the societies that use them.

① that reflect aesthetic preferences rather than cultural meaning
② which reduce linguistic complexity across cultures
③ that embody ways of thinking unique to a civilization
④ which are used primarily for mathematical notation

64 밑줄 친 부분에 들어갈 말로 가장 적절한 것은?

performance and emotion, but recent studies have begun to explore its cognitive dimensions. Neuroscientists have found that musical training can improve spatial reasoning, memory retention, and even language acquisition. These effects are particularly strong in children who begin practicing an instrument at an early age. The structured patterns in music appear to activate brain regions involved in both logic and creativity. To understand the broader implications of these findings, researchers are analyzing musical activities _____ to trace how they shape neural development. Such work suggests that music may function not only as entertainment but also as a powerful tool for mental growth.

① that can optimize memory performance
② that rely exclusively on improvisational techniques
③ which elicit emotional responses in virtual audiences
④ that engage multiple cognitive functions simultaneously

65 밑줄 친 부분에 들어갈 말로 가장 적절한 것은?

Modern workplaces are undergoing rapid transformation due to technological innovation and shifting employee expectations. Many workers now seek greater flexibility, mental health support, and meaningful work rather than just financial compensation. However, traditional management models often fail to accommodate these changing needs, leading to job dissatisfaction and high turnover rates. Long working hours, lack of autonomy, and minimal opportunities for growth further contribute to burnout. In response, some companies are redesigning work environments to prioritize employee well-being and engagement. These initiatives include remote work policies, mental health days, and more collaborative management styles. By implementing such changes, organizations hope to _____ _____. This evolving perspective reflects a broader societal shift toward more humane and sustainable labor practices.

① reduce workers' responsibilities through automation
② promote employee satisfaction and long-term retention
③ offer short-term perks instead of sustainable growth opportunities
④ decrease transparency in corporate decision-making

66 밑줄 친 부분에 들어갈 말로 가장 적절한 것은?

Stress is not always caused by major life events; in fact, daily micro-stressors often have a more lasting impact. Things like traffic jams, missed deadlines, or constant digital notifications gradually wear down our emotional resilience. Unlike a major crisis that might be followed by support or recovery time, these small pressures are persistent and often go unnoticed. Studies show that people who fail to recognize and manage such micro-stressors are more prone to anxiety, insomnia, and irritability. In contrast, those who practice mindfulness and set boundaries around their time and attention experience fewer negative effects. This highlights the importance of adopting simple but consistent coping strategies in everyday life. From this, we can conclude that _____.
By changing how we respond to minor stress, we can protect our long-term mental health.

① chronic stress is caused mainly by emotional trauma
② controlling small stressors helps prevent emotional overload
③ major stress events have a more harmful impact than daily ones
④ suppressing minor stress is more effective than acknowledging it

67 밑줄 친 부분에 들어갈 말로 가장 적절한 것은?

The modernization process that began in the 18th century reshaped societies across the globe. Driven by industrialization, it introduced mass production, urbanization, and advances in transportation. Traditional agrarian lifestyles gave way to factory-based economies, altering social structures and daily routines. At the same time, modern education and political institutions emerged, promoting literacy, civic engagement, and centralized governance. While modernization brought economic growth and technological progress, it also led to new challenges such as labor exploitation and environmental degradation. In retrospect, modernization can be seen not as a uniform process, but as one with varying impacts depending on context and region. Thus, it is essential to understand modernization as a _____.
Only then can we critically evaluate its legacy and shape more equitable paths forward.

① set of institutional reforms that prioritized efficiency over equity
② process of cultural decline and technological reversal
③ historically complex and uneven transformation
④ linear shift from agrarian economies to industrial societies

68 밑줄 친 부분에 들어갈 말로 가장 적절한 것은?

Societies rely on legal rules to maintain order and regulate individual behavior. Without enforceable laws, people might act purely out of self-interest, leading to conflict and instability. This is especially true in densely populated areas where shared resources and space demand clear behavioral boundaries. In such cases, legal systems serve to define rights and responsibilities, and to resolve disputes through structured procedures. They also set consequences for violations, deterring actions that could harm others or society at large. However, legal rules are not effective unless they are understood, respected, and fairly applied. For this reason, governments invest in education, transparent processes, and accountability to _____. Only then can law serve both justice and stability in a complex modern world.

① protect citizens through strict enforcement and punishment
② ensure that the law remains a legitimate and trusted tool for social control
③ empower people to create personal laws without regulation
④ separate moral judgment from public responsibilities

69 밑줄 친 부분에 들어갈 말로 가장 적절한 것은?

Unrealistic thinking causes people to behave in negative ways. Now, cognitive behavioral therapy (CBT) is being used to end this cycle. It helps people change the way they think, which leads to positive behavior. Some people, for example, are afraid of leaving their homes. They think it will cause a fatal panic attack. CBT helps them view panic attacks more positively-they're unpleasant, but they're not deadly. This kind of mental shift can improve behavior in terms of people being more willing to _____. Some patients do this through a CBT technique called exposure therapy. They are being taught to face their fears directly. A person afraid to go outside might be taken to a nearby shop. The next step could be visiting a busy supermarket. Gradually, these experiences should decrease the intensity of the person's fear.

① openly discuss what scares them
② block uneasy thoughts altogether
③ eliminate the sources of their fear
④ confront situations that cause them fear

70 밑줄 친 부분에 들어갈 말로 가장 적절한 것은?

In 1626, a transaction now considered one of the most astonishing in colonial history was reportedly made between Dutch settlers and a Native American group known as the Lenape. The Dutch are said to have acquired the island of Manhattan in exchange for goods worth approximately $24. To the Europeans, this exchange appeared to be a legal and binding sale of land. However, such an assumption disregarded the worldview of the Lenape, who did not conceptualize land as a commodity to be owned or transferred permanently. In their cultural framework, land was a communal resource, shared for sustenance and spiritual connection, not traded like personal property. If the legend is historically accurate, then _____ _____ likely played a pivotal role in the resulting misinterpretation of the deal's true nature.

① a linguistic ambiguity surrounding the word "ownership"
② an intentional misrepresentation by the Dutch settlers
③ deeply contrasting notions of territorial entitlement
④ the lack of legal documentation in early colonial trade

71 밑줄 친 부분에 들어갈 말로 가장 적절한 것은?

Viktor Frankl, a renowned Austrian psychiatrist and Holocaust survivor, posited that psychological healing requires more than the mere alleviation of suffering. He emphasized that suffering, though inevitable, could be transformed into a source of growth and meaning if one chooses to interpret it constructively. According to Frankl, the pursuit of meaning is the most fundamental human drive, and it is often in the face of adversity that this meaning can emerge. Thus, individuals striving for existential clarity must learn to _____. In one therapeutic case, a man overwhelmed with grief after the loss of his wife was asked to imagine the reverse scenario—what if she had been the one left behind to suffer? This shift in perspective allowed the man to reorganize his pain as a form of selfless endurance, sparing his wife that same suffering. The result was a marked reduction in his depressive symptoms.

① reframe suffering as a gateway to meaning
② disconnect emotionally from past trauma
③ avoid suffering by focusing only on positive emotions
④ suppress existential anxiety through distraction

72 밑줄 친 부분에 들어갈 말로 가장 적절한 것은?

Minority groups are often marginalized in society—branded as radicals, dissidents, or eccentrics with little institutional power. Yet, history reveals that such groups have at times triggered sweeping societal shifts. According to social psychologist Serge Moscovici, the key lies not in numerical strength but in behavioral consistency—that is, the manner in which _____.
Take, for instance, the suffragette movement, whose success hinged on unwavering commitment. When minorities remain cohesive, vocal, and persistent in articulating their values, they can instigate cognitive dissonance within dominant groups, sowing seeds of doubt that ultimately lead to ideological transformation. The influence of such minorities, though often subtle at first, is foundational to most major cultural and political revolutions.

① dominant narratives reinforce conventional identities
② minority voices express their positions with conviction
③ social majorities absorb dissent through compromise
④ ideological harmony occurs when minorities conform to majority views

73 밑줄 친 부분에 들어갈 말로 가장 적절한 것은?

The principle of 'hormesis' presents a fascinating paradox in toxicology and medicine. It is a biphasic dose-response phenomenon where a substance that is harmful at high doses provides beneficial effects at low doses. For instance, while high levels of radiation are undeniably carcinogenic, low-level exposure can stimulate DNA repair mechanisms, potentially reducing cancer risk. Similarly, certain toxins in small amounts can trigger a protective response in cells, enhancing their resilience to subsequent, more severe stresses. This concept challenges the traditional linear, no-threshold model, which assumes that any dose of a harmful substance, no matter how small, a carries some degree of risk. Hormesis suggests that the body's response to stressors is not linear but adaptive. The mild stress induced by a low dose acts as a signal, pre-conditioning the organism to better withstand future challenges. This implies that in our quest for health, the goal may not be the complete elimination of all stressors, but rather the identification and application of _____ _____.

① substances that are universally beneficial at all concentrations
② a threshold below which all external stimuli are harmless
③ the optimal level of stress that stimulates a protective adaptation
④ methods to completely shield organisms from environmental toxins

74 밑줄 친 부분에 들어갈 말로 가장 적절한 것은?

Sceptics from Descartes' time were arguing that our senses can, and often do, deceive us, and so it was not possible to arrive at any firm knowledge of the world. To confront this problem of radical doubt, Descartes had to reject all prior assumptions and seek a new foundation for belief that could stand up to the strictest scrutiny. His breakthrough came from recognizing that although all sensory experiences could be illusory, _____ _____. Even if he assumed that every perception might be the product of dreams or deception, the very act of questioning implied the presence of a conscious agent. This led to the first indubitable truth he discovered: "I think, therefore I am." From this foundational insight, he sought to reconstruct knowledge and even prove the existence of God—shifting the focus of philosophy inward, to the human mind.

① every illusion implies a hidden external cause
② doubting itself confirms the presence of thought
③ reason alone can restore faith in divine order
④ no sense-based knowledge can be entirely valid

75 밑줄 친 부분에 들어갈 말로 가장 적절한 것은?

Germany offers a case study of the profound transformation in family and marriage patterns. In 1960, nearly all marriages occurred between native Germans, with only one in twenty-five involving a foreign-born spouse. By 1994, this ratio shifted to one in seven. The same trend is seen in births: only 1.3 percent of babies born in 1960 had a foreign-born parent, but by 1994, the number had risen to nearly one in five. These changes reflect more than demographics — they signify a shift in Germany's cultural identity. A nation long considered ethnically uniform is now one of the most _____ societies in Europe. The breakdown of cultural boundaries and the merging of diverse ethnic identities have reshaped even the most intimate social unit: the extended family.

① densely industrialized
② ethnically composite
③ politically fragmented
④ demographically shrinking

76 밑줄 친 부분에 들어갈 말로 가장 적절한 것은?

There is no doubt that generating electricity using wind power is environmentally cleaner than many traditional methods. However, opposition to this source of energy persists, primarily due to the visual and ecological impact of installing vast numbers of turbines in rural areas and along coastlines. Wind power plants require the construction of new access roads and the excavation of deep foundations, often leading to significant habitat disruption. Moreover, the rotating blades of the turbines have been shown to pose serious threats to local bird populations, with numerous reports documenting fatal collisions. These drawbacks explain why wind farms are often _____.

① seen as a reason to revert to traditional methods
② regarded as a minor threat to wildlife
③ dismissed as visually and ecologically intrusive
④ promoted by most environmental activists

77 밑줄 친 부분에 들어갈 말로 가장 적절한 것은?

What is expected of a designer? The client who contracts with a designer is driven by needs and wishes. The designer, however, has broader responsibilities. For a professional designer, merely satisfying the client's preferences is insufficient. A designer is also a citizen of society and a member of a field with specialized knowledge. Thus, designers possess the capacity to shape and influence the trajectory of societal development—a power that entails ethical and civic obligations. These obligations extend beyond the immediate terms of the project or client agreement. In this light, an architectural designer who prioritizes the client's personal preferences while disregarding wider public concerns—such as urban infrastructure, environmental sustainability, or the cultural context—may ultimately _____.

① undermine local architectural coherence
② receive little support from civic authorities
③ face reputational damage and public condemnation
④ damage the city's natural landscape

78 밑줄 친 부분에 들어갈 말로 가장 적절한 것은?

Cooking offers a compelling analogy for creativity: a chef's success rests largely on the ability to _____ to produce something new. Even the most inspired culinary genius did not make truffle oil materialize by pure willpower, nor did they appeal to divine providence to ensure that saffron was part of nature's blueprint. Believing in creativity as a process of novel combinations helps creators recognize that innovation lies not in conjuring something from nothing but in reconfiguring what already exists. If you feel stuck creatively, start by examining the range of elements you can recombine. Sometimes, taking things apart reveals how they work and how they might be recombined differently. Improving creativity is less about inventing from scratch and more about expanding your perceptual awareness: recognizing untapped patterns and novel fusions.

① transform raw ingredients into predictable patterns
② arrange familiar elements in aesthetically pleasing ways
③ search for and select uncommon ingredients
④ recombine existing elements into novel configurations

79 밑줄 친 부분에 들어갈 말로 가장 적절한 것은?

Biology is the study of life; this includes both the organism itself and the environment in which it functions. Yet biology and the environment are often treated as distinct domains, as if they operated independently. This misconception arises from a flawed understanding of biological processes, which are dynamic and inseparable from the context in which organisms exist. Any organism depends on its internal structure, chemistry, and physiology, but its functions are never carried out _____. Genes are expressed only in specific contexts, and their expression can in turn reshape the environment, prompting a cascade of interactions. So deeply entangled are these interactions that they defy any attempt at analytical separation.

① in deliberate opposition to environmental pressures
② as fixed programs independent of context
③ by privileging internal mechanisms over external conditions
④ in isolation from the constantly shifting environment

80 밑줄 친 부분에 들어갈 말로 가장 적절한 것은?

An old proverb says, "Give a man a fish and he eats for a day; teach him to fish and he eats for a lifetime."Recent research indicates that this proverb captures one of the most enduring principles of effective advising. When someone asks your opinion—about whether to pursue a certain action or purchase a particular product—it is often tempting to offer a direct answer. Yet such advice, while well-intentioned, may discourage independent decision-making. Instead, people are more likely to follow your guidance if it enhances their ability to reason through their own choices. This sense of agency makes the decision more meaningful and empowering. Providing someone with relevant insights or frameworks, rather than just prescriptions, can thus be the most valuable form of help. In other words, effective advising is not about solving someone's problem for them, but rather about _____.

① emphasizing your superior experience to validate your opinion
② offering step-by-step instructions to ensure the right outcome
③ equipping others to navigate their own decision-making process
④ warning others of common mistakes and poor consequences

81 밑줄 친 부분에 들어갈 말로 가장 적절한 것은?

It may feel intuitive to call certain environmental conditions 'extreme', 'harsh', or even 'uninhabitable'. The scorching sun in a desert or the subzero temperatures of Antarctica appear unquestionably severe — to us. But such perceptions are filtered through human physiology, which has specific limits of tolerance. Desert heat may be lethal to humans but not to a cactus; Antarctic cold may be perilous for us but perfectly normal for a penguin. Calling these conditions 'extreme' assumes a human standard, which ecologists are cautioned to avoid. Instead, they are encouraged to adopt the perceptual framework of the organisms themselves — to understand the environment not as it appears to humans, but as it functions for the life forms living in it. Hence, using emotionally charged or anthropocentric language can distort ecological understanding. To avoid this, ecologists must _____.

① focus primarily on species that thrive in human-compatible climates
② evaluate environments based on their effect on human survival
③ distinguish between human-centered and organism-centered perspectives
④ emphasize the universality of physiological discomfort across species

82 밑줄 친 부분에 들어갈 말로 가장 적절한 것은?

Just as physiological systems evolved to defend the body against infection caused by pathogens, psychological systems evolved to protect against those pathogens before they even come close enough to cause harm. While the biological immune system is often capable of keeping the body alive, its activation is resource-intensive. Illness consumes time and energy, leaving the body more vulnerable to secondary infections and reducing its responsiveness to other environmental dangers. Avoiding the pathogens in the first place is therefore not only prudent but also evolutionarily advantageous. This protective strategy operates through psychological mechanisms that are hypersensitive to cues indicating potential contamination. Once activated, these mechanisms heighten attention, evoke emotions like disgust or fear, and elicit behavioral responses that distance individuals from perceived sources of threat. Thus, the body avoids exposure not through confrontation, but through preemptive action that is designed to _____.

① intensify the immune response in anticipation of infection
② isolate the threat by controlling external variables
③ alert others in the environment to the possible hazard
④ remove the individual from a potentially harmful context

83 밑줄 친 부분에 들어갈 말로 가장 적절한 것은?

Some people pursue ambitious goals related to career success, while others prioritize enriching their personal lives — whether socially, spiritually, or within their families. However, striving for conflicting objectives — such as "grow my startup" and "spend more time with my kids" — can result in tension, exhaustion, and dissatisfaction. Incompatible goals tend to compete for time and energy, pushing individuals toward burnout or complete abandonment of both aims. The wise alternative is not to sacrifice everything, but to find ways to make such goals coexist or at least reduce the contradiction. This may involve restructuring your schedule, redefining the goals themselves, or even combining elements of both into a more coherent vision. Of course, that's easier said than done, but the point is clear: _____.

① successful people never pursue more than one goal at a time
② achieving your goals requires giving up comfort and flexibility
③ your goals should align rather than pull in opposite directions
④ conflicting goals eventually bring more rewards than sacrifice

84 밑줄 친 부분에 들어갈 말로 가장 적절한 것은?

Habits allow us to deal with familiar problems efficiently, often without conscious thought. If we've previously solved a problem, we tend to rely on memory rather than rethinking it from scratch. Take playing a musical instrument as an example. The saxophone, for instance, is a highly complex device with multiple mechanical parts, any of which may malfunction. Over time, experienced players can identify common issues by sound or feel alone. I've owned my saxophone for years. Occasionally, when I play the note C-sharp, it produces an unexpectedly flat sound. But I've learned this happens when a valve pad near the neck gets stuck. I don't need to analyze it afresh each time — because I've encountered this exact issue many times before, I simply _____.

① experiment with a different approach each time
② apply a strategy I've used successfully before
③ seek professional help from a trained technician
④ modify my playing technique to avoid the note

85 밑줄 친 부분에 들어갈 말로 가장 적절한 것은?

> Some commercial environments are deliberately crafted to manipulate consumer behavior—often at the expense of their best interest. This becomes especially apparent in high-end retail spaces, where everything from lighting to music to color schemes is engineered to stir desire and facilitate spending. What makes such environments so powerful is that they do not confront us openly, like an obvious threat, but subtly guide our attention and decisions. We often choose to enter such spaces by habit or preference, unaware that they are designed to make us more vulnerable to overspending. Casinos, online platforms, and luxury malls are environments where psychological triggers are embedded in the layout and sensory experience. Very skilled designers meticulously plan each element _____.

① to reduce construction and operation costs
② to trigger a customer to linger and purchase more
③ so that consumers notice intentional manipulation
④ to coordinate colors according to the function of each building

86 밑줄 친 부분에 들어갈 말로 가장 적절한 것은?

> When people encounter information that contradicts what they already believe, they often experience discomfort. This mental distress leads them to seek ways to reduce tension and restore inner equilibrium. If the new information challenges something of little personal significance, the person may adjust their thinking and adopt the new view with little resistance. However, when one has a deep emotional or financial investment in an existing belief, the reaction is often quite different. People in such situations tend to dismiss or reinterpret new information in ways that preserve their original perspective. The greater the investment, the stronger the motivation to protect the prior belief. In extreme cases — when years of effort or vast resources are at stake — individuals may distort or misperceive new input entirely, often going so far _____ _____.

① as to redefine the problem based on new facts
② as to question their prior assumptions rationally
③ as to reject conflicting views out of self-preservation
④ as to reverse what is communicated or ignore it completely

87 밑줄 친 부분에 들어갈 말로 가장 적절한 것은?

In sports, athletes often repeat specific actions before performing key movements. A golfer might "waggle" the club a few times, or a tennis player might bounce the ball several times before serving. These actions, known as pre-performance routines (PPRs), are deliberate sequences used just before executing self-paced skills like putting or free-throwing. They typically involve both motor behaviors and mental focus strategies that are practiced systematically. Rather than being random or superstitious, PPRs are widely recommended by coaches and sport psychologists as tools to improve focus and consistency. By engaging in these routines, athletes can stabilize their mindset, reduce distractions, and prepare for optimal performance. In essence, PPRs function as _____.

① a substitute for intense practice
② a trigger for unconscious habits
③ an anchor to maintain mental readiness
④ a means of overpowering an opponent

88 밑줄 친 부분에 들어갈 말로 가장 적절한 것은?

It appears that we can only begin to explore the interrelationships between bodies of knowledge once they've matured to a point of conceptual refinement. Rather than rushing to form unified conclusions, scholars first seek to break down complex systems into manageable elements. Only through this kind of methodical separation can we later recognize how the pieces contribute to a greater understanding. _____. In the early twentieth-century Western world, this intellectual approach coincided with a shift in societal thought. The emergence of social science was largely driven by a growing moral outrage among a few socially responsible individuals, deeply disturbed by the harsh conditions experienced by the masses. As traditional religious frameworks that emphasized reward after death began to wane, people started seeking ways to improve the human condition in this life through effort and reform, rather than awaiting divine intervention.

① All ideas ultimately stem from intuition
② Every process must be perfect from start to finish
③ Understanding the whole begins with analyzing the parts
④ The more complex it is, the more you should seek help from others

89 밑줄 친 부분에 들어갈 말로 가장 적절한 것은?

We don't typically associate humor with specific colors, outfits, or gestures. Rather, what makes something funny often depends entirely on context. Consider a field biologist for The Nature Conservancy who arrived at a school seminar wearing a full suit and tie—while his audience appeared in casual attire. As someone used to working in muddy, rugged environments dressed in jeans or shorts, his formal appearance was strikingly out of place. Aware of this contrast, he made a witty remark: "Those of you who know me may be surprised to learn something my mother is proud of: I clean up well." Laughter followed. The humor here wasn't in the clothes themselves, but in the contrast between expectation and presentation. In that context, _____.

① he failed to connect with his audience
② dressing down would have seemed too forced
③ a formal outfit became unintentionally comedic
④ his background as a scientist was misunderstood

90 밑줄 친 부분에 들어갈 말로 가장 적절한 것은?

Looking for a simple, drug-free method to reduce moderate physical pain? One surprisingly effective approach may be to _____.
In a recent study, researchers applied controlled bursts of heat to the palms of 52 women. Participants who adjusted their breathing to nearly half their usual rate reported significant decreases in both pain intensity and discomfort—up to 30 percent lower. According to Dr. Alex Zautra at Arizona State University, reduced breathing rates may help the body downregulate physiological stress responses such as elevated heart rate and blood pressure. This might also clarify why some forms of meditation have shown promise in clinical pain management. To try it, monitor your breath count per minute, then reduce the pace while sitting calmly.

① shift your attention to another sensation
② slow your breathing deliberately
③ measure your blood pressure regularly
④ talk through your pain with someone

진가영

주요 약력
現) 박문각 공무원 영어 온라인, 오프라인 대표교수
서강대학교 우수 졸업
서강대학교 영미어문 심화 전공
중등학교 정교사 2급 자격증
단기 공무원 영어 전문 강의(개인 운영)

주요 저서
박문각 공무원 진가영 영어 단판승 문법 적중 포인트 100
박문각 공무원 진가영 영어 단기합격 VOCA
박문각 공무원 진가영 영어 유형별 독해 전략서
박문각 공무원 진가영 영어 기초탄탄 입문서
박문각 공무원 진가영 영어 반한다 기출
박문각 공무원 진가영 영어 독해 끝판왕[독판왕] 500제 전반부
박문각 공무원 진가영 영어 독해 끝판왕[독판왕] 500제 후반부
박문각 공무원 진가영 영어 문법 끝판왕[문판왕] 300제
박문각 공무원 New Trend 진가영 영어 어휘 끝판왕[어판왕]
박문각 공무원 New Trend 진가영 영어 진족보 마무리 합격노트
박문각 공무원 진가영 영어 적중동형 국가직·지방직 봉투모의고사 Vol.1
박문각 공무원 진가영 영어 적중동형 봉투모의고사 Vol.2
박문각 공무원 진가영 영어 신독기 구문독해
박문각 공무원 진가영 영어 신경향 어휘 마스터
박문각 공무원 진가영 영어 신경향 독해 마스터 시즌1
박문각 공무원 진가영 영어 신경향 독해 마스터 시즌2
박문각 공무원 진가영 영어 단판승 생활영어 적중 70

진가영 영어 ✧✦ **독해 끝판왕 500제** 후반부

초판 인쇄 2025. 11. 14. | **초판 발행** 2025. 11. 20. | **편저자** 진가영
발행인 박 용 | **발행처** (주)박문각출판 | **등록** 2015년 4월 29일 제2019-000137호
주소 06654 서울시 서초구 효령로 283 서경 B/D 4층 | **팩스** (02)584-2927
전화 교재 문의 (02)6466-7202

저자와의 협의하에 인지생략

이 책의 무단 전재 또는 복제 행위를 금합니다.

정가 20,000원
ISBN 979-11-7519-216-4 | 979-11-7519-214-0(세트)

데일리 학습 [루틴 형성]

단기합격 VOCA

- 객관적 적중률로 검증된 공무원 전용 어휘 학습
- 필수어휘·핵심어휘·실무어휘까지 한번에 총정리!

굿모닝 '기출 문장' 구문독해

- 양질의 기출 문장으로 꾸준한 30분 트레이닝
- 독해를 감이 아닌 구조로 읽어, 빠르고 정확한 해석 실력 완성!

진가영 영어

매일합격[일일] 모의고사

- 하루 10문제로 가볍게 시작하는 영어 루틴
- 영어가 익숙해지고 실력이 쌓이는 가장 확실한 방법!

올타임 레전드 하프 모의고사

- 수업 시간에 배운 핵심 개념들을 문제로 복습
- 중간 실력 점검으로 부족한 부분을 파악하고 보완!

가영쌤과 점수 수직 상승을 만들어 낸 "생생한" 후기

★★★★★ 2025년 국가직 9급 일반행정 합격 — 김**

교재와 커리 구성만으로도 탄탄하게 이루어져 있지만 마지막으로 가영쌤만의 장점! 왜 가영쌤이어야 했는지, 그 이유를 꼽자면 바로 진심을 다해 수강생을 도와주시려고 한다는 점입니다! 저의 경우에는 처음 공시를 시작했을 때 어려움을 겪었던 문법 파트와, 공부 기간이 늘어남에도 불구하고 마땅한 해결책을 찾지 못해 힘들어했던 독해 순서 맞추기 유형과 문장 삽입 유형에 대한 고민이 깊을 때마다 가영쌤께 찾아가서 질문을 드리고 도움을 요청하였었습니다. 그럴 때마다 항상 진심을 다해 도와주려 하시고, 구체적으로 어떻게 문제인지 정확하게 진단해 주시면서 명확한 솔루션을 주신 덕에 단점을 보완하고 무려 100점이라는 성적으로 합격할 수 있었습니다~!! 항상 너무 감사드립니다 교수님~!!~!! Thank you for everything you've done for me!!

★★★★★ 2025년 국가직 9급 교정직 합격 — 한**

제가 공시하러 처음 왔을 때 2024년 4월 월간 모의고사 영어점수가 30점이었어요. 그러다 5월부터 수업을 들어가기 시작했는데 그때 임신 중인 선생님께서 저희를 위해 일요일에도 보강하시는 모습 보고 저는 이 선생님 밑에서 최고득점하고 싶은 마음이 들었습니다. 선생님 커리큘럼 상담 모든 게 다 반영돼서 95점이 나온 거 같아요. 인생에 목표가 있어 행복한 시간이었고 좋은 친구 옆에서 공부한 거에 감사하고 최고의 선생님의 가르침을 받아서 인생에서 가장 기억에 남을 순간일 것 같습니다. 앞으로 저는 더 많은 걸 도전할 거 같아요. 저는 꺾이지 않고 계속 노력하는 선생님이 너무 좋았습니다. 가끔 올라가서 인사 올리겠습니다. 존경하는 선생님.

★★★★★ 2025년 국가직 9급 우정직 합격 — 경**

제가 생각하는 가영쌤만의 장점은 첫째로, 미친 반복입니다. 공부가 하기 싫어도, 저절로 하게 되고, 강의를 듣지 않아도 떠오르는 경지가 될 때까지 정말 열심히 가르쳐주십니다. 동형 문제를 풀 때 알아서 개념이 뽑아져 나올 정도로 들었고, 단어강의는 최소 20회독을 했을 정도로 많이 복습하니 이젠 툭 치면 알아서 가영쌤이 가르쳐주신 내용이 나옵니다. 둘째로, 가영쌤의 친절하고 꼼꼼한 학생관리입니다. 현강에서는 학생들 하나하나 잘 챙겨주시고, 질문은 시간이 오래 걸려도 자세하게 받아주시며, 상담 신청했을 때 누구보다도 열정적인 자세로 상담을 받아주십니다. 카페에서도 학생들 질문을 잘 받아주시기도 하니, 현강생 뿐 아니라 인강생도 가영쌤의 정성을 느끼실 수 있습니다. 셋째로, 자신의 실력을 점검하고 보완할 수 있는 다양한 커리큘럼입니다. 구문이 부족하면 구문 강의로, 문법이 부족하면 단판승으로, 독해가 부족하면 독해 끝판왕으로, 신경향이 낯설면 신경향 독해 마스터로 보완할 수 있도록 세분화되어 있습니다. 꼭 모든 강의를 강제로 들을 필요는 없지만, 부족한 부분이 있다면 발췌하시는 것도 좋은 선택입니다.

★★★★★ 2025년 검찰직 합격 — 대**

2024년 1월부터 박문각 인강으로 공부해서 1년 3개월 동안 공부했고 검찰직 합격했습니다. 인강 들으면서 전화 상담까지 해주셨던 교수님은 진가영 교수님뿐이셔서, 게다가 영어가 심리적으로 오랫동안 힘든 과목이었기 때문에 감사한 마음뿐입니다. 워낙 영어가 취약 과목이었고 꽤 오랫동안 독해 때문에 힘든 시간을 보냈지만 임신, 출산하시면서도 강의에 영향 없이 최선을 다해 주시는 모습에 감동을 받았고 그만큼 교수님께서 이 일을 얼마나 소중히 하고 계시는지 느껴졌습니다. 교수님이 안보이는 곳에서 얼마나 노력하고 계시는지 너무 잘 알 것 같아서 그저 리스펙이라고 밖에는 표현할 길이 없습니다. 마지막 문법 특강 끝에 기도하시듯 손 모으고 말씀하시는 모습에 뭉클했고 나는 교수님처럼 내 일에 최선을 다한 적이 있었는지 스스로 반성도 하게 되었습니다. 간절한 시간을 보낸 만큼 앞으로 최선을 다해서 공직 생활하도록 하겠습니다.

2026

9급 공무원 영어 시험대비

박문각 공무원
예상문제

신경향 대비 **합격률 4.2배 증가**

다양한 난이도의 문제로 빈틈없는 실전 대비!

약점을 강점으로 바꾸는 유형별 집중 공략!

최신 출제 트렌드를 반영한 후반부 300제

진가영 편저

진가영 영어
정답 및 해설 | 후반부
독해 끝판왕 500제

신경향 대비 합격률 4.2배 증가

진가영 영어 후반부
독해 끝판왕 500제 정답 및 해설

2026

브랜드 만족 1위   수석합격 연속 배출

9급 공무원 영어 시험대비

박문각 공무원

예상문제

신경향 대비 합격률 4.12배 증가

다양한 난이도의 문제로 빈틈없는 실전 대비!

약점을 강점으로 바꾸는 유형별 집중 공략!

최신 출제 트렌드를 반영한 후반부 300제

진가영 편저

진가영 영어
정답 및 해설
후반부
독해 끝판왕 500제

동영상 강의 www.pmg.co.kr

CONTENTS 차례

독해 500제 - 후반부(300제)

Chapter 05 문장 제거 유형   16

Chapter 06 문장 삽입 유형   36

Chapter 07 순서 배열 유형   56

Chapter 08 빈칸 완성 유형   82

정답 및 해설

Chapter 05 문장 제거 유형 정답 및 해설   4

Chapter 06 문장 삽입 유형 정답 및 해설   31

Chapter 07 순서 배열 유형 정답 및 해설   59

Chapter 08 빈칸 완성 유형 정답 및 해설   87

진가영 영어
독해 끝판왕 500제 후반부

Chapter

05~08

**문장 제거 유형, 문장 삽입 유형
순서 배열 유형, 빈칸 완성 유형
정답 및 해설**

진가영 영어연구소 | cafe.naver.com/easyenglish7

05 문장 제거 유형
정답 및 해설

Answer

01 ②	02 ④	03 ①	04 ②	05 ③
06 ④	07 ②	08 ②	09 ①	10 ③
11 ②	12 ②	13 ②	14 ④	15 ③
16 ②	17 ③	18 ④	19 ④	20 ①
21 ④	22 ④	23 ③	24 ④	25 ②
26 ④	27 ②	28 ②	29 ③	30 ③
31 ④	32 ②	33 ②	34 ④	35 ④
36 ③	37 ④	38 ②	39 ④	40 ④
41 ②	42 ④	43 ③	44 ④	45 ④
46 ②	47 ①	48 ②	49 ④	50 ②
51 ④	52 ③	53 ④	54 ②	55 ④
56 ④	57 ③	58 ②	59 ③	60 ④
61 ③	62 ②	63 ①	64 ②	65 ③
66 ④	67 ③	68 ②	69 ④	70 ②

01 정답 ② 난이도 ★★★☆☆

해설

이 글은 스토아 철학의 핵심 개념인 내면의 통제와 이성적 삶을 중심으로 내용을 전개하고 있다. ①, ③, ④번 문장은 모두 고대 스토아 철학자들의 삶의 태도와 정신적 실천을 설명하며, 공통적으로 자기 절제와 이성에 기반한 삶의 자세를 강조한다. 그러나 ②번 문장은 현대 금융 시장에 참여해 부를 축적하는 것의 중요성을 언급하며, 스토아 철학의 본질인 절제, 금욕, 자기 통제와는 맞지 않는 내용을 담고 있다. 따라서 글의 흐름상 어색한 문장은 ②이다.

지문해석

고대 그리스와 로마의 스토아 철학자들은 개인의 미덕이 최고의 선이라고 믿었다. ① 그들은 외부 사건은 우리가 통제할 수 없는 범위이지만, 그에 대한 우리의 반응은 우리의 힘 안에 있다고 주장했다. (② 스토아주의는 또한 개인의 부를 쌓기 위해 현대 금융 시장에 참여하는 것의 중요성을 강조한다.) ③ 내면의 규율에 대한 이러한 집중은 개인이 큰 어려움을 겪을 때에도 침착하고 이성적인 태도를 유지하는 데 도움이 되었다. ④ 스토아 학파는 자신의 행동을 이성과 자연과 일치시킴으로써 사람들이 진정한 만족을 이룰 수 있다고 믿었다. 이러한 가르침은 스트레스 관리와 정서적 회복력에 대한 현대적 접근 방식에 계속 영향을 미치고 있다.

어휘

- virtue 미덕, 덕성, 장점
- external 외부의, 외적인, 겉으로 드러난
- reaction 반응, 대응, 반작용
- emphasize 강조하다, 두드러지게 하다
- discipline 절제, 자기 통제, 규율
- rational 이성적인, 합리적인
- align 일치시키다, 조화를 이루다
- contentment 만족, 만족감, 평온함
- resilience 회복력, 탄성, 강인함

02 정답 ④ 난이도 ★★★☆☆

해설

이 글은 언어가 사고방식과 인지 능력에 영향을 미친다는 주장을, 방향 언어 사용이라는 구체적인 사례를 통해 설명하는 글이다. ①, ②, ③번 문장과 마지막 문장은 모두 언어 구조와 인지 능력(특히 공간 인식) 간의 관계를 중심으로 일관된 흐름을 유지한다. 그러나 ④번 문장은 개인의 공간 지능과 언어 학습 능력 간의 관계를 언급하며, 글의 주제나 논지와 연결되지 않는다. 따라서 글의 흐름상 어색한 문장은 ④이다.

지문해석

언어는 정보를 전달하는 것 이상의 역할을 하며, 우리가 세상을 생각하고 인식하는 방식을 형성한다. ① 예를 들어, 일부 원주민 언어에서는 "왼쪽"이나 "오른쪽"이 아닌 "북쪽"이나 "동쪽"과 같은 절대적인 용어를 사용하여 방향을 제시한다. ② 이를 위해서는 일상적인 대화 중에도 화자가 지속적인 공간 인식을 유지해야 한다. ③ 그 결과, 화자의 방향 감각은 이러한 시스템이 없는 언어 화자보다 더 발달하는 경향이 있다. (④ 공간 지능에 타고난 소질이 있는 사람들에게 언어를 배우는 것이 항상 더 쉽다.) 이는 언어와 인지가 어떻게 깊이 얽혀 있는지 보여주며, 우리가 소통하는 방식뿐만 아니라 환경을 탐색하는 방식에도 영향을 미친다.

어휘

- convey 전달하다, 전하다, 운반하다
- perceive 인식하다, 지각하다, 이해하다
- Indigenous 토착의, 원주민의, 고유한
- require 요구하다, 필요로 하다, 명하다
- maintain 유지하다, 지속하다, 주장하다
- spatial 공간의, 공간적인, 입체적인
- orientation 방향 감각, 성향, 지향
- intertwine 서로 얽히다, 뒤얽히게 하다, 밀접하게 관련되다
- navigate 길을 찾다, 항해하다, 조종하다

03 정답 ① 난이도 ★★☆☆☆

해설

이 글은 인플레이션이 경제 주체들에게 미치는 영향과 그 대응 방식을 설명한다. ②, ③, ④번 문장은 구매력 하락, 금리 정책, 기업 전략 등 인플레이션의 경제적 결과를 중심으로 내용을 전개하며, 마지막 문장은 이를 종합한다. 그러나 ①번 문장은 소비 습관 변화와 디지털 뱅킹 이용 방식에 관한 내용으로 인플레이션이라는 중심 논점과 직접 연결되지 않는다. 따라서 글의 흐름상 어색한 문장은 ①이다.

지문해석

인플레이션은 소비자, 기업, 정책 입안자에게 다양한 방식으로 영향을 미친다. (① 소비자들의 소비 습관의 변화가 사람들이 디지털 뱅킹 서비스를 이용하는 방식에 영향을 주었다.) ② 인플레이션이 상승하면 화폐의 구매력이 감소하여 같은 양의 돈으로 더 적게 구매할 수 있다. ③ 중앙은행은 인플레이션을 억제하기 위해 금리를 인상하는 경우가 많으며, 이는 경제 성장을 늦추지만 물가를 안정시킬 수 있다. ④ 기업은 수익성을 유지하기 위해 가격을 인상하거나 비용을 절감하여 대응할 수 있다. 이러한 역학 관계를 이해하는 것은 정보에 입각한 재무 및 정책 결정을 내리는 데 필수적이다.

어휘

- inflation 인플레이션, 물가 상승, 통화 팽창
- purchasing power 구매력, 소비 능력, 경제적 지불 능력
- decline 감소하다, 하락하다, 거절하다
- curb 억제하다, 제한하다, (도로의) 연석
- stabilize 안정시키다, 고정시키다, 안정되다
- profitability 수익성, 이윤, 이익률
- dynamic 역학 관계, 변화 과정, 활력
- policy 정책, 방침, 방책

04 정답 ② 난이도 ★★☆☆☆

해설

이 글은 로제타석이 어떻게 이집트 상형문자 해독에 결정적인 역할을 했는지를 설명하고 있다. 첫 문장에서 주제를 명확히 제시한 뒤, ①, ③, ④번 문장은 각각 로제타석에 새겨진 세 종류의 문자, 그중 기준점이 된 그리스어의 역할, 그리고 최종적으로 해독에 이르게 된 과정을 논리적으로 연결한다. 마지막 문장은 이러한 해독의 역사적 의의를 강조하며 글을 마무리한다. 그러나 ②번 문장은 이집트 피라미드의 건설 기술에 관한 내용으로, '문자 해독'이라는 주제와 직접적인 관련이 없다. 따라서 글의 흐름상 어색한 문장은 ②이다.

지문해석

1799년에 발견된 로제타석은 이집트 상형문자를 해독하는 가장 중요한 단일 열쇠가 된 고대 석비이다. 이것은 기원전 196년 이집트 멤피스에서 프톨레마이오스 5세 왕을 대신하여 발표된 칙령을 세 가지 다른 문자로 새겨 담고 있다. ① 가장 윗부분의 텍스트는 고대 이집트 상형문자로, 중간은 민중문자로, 그리고 가장 아랫부분은 고대 그리스어로 되어 있다. (② 기자의 대피라미드 건설은 수백만 개의 석회암 블록을 먼 거리에서 운송하는 등 막대한 군수 조직을 필요로 했다.) ③ 고대 그리스어는 학자들에게 잘 알려져 있었기 때문에, 그리스어 부분은 번역을 위한 결정적인 기준점 역할을 했다. ④ 이 병기된 텍스트 덕분에 학자 장프랑수아 샹폴리옹은 1820년대에 마침내 상형문자 언어의 구조를 풀 수 있었다. 궁극적으로, 이 돌은 수 세기 동안 침묵했던 고대 이집트의 풍부한 역사와 문화로 들어가는 관문을 제공했다.

어휘

- decipher 해독하다, 판독하다, 이해하다
- decree 법령, 칙령, 명령하다
- inscribe 새기다, 기록하다
- script 문자 체계, 글자체, 대본
- logistical 수송·조달의, 병참의
- crucial 중대한, 결정적인
- reference 참고, 참조, 언급

05 정답 ③ 난이도 ★★★☆☆

해설

이 글은 사람들이 스트레스를 어떻게 다르게 관리하는지를 비교하며 설명한다. ①, ②번 문장은 서로 다른 대처 방식을 소개하고, ④번 문장은 그 대처 방식들의 상황적 유효성을 설명하며, 마지막 문장은 두 전략의 조화를 통한 정서적 안정이라는 통합적 결론을 제시한다. 그러나 ③번 문장은 혈압의 생리직 변화에 대한 내용으로, 스트레스 대처 전략이나 심리적 반응과 직접적인 관련이 없다. 따라서 글의 흐름상 어색한 문장은 ③이다.

지문해석

스트레스를 다룰 때 개인은 성격에 따라 다른 대처 전략을 채택한다. ① 어떤 사람들은 문제 중심의 전략에 의존하여 스트레스의 원인에 대한 해결책을 적극적으로 찾는다. ② 다른 사람들은 친구와 대화하거나 진정 활동에 참여하는 등 감정 중심의 방법으로 눈을 돌린다. (③ 혈압은 식단과 신체 활동에 따라 하루 종일 크게 변동할 수 있다.) ④ 두 가지 접근 방식 모두 유효하지만 각 접근 방식의 효과는 종종 특정 상황에 따라 달라진다. 이러한 전략 간의 올바른 균형을 찾는 것은 장기적인 정서적 안녕을 유지하는 데 중요하다.

어휘

- adopt 채택하다, 받아들이다
- cope 대처하다, 대응하다
- mechanism 방식, 구조
- rely on 의지하다, 믿다
- strategy 전략, 방법
- fluctuate 변동하다, 오르내리다
- approach 접근법, 처리 방법
- maintain 유지하다, 지속하다
- well-being 안녕, 복지

06 정답 ④ 난이도 ★☆☆☆☆

해설

이 글은 UBI(기본소득)에 관한 찬반 입장과 그것이 사회와 개인에게 미치는 영향을 소개하고 있다. ①, ②, ③번 문장까지는 각각 UBI의 기대 효과, 비판적 시각, 실험 결과를 설명하며, 마지막 문장은 이를 사회 변화의 맥락으로 확장한다. 그러나 ④번 문장은 UBI의 효과를 세계 무역 정책과 연결 지으며, 글의 초점인 기본소득의 개인적 · 사회적 영향에서 벗어나 있다. 따라서 글의 흐름상 어색한 문장은 ④이다.

지문해석

보편적 기본소득(UBI)은 자동화로 인한 경제적 불평등과 일자리 이동에 대한 잠재적인 대응책으로 떠오르고 있다. ① 옹호자들은 UBI가 재정적 안정을 제공하고 개인이 소득 손실에 대한 두려움 없이 교육, 간병 또는 창의적인 일을 추구할 수 있게 한다고 주장한다. ② 그러나 비평가들은 UBI가 사람들이 취업을 꺼리게 되어 전체 생산성을 저하시킬 수 있다고 경고한다. ③ 전 세계의 여러 파일럿 프로그램에 따르면 수혜자는 종종 정신 건강이 개선되고 재정적 스트레스가 감소하는 것으로 나타났다. (④ 경제학자들은 일반적으로 기본소득의 효과가 주로 세계 무역 정책에 달려 있다고 본다.) 이 논쟁은 사회가 인간의 존엄성을 유지하면서 기술 변화에 어떻게 적응할 수 있는지에 대한 광범위한 우려를 반영한다.

어휘

- emerge 나타나다, 부상하다
- inequality 불평등, 불균형
- displacement 추방, 대체, 이동
- advocate 지지자, 옹호하다
- financial 재정의, 금전적인
- discourage 의욕을 꺾다, 막다
- productivity 생산성, 능률
- pilot 시험적인, 시범적인
- recipient 수령자, 받는 사람
- preserve 보존하다, 지키다
- dignity 존엄, 품위

07 정답 ② 난이도 ★★★☆☆

해설

이 글은 온라인 학습과 전통적 교실 학습의 효과성 비교를 주제로 하고 있다. ①, ③, ④번 문장은 각각 온라인 학습의 장점, 전통적 교실 학습의 특징, 그리고 두 방식을 결합한 혼합 학습의 효과에 대해 설명하며, 주제에 맞게 전개된다. 그러나 ②번 문장은 게임 디자인과 창의적 문제 해결에 관한 내용으로, 글 전체의 중심 주제인 온라인 수업과 전통 교실 수업의 비교에서 벗어나 있다. 따라서 글의 흐름상 어색한 문장은 ②이다.

지문해석

온라인과 전통적인 교실 학습의 효과에 대한 논쟁은 계속되어 왔다. ① 온라인 강좌는 유연성과 편의성을 제공하여 학생들이 자신의 속도와 장소에 구애받지 않고 공부할 수 있도록 한다. (② 일부 인기 비디오 게임은 탐험과 창의적인 문제 해결을 장려하는 열린 세계 환경을 특징으로 한다.) ③ 반면, 전통적인 교실은 교사 및 동료와의 체계적인 상호작용을 제공하여 동기 부여와 책임감을 높일 수 있다. ④ 연구에 따르면 두 가지 방법을 결합한 혼합 학습 모델이 종종 최상의 결과를 도출한다고 한다. 각 접근 방식에는 고유한 강점이 있으며, 선택은 종종 학습자의 선호도와 필요에 따라 달라진다.

어휘

- ongoing 계속되는, 진행 중인
- effectiveness 효과성, 유효성
- flexibility 유연성, 융통성
- convenience 편의, 편리함
- structured 구조화된, 체계적인
- interaction 상호작용, 소통
- accountability 책임, 책무
- blended 혼합된, 결합된
- preference 선호, 선택 성향

08 정답 ② 난이도 ★★★☆☆

해설

이 글은 동양과 서양 철학에서 자아 개념의 차이를 설명하고, 그 철학적 관점이 삶의 방식에 미치는 영향을 비교하는 글이다. ①, ③, ④번 문장은 모두 자아에 대한 철학적 관점과 그 문화적 의미를 논의하는 데 집중되어 있다. 그러나 ②번 문장은 르네상스 미술 후원 문화에 관한 설명으로, 자아 개념의 철학적 비교라는 글의 중심 주제와 전혀 관련이 없다. 따라서 글의 흐름상 어색한 문장은 ②이다.

지문해석

동양 철학과 서양 철학은 오랫동안 자아의 본질에 대해 서로 다른 관점을 제시해 왔다. ① 많은 동양 전통에서 자아는 다른 것들과 상호 연결되어 있고 더 큰 우주와 떼려야 뗄 수 없는 존재로 간주된다. (② 가장 유명한 르네상스 예술가들 중 일부는 부유한 후원자들에게 종교적 장면을 그리도록 의뢰받았다.) ③ 반면 서양 철학은 종종 개인을 별개의 자율적인 존재로 강조한다. ④ 이러한 차이점은 사람들이 정체성, 책임, 세계에서 자신의 위치를 이해하는 방식에 영향을 미친다. 이러한 철학적 대조를 인식하면 문화 간 이해와 존중을 높일 수 있다.

어휘

- perspective 관점, 시각
- interconnected 서로 연결된, 상호 의존적인
- inseparable 분리할 수 없는, 불가분의
- autonomous 자율적인, 자주적인
- entity 존재, 실체
- identity 정체성, 신원
- responsibility 책임, 의무
- foster 촉진하다, 조성하다
- contrast 차이, 대조
- cross-cultural 문화 간의, 다문화적인

09 정답 ①   난이도 ★★☆☆☆

해설

이 글은 기후 변화 대응을 위한 다양한 국가별 기술적 사례를 소개한다. ②, ③, ④번 문장은 각각 탄소 감축, 신재생 에너지, 도시 녹화 전략 등 구체적인 환경 기술 사례를 제시하며, 마지막 문장은 이를 종합적으로 평가한다. 그러나 ①번 문장은 수면 패턴 개선을 위한 시간제도 변경 제안으로, 기후 변화 대응이나 환경 기술과 관련이 없다. 따라서 글의 흐름상 어색한 문장은 ①이다.

지문해석

기후 변화의 증가하는 위협에 대처하기 위해 전 세계적으로 혁신적인 해결책이 시행되고 있다. (① 일부 기상학자들은 도시 인구의 수면 패턴을 개선하기 위해 서머타임을 폐지할 것을 제안했다.) ② 코펜하겐에서는 2025년까지 탄소 중립을 목표로 자전거 인프라에 많은 투자를 하고 있다. ③ 모로코의 한 프로젝트는 일몰 후에도 수천 가구에 전력을 공급하기 위해 집중된 태양광 발전을 사용한다. ④ 싱가포르는 열을 줄이고 도시 공기를 정화하기 위해 고층 빌딩에 수직 정원을 개발했다. 이러한 계획은 현지화된 혁신이 환경 문제를 해결하기 위한 글로벌 노력에 어떻게 기여할 수 있는지 보여준다.

어휘

- innovative 혁신적인, 창의적인
- implement 시행하다, 실행하다
- tackle 해결하다, 다루다
- meteorologist 기상학자
- abolish 폐지하다, 없애다
- daylight saving time 서머타임, 일광 절약 시간
- carbon-neutral 탄소 중립의
- concentrated 집중된, 응축된
- initiative 계획, 주도적인 행동
- combat 싸우다, 방지하다

10 정답 ③   난이도 ★★★☆☆

해설

이 글은 예술 교육의 중요성과 다양한 긍정적 효과를 설명하고 있다. ①, ②, ④번 문장 그리고 마지막 문장은 모두 예술 교육이 정서, 인지, 사회성 발달에 미치는 영향을 중심으로 논지를 전개한다. 그러나 ③번 문장은 클라우드 컴퓨팅 시스템을 활용해 온라인 수업을 관리하고 학습 자료를 배포하는 효율성에 관한 내용으로, 주제인 예술 교육과 무관하다. 따라서 글의 흐름상 어색한 문장은 ③이다.

지문해석

예술 교육은 균형 잡힌 커리큘럼의 필수적인 부분으로 간주되어야 한다. ① 창의력을 키우고 학생들이 말로 표현하기 어려운 복잡한 감정을 표현할 수 있도록 도와준다. ② 다양한 형태의 예술에 대한 노출은 비판적 사고와 문화적 인식도 향상시킨다. (③ 현재 많은 학교에서 온라인 수업을 관리하고 학습 자료를 보다 효율적으로 배포하기 위해 클라우드 컴퓨팅 시스템을 사용하고 있다.) ④ 학문적 이점 외에도 예술에 참여하면 정신 건강과 사회적 기술이 향상되는 것으로 나타났다. 일상 학습에 예술을 통합함으로써 교육자는 지적 및 정서적 발달을 촉진할 수 있다.

어휘

- essential 필수적인, 매우 중요한
- well-rounded 균형 잡힌, 다방면에 능한
- nurture 양성하다, 보살피다
- articulate 분명히 표현하다, 또렷이 말하다
- exposure 노출, 접함
- critical thinking 비판적 사고, 분석적 사고
- awareness 인식, 자각
- engage 참여하다, 몰두하다
- integrate 통합하다, 결합하다
- promote 촉진하다, 증진하다

11 정답 ② 난이도 ★★☆☆☆

해설

이 글은 어휘 학습의 어려움(문제)과 그 해결 방법(해결책)을 제시하는 문제-해결 구조로 이루어져 있다. ①번 문장은 문제의 원인을 설명하고, ③, ④번 문장은 구체적인 해결 방안과 그 효과를 제시하며, 마지막 문장은 미래 전망을 나타낸다. 그러나 ②번 문장은 20세기 초 교과서의 인쇄 및 자료 활용 방식에 대한 과거적 설명으로 본문의 주제인 어휘 학습 문제와 직접적인 관련이 없다. 따라서 글의 흐름상 어색한 문장은 ②이다.

지문해석

많은 학생들이 새로운 단어에 자주 노출되는데도 불구하고 어휘 유지에 어려움을 겪고 있다. ① 주요 문제 중 하나는 의미 있는 맥락이 부족하여 학습자가 정의를 내재화하기 어렵다는 점이다. (② 20세기 초의 교과서는 시각적이나 청각적인 자료의 활용이 거의 없는, 글 중심의 설명에 크게 의존했다.) ③ 이 문제를 해결하기 위해 교육자들은 이야기, 대화, 멀티미디어 콘텐츠를 어휘 수업에 통합하기 시작했다. ④ 이러한 방법은 학습을 더욱 흥미롭게 만들 뿐만 아니라 현실적인 상황에서 단어 사용을 강화하는 데 도움이 된다. 언어 학습이 더욱 몰입감 있게 되면서 학생들은 새로운 어휘를 효과적으로 유지하고 적용할 수 있는 능력이 향상되었다.

어휘

☐ retention 유지, 보유
☐ exposure 노출, 접함
☐ internalize 내면화하다, 자기 것으로 만들다
☐ address 다루다, 해결하다
☐ integrate 통합하다, 결합하다
☐ engaging 매력적인, 흥미를 끄는
☐ reinforce 강화하다, 보강하다
☐ immersive 몰입형의, 몰입감을 주는
☐ equipped 준비된, 갖추어진
☐ apply 적용하다, 활용하다

12 정답 ② 난이도 ★★★☆☆

해설

이 글은 지식 탐구 과정에서의 '의심'의 중요성을 중심으로 전개된다. ①, ③, ④번 문장은 모두 의심이 사고를 심화시키고 철학적 탐구를 이끄는 기능과 가치에 대해 설명하며, 일관된 주제 흐름을 유지한다. 그러나 ②번 문장은 언어 구조와 인지 처리 방식에 대한 설명으로, 이 글의 중심 주제인 철학적 의심과는 논리적 연관성이 없다. 따라서 글의 흐름상 어색한 문장은 ②이다.

지문해석

많은 철학자들이 지식 추구에서 의심의 중요성을 강조해 왔다. ① 데카르트는 자신이 진실이라고 믿었던 모든 것을 의심하는 것으로 철학적 탐구를 시작한 것으로 유명하다. (② 일부 언어는 문장 끝에 동사를 배치하여 청자가 정보를 처리하는 방식을 바꿀 수 있다.) ③ 의심은 맹목적으로 받아들이기보다는 더 깊은 질문과 성찰을 장려한다. ④ 이러한 접근 방식은 종종 자신의 신념에 대한 더 엄격한 추론과 더 강력한 정당화로 이어진다. 이러한 방식으로 의심은 약점이 아니라 지적 발달의 중요한 부분이 된다.

어휘

☐ emphasize 강조하다, 두드러지게 하다
☐ doubt 의심, 의문
☐ pursuit 추구, 탐구
☐ inquiry 탐구, 조사
☐ acceptance 수용, 인정
☐ reflection 성찰, 반성
☐ rigorous 철저한, 엄격한
☐ justification 정당화, 이유
☐ vital 필수적인, 매우 중요한
☐ intellectual 지적인, 지성의

13 정답 ② 난이도 ★★☆☆☆

해설

이 글은 도시 차원에서 시행되는 환경 대응 사례들, 특히 도시 열 완화와 지속 가능성 촉진을 위한 구체적인 활동을 소개한다. ①, ③, ④번 문장은 도시의 기온 저감과 생태 개선에 직접 관련된 사례이다. 그러나 ②번 문장은 국가 차원의 에너지 효율 지수와 교육 캠페인에 관한 내용으로, '도시 열 문제' 및 '도시 설계 개선 전략'이라는 글의 흐름과 논리적으로 연결되지 않는다. 따라서 글의 흐름상 어색한 문장은 ②이다.

지문해석

전 세계 도시들은 도시 더위를 퇴치하고 지속 가능성을 증진하기 위해 혁신적인 전략을 채택하고 있다. ① 싱가포르에서는 지표면 온도를 낮추고 공기 질을 개선하기 위해 고층 건물에 수직 정원을 설치하고 있다. (② 일부 유럽 국가에서는 국가 교육 캠페인 덕분에 에너지 효율 지수가 60%를 넘어섰다.) ③ 로스앤젤레스는 햇빛을 반사하고 도시 열섬 효과를 줄이기 위해 옥상을 흰색으로 칠하기 시작했다. ④ 멜버른에서는 나무 심기 계획이 지역 사회를 식히는 동시에 생물 다양성을 높이는 데 도움이 되었다. 이러한 노력은 지역화된 환경 행동이 지구 기후 문제를 어떻게 해결할 수 있는지 보여준다.

독해 끝판왕 500제 · 후반부

어휘
- adopt 채택하다, 받아들이다
- innovative 혁신적인, 창의적인
- combat 싸우다, 방지하다
- sustainability 지속 가능성, 유지 가능성
- vertical 수직의, 세로의
- urban heat island 도시 열섬
- initiative 계획, 주도적 행동
- biodiversity 생물 다양성, 생태계 다양성
- localized 국지적인, 지역적인
- address 다루다, 해결하다
- reflect 반사하다, 되돌아보다

14 정답 ④   난이도 ★★★☆☆

해설

이 글은 얼굴 인식 기술의 윤리적 쟁점과 찬반 입장을 중심으로 전개된다. ①, ②번 문장은 얼굴 인식 기술의 장점을, ③번 문장은 문제점을 중심으로 구성되어 주제의 일관성을 유지한다. 그러나 ④번 문장은 'GPS 기반 추적 시스템을 활용한 스마트폰 찾기'에 관한 내용으로, 얼굴 인식 기술의 윤리적·사회적 논쟁이라는 글의 주제 흐름에서 벗어난다. 따라서 글의 흐름상 어색한 문장은 ④이다.

지문해석

얼굴 인식 기술의 광범위한 사용은 그 윤리적 의미에 대한 논쟁을 불러일으켰다. ① 지지자들은 법 집행 기관이 범죄자를 더 빨리 식별할 수 있도록 도와 보안을 강화한다고 주장한다. ② 많은 공항에서 안면 인식은 출입국 심사대에서 대기하는 시간을 크게 줄였다. ③ 그러나 비판가들은 이러한 시스템이 사생활 권리를 침해하고 무단 감시로 이어질 수 있다고 경고한다. (④ 이 기술은 또한 GPS 기반 추적 시스템을 사용하여 분실된 스마트폰을 찾을 수 있도록 한다.) 점점 더 많은 시민권 단체가 안면 데이터 수집 및 저장 방식에 대한 더 엄격한 규제를 요구하고 있다.

어휘
- widespread 광범위한, 널리 퍼진
- spark 촉발하다, 야기하다
- ethical 윤리적인, 도덕상의
- proponent 지지자, 옹호자
- enhance 향상시키다, 강화하다
- infringe 침해하다, 위반하다
- unauthorized 허가되지 않은, 무단의
- surveillance 감시, 감독
- regulation 규제, 법규
- civil rights 시민권, 시민의 권리

15 정답 ③   난이도 ★★★☆☆

해설

이 글은 수면 부족이 신체적·정신적 건강에 미치는 부정적 영향에 대해 다룬다. ①, ②, ④번 문장 그리고 마지막 문장은 모두 수면 부족이 성인에게 미치는 신체적·정신적 영향이라는 흐름과 자연스럽게 연결된다. 그러나 ③번 문장은 건강한 수면 습관이 아동의 발달에 중요하다는 내용으로, 글의 주요 흐름인 수면 부족의 부정적 결과에서 벗어난다. 따라서 글의 흐름상 어색한 문장은 ③이다.

지문해석

양질의 수면 부족은 개인의 신체적, 정신적 건강에 심각한 영향을 미칠 수 있다. ① 수면 부족은 집중력을 저하시키고 반응 시간을 늦추며 사고 위험을 증가시킨다. ② 만성 불면증을 불안 및 우울 장애와 연관시키는 수많은 연구가 있다. (③ 건강한 수면 습관은 어린이의 인지 발달과 정서 조절에 중요하다.) ④ 지속적으로 수면을 취하지 않으면 면역 체계가 약화되고 질병에 취약해질 수도 있다. 반대로 낮에 잠깐 낮잠을 자면 수면 부족자의 각성을 회복하고 피로를 줄일 수 있다.

어휘
- deprivation 박탈, 결핍
- impair 손상시키다, 약화시키다
- chronic 만성적인, 장기간의
- insomnia 불면증, 잠을 잘 이루지 못함
- anxiety 불안, 걱정
- depressive 우울한, 우울증의
- cognitive 인지적인, 인식의
- regulation 조절, 통제
- susceptibility 민감성, 취약성
- fatigue 피로, 피곤

16 정답 ②   난이도 ★★☆☆☆

해설

이 글은 인공지능(AI)이 우리 생활에 미치는 영향과 다양한 분야에서의 활용 사례를 중심으로 전개된다. ①, ③, ④번 문장은 AI가 일상생활, 의료, 교통 분야에 어떻게 기여하며 앞으로 어떤 잠재력을 지니는지 설명해 논리적 흐름이 자연스럽다. 그러나 ②번 문장은 르네상스 예술가들이 인공지능이 등장하기 훨씬 전에 인간의 창의성을 탐구했다는 역사적 언급으로, 글의 주제인 현대 사회에서 AI 기술의 다양한 적용과 효과와 전혀 관련이 없다. 따라서 글의 흐름상 어색한 문장은 ②이다.

지문해석

인공지능(AI)은 우리가 살고, 일하고, 세상과 상호작용하는 방식을 변화시키고 있다. ① 개인 맞춤형 쇼핑 제안부터 실시간 언어 번역에 이르기까지 AI 애플리케이션은 일상 생활에 빠르게 통합

되고 있다. (② 미켈란젤로, 레오나르도 다빈치와 같은 르네상스 예술가들은 인공지능이 등장하기 훨씬 이전에 인간의 창의성을 탐구했다.) ③ 의료 분야에서 AI는 첨단 영상 분석을 통해 의사가 질병을 더 정확하게 감지할 수 있도록 돕고 있다. ④ 마찬가지로 AI로 구동되는 자율주행차는 인간 운전자보다 더 빠르게 반응하여 사고를 줄이고 있다. AI가 계속 진화함에 따라 효율성을 높이고 삶의 질을 향상시킬 수 있는 잠재력은 더욱 커질 것이다.

어휘

- transform 변화시키다, 혁신하다
- personalized 맞춤형의, 개인화된
- integrated 통합된, 결합된
- detect 감지하다, 발견하다
- advanced 고급의, 진보한
- autonomous 자율적인, 독립적인
- efficiency 효율, 능률
- application 응용, 적용
- potential 잠재력, 가능성

17 정답 ③ 난이도 ★★★★☆

해설

이 글은 지구의 판들이 어떻게 움직이며 그 결과 어떤 지질학적 현상들이 나타나는지를 설명하는 판 구조론에 대해 설명하고 있다. 첫 문장에서 판이 맨틀 위를 움직인다고 명시하며 논의의 범위를 설정했다. ①번 문장은 지진과 화산 등 판 이동의 결과를, ②번 문장은 초대륙 형성과 같은 장기적 변화를, ④번 문장은 판 경계에서 일어나는 상호작용을 설명하며 모두 '판의 움직임'이라는 핵심 주제와 직접적으로 연결된다. 그러나 ③번 문장은 판의 움직임과 직접적인 관련이 적은 지구 핵의 구성 성분을 서술한다. 따라서 글의 흐름상 어색한 문장은 ③이다.

지문해석

판 구조론은 지구의 외부 껍질이 여러 개의 큰 판으로 나뉘어 있으며, 이 판들이 맨틀 위를 천천히 이동한다는 이론이다. ① 이러한 판의 움직임은 지진, 화산 폭발, 산맥 형성 등 다양한 지질학적 현상의 원인이 된다. ② 수백만 년에 걸쳐, 이 과정은 대륙이 서로 멀어졌다가 충돌하게 만들었으며, 그 결과 판게아와 같은 초대륙의 형성과 분열이 일어났다. (③ 지구의 핵은 밀도가 높은 금속으로 이루어진 공 모양이며, 주로 철과 니켈로 구성된 고체의 내핵과 액체의 외핵으로 되어 있다.) ④ 판들이 만나는 경계에서는 수렴, 발산, 또는 서로 스치듯 이동하는 상호작용이 일어나며, 이러한 과정이 지구 표면을 형성한다. 따라서 지구의 표면은 정지해 있는 것이 아니라, 이러한 강력한 지하 힘들에 의해 끊임없이 재형성되고 있다.

어휘

- plate tectonics 판 구조론
- mantle 맨틀, 지구의 층
- phenomena 현상, 사건
- eruption 분출, 폭발
- drift 이동하다, 표류하다
- assemble 모으다, 집합시키다
- converge 모이다, 합쳐지다
- diverge 갈라지다, 분기하다
- subterranean 지하의, 지하에서 발생하는
- reshape 재형성하다, 새롭게 만들다

18 정답 ④ 난이도 ★★★☆☆

해설

이 글은 클래식 음악과 대중음악의 차이를 역할과 문화적 영향력 측면에서 비교하고 있다. ①, ②, ③번 문장은 클래식 음악과 대중음악의 성격, 기능, 예술성에 대해 비교하고 있으며, 마지막 문장은 두 장르의 차이를 인정하면서도 공통된 영향력을 강조하고 있다. 그러나 ④번 문장은 음악 장르 간 비교가 아닌 개인 차이에 초점을 두어 글의 중심 논지에서 벗어난다. 따라서 글의 흐름상 어색한 문장은 ④이다.

지문해석

클래식 음악과 대중음악을 비교할 때는 서로 다른 역할과 문화적 중요성을 고려해야 한다. ① 클래식 음악은 종종 형식적인 환경과 연관되어 있으며 복잡성과 역사적 깊이로 유명하다. ② 반면, 대중음악은 일반적으로 대중의 관심을 끌기 위해 만들어지며 현재의 사회적 트렌드를 반영하는 경향이 있다. ③ 일부 학자들은 클래식 작곡의 정서적 영향이 팝송보다 객관적으로 더 크다고 주장한다. (④ 그러나 음악에 대한 청취자들의 감정적 반응은 개인의 성격과 문화적 배경에 따라 크게 다르다.) 두 가지 형태 모두 차이에도 불구하고 관객을 감동시키고 문화적 정체성에 영향을 미칠 수 있는 힘을 가지고 있다.

어휘

- classical 고전적인, 전통적인
- significance 중요성, 의미
- complexity 복잡성, 난해함
- historical 역사적인, 역사와 관련된
- mass 대중의, 대규모의
- reflect 반영하다, 나타내다
- composition 작곡, 구성
- vary 변화하다, 다르다
- personality 성격, 인격
- identity 정체성, 신원

19 정답 ④ 난이도 ★★★★☆

해설

이 글은 정의의 개념 변화에 대해 시대별로 비교하고 있다. ①, ②, ③번 문장은 과거 철학과 문화 전통 속에서 정의 개념이 어떻게 변해왔는지를 연대기적으로 서술하며, 마지막 문장은 이를 현대 정의 개념으로 자연스럽게 연결한다. 그러나 ④번 문장은 현대 민주주의가 도덕적 정의 개념을 전면 거부한다고 단정하여, 다른 문장들의 균형 잡힌 설명 흐름과 어긋난다. 따라서 글의 흐름상 어색한 문장은 ④이다.

지문해석

역사를 통틀어 정의의 개념은 다양한 문화와 법적 전통에 걸쳐 발전해 왔다. ① 고대 그리스에서 플라톤과 아리스토텔레스와 같은 철학자들은 정의를 조화와 사회 질서와 연결된 미덕으로 여겼다. ② 이에 반해 유교 사상은 관계적 의무와 사회적 위계질서 측면에서 정의를 강조했다. ③ 중세 유럽은 정의를 교회와 군주제를 통해 강요되는 신성한 질서로 보았다. (④ 현대 민주주의는 모든 전통적인 견해를 버리고 도덕적 정의의 개념을 거부했다.) 오늘날 정의는 종종 인권, 평등, 세속법에 따른 법적 보호라는 측면에서 프레임화된다.

어휘

- justice 정의, 공정
- evolve 발전하다, 진화하다
- virtue 미덕, 덕성
- harmony 조화, 일치
- hierarchy 계층, 서열
- divine 신성한, 신의
- abandon 포기하다, 버리다
- moral 도덕적인, 윤리적인
- human rights 인권, 기본권
- secular 세속적인, 종교와 무관한

20 정답 ① 난이도 ★★★☆☆

해설

이 글은 동물들의 다양한 수면 방식을 비교하며, 그 진화적 맥락과 환경적 요구를 설명한다. ②, ③번 문장은 각각 돌고래와 박쥐의 구체적인 사례를 통해 주제를 뒷받침하고 있으며, ④번 문장과 마지막 문장은 전체 내용을 종합한다. 그러나 ①번 문장은 사회적 행동 진화에 관한 내용으로, 수면 패턴이나 생물학적 진화와 전혀 관련이 없다. 따라서 글의 흐름상 어색한 문장은 ①이다.

지문해석

다양한 종들이 생태적 요구에 맞는 다양한 수면 패턴을 진화시켜 왔다. (① 일부 동물들은 집단 내 협동을 향상시키기 위해 복잡한 사회적 계급 제도를 발전시켰다.) ② 예를 들어 돌고래는 한 번에 뇌의 한 반구를 쉬게 하여 부분적으로 깨어 있을 수 있다. ③ 반면 박쥐는 낮 동안 장시간 거꾸로 잠을 자며 야간 활동을 위한 에너지를 절약한다. ④ 이러한 적응은 환경적 요구가 동물계 전반에 걸쳐 수면 행동을 어떻게 형성했는지 반영한다. 이러한 패턴을 연구하면 생물학에 대한 이해가 깊어질 뿐만 아니라 우리 자신의 수면 욕구에 대한 통찰력도 얻을 수 있다.

어휘

- species 종, 생물 종류
- evolve 진화하다, 발전하다
- pattern 패턴, 양식
- ecological 생태학의, 환경의
- hierarchy 계층, 계급 제도
- hemisphere 반구, 한쪽 부분
- conserve 보존하다, 절약하다
- adaptation 적응, 조정
- environmental 환경의, 주변의
- insight 통찰력, 이해

21 정답 ④ 난이도 ★★☆☆☆

해설

이 글은 학생들의 글쓰기 어려움 원인을 진단하고, 이를 해결하기 위한 교육적 제안을 설명하는 문제–해결 구조이다. ①, ②번 문장은 문제 진술, ③번 문장과 마지막 문장은 해결책과 그 효과를 설명한다. 그러나 ④번 문장은 언어 습득 기제에 관한 이론적 논쟁으로, 글쓰기 교육의 실제 문제 해결과 직접 연결되지 않아 주제를 분산시키므로 문맥상 어색하다. 따라서 글의 흐름상 어색한 문장은 ④이다.

지문해석

많은 학생들이 자신의 아이디어를 효과적으로 조직하는 방법을 거의 배우지 못하기 때문에 글쓰기에 어려움을 겪는다. ① 전통적인 교육은 종종 구조와 사고의 명확성보다 문법과 어휘를 강조한다. ② 그 결과 학생들은 일관된 의미를 전달하지 못하는 문법적으로 올바른 문장을 만들 수 있다. ③ 한 가지 제안된 해결책은 글쓰기 수업에서 수사학적 구조와 모델링 기법을 명시적으로 가르치는 것이다. (④ 언어학자들은 언어 습득이 타고난 능력에 의해 더 많이 좌우되는지 아니면 환경적 요인에 의해 좌우되는지에 대해 자주 논쟁한다.) 아이디어가 논리적으로 배열되는 방식에 초점을 맞춤으로써 교육자들은 학생들이 더 자신감 있고 설득력 있는 작가가 되도록 도울 수 있다.

어휘

- struggle with 고군분투하다, 어려움을 겪다
- organize 조직하다, 정리하다
- instruction 교육, 지도
- clarity 명료함, 투명성
- coherent 일관된, 논리적인
- proposed 제안된, 계획된
- rhetorical 수사적인, 설득력 있는
- modeling 모형화, 본보기 제시
- acquisition 습득, 획득
- persuasive 설득력 있는, 납득이 가는

22 정답 ④   난이도 ★★★☆☆

해설

이 글은 내향성과 외향성의 생물학적 차이와 그 심리적 영향을 비교하여 설명한다. ①, ②, ③번 문장은 자극 처리 방식의 차이, 생물학적 원인, 사회적 반응 차이를 통합적으로 다루며, 마지막 문장은 이를 실생활에 적용할 가능성을 정리한다. 그러나 ④번 문장은 정서적 안정성이라는 다른 성격 요인을 추가로 언급한 내용으로, 내향성과 외향성 비교 흐름과 연결되지 않는다. 따라서 글의 흐름상 어색한 문장은 ④이다.

지문해석

내성적인 사람과 외향적인 사람은 사회적 선호도뿐만 아니라 자극을 처리하는 방식에도 차이가 있다. ① 내성적인 사람은 전두엽 피질이 더 활발해져 내부 생각과 외부 신호에 더 민감해지는 경향이 있다. ② 외향적인 사람은 일반적으로 보상과 흥분과 관련된 신경 전달 물질인 도파민에 더 민감하게 반응한다. ③ 이러한 생물학적 차이는 사회적 사건이 한 사람에게는 활력을 불어넣지만 다른 사람에게는 지치게 느껴질 수 있는 이유를 설명한다. (④ 정서적 안정성 또한 한 역할을 하며, 외향적인 사람들은 자극적인 환경에서 더 긍정적인 기분을 느끼는 경향이 있다.) 이러한 차이를 인식하면 개인이 자신의 필요를 더 잘 이해하고 그에 따라 사회적 상호작용을 관리하는 데 도움이 될 수 있다.

어휘

- introvert 내향적인 사람, 내성적인
- extrovert 외향적인 사람, 사교적인
- stimuli 자극, 유인
- prefrontal cortex 전두엽 피질
- sensitive 민감한, 예민한
- responsive 반응하는, 민감하게 반응하는
- neurotransmitter 신경 전달 물질
- tend ~하는 경향이 있다, 돌보다
- stimulate 자극하다, 활성화하다
- distinction 차이, 구별

23 정답 ③   난이도 ★★★☆☆

해설

이 글은 예술의 정서적 영향력과 사회적 역할에 대해 논증한다. ①, ②번 문장은 예술이 감정, 공감, 해석을 통해 사회적 의식을 자극하는 기능을 강조하며, ④번 문장은 예술의 몰입성과 변화를 이끄는 힘을 설명한다. 그러나 ③번 문장은 전시 기획에 사용되는 기술적 도구를 언급하여, 예술의 본질적 기능이나 논리 흐름과 맞지 않다. 따라서 글의 흐름상 어색한 문장은 ③이다.

지문해석

예술은 사람들이 주변 세계를 이해하는 데 중요한 역할을 한다. ① 논리와 증거에 의존하는 과학적 설명과 달리 예술은 감정, 상징, 해석을 통해 소통한다. ② 예술적 표현은 대화를 촉발하고 가정에 도전하며 문화적 공감을 촉진하는 힘을 가지고 있다. (③ 스프레드시트와 데이터 분석 소프트웨어와 같은 디지털 도구는 대규모 전시회를 조직하는 데 필수적이다.) ④ 회화와 영화부터 설치 및 공연에 이르기까지 예술은 관객을 개인적인 차원에서 복잡한 주제에 참여하도록 초대한다. 이러한 감정적 참여를 통해 예술은 성찰과 사회 변화를 위한 강력한 힘이 된다.

어휘

- vital 필수적인, 매우 중요한
- symbolism 상징, 상징적 표현
- interpretation 해석, 이해
- expression 표현, 표현력
- spark 촉발하다, 야기하다
- assumption 가정, 추정
- empathy 공감, 감정 이입
- engage 참여하다, 몰두하게 하다
- reflection 성찰, 반성
- societal 사회의, 사회적인

24 정답 ④   난이도 ★★★☆☆

해설

이 글은 3D 프린터의 활용과 미래 가능성에 대해 설명하고 있다. ①, ②, ③번 문장은 3D 프린팅 기술 발전의 긍정적 가능성과 구체적인 활용 사례를 다루며, 현실적 기대를 바탕으로 연결된다. 그러나 ④번 문장은 노동자 전면 대체와 전 세계적 실업이라는 극단적 전망을 제시해, 본문의 미래 혁신 중심 흐름과 어울리지 않는다. 따라서 글의 흐름상 어색한 문장은 ④이다.

지문해석

3D 프린팅의 발전은 제조 및 의학 분야에서 새로운 가능성을 열어주었다. ① 의료 분야에서 의사들은 이제 3D 프린터를 사용하여 맞춤형 보철물과 수술 준비를 위한 장기 모델까지 제작하고 있다. ② 이 기술을 통해 신속한 프로토타이핑이 가능해져 전통적인 생산에 소요되는 시간과 비용을 줄일 수 있다. ③ 연구자들은 인쇄 공정을 보다 친환경적으로 만들기 위해 생분해성 소재를 사용하는 방법을 모색하고 있다. (④ 일부 비평가들은 3D 프린팅이 결국 모든 공장 근로자를 대체하고 전 세계적인 실업으로 이어질 것이라고 주장한다.) 지속적인 혁신으로 3D 프린팅은 상품을 설계, 생산, 유통하는 방식에 혁명을 일으킬 수 있다.

어휘

- customized 맞춤형의, 개인화된
- prosthetics 보철물, 인공 기관[삽입물]들
- rapid 신속한, 빠른
- prototyping 시제품 제작, 시범 모델 제작
- biodegradable 생분해성의, 자연 분해 가능한
- eco-friendly 친환경적인, 환경을 보호하는
- critic 비평가, 비판자
- innovation 혁신, 새로움
- revolutionize 혁명적으로 바꾸다, 혁신하다
- distribute 분배하다, 유통하다

25 정답 ②

난이도 ★★☆☆☆

해설

이 글은 공공 예술의 도시 내 역할과 중요성에 대해 설명하고 있다. ①, ③, ④번 문장은 모두 도시 공공 예술의 사회적 기능과 역할을 설명하며, 공공 예술의 가치와 효과를 논리적으로 전개한다. 그러나 ②번 문장은 갤러리 중심의 개인 예술가들의 생계 문제를 다뤄 다른 문장들과 주제 흐름이 다르고, 도시 공공 예술의 역할과도 관련성이 떨어진다. 따라서 글의 흐름상 어색한 문장은 ②이다.

지문해석

최근 수십 년 동안 공공 예술은 도시 경관의 필수적인 부분이 되어 미적 가치를 제공하고 사회적 참여를 촉진하고 있다. ① 정부와 도시 계획가들은 방치된 지역을 활성화하기 위해 벽화와 조각품을 의뢰하는 경우가 점점 더 많아지고 있다. (② 갤러리 표현의 일관성 없는 특성으로 인해 많은 예술가들이 생계를 유지하는 데 어려움을 겪고 있다.) ③ 이러한 설치물은 종종 지역 문화, 역사 또는 사회적 문제를 반영하여 사람들을 환경과 연결한다. ④ 공공 예술은 시민들 간의 대화를 장려하고 공동의 정체성을 공유하는 데 기여할 수 있다. 도시가 성장함에 따라 예술을 공공장소에 통합하는 것은 사치가 아니라 공동체 복지의 중요한 측면으로 여겨진다.

어휘

- integral 필수적인, 완전한
- aesthetic 미학적인, 심미적인
- stimulate 자극하다, 촉진하다
- commission 의뢰하다, 주문하다
- revitalize 활기를 불어넣다, 재생시키다
- inconsistent 일관되지 않은, 일정하지 않은
- installation 설치 작품, 설치 예술
- contribute 기여하다, 도움을 주다
- shared 공동의, 공유된

26 정답 ④

난이도 ★★★☆☆

해설

이 글은 도시 주거 불평등 문제를 설명하고, 정부의 정책적 대응을 소개하는 문제 – 해결 구조를 따른다. ①, ②, ③번 문장은 문제의 원인과 정책적 대응을 다루며, 마지막 문장은 해결 노력의 의미를 평가한다. 그러나 ④번 문장은 명품 패션 시장의 성장이라는 전혀 다른 주제로, 주거 문제와 사회·경제적 불평등이라는 흐름에서 벗어난다. 따라서 글의 흐름상 어색한 문장은 ④이다.

지문해석

많은 도심에서 저소득층과 중산층 주민들이 저렴한 주택에 접근할 수 없게 되었다. ① 임금이 정체된 상태에서 주택 가격이 계속 상승함에 따라 먼 교외로 이주해야 하는 가정이 점점 더 많아지고 있다. ② 이러한 이주는 소셜 네트워크를 방해할 뿐만 아니라 출퇴근 시간과 환경에 미치는 영향도 증가시킨다. ③ 여러 지역의 정부는 주택 격차 확대를 억제하기 위해 임대료 통제 조치와 공공 주택 프로젝트를 도입했다. (④ 반면, 명품 패션 시장은 부유한 글로벌 소비자들의 강력한 수요에 힘입어 전례 없는 성장세를 보이고 있다.) 이러한 조치는 완벽하지는 않지만 보다 포용적인 도시 미래를 향한 발걸음을 의미한다.

어휘

- affordable 감당할 수 있는, 저렴한
- inaccessible 접근할 수 없는, 손이 닿지 않는
- stagnant 정체된, 침체된
- relocate 이주하다, 이전하다
- displacement 이동, 쫓겨남
- curb 억제하다, 제한하다
- widen 확대하다, 벌어지다
- affluent 부유한, 풍요로운
- inclusive 포괄적인, 모두를 포함하는
- unprecedented 전례 없는, 유례없는

27 정답 ②
난이도 ★★★★☆

해설

이 글은 메서드 연기가 배우의 몰입 방식과 그 영향(신체적 변화, 감정 표현, 심리적 부작용 등)에 미치는 효과를 설명한다. ①, ③, ④번 문장은 메서드 연기의 구체적인 몰입 과정, 그로 인한 정서적 영향, 그리고 관객과의 연결성에 대해 설명하고 있다. 그러나 ②번 문장은 이 연기 기법의 역사적 기원을 소개하고 있어, 본문의 몰입 – 영향 – 효과라는 흐름과 직접적으로 연결되지 않으며 논리적 흐름을 일시적으로 끊는다. 따라서 글의 흐름상 어색한 문장은 ②이다.

지문해석

일부 배우들은 메서드 연기라는 기법을 사용하여 캐릭터에 완전히 몰입한다. ① 이러한 접근 방식은 종종 배우들이 일상 생활, 말투, 심지어 신체적 외모까지 바꾸게 만든다. (② 메서드는 20세기 초에 처음 개발되었으며 다양한 연기 학교를 통해 발전해 왔다.) ③ 배우들은 캐릭터의 사고방식을 수용하여 인위적인 연기가 아닌 진정한 감정적 반응을 표현하는 것을 목표로 한다. ④ 이러한 강도는 심리적 타격을 줄 수 있으며 때로는 불안감이나 감정적 소진을 초래하기도 한다. 궁극적으로 메서드 연기는 허구와 현실 사이의 간극을 메우는 데 도움이 되어 관객이 스토리와 더 깊이 연결될 수 있도록 한다.

어휘

- immerse 몰두하다, 몰입하다
- employ 사용하다, 활용하다
- method acting 메서드 연기
- alter 바꾸다, 변경하다
- authentic 진짜의, 진정한
- artificial 인공적인, 인위적인
- intensity 강도, 격렬함
- psychological 심리적인, 정신적인
- toll 피해, 대가
- bridge 연결하다, 격차를 메우다
- connect 연결하다, 관계를 맺다

28 정답 ②
난이도 ★★★☆☆

해설

이 글은 'Broken heart syndrome(Takotsubo Syndrome, TTS)'의 정의, 발병 원인(슬픈 사건뿐 아니라 기쁜 사건도 가능), 그리고 그에 대한 연구 사례를 다루고 있다. ①번 문장은 기쁨이 유발 요인이 될 수 있음을, ③과 ④번 문장은 이를 뒷받침하는 개념 정의와 연구 결과를 제시한다. 그러나 ②번 문장은 공황발작이라는 다른 질환과의 비교를 도입해 논의의 중심에서 벗어난다. 따라서 글의 흐름상 어색한 문장은 ②이다.

지문해석

타코츠보 증후군(TTS)이라고도 하는 상심 증후군은 심한 스트레스가 심장의 혈액 펌프 능력을 약화시키는 의학적 질환이다. ① 사랑하는 사람을 잃거나 자연재해를 견디는 등의 외상 경험을 따르는 경우가 많지만, 일부 환자는 즐거운 사건 후에 이 증후군이 발생하기도 한다. (② 어지럼증과 호흡 곤란과 같은 증상은 TTS와 공황 발작 모두에서 흔하기 때문에 조기 진단이 어렵다.) ③ 연구자들은 이 희귀한 변종을 "행복한 심장 증후군"이라고 부르며, 이는 압도적으로 긍정적인 감정에 의해 유발되는 것으로 알려져 있다. ④ 1,750명의 TTS 환자를 대상으로 한 연구에서 정서적으로 유발된 485건 중 20건이 행복한 사건과 관련이 있는 것으로 나타났다. 이러한 연구 결과는 뇌가 비슷한 방식으로 극심한 행복과 슬픔을 처리하여 비슷한 생리적 결과를 초래할 수 있음을 시사한다.

어휘

- syndrome 증후군
- condition 상태, 질환
- severe 심각한, 격렬한
- endure 견디다, 참다
- variant 변형, 변종
- trigger 유발하다, 촉발하다
- dizziness 현기증, 어지럼
- shortness 부족, 숨참
- physiological 생리적인, 신체의
- comparable 비교할 만한, 유사한

29 정답 ③
난이도 ★★★★☆

해설

이 글은 BPA가 사용되는 제품과 건강 위험성을 설명한다. ①번 문장은 BPA가 음식에 유입되는 경로를 설명하며 노출 기전을 뒷받침하고, ②, ④번 문장은 BPA가 호르몬과 구조적으로 유사해 생리 기능에 미치는 영향을 다룬다. 그러나 ③번 문장은 '호르몬의 생성과 방출 과정'이라는 기초 생물학 정보를 단순히 설명할 뿐, BPA 유해성 주장의 흐름에서 벗어난다. 따라서 글의 흐름상 어색한 문장은 ③이다.

지문해석

지역 슈퍼마켓에서 판매되는 많은 제품에는 일반적으로 BPA로 알려진 비스페놀 A라는 화학 물질이 포함되어 있다. BPA는 식품 용기와 젖병을 만드는 데 사용되는 플라스틱에서 찾을 수 있다. 또한 금속 식품 캔의 내부를 보호하는 데도 사용된다. 이러한 제품은 사람들에게 식단을 통해 BPA에 노출될 수 있다. ① BPA는 이러한 용기에서 식품 자체로 누출될 수 있기 때문이다. ② BPA는 자연 호르몬의 구조와 유사하기 때문에 신체에 해롭다. (③ 호르몬은 분비샘에서 생성되어 혈류로 방출된다.) ④ 이러한 유사성으로 인해 중요한 신체 기능에 부정적인 영향을 받기 쉽다. BPA를 금지해야 하는지 여부는 논란의 여지가 있지만 많은 전문가들은 BPA 제품을 사용하는 것은 현명하지 않다고 생각한다.

어휘

☐ chemical 화학물질, 화학적인
☐ contain 포함하다, 담고 있다
☐ expose 노출시키다, 드러내다
☐ leak 새다, 누출되다
☐ gland 분비선, 샘
☐ vital 필수적인, 중요한
☐ negatively 부정적인
☐ controversial 논란이 되는, 논쟁의 여지가 있는
☐ unwise 현명하지 못한, 바람직하지 않은

30 정답 ③ 난이도 ★★☆☆☆

해설

이 글은 백신이 자폐증을 유발한다는 잘못된 믿음이 왜 생겨나는지를 심리적·인지적 관점에서 설명한다. ①, ②, ④번 문장은 인간의 심리적 특성—불확실성에 대한 불안, 위험 회피 성향, 감정적 반응—이 백신에 대한 오해로 이어질 수 있음을 일관되게 설명하고 있다. 그러나 ③번 문장은 합리적이고 과학적인 정보 수집 및 판단 과정을 다루고 있어, 나머지 문장들의 중심 주제인 비합리적인 인식 메커니즘과 상충된다. 따라서 글의 흐름상 어색한 문장은 ③이다.

지문해석

일부 사람들은 백신이 자폐증을 유발한다고 믿는다. 이러한 사실적으로 잘못된 믿음을 무시하기 쉽지만, 사람들이 어떻게 이런 결론에 도달하는지 자세히 살펴봐야 한다. ① 사실 우리 모두는 과학적 사실을 부정할 수 있는 특정 인간 특성을 가지고 있다. ② 자폐증과 같이 명확한 원인이 없는 질환은 우리를 불편하게 만들기 때문에 지식의 공백을 입증되지 않은 연결로 채우는 경향이 있다. (③ 이러한 지식 격차를 메우기 위해 우리는 더 많은 정보를 수집하고 어떤 정보가 적절하고 증거에 의해 뒷받침되는지 결정한다.) ④ 게다가 위험해 보이는 상황에 직면했을 때 우리는 종종 상황에 이성적으로 접근하기보다는 최악의 시나리오를 머릿속에 떠올린다. 백신을 이해하지 못하는 사람들은 백신이 해롭다고 상상하기 쉽지만, 이는 사실이 아님을 보여주는 데이터에도 불구하고 백신이 해롭다고 생각한다.

어휘

☐ autism 자폐증
☐ factually 사실에 근거한, 사실상
☐ denial 부정, 거부
☐ obvious 명백한, 분명한
☐ unproven 증명되지 않은, 입증되지 않은
☐ evidence 증거, 근거
☐ risk 위험, 위험 요소
☐ rational 합리적인, 이성적인
☐ harmful 해로운, 유해한

31 정답 ④ 난이도 ★★★★★

해설

이 글은 탐지견 훈련에서 '감정적 흥분'을 유도하는 방식에 대해 설명한다. ①, ②, ③번 문장과 마지막 문장은 모두 개 훈련의 핵심 원리로서 '감정적 반응 유도'를 중심 주제로 설명하고 있다. 개가 특정 냄새에 감정적으로 반응하도록 만드는 과정, 감정을 담은 놀이 보상이 효과적이라는 점이 반복적으로 강조된다. 그러나 ④번 문장은 음식 보상을 통한 인지 강화라는 전통적인 훈련 방식을 설명하고 있어, 글의 핵심 흐름인 '감정 기반 유도와 보상 체계'와는 맞지 않다. 따라서 글의 흐름상 어색한 문장은 ④이다.

지문해석

개들은 본래 냄새를 구분하는 능력이 있으며, 훈련은 특정 냄새에 정서적으로 반응하도록 만들어 그 냄새를 찾아내도록 동기를 부여하는 데 초점을 맞춘다. ① 단계별 훈련 과정에서 트레이너는 특정 냄새에 '감정적 전하'를 부여하여 개가 무엇보다도 그 냄새에 끌리도록 한다. ② 그런 다음 개는 훈련을 받아 지시가 떨어졌을 때 원하는 물건을 찾아내도록 하여 트레이너가 행동을 제어하거나 멈추게 할 수 있다. ③ 이러한 감정적 각성은 또한 훈련자가 줄다리기 게임에 더 많은 감정을 투자하기 때문에 개와 줄다리기를 하는 것이 단순히 개에게 음식 간식을 주는 것보다 훈련 체제에서 더 강력한 감정적 보상인 이유이기도 하다. (④ 트레이너가 개에게 정기적으로 음식 보상을 주는 한 개는 개의 '좋은' 행동이 보상으로 이어진다는 것을 이해할 수 있다.) 개의 관점에서 줄다리기 장난감은 트레이너가 장난감에 의해 '불만'되기 때문에 매력적이다.

어휘

☐ scent 냄새, 향기
☐ apart 구별하여, 따로
☐ emotion 감정, 정서
☐ arousal 각성, 흥분
☐ cue 신호, 지시
☐ reward 보상, 상
☐ regime 체계, 훈련 방법
☐ compelling 강력히 주목하게 하는, 설득력 있는
☐ attach 붙이다, 부여하다
☐ motivate 동기를 부여하다, 자극하다

32 정답 ④ 난이도 ★★★☆☆

해설

이 글은 사진의 등장이 회화에 가져온 충격과, 그로 인해 회화가 사실적 재현에서 감정적·추상적 표현으로 방향을 전환하게 된 과정을 설명한다. ①, ②번 문장은 화가들이 사진을 실용적으로 활용한 사례를 들고, ③번 문장과 마지막 문장은 사진의 등장이 회화의 추상성과 내면 지향성을 촉진했다는 논지를 이어간다. 그러나 ④번 문장은 화가들이 오히려 현실을 그대로 표현하려 했다고 주장하여, 전체 글의 흐름과는 맞지 않다. 따라서 글의 흐름상 어색한 문장은 ④이다.

지문해석

19세기에 사진이 등장하면서 그림은 위기에 처했다. 사진은 화가가 할 수 있는 것보다 자연을 더 잘 모방하는 것처럼 보였다. ① 일부 화가들은 이 발명을 실용적으로 활용했다. ② 자신이 그리는 모델이나 풍경 대신 사진을 사용한 인상주의 화가들도 있다. ③ 하지만 대체로 사진은 그림에 대한 도전이었으며, 그림이 직접적인 표현과 재현에서 20세기 추상화로 나아가는 원인 중 하나였다. (④ 따라서, 그 세기의 화가들은 자연, 사람, 도시를 현실 그대로 표현하는 데 더 중점을 두었다.) 사진이 현실을 정확하게 재현했기 때문에, 화가들은 색채, 형태, 구성 등을 통해 자신의 상상과 감정을 자유롭게 표현할 수 있었다.

어휘

- photography 사진[촬영]술, 사진 찍기
- imitate 모방하다, 흉내 내다
- practical 실용적인, 실제적인
- landscape 풍경, 경치
- representation 표현, 묘사
- reproduction 복제, 재생산
- abstract 추상적인, 비구상적인
- composition 구성, 구성 요소
- accurately 정확하게, 정밀하게
- imagination 상상력, 창의력

33 정답 ② 난이도 ★★★☆☆

해설

이 글은 지속적인 심리적 스트레스가 신체적·인지적 장애를 유발할 수 있다고 설명한다. ①, ③, ④번 문장은 스트레스가 유발하는 생리적·정신적 결과를 설명하고, 마지막 문장은 이에 대한 해결 방안을 제시하며 글의 논리 구조에 자연스럽게 이어진다. 그러나 ②번 문장은 급성 스트레스의 적응적 기능을 설명하며, 단기적 생존 반응의 긍정적 역할에 초점을 맞추고 있어 이 글의 핵심 주제인 만성 스트레스가 건강에 미치는 영향과 그 대응책이라는 흐름과는 맞지 않다. 따라서 글의 흐름상 어색한 문장은 ②이다.

지문해석

끊임없는 심리적 스트레스는 방치하면 다양한 신체 및 인지 장애를 유발할 수 있다. ① 이 호르몬은 과도한 농도에서 면역 기능을 저하시키고 동맥압을 상승시키는 글루코코르티코이드 호르몬인 코르티솔의 분비를 유발한다. (② 급성 스트레스 반응은 진화적으로 적응적인 것으로, 단기적인 각성 상태와 신체적 준비 태세를 높여주지만, 만성적인 심리적 스트레스에서 나타나는 장기간의 활성화와는 뚜렷하게 다르다.) ③ 스트레스에 지속적으로 노출되면 수면 구조의 장애, 불안 증가, 주의력 조절 장애와 상관관계가 있다. ④ 누적적으로 이러한 생리적 및 심리적 장애는 심혈관 질환이나 임상 우울증과 같은 만성 병리로 절정에 이를 수 있다. 이러한 결과에 대응하기 위해 건강 심리학 당국은 습관적인 신체 활동, 성찰적 마음 챙김, 대인 관계 증진과 같은 스트레스 완화 관행을 옹호한다.

어휘

- unrelenting 끊임없는, 가차 없는
- precipitate 촉발하다, 갑자기 발생하게 하다
- physical 신체의, 육체적인
- cognitive 인지의, 인식의
- instigate 촉발하다, 선동하다
- compromise 손상시키다, 위태롭게 하다
- alertness 경계심, 각성 상태
- pathology 병리학, 질병 상태
- alleviate 완화하다, 경감하다
- interpersonal 대인 관계의, 사람 사이의

34 정답 ④ 난이도 ★★★☆☆

해설

이 글은 현대 사회에서 미니멀리즘이 각광받는 이유와 개인적 효과를 중심으로 전개된다. ①, ②, ③번 문장은 미니멀리즘 철학의 핵심과 개인이 경험하는 정서적·생활적 변화를 설명하고 있으며, 결말부는 이를 종합하여 미니멀리즘의 매력을 강조한다. 그러나 ④번 문장은 미니멀리즘이 소비 감소로 인해 경제 성장을 둔화시킬 수 있다는 경제학적 관점을 제시하면서, 개인 중심의 철학적 흐름에서 벗어나 글의 시점과 논점이 바뀌게 된다. 따라서 글의 흐름상 어색한 문장은 ④이다.

지문해석

오늘날 압도적인 소비 문화에 대응하여 점점 더 많은 사람들이 미니멀리즘으로 눈을 돌리면서, 이 생활 방식은 명확성과 의도적인 삶을 약속한다는 이유로 큰 관심을 받고 있다. ① 미니멀리즘은 개인이 불필요한 것을 제거하고, 물질적 소유보다 의미 있는 경험에 집중하도록 장려한다. ② 실천자들은 종종 스트레스 감소, 집중력 향상, 더 깊은 삶의 목적감을 보고한다. ③ 더 이상 필요하지 않은 물건을 내려놓는 것은 정신적·감정적 정리의 한 형태로 여겨진다. (④ 그러나 일부 경제학자들은 미니멀리즘이 사회 전반에 널리 퍼질 경우, 소비자들의 수요를 감소시키고 경제 전반의 성장을 둔화시킬 수 있다고 본다.) 이러한 미니멀리즘의 여러 측면은 왜 사람들이 보다 의도적이고 계획적인 삶의 방식을 추구하며 미니멀리즘에 끌리는지를 보여준다.

어휘

- minimalism 미니멀리즘
- overwhelming 압도적인
- intentional 의도적인
- eliminate 제거하다, 없애다, 탈락시키다
- practitioner 실천자, 수행자, 전문직 종사자
- declutter 잡동사니들을 처리하다
- deliberate 신중한, 의도적인, 고의적인
- industrial 산업[공업]의

35 정답 ③ 난이도 ★★★☆☆

해설

이 글은 갈릴레오의 피사의 사탑 실험을 중심으로, 기존 이론에 도전하며 과학 혁신을 이끈 전환점을 설명한다. ①, ②번 문장은 실험의 배경과 결과를 제시하고, ④번 문장과 마지막 문장은 과학적 전환의 의미를 강조하며 글의 흐름을 유지한다. 그러나 ③번 문장은 "과학 저널에 실렸다"는 표현을 사용하여 역사적 사실을 과장하고 있으며, 시대적 오류와 논리적 부자연스러움이 발생한다. 따라서 글의 흐름상 어색한 문장은 ③이다.

지문해석

갈릴레오 갈릴레이는 기존의 믿음에 과감하게 도전함으로써 현대 실험 과학의 기초를 세운 인물로 종종 평가된다. ① 그의 가장 유명한 실험 중 하나는 피사의 사탑에서 서로 다른 질량을 가진 두 구체를 떨어뜨려 낙하 방식을 시험한 것이었다. ② 아리스토텔레스가 오래도록 주장했던 "무거운 물체가 더 빨리 떨어진다"는 견해와 달리, 두 구체는 동시에 땅에 닿았다. (③ 이 실험은 당시 과학 저널에 널리 기록되었고, 유럽 전역에서 공론을 불러일으켰다.) ④ 질량과 낙하 속도의 관계가 독립적임을 증명함으로써, 갈릴레오는 과학적 사고를 경험적 관찰 중심으로 전환하는 데 기여했다. 이러한 순간들은 증거에 기반을 둔 새로운 물리학 시대의 시작을 알렸다.

어휘

- credit 공로를 인정하다, 평가하다
- foundation 기초, 기반, 근거
- experimental 실험의, 경험적
- established 확립된, 인정된, 기존의
- demonstration 실험, 시범, 증명
- contrary 반대의, 상반되는
- cmpirical 경험에 근거한, 실험과 관찰에 기반한
- observation 관찰, 주의 깊게 봄, 감시
- independent 독립적인, ~와 무관한, 의존하지 않는
- spark 촉발하다, 유발하다, 시작하게 하다

36 정답 ③ 난이도 ★★★☆☆

해설

이 글은 막스 베버의 고전 이론인 《프로테스탄트 윤리와 자본주의 정신》의 핵심 내용을 설명하며, 종교적 윤리가 경제 질서 형성에 어떻게 영향을 미쳤는지를 보여준다. ①번 문장은 칼뱅주의 윤리가 자본주의에 간접적으로 기여했다는 베버의 주장을 정확히 반영하고, ②번 문장은 그들의 미덕과 행동 양식을 설명하며, ④번 문장은 그 결과로 나타난 자본주의적 근로 윤리를 제시한다. 그러나 ③번 문장은 경제적 성공을 피했다는 내용을 담고 있어 베버의 주장과 정반대이다. 베버는 오히려 칼뱅주의자들이 영적 확신을 얻기 위해 경제적 성공을 추구했다고 분석하였다. 따라서 글의 흐름상 어색한 문장은 ③이다.

지문해석

막스 베버의 고전 연구 《프로테스탄트 윤리와 자본주의 정신》은 종교적 가치가 경제적 행동에 어떻게 영향을 미칠 수 있는지를 탐구한다. ① 베버는 특히 칼뱅주의를 포함한 프로테스탄트 집단이 규율 있는 생활 방식을 장려했으며, 이 생활 방식이 의도치 않게 자본주의 경제의 성장에 기여했다고 주장했다. ② 이러한 종교 공동체는 근면, 절약, 개인적 책임을 영적 덕목의 표시로 강조했다. (③ 그들의 운명 예정설 신앙 때문에 경제적 성공을 피하며, 그것이 도덕적으로 타락하게 만들까 두려워했다고 한다.) ④ 시간이 지나면서 이러한 관행들은 자본주의적 생산성에 맞는 근로 윤리의 발달에 기여했다. 전체적으로 볼 때, 이러한 통찰은 베버가 종교와 경제 행동의 사회학 분야에서 선구자로서 명성을 확립하는 데 도움을 주었다.

어휘

- investigate 조사하다, 연구하다, 살피다
- discipline 규율, 훈련, 학문 분야
- frugality 검소함, 절약, 간소함
- virtue 덕, 미덕, 장점
- predestination 예정, 운명, 숙명
- corrupting 부패시키는, 타락시키는, 손상시키는
- ethic 윤리, 도덕, 행동 기준
- productivity 생산성, 효율, 산출량
- insight 통찰, 이해, 식견

37 정답 ④ 난이도 ★★☆☆☆

해설

이 글은 뒤르켐의 아노미 개념과 자살 연구를 통해 사회 구조가 개인의 삶에 미치는 영향을 설명하고 있다. ①, ②, ③번 문장은 아노미의 정의, 자살 연구의 실증적 근거, 사회학적 함의에 대해 일관되게 전개하며, 마지막 문장은 이 이론이 현대 사회에 주는 경고적 메시지를 결론으로 제시한다. 그러나 ④번 문장은 개인의 생물학적 요인을 중심으로 한 반론을 갑작스럽게 삽입하여, 사회 구조적 맥락에서 진행되는 논의 흐름과 논조, 설명 방식과 충돌한다. 따라서 글의 흐름상 어색한 문장은 ④이다.

지문해석

사회학의 창시자 중 한 명인 에밀 뒤르켐은 급격한 사회 변화 시기에 나타나는 사회적 불안정을 설명하기 위해 아노미 개념을 도입하였다. ① 그는 전통적 규범이 붕괴될 때, 개인이 단절감, 혼란, 또는 삶의 목적 상실을 느끼는 경우가 많다는 것을 관찰했다. ② 뒤르켐의 자살 연구는, 사회가 명확한 규칙이나 집단적 목표를 제공하지 못할 때 자살률이 증가한다는 사실을 보여주었다. ③ 이러한 통찰은 사회 구조가 개인의 안녕에 미치는 영향을 연구하는 것의 중요성을 확립하는 데 기여했다. (④ 비평가들은 자살이 주로 유전적 요인에 의해 발생하며, 사회학으로는 이렇게 깊이 개인적인 선택을 설명할 수 없다고 주장한다.) 전체적으로 볼 때, 뒤르켐의 이론은 현대 사회에서 규범 부재의 위험성을 강조하였다.

어휘

- anomie 아노미, 사회적[도덕적] 무질서
- instability 불안정, 변동, 흔들림
- norm 규범, 기준, 표준
- disconnected 단절된, 분리된, 관계가 없는
- insight 통찰, 이해, 식견
- collective 집단의, 공동의, 집합적인
- critic 비평가, 평론가, 비판자
- highlight 강조하다, 두드러지게 하다, 밝히다

38 정답 ② 난이도 ★★★☆☆

해설

이 글은 푸코의 감시와 권력 이론을 바탕으로, 현대 사회에서 권력이 사람들을 어떻게 통제하고 자발적으로 순응하게 만드는지를 설명하고 있다. ①번 문장은 권력 분산 개념, ③번 문장은 파놉티콘 사례, ④번 문장은 감시를 통한 자기 통제 메커니즘을 설명하며, 마지막 문장은 이론의 전체적 의미를 요약한다. 이들 문장은 모두 푸코의 비판적 시각과 일치한다. 그러나 ②번 문장은 국가의 강력한 통제를 옹호하는 입장을 담고 있어, 푸코 이론의 핵심인 권력의 미시적 작동과 제도 비판과 정면으로 충돌한다. 따라서 글의 흐름상 어색한 문장은 ②이다.

지문해석

미셸 푸코의 권력과 감시에 관한 연구는 현대 사회에서 통제를 이해하는 방식을 새롭게 바꾸었다. ① 그는 권력이 단지 법이나 제도에 집중된 것이 아니라, 일상적인 관행 속에 퍼져 있다고 주장했다. (② 그는 정부가 국가 안보와 생산성을 보장하기 위해 개인을 엄격히 통제해야 한다고 믿었다.) ③ 파놉티콘 분석을 통해, 감시가 어떻게 자기 통제를 촉진하는지를 보여주었다. ④ 현대의 권력은 강제력에 의존하기보다는, 지속적인 관찰을 통해 사람들이 스스로 통제를 내면화하도록 작동한다. 전체적으로 볼 때, 푸코의 이론은 보이지 않는 권력 구조가 일상 행동에 미묘하지만 강력하게 영향을 미치는 방식을 보여준다.

어휘

- surveillance 감시, 관찰, 감독
- disperse 분산시키다, 흩어지게 하다
- institution 기관, 제도, 조직
- internalize 내면화하다, 자기 것으로 만들다
- panopticon 파놉티콘, 원형 교도소
- regulation 규제, 통제, 관리
- subtle 미묘한, 감지하기 힘든, 세밀한
- concentrate 집중하다, 모으다, 집결시키다

39 정답 ③ 난이도 ★★★☆☆

해설

이 글은 그레고어 멘델의 완두콩 실험을 통해 유전학의 기초가 마련된 과정을 설명하고 있다. ①, ②번 문장은 실험 방식과 이론적 성과를 정확히 설명하며, ④번 문장은 연구의 역사적 의미와 현대적 재평가를 제시한다. 그러나 ③번 문장은 멘델이 초파리를 연구했다고 잘못 서술하고 있다. 실제로 멘델은 완두콩을 실험 대상으로 사용했으며, 초파리는 그의 연구 대상이 아니고, 멘델과는 시기와 대상이 모두 다르다. 따라서 글의 흐름상 어색한 문장은 ③이다.

지문해석

그레고어 멘델의 획기적인 완두콩 연구는 현대 유전학의 기초를 마련했다. ① 그는 세심한 교배 실험을 통해 유전 형질의 예측 가능한 패턴을 발견했다. ② 이러한 관찰을 바탕으로, 오늘날 분리의 법칙과 독립의 법칙으로 알려진 이론이 정립되었다. (③ 비록 그가 주로 초파리를 대상으로 연구했다고 하지만, 멘델의 결론은 많은 생물에 폭넓게 적용될 수 있었다.) ④ 당시에는 그의 발견이 거의 무시되었으나, 수십 년 후 재발견되어 유전 현상을 이해하는 핵심으로 인정받았다. 전체적으로 멘델의 실험은 생물학과 유전 연구에 있어 중요한 전환점이 되었다.

어휘

- groundbreaking 획기적인, 혁신적인, 선구적인
- crossbreeding 교배, 교잡, 잡종 번식
- inheritance 유전, 상속
- segregation 분리, 격리, 유전 형질 분리
- assortment 모음, 종합
- organism 유기체, 생물체
- heredity 유전, 유전 형질 전달
- rediscover 재발견하다, 다시 알아내다

40 정답 ④ 난이도 ★★★☆☆

해설

이 글은 피그말리온 효과 실험을 설명하며, "사람에 대한 기대가 실제 결과에 영향을 미친다"는 심리학적 원리를 보여준다. ①, ②, ③번 문장과 마지막 문장은 실험의 설계, 결과, 심리적 작용 방식, 그리고 교육적 함의를 일관되게 설명하고 있다. 그러나 ④번 문장은 교사의 기대가 학생의 성과에 거의 영향을 미치지 않았다는 내용으로 이는 앞서 제시된 실험 결과와 정면으로 모순된다. 따라서 글의 흐름상 어색한 문장은 ④이다.

지문해석

기대의 힘에 대한 획기적인 연구에서, 심리학자 Rosenthal과 Jacobson은 교사의 신념이 학생 성과에 얼마나 큰 영향을 미칠 수 있는지를 보여주었다. ① 연구자들은 교사에게 무작위로 선택된 특정 학생들이 지적 성장을 보일 것으로 기대된다고 알렸지만, 실제로 학생 간에는 아무 차이가 없었다. ② 1년 동안, 그 학생들은 실제로 더 큰 학업 향상을 보였다. ③ 이 연구는 교사가 무의식적으로 더 많은 시간과 피드백을 제공하는 등 행동 방식이 학생 성과를 높일 수 있음을 보여주었다. (④ 이 연구는 교사의 기대가 학생의 실제 성과에 거의 영향을 미치지 않는다고 제시했다.) 결과적으로, 이 연구는 교육 심리학에서 기대가 성과를 형성하는 데 중요한 역할을 한다는 점을 강조하며 중요한 기초가 되었다.

어휘

- [ ] landmark 획기적인 사건[발견]
- [ ] expectation 기대, 예상, 기대감
- [ ] demonstrate 보여주다, 입증하다
- [ ] intellectual 지적인, 지능의
- [ ] unconscious 무의식적인, 의식하지 못하는
- [ ] little to no 거의 ~없는, 거의 ~하지 않는
- [ ] cornerstone 초석, 근본, 기초
- [ ] shaping 형성, 조형, 영향을 미침

41 정답 ②   난이도 ★★☆☆☆

해설

이 글은 제인 구달의 과학적 업적과 그 의의를 설명하고 있다. ①, ③, ④번 문장과 마지막 문장은 모두 침팬지에 대한 구달의 관찰과 발견, 그것이 동물 행동학과 인류학에 끼친 영향, 그리고 그녀의 업적이 오늘날까지 이어지고 있음을 다루고 있다. 그러나 ②번 문장은 구달이 발견한 풍부한 감정 표현과 사회적 유대 관계와 정반대의 내용을 담고 있다. 따라서 글의 흐름상 어색한 문장은 ②이다.

지문해석

제인 구달의 획기적인 영장류학 연구는 우리가 인간의 진화와 동물 행동을 이해하는 방식을 바꾸었다. ① 1960년대에 그녀는 야생 침팬지들이 막대를 사용해 흰개미를 꺼내는 모습을 관찰했는데, 이를 통해 도구 사용이 인간만의 특성이 아님을 밝혀냈다. (② 그녀는 침팬지들이 집단 내에서 거의 정서적 유대를 보이지 않는다고 관찰했다.) ③ 구달은 또한 침팬지들 사이의 복잡한 사회 구조와 감정 표현을 기록했다. ④ 그녀의 발견은 인간과 다른 동물 사이의 인지적 경계에 대한 오랜 믿음을 뒤흔들었다. 오늘날 그녀의 업적은 모든 생명체에 대한 존중을 촉진하는 보전 프로그램과 과학적 홍보 활동을 통해 이어지고 있다.

어휘

- [ ] groundbreaking 획기적인, 혁신적인
- [ ] primatology 영장류학, 영장류 연구
- [ ] extract (무엇을) 끌어내다, 뽑아내다
- [ ] termite 흰개미
- [ ] observe 관찰하다, 목격하다
- [ ] cognitive 인지의, 사고와 관련된
- [ ] legacy 유산, 업적, 영향
- [ ] conservation 보존, 보호
- [ ] outreach (사회적) 봉사 활동, 지원 활동

42 정답 ④   난이도 ★★★☆☆

해설

이 글은 중세 시대에 등장한 다성음악이 어떻게 발전했는지를 설명하고 있다. 첫 문장에서 다성음악을 소개한 뒤, ①, ②번 문장은 오르가눔에서 노트르담 악파에 이르기까지 다성음악이 점차 복잡해지는 과정을 서술한다. ③번 문장은 이러한 복잡성 때문에 이를 정확히 기록할 기보법이 필요했다는, 음악 양식 발전에 따른 필연적인 기술적 요구를 설명하며 논리적 흐름을 이어간다. 그러나 ④번 문장은 15세기 인쇄술이 악보 보급에 미친 영향을 다루고 있는데, 이는 다성음악이라는 '작곡 양식' 자체의 발전이 아니라 완성된 음악의 '물리적 확산'에 관한 내용이다. 따라서 글의 흐름상 어색한 문장은 ④이다.

지문해석

서양 음악사에서 중요한 전환점은 중세 후기에 등장한 다성음악이다. 이는 단선율에서 여러 개의 독립적인 선율이 동시에 울리는 다성적 구조로 전환된 것을 의미한다. ① 다성음악의 가장 초기 형태인 오르가눔은 기존 그레고리오 성가에 두 번째 성부를 추가하여 평행적으로 움직이도록 한 것이었다. ② 양식이 발전하면서, 파리 노트르담 악파의 작곡가들인 Léonin과 Pérotin은 세 개 또는 네 개의 성부를 위해 곡을 작곡하며 점점 더 복잡한 음악 구조를 만들어냈다. ③ 이러한 질감적 복잡성으로 인해, 서로 다른 성부를 정확하게 조율하기 위한 더 정밀한 기보법의 개발이 필요했다. (④ 15세기 인쇄술의 발명은 유럽 전역에 음악 작품을 널리 보급하는 데 큰 도움을 주었다.) 결국 다성음악의 발명은 이후 르네상스와 바로크 시대의 정교한 화성 언어를 형성하는 기반이 되었다.

어휘

- [ ] polyphony 다성음악, 여러 성부로 이루어진 음악
- [ ] melodic 선율의, 음악적 흐름의
- [ ] parallel 평행한, 유사하게 진행되는
- [ ] notation (음악) 악보, 기보법
- [ ] textural (음악) 질감과 관련된, 구조적
- [ ] coordinate 조정하다, 조직화하다
- [ ] facilitate 용이하게 하다, 촉진하다
- [ ] harmonic 화음의, 화성의

43 정답 ③ 난이도 ★★☆☆☆

해설

이 글은 인류학자 빅터 터너가 제시한 임계성을 통과의례 과정 속에서 설명하고 있다. 첫 문장에서 임계성을 '중간 단계'로 정의한 뒤, ①번 문장은 의례의 첫 단계인 '분리'를, ②번 문장은 임계 단계에서의 '내면적 성찰'을, ④번 문장은 마지막 단계인 '재통합'을 설명하며 통과의례의 전체 과정을 일관되게 보여준다. 그러나 ③번 문장은 전통 사회의 경제 구조인 자급자족 경제를 다루고 있어, 사회적 지위의 상징적 변화를 설명하는 글의 핵심 주제와 관련이 없다. 따라서 글의 흐름상 어색한 문장은 ③이다.

지문해석

인류학에서 임계성은 빅터 터너가 제시한 개념으로, 참가자들이 이전의 사회적 지위를 벗어났지만 새로운 지위를 아직 갖기 전인 통과의례 과정에서 나타나는 모호하고 과도적인 상태를 의미하며, 종종 불확실성과 혼란을 동반한다. ① 임계 단계의 참가자들은 종종 공동체에서 분리되고, 사회적 지위와 정체성을 박탈당한다. ② 이 기간 동안 그들은 성찰의 상태에 놓여 다가올 새로운 역할과 사회적 책임을 고민한다. (③ 많은 전통 사회는 생산물이 주로 시장 교환이 아닌 개인 소비를 위해 이루어지는 자급자족 경제에 의존한다.) ④ 의례가 끝나면 개인은 종종 새로운, 향상된 사회적 지위를 가지고 공동체에 재통합된다. 이러한 변형적 경험은 개인과 사회 구조 모두에 있어 매우 중요한 것으로 여겨진다.

어휘

- anthropology 인류학
- liminality 임계성, 과도기 상태
- ambiguous 애매한, 불분명한
- transitional 과도기의, 변천기의
- disorientation 방향 감각 상실, 혼란
- subsistence 자급자족, 생계 유지
- reincorporate 다시 포함시키다, 재통합하다
- transformative 변화를 가져오는, 혁신적인

44 정답 ④ 난이도 ★★★☆☆

해설

이 글은 기후 위기 속에서 도시 녹지 공간의 필요성과 그 효과를 강조하고 있다. ①, ②, ③번 문장은 녹지 공간의 사회적·환경적 효과와 도시재생 활용 사례를 언급하며, 결론에서는 녹지 투자가 미래 도시 전략이 되는 이유를 설명한다. 그러나 ④번 문장은 갑자기 녹지 공간의 고대 역사적 기원을 언급하며, 현재 중심의 문제 해결 흐름과 단절된다. 따라서 글의 흐름상 어색한 문장은 ④이다.

지문해석

전 세계의 도시 계획가들은 도시에서 녹지 공간의 중요성을 점점 더 인식하고 있다. 공원과 커뮤니티 정원은 주민들에게 휴식 공간을 제공할 뿐만 아니라, 공기 질을 개선하고 열섬 현상을 완화하는 역할도 한다. ① 녹지 공간은 정신 건강 개선, 스트레스 감소, 사회적 유대 강화와 관련이 있다. ② 또한 다양한 식물과 동물에게 서식지를 제공함으로써 생물다양성에도 기여한다. ③ 일부 도시는 오래된 산업 지대를 공원으로 전환하기도 한다. (④ 공원 디자인의 역사는 고대 페르시아 정원과 로마 빌라까지 거슬러 올라간다.) 더 많은 도시가 기후 변화의 도전에 직면함에 따라, 녹지 기반 시설에 대한 투자는 중요한 전략이 되고 있다.

어휘

- green space 도시 내 녹지, 공원
- cohesion 결속, 응집
- biodiversity 생물 다양성
- habitat 서식지, 거주지
- infrastructure 기반 시설, 사회기반 구조
- convert 전환하다, 바꾸다
- invest 투자하다, (시간·노력 등을) 쏟다

45 정답 ④ 난이도 ★★☆☆☆

해설

이 글은 바이오기술 기반 피부 이식의 구조, 작용 원리, 임상 성과, 의료 현장 활용 사례, 그리고 미래적 가능성을 중심으로 설명하고 있다. ①, ②, ③번 문장은 모두 이식 기술의 기능적 효과, 과학적 근거, 의료 적용 사례를 다루며, 결론 역시 해당 기술의 미래 확산 가능성을 강조한다. 그러나 ④번 문장은 전통적 응급처치 붕대 사용 감소라는 주변적 사실을 언급하고 있어, 본문의 중심 주제인 신기술의 효능과 활용과는 직접 관련이 없다. 따라서 글의 흐름상 어색한 문장은 ④이다.

지문해석

연구자들은 특히 화상 환자를 위한 상처 치료를 혁신할 수 있는 바이오공학 피부 이식을 개발하고 있다. 이 실험실에서 배양된 조직은 자연 피부의 구조와 기능을 모방하도록 설계되었다. ① 이 이식한 피부는 환자의 체내와 통합되면서 혈관과 신경 재생을 촉진하여 치유를 돕는다. ② 임상 시험에서 유망한 결과가 나타났으며, 환자들은 더 빠른 회복과 흉터 감소를 경험했다. ③ 일부 병원은 이미 응급 화상 치료 부서에서 이러한 이식한 피부를 사용하기 시작했다. (④ 그러나 일상적인 응급처치 키트에서 전통적인 붕대 사용은 계속 감소하고 있다.) 바이오기술이 발전함에 따라, 이러한 혁신적 치료법은 전 세계 외상 치료에서 표준이 될 수 있다.

독해 끝판왕 500제 · 후반부

어휘
- bioengineer 생물[생체] 공학 전문가
- graft 이식한 피부[뼈 등]
- burn victim 화상 환자
- mimic 흉내 내다, 모방하다
- integrate 통합하다, 융합하다
- regeneration 재생, 회복
- clinical trial 임상 시험
- scarring 흉터 형성
- trauma 외상, 정신적 충격

46 정답 ② 난이도 ★★★☆

해설

이 글은 수상 태양광이라는 특정 기술의 개념과 장점, 실제 활용 사례, 그리고 향후 에너지 전환에서의 중요성을 설명한다. ①, ③, ④번 문장과 마지막 문장은 모두 이 기술이 가진 물리적 이점(냉각, 증발 방지), 공간 효율성, 적용 사례, 그리고 기술 전망을 중심으로 서술하고 있다. 그러나 ②번 문장은 '화석 연료 차량 금지'라는 일반 정책을 언급하며, 본문에서 다루는 수상 태양광 기술과 직접적인 관련이 없다. 따라서 글의 흐름상 어색한 문장은 ②이다.

지문해석

수상 태양광 발전, 또는 플로토볼타익은 토지 이용과 에너지 수요 문제에 대한 혁신적인 해결책으로 떠오르고 있다. 이러한 태양광 패널은 저수지, 호수, 기타 수역에 설치되어, 귀중한 토지를 차지하지 않고도 깨끗한 전기를 생산할 수 있다. ① 또한 물의 냉각 효과 덕분에 수분 증발을 줄이고 패널 효율을 높일 수 있다. (② 많은 정부가 향후 10년 내 모든 화석 연료 차량을 금지할 계획을 발표했다.) ③ 도시가 확장되고 토지가 부족해짐에 따라, 수상 태양광은 지속 가능한 대안을 제공한다. ④ 일부 지역에서는 수상 태양광 발전소가 이미 수처리 시설에 통합되어 그 다재다능함을 보여주고 있다. 이 기술의 지속적인 발전은 전 세계 에너지 전환에서 중요한 역할을 할 수 있다.

어휘
- floating 떠 있는, 수상에 설치된
- solar farm 태양광 발전 단지
- innovative 혁신적인, 새롭고 독창적인
- reservoir 저수지, 물 저장소
- evaporation 증발
- efficiency 효율성, 능률
- sustainable 지속 가능한
- versatility 다재다능, 활용도

47 정답 ① 난이도 ★★★☆

해설

이 글은 NASA의 아르테미스 프로그램이 지닌 탐사 목표, 기술적 시도, 국제 협력, 그리고 미래 우주개척의 비전을 설명한다. ②, ③, ④번 문장과 마지막 문장은 모두 달 탐사를 통한 기술 실험, 우주 장기 거주 가능성, 글로벌 파트너십 등 과학적·전략적 측면에 초점을 맞추고 있다. 그러나 ①번 문장은 "달이 인간의 감정과 행동에 영향을 준다"는 전통적·민속적 믿음을 언급하며, 과학 중심의 탐사 프로젝트 설명 흐름과 어긋난다. 따라서 글의 흐름상 어색한 문장은 ①이다.

지문해석

NASA의 아르테미스(Artemis) 프로그램은 인간을 다시 달로 보내고, 궁극적으로는 유인 화성 탐사를 가능하게 하는 것을 목표로 한다. 이 계획은 심우주 탐사와 국제 협력에 대한 새로운 관심의 부활을 보여준다. (① 달은 오랫동안, 특히 보름달 때 인간의 감정과 행동에 영향을 미친다고 여겨져 왔다.) ② 아르테미스 프로그램의 핵심 목표에는 새로운 추진 시스템을 시험하고, 지속 가능한 달 기지를 구축하는 것이 포함된다. ③ 이러한 기술적 진보는 장기 우주 임무 수행에 필요한 중요한 통찰을 제공할 수 있다. ④ 유럽우주국(ESA)과 일본우주항공연구개발기구(JAXA) 같은 국제 파트너 기관들도 이 노력에 기술과 전문 지식을 제공하고 있다. 지속적인 투자와 협력이 이어진다면, 아르테미스 프로그램은 인류의 지구 밖 여정에서 전환점을 이루는 계기가 될 수 있을 것이다.

어휘
- initiative 계획, 주도권
- propulsion 추진, 추진력
- sustainable 지속 가능한
- insight 통찰, 이해
- long-duration 장기적인, 장기간의
- collaboration 협력, 공동 작업
- expertise 전문 지식, 숙련된 기술
- coordination 조정, 조직화

48 정답 ② 난이도 ★★★☆

해설

이 글은 기후 변화로 인해 극단적 기상 현상이 증가하고 있다는 현실을 제시하고, 이에 대한 사회적 대응 방안을 설명한다. ①, ③, ④번 문장과 마지막 문장은 모두 '기후 변화의 영향 → 과학적 연구 → 대응 전략 → 행동 촉구'라는 일관된 논리 구조를 유지한다. 그러나 ②번 문장은 "기후 정책으로 인한 경기 침체 시 개인의 스트레스 증가"라는 내용을 담고 있어, 기후 변화로 인한 위험성과 그에 대한 대응이라는 본문의 중심 주제와 직접적으로 연결되지 않는다. 따라서 글의 흐름상 어색한 문장은 ②이다.

지문해석

최근 몇 년간 극단적인 기상 현상이 더욱 빈번하고 강력해지면서, 기후 변화의 영향에 대한 우려가 커지고 있다. 지구 평균 기온 상승은 장기 가뭄, 강력한 허리케인, 파괴적인 산불과 같은 현상들과 밀접하게 연관되어 있다. ① 과학자들은 이러한 기상 패턴이 어떻게 변화하고 있는지, 그리고 사회가 이에 어떻게 대비할 수 있는지 계속해서 연구하고 있다. (② 그들은 기후 정책으로 인한 경기 침체 시 개인의 스트레스 수준이 증가하는 경향이 있다고 밝혔다.) ③ 이에 대응하여, 각국 정부는 조기 경보 시스템과 기후 회복력 있는 인프라 구축에 투자하고 있다. ④ 공공 인식 제고 캠페인 또한 지속 가능한 행동을 장려하는 데 중요한 역할을 한다. 지금 행동에 나선다면, 지역 사회는 회복력을 강화하고 미래의 위험을 최소화할 수 있을 것이다.

어휘

- phenomenon 현상, 사건
- prolonged 장기적인, 오래 지속되는
- drought 가뭄
- devastating 파괴적인, 엄청난
- wildfire 산불
- resilient 회복력 있는, 탄력적인
- infrastructure 사회 기반 시설, 인프라
- awareness 인식, 자각
- sustainable 지속 가능한, 환경 친화적인
- resilience 회복력, 탄력성

49 정답 ④ 　　난이도 ★★☆☆☆

해설

이 글은 스마트 농업 기술의 도입이 농업에 미치는 구체적 효과를 중심으로 전개된다. ①, ②, ③번 문장은 데이터 활용, 생산성 향상, 자동화 등 기술적 측면에서의 발전을 일관되게 다루며, 마지막 문장에서는 이러한 기술이 가져올 지속 가능성과 미래 가능성을 전망한다. 그러나 ④번 문장은 스마트 농업 기술과 직접적 관련 없이 유기농 식품의 '맛'이라는 감각적 평가를 언급하고 있어, 기술 중심의 설명문에서 주제의 초점을 흐린다. 따라서 글의 흐름상 어색한 문장은 ④이다.

지문해석

스마트 농업 기술은 효율성을 높이고, 낭비를 줄이며, 농부들이 더 나은 결정을 내릴 수 있도록 도와줌으로써 농업 산업을 재편하고 있다. 이러한 기술들은 토양 센서, 드론, 위성 영상을 통해 얻은 데이터를 활용하여 작물의 건강 상태를 모니터링하고 관개를 최적화한다. ① 이러한 도구들을 사용하면 농부들은 밭의 문제 구역을 조기에 파악하고, 그 부분에만 선택적으로 처리를 할 수 있다. ② 이는 자원을 절약할 뿐 아니라 전체적인 작물의 수확량과 품질을 향상시킨다. ③ 더 나아가, 수확 및 파종 과정의 자동화는 노동력 부담과 운영 비용을 줄이는 데 도움을 준다. (④ 일부 비평가들은 유기농 식품이 일반 재배 작물보다 더 맛있다고 주장한다.) 이러한 혁신이 계속 발전함에 따라, 스마트 농업은 보다 지속 가능하고 생산적인 미래 농업을 실현할 수 있을 것으로 기대된다.

어휘

- reshaping 재형성하다, 바꾸다
- efficiency 효율성, 능률
- optimize 최적화하다, 극대화하다
- targeted 목표를 정한, 특정한
- yield 산출량, 수확량
- automation 자동화, 기계화
- operational 운영상의, 작동상의
- sustainable 지속 가능한, 환경 친화적인

50 정답 ② 　　난이도 ★★★☆☆

해설

이 글은 특정 뇌세포인 거울 신경 세포를 사회적 인지에서 수행하는 다양한 기능에 초점을 맞추어 설명하고 있다. 첫 문장에서 거울 신경 세포를 정의한 뒤, ①번 문장은 타인의 의도 파악 기능을, ③번 문장은 공감 능력의 기초가 되는 기능을, ④번 문장은 모방을 통한 학습 기능을 설명한다. 모두 거울 신경 세포가 우리가 타인을 이해하고 소통하는 데 어떻게 기여하는지를 일관되게 보여준다. 그러나 ②번 문장은 거울 신경 세포가 아닌 소뇌의 기능을 서술하고 있다. 소뇌는 신체의 균형과 운동 조정을 담당하며, 타인의 행동을 관찰하고 이해하는 거울 신경 세포의 사회적 인지 기능과는 직접적인 관련이 없다. 따라서 글의 흐름상 어색한 문장은 ②이다.

지문해석

거울 신경 세포는 개인이 어떤 행동을 수행할 때뿐 아니라, 다른 사람이 동일한 행동을 수행하는 것을 관찰할 때에도 활성화되는 특별한 뇌세포이다. 이러한 신경 거울 작용 메커니즘은 원숭이에게서 처음 발견되었으며, 인간의 사회적 인지의 중요한 기반으로 여겨진다. ① 관찰한 행동을 자신의 운동 체계 안에서 모방적으로 시뮬레이션함으로써, 거울 뉴런은 타인의 행동과 의도를 이해하는 데 도움을 줄 수 있다. (② 소뇌는 뇌 뒤쪽에 위치하며, 자발적 운동, 균형, 자세 조정에서 중요한 역할을 한다.) ③ 이러한 내적 시뮬레이션 능력은 공감의 근본적 토대가 되어, 우리가 타인의 감정을 함께 느낄 수 있게 한다. ④ 더 나아가, 거울 뉴런은 모방을 통한 학습에도 관여하며, 아이가 부모의 표정을 따라 하거나, 견습생이 장인의 기술을 배우는 과정에서 작용한다. 따라서 거울 신경 세포는 인간이 서로 연결되고 배우며 이해하는 능력에 중요한 역할을 한다.

어휘

- mirror neuron 거울 신경 세포
- remarkable 놀라운, 주목할 만한
- fire (뉴런이) 활성화되다
- simulate 모의 실험하다, 흉내 내다
- cognition 인지, 사고
- cerebellum 소뇌, 운동 조정과 균형을 담당하는 뇌 부분
- empathy 공감, 감정이입
- implicate 관련시키다, 연루시키다
- apprentice 수습생, 도제
- voluntary 자발적인, 의식적인
- coordinate 조정하다, 조직화하다

51 정답 ④
난이도 ★★★☆☆

해설

이 글은 기후변화 부정론자들의 음모론적 주장에 대해 설명한다. ①, ②, ③번 문장은 기후 데이터 왜곡, 자연 주기설, 이산화탄소 자연 발생론 등 이들의 주장을 나열한다. 그러나 ④번 문장은 "과학적으로 인간 활동이 주 원인"이라는 정설을 제시하며 앞서의 음모론적 주장과 대조되므로, 논리 흐름과 관점의 일관성을 깨뜨린다. 따라서 글의 흐름상 어색한 문장은 ④이다.

지문해석

대다수 과학자들이 기후 변화가 실제로 존재하며 시급한 문제라고 동의하지만, 일부 사람들은 이를 정교하게 꾸며진 사기라고 믿는다. 이러한 기후 변화 부정론자들은 지구 온난화가 과학자와 정치인들이 자금과 권력을 얻기 위해 조작한 허구라고 주장한다. ① 그들은 기후 데이터를 선택적으로 보고하여 온난화 경향을 과장하고 대중을 불안하게 만든다고 주장한다. ② 일부는 지구 온도가 자연적으로 순환하며, 냉각기가 존재한다는 점을 근거로 제시하기도 한다. ③ 그들은 증가하는 이산화탄소 수준이 인간 활동과 관련이 없으며, 자연 지질 과정의 결과라고 주장한다. (④ 그러나 수많은 과학적 연구들은 인간 활동이 기후 변화의 주요 원인임을 명확히 보여주고 있다.) 이러한 과학적 근거에도 불구하고, 기후 변화 부정론은 일부 정치권에서 계속 확산되고 있다.

어휘

- hoax 속임수, 날조
- denier 부인자, 반대자
- fabrication 조작, 날조
- exaggerate 과장하다, 지나치게 강조하다
- cyclical 주기적인, 순환적인
- geological 지질학의, 지구 구조와 관련된
- conclusive 결정적인, 확실한
- traction (생각이나 운동의) 지지, 영향력
- pressing 긴급한, 시급한

52 정답 ③
난이도 ★★☆☆☆

해설

이 글은 우주 개발에 대한 회의론자들의 비판을 중심으로 전개된다. ①, ②번 문장은 그들의 구체적 주장들을 제시하고, ④번 문장은 옹호론자 측의 반론을 제시하며 마지막 문장은 전체 쟁점을 요약하는 결론적 통찰로 구성되어 있다. 그러나 ③번 문장은 긍정적 효과(교육적 영감)를 갑작스럽게 언급하며, 비판 중심의 흐름 내에서 자연스러운 전환 없이 삽입되어 논리적 일관성을 해친다. 따라서 글의 흐름상 어색한 문장은 ③이다.

지문해석

일부 비평가들은 우주 탐사에 막대한 투자를 하는 것이 낭비라고 주장하며, 특히 지구상의 긴급한 문제들과 비교할 때 그렇다고 말한다. 그들은 수십억 달러를 빈곤, 교육, 공중보건 등 문제 해결에 사용하는 것이 더 낫다고 주장한다. ① 그들은 또한 우주 프로그램이 일반 대중보다는 주로 민간 기업과 엘리트 연구자에게 혜택을 준다고 주장한다. ② 그들에 따르면, 화성이나 달 탐사는 과학적 필요성보다는 국가적 자존심을 위한 경쟁이라는 것이다. (③ 우주 탐사는 젊은 세대가 과학과 기술 분야의 진로를 추구하도록 영감을 준다.) ④ 이러한 우려에도 불구하고, 지지자들은 우주 기술이 GPS, 일기 예보 등 실질적 혁신으로 이어지는 경우가 많다고 주장한다. 궁극적으로 이 논쟁은 비전 있는 목표와 즉각적 사회적 필요 사이의 더 넓은 긴장을 반영한다.

어휘

- enormous 거대한, 막대한
- urgent 긴급한, 시급한
- elite 엘리트, 상류층의
- necessity 필수, 필요성
- visionary 선견지명이 있는, 혁신적인
- innovations 혁신, 새로운 발명
- tension 긴장, 갈등
- contend 주장하다, 다투다

53 정답 ④
난이도 ★★★☆☆

해설

이 글은 인공지능이 생성한 콘텐츠의 저작권 귀속 문제를 중심으로 다양한 법적 관점을 소개하고 있다. ①, ②, ③번 문장은 모두 AI의 저작권 소유 여부와 관련된 주장과 법적 입장을 설명하며, 전반적으로 이성적이고 법리적인 흐름을 유지한다. 그러나 ④번 문장은 갑자기 AI가 노동자처럼 복지와 근무 조건을 요구한다는 내용을 삽입하여, 논의의 현실성과 법적 타당성을 훼손하며 글의 핵심 주제인 법제도와 저작권 귀속 주체 논의와 연결되지 않는다. 따라서 글의 흐름상 어색한 문장은 ④이다.

지문해석

AI가 생성한 콘텐츠가 점점 더 흔해지면서, 전 세계의 법제도는 저작권과 소유권을 어떻게 부여할지에 대해 고민하고 있다. ① 일부 사람들은 AI에는 의식과 의도가 없기 때문에, 전통적인 의미에서 저자로 간주될 수 없다고 주장한다. ② 다른 사람들은 AI를 활용하는 개발자나 사용자가 창작을 촉진한 역할을 했다고 보고, 그들에게 저작권을 인정해야 한다고 제안한다. ③ 많은 관할 구역에서는 콘텐츠가 어떻게 만들어졌든 상관없이, 저작권은 자연인에게만 귀속된다는 법을 제정했다. (④ 인공지능 프로그램 자체가 유연 근무제와 건강 복지 개선을 요구하는 로비 활동을 벌이고 있다.) 이러한 논쟁은 기존 지식재산권 법을 신기술에 적용하는 데 따르는 복잡성을 잘 보여준다.

어휘

- [ ] assign 할당하다, 지정하다
- [ ] authorship 저작권, 저작자임
- [ ] consciousness 의식, 자각
- [ ] jurisdictions 사법권, 관할 구역
- [ ] copyrights 저작권
- [ ] facilitators 조력자, 촉진자
- [ ] emerging 새로 나타나는, 신흥의
- [ ] intellectual property 지적 재산권

54 정답 ② 난이도 ★★★☆☆

해설

이 글은 15분 도시(15-minute city)라는 새로운 도시 설계 개념과 그 사회적·환경적 효과를 설명하고 있다. ①, ③, ④번 문장은 모두 도시 기능의 탈중심화, 지역사회 활성화, 인간 중심이라는 공통 흐름을 따르고 있다. 그러나 ②번 문장은 "고속도로와 주차 시설 확장이 주민 편의를 높이는 데 필수적이다"라는 자동차 중심 교통 인프라 확대 논리를 제시하며, 보행과 지역 밀착형 생활권을 지향하는 본문의 주제와 상반된다. 따라서 글의 흐름상 어색한 문장은 ②이다.

지문해석

전 세계 많은 도시들이 이제 "15분 도시" 개념을 받아들이고 있다. 이 개념은 주민들이 일상 필수품을 도보나 자전거로 짧은 시간 내에 이용할 수 있도록 하는 것을 목표로 한다. 이러한 접근 방식은 지속 가능성을 촉진하고, 교통량을 줄이며, 삶의 질을 향상시키기 위한 것이다. ① 도시 서비스를 분산화함으로써 도시들은 자동차와 장거리 통근 의존도를 줄이기를 기대한다. (② 일부 전문가들은 도심 내 이동 편의를 높이기 위해 고속도로와 주차 시설 확장이 필수적이라고 주장한다.) ③ 대신, 밀집된 동네는 지역 상업과 커뮤니티 참여를 장려한다. ④ 도시 계획자들은 이러한 목표를 지원하기 위해 혼합용도 구역 지정을 점점 더 채택하고 있다. 이러한 흐름은 더 살기 좋고 인간 중심적인 도시를 향한 보다 넓은 움직임을 반영한다.

어휘

- [ ] embrace 받아들이다, 수용하다
- [ ] 15-minute neighborhood 15분 도시
- [ ] necessities 필수품, 필요 사항
- [ ] sustainability 지속 가능성
- [ ] decentralizing 분산시키다, 권을 분산하다
- [ ] reliance 의존, 신뢰
- [ ] commerce 상업, 거래
- [ ] engagement 참여, 관여
- [ ] mixed-use zoning 복합 용도 구역
- [ ] livable 살기 좋은, 거주에 적합한

55 정답 ③ 난이도 ★★★☆☆

해설

이 글은 공공 도서관이 과거의 전통적 기능에서 벗어나, 현대 사회에서 다양하고 적극적인 사회 서비스 기관으로 진화하고 있음을 설명하고 있다. ①, ②번 문장은 이러한 기능 확장의 대표적인 예시들이며, ④번 문장과 마지막 문장은 그 의미를 되짚고 사회적 중요성을 강조하는 결론 역할을 한다. 그러나 ③번 문장은 출판 산업 매출 감소에 대한 우려라는 별개의 주제를 갑자기 끼워 넣고 있으므로 도서관의 진화와는 직접적인 연계가 없다. 이는 도서관이 출판업에 미치는 영향이나 상업적 흐름에 대한 전환 없이 삽입된 내용이므로 문맥상 어색한 전환을 야기한다. 따라서 글의 흐름상 어색한 문장은 ③이다.

지문해석

공공 도서관은 오랫동안 지역사회의 중요한 중심지로서, 책과 자료에 대한 접근을 제공하고 조용히 공부할 수 있는 장소를 제공해 왔다. 그러나 최근 몇 년 동안, 그들의 역할은 전통적인 범위를 훨씬 넘어 확장되었다. ① 많은 도서관에서 이제 직업 훈련 워크숍, 언어 수업, 디지털 문해력 프로그램 등을 제공한다. ② 또한 극심한 날씨 조건에서 노숙자에게 임시 보호소를 제공하기도 한다. (③ 일부 사서들은 출판 산업 매출 감소에 대한 우려를 표명하기도 했다.) ④ 이러한 변화는 공교육과 지식 접근을 정의하는 방식의 보다 넓은 변화를 반영한다. 사회가 변화함에 따라, 도서관은 계속해서 적응하며 지역사회의 필수적 기둥으로 남아 있다.

어휘

- [ ] hub 중심지, 중심 역할을 하는 곳, 중심 기관
- [ ] boundary 경계, 한계, 범위
- [ ] literacy 문해력, 능력, 이해력
- [ ] shelter 피난처, 보호 시설, 피신하다
- [ ] librarian 사서
- [ ] transformation 변화, 변형, 혁신
- [ ] pillar 기둥, 핵심, 중요한 지지대
- [ ] adapt 적응하다, 조정하다, 개조하다

56 정답 ④ 난이도 ★★★☆☆

해설

이 글은 기술 발전이 가져오는 사회적·윤리적 위험을 조명하고, 그에 대한 비판적 시각과 책임 있는 접근의 필요성을 강조한다. ①, ②, ③번 문장은 기술이 야기하는 문제(감시, 유전자 조작, 불평등 심화 등)를 소개하며 주제를 강화하고, 마지막 두 문장은 기술 발전에 대한 경계와 공익적 방향 설정의 필요성을 재확인한다. 그러나 ④번 문장은 기술 발전의 이점을 언급하되, 그것이 편의성 중심의 상업적 사례라는 점에서 앞뒤 흐름과 주제에 맞지 않는다. 따라서 글의 흐름상 어색한 문장은 ④이다.

지문해석

많은 사람들이 기술 발전의 변혁적 힘을 찬양하는 반면, 점점 더 많은 사람들이 그 통제되지 않은 결과에 대해 경고하고 있다. 비평가들은 급속한 혁신이 윤리적 고려를 앞질러 사회에 새로운 딜레마를 만든다고 주장한다. ① 예를 들어, 인공지능과 자동화는 일자리 상실, 감시, 사생활 침해에 대한 우려를 불러일으킨다. ② 마찬가지로, 생명공학의 발전은 유전자 조작과 인간 능력 향상의 경계에 대한 논쟁을 촉발한다. ③ 일부 사람들은 강력한 규제가 없다면, 이러한 기술이 불평등을 심화시키고 기본권을 침해할 수 있다고 믿는다. (④ 온라인 쇼핑 플랫폼은 소비자들이 가격을 비교하고 글로벌 시장에 접근하기 쉽게 만들었다.) 이러한 경고들은 진보가 본질적으로 긍정적인 것은 아니며, 신중한 성찰과 책임 있는 방향 설정이 필요함을 상기시킨다. 혜택과 위험을 함께 검토함으로써, 우리는 공익에 기여하는 혁신을 추구할 수 있다.

어휘

- transformative 변화시키는, 혁신적인, 근본적인
- unchecked 통제되지 않은, 제한 없는, 방임된
- displacement 대체, 이동, 추방
- enhancement 향상, 강화, 개선
- regulation 규제, 규정, 관리
- inequality 불평등, 불균형, 차별
- fundamental 근본적인, 필수적인, 기본적인
- reflection 숙고, 반사, 반영

57 정답 ③   난이도 ★★★☆☆

해설

이 글은 교육 개혁을 둘러싼 기대와 우려를 균형 있게 소개한다. ①, ②번 문장은 개혁이 공정성과 기회의 확대를 가져올 수 있다는 긍정적 시각을 제시하고, ④번 문장과 마지막 문장은 지역 맥락을 고려하지 않은 개혁이 부작용을 낳을 수 있다는 비판적 시각으로 논의를 확장한다. 그러나 ③번 문장은 갑작스럽게 고대 문명의 교육 제도를 언급함으로써 본문의 중심 논의(현대 교육 개혁의 방향)에서 벗어난다. 따라서 글의 흐름상 어색한 문장은 ③이다.

지문해석

교육 개혁은 종종 학생 성과 향상과 불평등 완화를 목표로 추진된다. 정책 입안자들은 교과 과정의 업데이트, 교사 연수 강화, 성과 기반 평가가 체계적 변화를 이끌 수 있다고 주장한다. ① 지지자들은 이러한 개혁이 배경과 관계없이 모든 학생에게 동등한 기회를 제공함으로써 공정성을 높일 수 있다고 믿는다. ② 또한 표준화된 시험이 추가 지원이 필요한 학교를 식별하는 데 도움이 될 수 있다고 지적한다. (③ 고대 문명, 예를 들어 그리스와 이집트는 계급과 성별에 따라 다른 교육 방식을 가지고 있었다.) ④ 반면, 비평가들은 개혁이 지역적 필요를 간과하고 시험 결과를 지나치게 강조함으로써 불평등을 악화시킬 수 있다고 주장한다. 궁극적으로, 성공적인 개혁은 국가적 기준과 지역적 유연성의 균형을 통해 다양한 학습 환경을 반영하는 데 달려 있다.

어휘

- reform 개혁, 개선, 수정
- outcome 결과, 성과, 결말
- inequality 불평등, 불균형, 차별
- curriculum 교육과정, 교과과정
- assessment 평가, 사정, 판단
- proponent 지지자, 옹호자, 주장자
- disparity 격차, 불균형, 차이
- flexibility 유연성, 탄력성, 융통성

58 정답 ②   난이도 ★★★☆☆

해설

이 글은 17세기 네덜란드에서 발생한 '튤립 파동'이라는 역사적 사건을 원인, 경과, 결과 중심으로 설명하고 있다. 첫 문장에서 튤립 파동을 투기 거품으로 정의한 뒤, ①번 문장은 선물 시장을 통한 투기의 원인을, ③번 문장은 가격 붕괴라는 결과를, ④번 문장은 사건이 주는 교훈을 설명하며 논리적 일관성을 유지한다. 그러나 ②번 문장은 당시 네덜란드의 중요한 경제 주체인 동인도 회사를 설명하고 있으나, '튤립 파동'이 글의 구체적 주제와 직접적인 관련이 없다. 따라서 글의 흐름상 어색한 문장은 ②이다.

지문해석

17세기 네덜란드 황금시대에 일어났던 튤립 파동은 역사상 최초로 기록된 투기 거품 중 하나로 종종 인용된다. 절정기에는 희귀 품종의 튤립 구근 하나가 숙련된 장인의 연간 소득의 10배가 넘는 가격에 팔렸다고 전해진다. ① 이러한 투기 광풍은 시즌 말에 구근을 구매하는 계약이 거래되는 복잡한 선물 시장에 의해 주도되었다. (② 1602년에 설립된 네덜란드 동인도 회사는 세계 최초의 다국적 기업이었으며 준정부적인 권력을 소유했다.) ③ 그러나 1637년 2월, 계약 가격은 갑작스럽고 영구적으로 붕괴하여, 네덜란드 경제를 비록 단기적이었지만 심각한 위기로 몰아넣었다. ④ 이 사건은 비이성적 과열과 금융 시장을 부채질할 수 있는 집단적 탐욕의 위험성에 대한 경고성 이야기가 되었다. 이 역사적 사건은 현대 경제의 호황과 불황 주기에 대한 강력한 은유로서 계속 기능하고 있다.

어휘

- Tulip Mania 튤립 파동
- speculative 투기적인, 추측에 근거한, 사색적인
- frenzy 광란, 열광, 격분
- contract 계약, 계약서, 약정
- collapse 붕괴하다, 무너지다, 실패하다
- abrupt 갑작스러운, 퉁명스러운, 급격한
- cautionary 경고의, 주의를 주는
- exuberance 풍부, 열광, 활기
- collective 집단의, 공동의, 집합적인
- metaphor 은유, 비유, 상징

59 정답 ③ 난이도 ★★☆☆☆

해설

이 글은 심해 열수 분출공 주변에 형성된 독특한 생태계를 설명한다. 첫 문장에서 열수 분출공을 정의한 뒤, ①, ②번 문장은 이 생태계가 햇빛 대신 분출공에서 나오는 화학 물질을 에너지원으로 삼는 화학합성 박테리아에 의해 유지된다는 핵심 원리를 설명한다. ④번 문장은 이러한 발견이 극한 환경에서의 생명 존재 가능성에 대한 이해를 넓혔다는 과학적 의의를 제시한다. 그러나 ③번 문장은 지구 자전에 따른 코리올리 효과와 해류 영향을 다루는데, 이는 해양학의 한 분야이긴 하나 심해 특정 지역의 화학 기반 생태계라는 글의 구체적 주제와 관련이 없다. 따라서 글의 흐름상 어색한 문장은 ③이다.

지문해석

열수 분출공은 지열로 가열된 물이 분출되는 해저의 균열로, 종종 굴뚝 같은 구조를 형성한다. 화산 활동이 활발한 지역에서 발견되며, 햇빛이 없는 곳에 존재하는 독특한 생태계를 만들어낸다. ① 이 분출공에서 나오는 초고온의 물은 황 화합물과 같은 용해된 미네랄이 풍부하며, 이는 지역 먹이 그물의 에너지원을 제공한다. ② 이 에너지는 생태계의 기반을 형성하는 화학합성 박테리아에 의해 이용되어, 관벌레와 거대 조개와 같은 다양한 유기체 군집을 부양한다. (③ 지구의 자전에 의해 발생하는 코리올리 효과는 대기 중 해류의 방향과 날씨 패턴에 영향을 미친다.) ④ 이러한 심해의 오아시스들은 생명이 극한 환경에서도 번성할 수 있음을 보여주며, 존재에 필요한 조건에 대한 우리의 이해에 도전한다. 따라서 그것들은 다른 행성에서 생명체를 찾는 우주생물학자들에게 큰 관심의 대상이다.

어휘

□ hydrothermal vent 열수 분출공
□ geothermal 지열의, 지구 내부 열과 관련된
□ chimney 굴뚝, 연통, 굴뚝 모양 구조
□ chemosynthetic 화학합성의, 화학 에너지를 이용한
□ ecosystem 생태계, 생태 조직
□ fissure 균열, 갈라진 틈, 불화
□ oasis 오아시스, 안식처, 휴식 공간

60 정답 ④ 난이도 ★★★☆☆

해설

이 글은 독일 예술 학교 바우하우스의 핵심 원칙과 디자인적 특징, 그리고 후대에 미친 영향을 설명하고 있다. ①, ②번 문장은 각각 바우하우스의 기능성과 단순함, 그리고 대량생산 옹호를 다루며, ③번 문장은 이러한 철학이 모더니즘 디자인에 미친 영향을 기술한다. 그러나 ④번 문장은 18세기 프랑스의 로코코 양식을 설명하는데, 화려하고 정교한 장식을 특징으로 하는 로코코는 장식을 배제하고 기능성을 강조하는 바우하우스의 핵심 원칙과 정반대이다. 따라서 글의 흐름상 어색한 문장은 ④이다.

지문해석

바우하우스는 1919년부터 1933년까지 운영되었던 매우 영향력 있는 독일의 예술 학교로, 예술, 디자인, 건축에 대한 혁명적인 접근을 장려했다. 그 핵심 원리는 모든 예술의 통합이었으며, 순수미술과 응용미술 또는 공예 사이의 구분을 없애는 것을 목표로 했다. ① 바우하우스 디자인은 화려한 장식을 거부하고 기능성, 단순성, 그리고 깔끔한 기하학적 미학에 대한 강조를 특징으로 한다. ② 이 학교는 잘 디자인된 물건을 대중이 접할 수 있도록 현대적인 재료와 대량생산 기술의 사용을 옹호했다. ③ 이 철학은 지대하고 지속적인 영향을 미쳐, 전 세계적으로 모더니즘 건축과 산업 디자인의 발전을 형성했다. (④ 18세기 프랑스에서 번성했던 로코코 양식은 정교한 장식, 비대칭, 그리고 파스텔 색조로 유명했다.) 이 새로운 사고방식은 오늘날까지도 디자이너와 건축가들에게 계속해서 영향을 미치고 있다.

어휘

□ Bauhaus 바우하우스, 독일의 영향력 있는 미술학교
□ revolutionary 혁명적인, 급진적인, 근본적 변화를 일으키는
□ unification 통합, 결합, 일치
□ aesthetic 심미적인, 미적 감각의, 미학적인
□ ornate 화려하게 장식된, 꾸며진, 장식적인
□ mass-production 대량 생산, 대규모 제작
□ profound 깊은, 심오한, 강한 영향력을 가진
□ industrial 산업[공업]의

61 정답 ③ 난이도 ★★★☆☆

해설

이 글은 교육학의 비계 설정 교수법을 설명하고 있다. 비계 설정의 핵심은 교사가 학습자의 수준에 맞춰 외부적 지원을 제공하고, 학습자가 성장함에 따라 그 지원을 점차 줄여 자립을 돕는 것이다. ①번 문장은 이 이론의 기반이 되는 비고츠키의 개념을, ②번 문장은 지원을 제공하는 교사의 구체적인 역할을, ④번 문장은 지원을 철회하는 과정을 설명하며 모두 '교사의 외부적 지원 전략'이라는 주제를 일관되게 다룬다. 그러나 ③번 문장은 학습자의 '내재적 동기'에 대해 서술하는데, 내재적 동기는 학습에 중요한 요소이지만 학습자 '내부'의 심리적 요인에 관한 것이므로, 교사의 '외부적' 지원을 중심으로 하는 비계 설정 설명의 흐름과는 관련이 없다. 따라서 글의 흐름상 어색한 문장은 ③이다.

지문해석

교육 심리학에서 비계 설정은 학생이 새로운 개념이나 기술을 배우는 동안 교사가 일시적이고 맞춤형 지원을 제공하는 교수 방법을 의미한다. 이 지원 구조는 임시적이며, 학생이 점점 더 능숙하고 자립적으로 될수록 점차 제거된다. ① 이 개념은 레프 비고츠키의 "근접 발달 영역"에서 비롯되었는데, 이는 학습자가 도움 없이 할 수 있는 것과 지도받으면 성취할 수 있는 것 사이의 간격을 의미한다. ② 교사의 역할은 학습자가 이 간격을 메우도록

적절한 도움을 제공하는 것이며, 여기에는 힌트, 신호, 시범 등의 도구가 사용된다. (③ 내적 동기, 즉 내적 보상에 의해 유발되는 행동은 장기적인 학업 성공에 매우 중요하다.) ④ 학생의 숙련도가 높아짐에 따라 교사는 체계적으로 지원을 철회하여 학생의 독립성과 자신감을 길러준다. 이 과정은 학생들이 과도하게 부담을 느끼지 않으면서 도전할 수 있도록 하여, 탄탄한 지식 기반을 쌓을 수 있게 한다.

어휘
- scaffolding 비계 설정
- tailored 맞춤형의, 개별화된, 특별히 조정된
- competence 능력, 역량, 자격
- proximal 근접한, 가까운, 인접한
- prompt 유도하다, 자극하다, 신속한
- cue 신호, 단서, 힌트
- modeling 모범을 보여주기, 시범 보이기, 형상화
- proficiency 숙련, 능숙, 전문적 능력
- intrinsic 본질적인, 내재적인, 고유한

62 정답 ② 난이도 ★★★★☆

해설
이 글은 우리 몸의 방어 체계 중 하나인 후천성 면역의 작동 원리를 설명하고 있다. 후천성 면역의 핵심은 특정 병원체를 기억했다가 대응하는 것으로, ①, ③, ④번 문장은 이 과정에서 중요한 역할을 하는 B세포와 T세포를 소개하고, 각각의 기능과 기억 세포로서의 역할을 유기적으로 설명한다. 이 문장들은 모두 '후천성 면역 시스템'이라는 주제에 집중한다. 그러나 ②번 문장은 심장, 혈관 등으로 구성된 '순환계'와 그 영양분 운반 기능을 다루는데, 이는 면역과 별개의 시스템에 관한 설명으로 글의 주제와 관련이 없다. 따라서 글의 흐름상 어색한 문장은 ②이다.

지문해석
후천성 면역은 병원체의 성장을 막아 제거하는 특화되고 전신적인 세포와 과정들로 구성된 전체 면역 체계의 하위 시스템이다. 면역 체계가 효과적인 반응을 일으키기 전에 항원과의 이전 접촉에 의해 먼저 준비되어야 하므로 "후천성"이라고 불린다. ① 이 기억 기반 방어는 주로 B세포와 T세포로 특정되는 림프구로 알려진 백혈구에 의해 매개된다. (② 심장, 혈관, 혈액으로 구성된 순환계는 몸 전체에 산소와 영양분을 운반하는 역할을 한다.) ③ B세포는 병원체를 무력화하는 단백질인 항체를 생산하는 역할을 하며, T세포는 감염된 숙주 세포를 직접 죽이거나 면역 반응을 조절하는 것을 도울 수 있다. ④ 동일한 항원에 두 번째로 노출되면, 이 기억 세포들은 훨씬 더 빠르고 강력한 반응을 가능하게 하여, 종종 질병 자체를 예방한다. 이것이 백신 효과의 원리이다.

어휘
- acquired 획득한, 후천적인, 습득된
- immunity 면역, 면책, 보호
- pathogen 병원체, 병원균, 유해 미생물
- antigen 항원, 면역 반응을 유발하는 물질
- lymphocyte 림프구, 백혈구의 일종, 면역 세포
- antibody 항체, 면역 단백질, 항원에 결합하는 단백질
- neutralize 중화하다, 무력화하다, 효과를 없애다
- host 숙주, 주인, 생물학적 환경 제공자
- vaccination 예방 접종, 백신 투여, 면역 형성

63 정답 ① 난이도 ★★★☆☆

해설
이 글은 Joseph Campbell의 '영웅의 여정'이라는 보편적 서사 구조를 단계별로 설명하는 것을 목적으로 한다. 첫 문장에서 이론을 정의한 뒤, ②, ③, ④번 문장은 영웅이 '모험의 소명'을 받고, '미지의 세계'로 들어가, '절정의 시련'을 겪는 과정을 순차적으로 설명하며 '영웅의 여정'이라는 일반적인 패턴의 각 단계를 논리적으로 기술한다. 그러나 ①번 문장은 <오디세이아>를 트로이 전쟁의 역사적·정치적 이야기로만 설명하며, 영웅 서사의 보편적 구조라는 본문의 주제와 어긋난다. 따라서 글의 흐름상 어색한 문장은 ①이다.

지문해석
"영웅의 여정", 즉 단일신화는 학자 Joseph Campbell에 의해 규명된 서사 패턴으로, 여러 다른 문화와 시대에 걸쳐 수많은 신화, 이야기, 종교에서 나타난다. 그것은 모험을 떠나, 결정적인 위기에서 승리를 거두고, 변화하거나 변모하여 집으로 돌아오는 주인공을 묘사한다. (① 호머의 작품으로 알려진 서사시 <오디세이아>는 주로 트로이 전쟁의 역사적 사건과 그 정치적 여파를 묘사하고 있다.) ② 여정은 일반적으로 평범한 세계에 있던 영웅이 "모험의 소명"을 받으면서 시작된다. ③ 처음에는 그 부름을 거절한 후, 영웅은 조력자 인물에 의해 격려를 받아 시련과 도전이 있는 미지의 세계로 문턱을 넘는다. ④ 절정은 "가장 깊은 동굴"에서 이루어지는데, 여기서 영웅은 가장 큰 두려움이나 죽음과 부활의 경험에 직면한다. 이 근본적인 패턴은 성장과 변화라는 보편적인 인간 경험을 반영하기 때문에 청중에게 공감을 불러일으킨다.

어휘
- monomyth 단일신화 (보편적인 단 하나의 신화 구조)
- protagonist 주인공, 주요 인물
- embark 시작하다, 착수하다
- adventure 모험, 위험을 수반한 경험, 새로운 경험
- crisis 위기, 중대한 고비, 결정적 순간
- mentor 멘토, 조언자, 경험 많은 지도자
- threshold 문턱, 시작점, 한계점
- climax 절정, 가장 중요한 순간, 최고조
- transformed 변화된, 변형된, 새롭게 된
- resonate 공감을 불러일으키다, 반향을 일으키다

64 정답 ②
난이도 ★★★☆☆

해설

이 글은 사회학자 막스 베버의 '철의 우리' 개념을 중심으로 설명하고 있다. 첫 문장에서 개념을 정의한 뒤, ①, ③, ④번 문장은 이 '합리화'의 덫이 개인의 자유를 제한하고 창의성을 억압하며, 관료제로 구현되는 과정을 베버의 관점에서 일관되게 서술한다. 그러나 ②번 문장은 칼 마르크스의 '노동 소외' 이론을 소개하는데, 비록 베버와 마르크스가 모두 근대 자본주의를 비판했지만 핵심 진단은 다르다. 마르크스 이론의 도입은 베버 개념 설명의 흐름을 깨뜨린다. 따라서 글의 흐름상 어색한 문장은 ②이다.

지문해석

막스 베버의 "철의 우리"라는 개념은 순전히 목적론적 효율성과 통제에 기반한 시스템 안에 개인을 가두는, 근대 자본주의 사회에 내재된 증가된 합리화를 묘사한다. 이는 전통적 가치와 감정이 관료적 논리로 대체되는, 세상의 탈주술화를 낳는다. ① 이 구조 안의 개인들은 개인의 자유와 자율성을 제한하는 엄격한 규칙과 위계 시스템에 의해 자신의 삶이 지배당하는 것을 발견한다. (② 그에 반해, 칼 마르크스는 사회적 제약의 주된 원천이 자본주의하에서의 경제적인 노동 소외라고 주장했다.) ③ 베버는 이 초합리화된 세계가 궁극적으로 인간의 창의성과 개성을 질식시켜, 사람들을 거대하고 비인격적인 기계의 단순한 톱니바퀴로 남길 것을 두려워했다. ④ 베버에게 관료제는 이러한 합리화의 궁극적인 표현이자, 근대 사회생활의 피할 수 없는 틀이었다. 따라서 철의 우리는 물리적 감옥이 아니라, 인류를 해방시키기 위했던 바로 그 진보에 의해 만들어진 형이상학적 감옥이다.

어휘

☐ rationalization 합리화
☐ bureaucracy 관료제
☐ hierarchical 계층적인, 위계질서가 있는
☐ autonomy 자율성, 자기 결정권, 독립성
☐ alienation 소외, 소외감, 소속감 상실
☐ impersonal 비인격적인
☐ metaphysical 형이상학적인

65 정답 ③
난이도 ★★★★☆

해설

이 글은 식물이 에너지를 만드는 과정인 광합성의 두 단계를 순차적으로 설명하고 있다. 첫 문장에서 광합성을 정의한 뒤, ①번 문장은 빛에너지를 이용하는 첫 번째 단계(명반응)를, ②번 문장은 첫 단계의 산물이 두 번째 단계의 동력이 됨을 연결하며, ④번 문장은 이산화탄소를 이용해 포도당을 합성하는 두 번째 단계(암반응/캘빈 회로)를 설명한다. 그러나 ③번 문장은 광합성과는 반대로 포도당을 분해해 에너지를 얻는 세포 호흡에 대해 설명한다. 세포 호흡은 중요한 생물학적 과정이지만, 광합성 단계 설명이라는 글의 흐름과 맞지 않다. 따라서 글의 흐름상 어색한 문장은 ③이다.

지문해석

광합성은 식물, 조류, 특정 박테리아가 빛에너지를 포도당 형태의 화학에너지로 전환하기 위해 사용하는 필수적인 과정이다. 이 과정은 일반적으로 두 가지 주요 단계로 나뉜다: 명반응과 암반응. ① 첫 번째 단계인 명반응에서, 엽록소는 햇빛을 흡수하고 그 에너지를 사용하여 물 분자를 분해하며, 산소와 ATP 및 NADPH와 같은 에너지 운반 분자를 생산한다. ② 이 에너지 풍부한 분자들은 그 후 캘빈 회로 또는 암반응으로 알려진 두 번째 단계에 동력을 공급한다. (③ 미토콘드리아에서 일어나는 세포 호흡은 유기체가 세포 활동을 위한 에너지를 방출하기 위해 포도당을 분해하는 과정이다.) ④ 캘빈 회로에서, 대기로부터의 이산화탄소는 유기 분자로 "고정"되어, 궁극적으로 식물의 식량 역할을 하는 포도당을 형성한다. 이 전체 순서는 우리가 숨 쉬는 산소와 생태계에 연료를 공급하는 에너지를 제공하며, 지구상 거의 모든 생명체의 기반이다.

어휘

☐ photosynthesis 광합성
☐ algae 조류 (해조류 등)
☐ chlorophyll 엽록소
☐ Calvin cycle 캘빈 회로
☐ cellular respiration 세포 호흡
☐ glucose 포도당
☐ organic molecule 유기 분자

66 정답 ④
난이도 ★★★★☆

해설

이 글은 고대 그리스 비극에서 코러스가 수행한 다양한 기능을 상세히 설명하고 있다. 첫 문장에서 코러스를 '집단적 논평자'로 정의한 뒤, ①, ②, ③번 문장은 각각 코러스가 등장인물과 상호작용하고, 노래를 통해 정보를 제공하며, 관객의 감정적 반응을 이끌어내는 구체적 역할을 서술한다. 그러나 ④번 문장은 '데우스 엑스 마키나'라는 플롯 장치에 대해 설명하는데, 이는 극의 문제를 해결하기 위해 갑작스럽게 개입하는 외부 요소를 의미하는 극작술로, 코러스라는 집단의 기능과는 전혀 다른 개념이다. 따라서 글의 흐름상 어색한 문장 ④이다.

지문해석

고대 그리스 비극에서 합창단은 독특하고 다면적인 극적 요소로, 연극의 사건을 집단적으로 해설하는 역할을 했다. 합창단은 여러 명의 연기자로 구성되었으며, 종종 공동체의 목소리나 주인공의 행동을 평가하는 전통적 지혜를 대표했다. ① 합창단은 등장인물과 직접 상호작용하며 조언을 하거나, 질문을 던지거나, 동정을 표현할 수 있었다. ② 합창단의 송가와 서정적 노래를 통해 배경 정보를 제공하고, 사건의 도덕적 함의를 반영하며, 극의 분위기를 형성하는 데 도움을 주었다. ③ 또한 합창단은 관객의 감정 반응을 안내하여, 관객이 전개되는 비극에 어떻게 반응할지를 보여주었다. (④ '데우스 엑스 마키나(deus ex machina)'라는,

해결 불가능해 보이는 문제를 예상치 못한 개입으로 갑자기 해결하는 줄거리 장치는 후기 비극에서 흔히 사용되었다.) 이러한 합창단의 집단적 존재는 연극 속 세계와 관객의 현실 사이의 간극을 연결하는 역할을 했다.

어휘

- interact 상호작용하다, 소통하다, 교류하다
- reflect 반영하다, (빛·열 등을) 반사하다, 나타내다
- implication 함의, 영향, 암시
- mood 분위기, 기분, 정서적 분위기
- unfold 전개되다, 펴다, 드러내다
- commentator 해설자, 논평자
- tragedy 비극, 슬픈 사건
- ode 송시, 찬양하는 시
- device 장치, 기법, 방법
- intervention 개입, 중재, 간섭

67 정답 ③   난이도 ★★★☆☆

해설

이 글은 사회적 고립에 대한 두려움 때문에 사람들이 자신의 의견이 소수라고 느낄 때 침묵하게 되는 경향을 설명하는 '침묵의 나선' 이론에 관한 것이다. ①번 문장은 다수 의견이 사회적 압력을 형성하고, ②번 문장은 이로 인해 소수 의견은 점점 더 침묵하며, ④번 문장은 그 결과 실제 여론이 왜곡되어 보일 수 있다고 설명하고 있다. 이 문장들은 모두 '침묵의 나선'이라는 단일 사회 현상을 설명하기 위해 긴밀히 연결된다. 그러나 ③번 문장은 인지 부조화라는 별개의 심리학 이론을 정의하는데, 인지 부조화는 개인 내 신념의 충돌을 다루는 반면, 침묵의 나선은 사회적 압력 속에서 개인이 어떻게 행동하는지를 다룬다. 따라서 글의 흐름상 어색한 문장은 ③이다.

지문해석

"침묵의 나선형 이론"은 엘리자베트 노엘레-노이만에 의해 제안된 정치학 및 매스 커뮤니케이션 이론이다. 그것은 개인들이 고립에 대한 두려움을 가지고 있으며, 이로 인해 자신의 견해가 다수 의견에 반대된다고 느낄 때 침묵을 지키게 된다고 가정한다. ① 종종 대중 매체에 의해 증폭되는 이 인지된 다수 의견은 개인들에게 동조하도록 사회적 압력을 가한다. ② 인지된 다수가 커지는 것처럼 보임에 따라, 소수 견해는 점점 더 적게 표현되어, 그것을 가진 사람들에게는 침묵의 하향 나선이 만들어진다. (③ 인지 부조화는 두 개 이상의 모순된 믿음이나 가치를 가진 사람이 경험하는 정신적 불편함이다.) ④ 이 과정은 지지자들이 더 목소리를 낸다는 이유만으로 특정 관점이 실제보다 더 널리 퍼져 있는 것처럼 보이는 왜곡된 대중 인식을 낳을 수 있다. 궁극적으로, 이 이론은 우리가 여론으로 인식하는 것이 종종 가장 흔한 의견이 아니라 단지 가장 시끄러운 의견일 뿐임을 시사한다.

어휘

- spiral of silence 침묵의 나선형 이론
- posit 가정하다, 단정하다
- isolation 고립, 외로움, 단절
- perceive 인식하다, 감지하다, 이해하다
- amplify 증폭시키다, 확대하다, 과장하다
- exert (압력·영향력을) 가하다, 발휘하다
- conform 순응하다, 따르다, 일치하다
- viewpoint 관점, 견해
- spiral 악순환, 소용돌이, 나선
- cognitive 인지의, 인식에 관한
- distorted 왜곡된, 비뚤어진
- vocal 목소리를 내는, 의견을 강하게 표현하는

68 정답 ②   난이도 ★★★☆☆

해설

이 글은 허리케인이 형성되기 위한 구체적인 기상학적 조건을 설명하고 있다. ①번 문장은 높은 해수면 온도를, ③번 문장은 낮은 연직 시어를, ④번 문장은 기존의 기상 교란과 코리올리 힘을 각각 허리케인 발생의 필수 조건으로 제시한다. 이 문장들은 모두 '허리케인의 형성 조건'이라는 핵심 주제에 따라 일관되게 정보를 제공한다. 그러나 ②번 문장은 대기 상층의 강한 바람대인 제트 기류를 설명하는데, 제트 기류는 주로 중위도 날씨에 영향을 미치며 열대 저기압인 허리케인 발생과 직접적 관련이 적다. 따라서 글의 흐름상 어색한 문장은 ②이다.

지문해석

세계의 다른 지역에서는 태풍이나 사이클론으로 알려진 허리케인은 따뜻한 열대 해양 위에서 형성되는 강력한 회전 폭풍이다. 그것의 발달에는 최소 26.5°C(80°F)의 높은 해수면 온도를 포함한 몇 가지 특정한 조건이 필요하다. ① 이 따뜻한 물은 폭풍에 연료를 공급하는 데 필요한 열과 수증기를 제공하며, 그것의 주된 에너지원 역할을 한다. (② 대기 상층의 좁고 강한 바람대인 제트 기류는 종종 대륙을 가로지르는 날씨 패턴을 조종한다.) ③ 또 다른 결정적인 요소는 낮은 연직 시어로, 이는 높이에 따라 풍속이나 풍향의 변화가 거의 없음을 의미하며, 폭풍의 구조가 온전하고 조직적으로 유지되도록 한다. ④ 폭풍은 또한 그것의 사이클론 회전을 시작하기 위해 기존의 기상 교란과 적도로부터 충분한 거리를 필요로 한다. 일단 형성되면, 허리케인은 따뜻한 물 위에 머물고 대기 조건이 유리하게 유지되는 한 스스로를 유지할 수 있다.

어휘

- rotating 회전하는, 돌고 있는, 순환하는
- tropical 열대의, 열대 지방의, 매우 더운
- moisture 습기, 수분, 물기
- fuel 연료를 공급하다, 자극하다, 부추기다
- jet stream 제트 기류, 상층 기류
- ingredient 요소, 성분, 재료

- [ ] vertical 수직의, 직립의, 위에서 아래로의
- [ ] shear 변화, 전단력, (가위 등으로) 자르다
- [ ] intact 온전한, 손상되지 않은, 완전한
- [ ] initiate 시작하다, 개시하다, 입문시키다

69 정답 ④ 난이도 ★★★☆☆

해설

이 글은 영화감독을 영화의 핵심 창작자, 즉, 작가로 간주하는 작가주의 이론을 설명하고 있다. ①, ②, ③번 문장은 이 이론의 핵심 아이디어를 일관되게 서술한다. 이 문장들은 모두 감독의 '창의적'이고 '예술적'인 역할에 초점을 맞춘다. 그러나 ④번 문장은 영화의 '재정 및 행정' 측면을 담당하는 총괄 프로듀서의 역할을 설명하는데, 이는 감독의 예술적 권위를 강조하는 작가주의 이론과는 전혀 다른 내용이다. 따라서 글의 흐름상 어색한 문장은 ④이다.

지문해석

감독 지상주의는 감독을 영화의 주된 창의적 동력 또는 "작가"로 보는 영화 비평의 한 방식이다. 1950년대 프랑스 비평가들에 의해 대중화된 이 이론은, 한 감독의 전체 작품이 마치 소설가의 작품처럼 그의 개인적인 비전과 독특한 스타일을 반영한다고 가정한다. ① 한 작가의 특징은 그의 영화들 전반에 걸쳐 반복되는 주제, 스타일적 선택, 그리고 일관된 세계관을 통해 식별될 수 있다. ② 이 접근법은 감독을 단순한 기술자에서 최종 결과물에 창의적 개성을 각인시키는 예술가로 격상시킨다. ③ 이 관점에서, 시나리오, 촬영, 편집은 모두 감독이 자신의 비전을 조율하는 도구로 여겨진다. (④ 총괄 프로듀서의 주된 역할은 영화 제작의 재정 및 행정적 측면을 감독하는 것이다.) 이 이론은 관객들이 영화를 개인적 표현의 작품으로서 더 깊이 감상하기 위해 이러한 작가적 표식을 추적하도록 장려한다.

어휘

- [ ] auteur theory 감독 지상주의
- [ ] criticism 비평, 비판, 평론
- [ ] posit 가정하다, 주장하다, 세우다
- [ ] distinctive 독특한, 특유의, 구별되는
- [ ] signature 특징, 서명, 전형적인 표시
- [ ] technician 기술자, 전문가
- [ ] orchestrate 조직하다, 조율하다, 편곡하다
- [ ] screenplay 각본, 시나리오
- [ ] cinematography 영화 촬영, 영상미
- [ ] expression 표현, 표정, 말투

70 정답 ② 난이도 ★★★★☆

해설

이 글은 국제 관계에서 국가들이 힘의 균형을 맞추려는 '세력 균형' 원리를 설명하고 있다. 첫 문장에서 개념을 정의한 뒤, ①번 문장은 세력 균형을 위한 구체적 방법을, ③번 문장은 궁극적 목표를, ④번 문장은 역사적 사례를 통해 이론을 구체화한다. 이 문장들은 모두 '힘의 분배와 견제'라는 세력 균형의 핵심 논리를 중심으로 일관되게 전개된다. 그러나 ②번 문장은 국가 간 조약과 합의의 체계인 국제법을 설명하는데, 국제법은 힘의 논리와는 다른 차원에서 국가 관계를 규율하는 규범 체계이다. 따라서 현실주의적 힘의 논리를 다루는 글에 이상주의적 규범 체계인 국제법을 설명하는 것은 글의 주제와 관련이 없다. 따라서 글의 흐름상 어색한 문장은 ②이다.

지문해석

"세력 균형" 원리는 국제관계 이론에서 핵심적인 개념으로, 한 국가가 모든 국가를 지배할 만큼 강력하지 않도록 군사력이 분산될 때 국가 안보가 강화된다는 것을 의미한다. 한 국가가 불균형적으로 강력해지면, 다른 국가들이 이를 견제하기 위한 조치를 취할 것이라고 이 이론은 예측한다. ① 이러한 조치에는 방어적 동맹을 형성하거나 군비 경쟁을 통해 균형을 회복하는 것이 포함될 수 있다. (② 국제법은 국가 간 조약과 협정의 체계로 구성되어 있으며, 국가들이 상호작용하는 방식을 규제한다.) ③ 목표는 반드시 평화가 아니라, 안정과 국가 체제의 보존으로, 보편적 패권국이 등장하는 것을 막는 것이다. ④ 이러한 역학은 역사 전반에서 볼 수 있는데, 예를 들어 나폴레옹 전쟁 당시 연합 구축이나 미국과 소련 간 냉전 대치에서 나타난다. 권력 균형의 논리는 국가들이 세계 권력 분포의 변화에 대해 경계하고 신속히 대응하도록 유도한다.

어휘

- [ ] principle 원칙, 근본적인 법칙, 신념
- [ ] dominate 지배하다, 우위를 차지하다
- [ ] alliance 동맹, 연합, 제휴
- [ ] equilibrium 균형, 평형 상태, 안정
- [ ] hegemon 패권국, 지배국
- [ ] coalition 연합, 연립, 제휴
- [ ] standoff 대치, 교착 상태, 무승부
- [ ] incentivize 동기를 부여하다, 장려하다
- [ ] vigilant 방심하지 않는, 경계하는
- [ ] distribution 분배, 배분, 분포

문장 삽입 유형 정답 및 해설

Answer

01 ③	02 ②	03 ②	04 ③	05 ②
06 ②	07 ①	08 ③	09 ②	10 ③
11 ②	12 ③	13 ③	14 ③	15 ③
16 ④	17 ②	18 ③	19 ③	20 ④
21 ③	22 ②	23 ③	24 ③	25 ④
26 ④	27 ③	28 ③	29 ②	30 ④
31 ④	32 ③	33 ③	34 ④	35 ③
36 ③	37 ③	38 ④	39 ①	40 ③
41 ③	42 ②	43 ③	44 ②	45 ②
46 ③	47 ③	48 ③	49 ③	50 ④
51 ④	52 ①	53 ③	54 ④	55 ③
56 ③	57 ③	58 ③	59 ②	60 ①
61 ②	62 ②	63 ③	64 ④	65 ②
66 ④	67 ④	68 ③	69 ③	70 ③

01 정답 ③ 난이도 ★★★☆☆

해설

이 글은 건조한 환경에서 동물들이 생존하기 위해 발달시킨 다양한 적응 방식을 사례 중심으로 설명하고 있다. ①, ②번 뒤의 문장은 갈라파고스 거북과 사막 거북의 물 저장 방법과 그 효과를 제시하고 있다. 주어진 문장은 '다른 건조 지역의 동물들도 체내 수분을 보존하기 위한 방식을 발전시켰다'는 내용을 통해 일반적인 전환 역할을 하며, ③번 뒤의 문장부터는 새로운 사례인 사막 쟁기발 두꺼비가 소개된다. 주어진 문장은 기존 거북 사례에서 두꺼비 사례로 자연스럽게 전환되는 내용이 필요하다. 따라서 주어진 문장이 들어갈 위치로 가장 적절한 것은 ③이다.

지문해석

모든 생물은 물 부족 상황에서 고통을 겪는다. 하지만 일부 동물들은 특히 건기가 있는 지역에 사는 경우, 특별한 적응을 통해 이를 극복한다. 예를 들어 갈라파고스 거북과 사막 거북은 방광에 물을 저장하여 생존한다. (①) 이들은 빗물이나 식물을 통해 수분을 섭취하고, 그렇게 내부에 물을 저장한다. (②) 이렇게 저장한 물 덕분에 건기 동안 생존할 수 있다. (③ **일부 건조한 환경의 동물들 또한 체내에 물을 저장할 수 있는 방식을 발달시켰다.**) 북아메리카에 서식하는 일종의 두꺼비인 사막 쟁기발 두꺼비가 그 대표적인 동물 중 하나이다. 이 두꺼비는 자신의 삶의 약 75%를 땅속 깊은 곳에서 보낸다. (④) 땅속에 있는 동안, 몸 주위에 끈끈한 피부층을 형성하여 수분이 빠져나가지 않도록 한다. 우기가 시작되면, 다시 지상으로 올라온다.

어휘

- environment 환경
- develop 개발하다, 발달시키다
- survive 살아남다, 생존하다
- bladder 방광
- store 저장하다, 비축하다
- internal 내부의, 내면의
- underground 지하의, 비밀의
- escape 도망치다, 빠져나가다, 탈출하다

02 정답 ② 난이도 ★★☆☆☆

해설

이 글은 플라스틱 오염 문제를 다루며, 전통 플라스틱과 대비되는 생분해성 플라스틱의 특징과 장점을 설명한다. 주어진 문장은 "생분해성 플라스틱은 식물 기반 물질로 만들어진다"고 하여, 그 구체적 출처를 명확히 제시하고 있다. 이는 ②번 뒤의 문장에서 언급한 "옥수수 전분이나 사탕수수 같은 식물에서 유래한다"는 내용과 직접적으로 연결되어, 생분해성 플라스틱의 본질적 특징을 구체화한다. 따라서 주어진 문장이 들어갈 위치로 가장 적절한 것은 ②이다.

지문해석

플라스틱 오염에 대한 우려가 커짐에 따라, 과학자들과 산업계는 지속 가능한 대안을 탐색하고 있다. (①) 그중에서도 생분해성 플라스틱은 환경적 이점으로 주목받고 있다. (② **기존 플라스틱은 분해되는 데 수백년이 걸리는 반면, 생분해성 플라스틱은 더 빠르게 분해되며, 재생 가능한 자원으로부터 만들어지는 경우가 많다.**) 이들은 일반적으로 옥수수 전분이나 사탕수수 같은 식물성 원료로 제조된다. (③) 이러한 빠른 분해 능력 덕분에, 포장재나 일회용 제품에 매력적인 선택지로 여겨진다. (④) 그러나 모든 바이오플라스틱이 퇴비화 가능한 것은 아니며, 처리 과정에서도 여전히 주의가 필요하다.

어휘

- decompose 분해되다, 썩다
- bioplastic 생분해성 플라스틱
- renewable 재생 가능한, 갱신 가능한
- concern 걱정, 관심
- alternative 대안, 대체물
- sustainable 지속 가능한, 친환경적인
- derive ~에서 얻다, 비롯되다
- degrade 분해되다, 질을 떨어뜨리다

03 정답 ② 난이도 ★★★☆☆

해설

이 글은 최근 근무 방식의 변화를 다루며, 팬데믹 이후 재택근무 확산이라는 중요한 흐름을 소개하고 있다. 주어진 문장은 '재택근무가 일정 조절의 유연성 제공, 출퇴근 시간 감소, 일과 삶의 균형 향상' 등 구체적인 장점을 제시하고 있다. 이 내용은 ②번 뒤의 문장에서 언급한 '많은 회사들이 재택근무를 허용한다'는 일반적인 사실에 앞서, 재택근무 확산의 의미를 구체적으로 보여주는 역할을 한다. 따라서 주어진 문장이 들어갈 위치로 가장 적절한 것은 ②이다.

지문해석

최근 몇 년 사이, 사람들의 근무 방식은 극적인 변화를 겪어왔다. (①) 그중에서도 가장 중요한 변화 중 하나는 특히 전 세계적인 팬데믹 이후 급격히 확산된 재택근무의 등장이다. (② **재택근무는 근무 일정의 유연성을 제공하고 출퇴근 시간을 줄여, 더 나은 일과 삶의 균형을 가능하게 한다.**) 현재 많은 회사들이 직원들에게 전면 재택근무나 혼합형(하이브리드) 근무 형태를 허용하고 있다. (③) 반면, 기존의 사무실 근무 방식은 정해진 시간 동안 근무 장소에 있어야 하며, 대체로 긴 출퇴근 시간을 수반한다. (④) 각 근무 방식에는 장단점이 있으며, 이상적인 형태는 개인과 조직의 필요에 따라 달라질 수 있다.

어휘

- remote work 원격 근무, 재택 근무
- flexibility 유연성, 융통성
- commute 출퇴근하다, 통근하다
- dramatic 극적인, 인상적인
- significant 중요한, 의미 있는
- hybrid 혼합의, 혼합형
- conventional 전통적인, 관습적인
- approach 접근법, 방식

04 정답 ③ 난이도 ★★★☆☆

해설

이 글은 외국 원조에 대한 일반적인 오해를 제시한 뒤, 오늘날 원조가 실제로 어떻게 활용되고 있는지를 설명하며 그 오해를 바로잡는 내용을 담고 있다. ①, ②번 뒤의 문장은 과거 원조의 한계와 현재 개선된 상황을 간략히 보여준다. 주어진 문장은 '외국 원조에 대한 올바른 인식의 중요성'을 강조하며, 이는 ②번 뒤의 문장의 '효과적인 사용을 위한 노력'과 ③번 뒤의 문장에서 제시된 '구체적 성과(건강 개선과 공동체 발전)'를 잇는 논리적 연결고리 역할을 한다. 따라서 주어진 문장이 들어갈 위치로 가장 적절한 것은 ③이다.

지문해석

많은 사람들이 외국 원조는 돈 낭비라고 불평한다. 그들은 원조가 별 도움이 되지 않고 종종 잘못 사용된다고 믿는다. 과거에는 이것이 어느 정도 사실이기도 했다. 원조는 종종 정치적 지지를 얻기 위해 제공되곤 했다. (①) 그러나 오늘날 대부분의 외국 원조는 사람들이 더 나은 삶을 살 수 있도록 돕는 데 초점이 맞춰져 있어, 낭비 문제는 훨씬 적다. (②) 물론, 원조가 더 효과적으로 사용되도록 계속 노력해야 한다. (③ **더 중요한 것은, 사람들은 일반적인 오해를 믿기보다는 외국 원조가 실제로 어떻게 사용되는지에 대한 진실을 배워야 한다는 것이다.**) 실제로, 지금 많은 자금이 가난한 지역 사회의 건강을 개선하고 삶을 더 나아지게 만드는 데 사용되고 있다. (④) 덕분에 우리는 태어난 장소 때문에 고통받는 사람이 없는 세상을 향해 나아가고 있다.

어휘

- foreign aid 외국 원조
- misunderstanding 오해, 착각
- political 정치적인, 정치와 관련된
- support 지원, 지지
- effectively 효과적으로, 능률적으로
- community 공동체, 지역 사회
- improve 개선하다, 향상시키다
- suffer 고통받다, 경험하다
- truth 진실, 사실

05 정답 ② 난이도 ★★★☆☆

해설

이 글은 관습법이 어떻게 사회를 통치하는 유연하고 적응적인 체계로 기능했는지를 설명한다. 주어진 문장은 '관습법이 현대 성문법과 달리 구술 전통과 공동체 합의에 크게 의존했다'는 점을 강조하며, ①번 뒤의 문장에서 언급한 '관습법이 반복된 관행과 공동의 가치에서 발생했다'는 내용을 구체화한다. 따라서 이 문장은 관습법의 특성을 보충 설명하는 역할로, 주어진 문장이 들어갈 위치로 가장 적절한 것은 ②이다.

지문해석

공식적인 법전이 등장하기 전, 많은 사회는 관습법을 통해 스스로를 통치했다. (①) 이 법의 형태는 반복된 관행과 공유된 가치에서 자연스럽게 발생했다. (② **관습법은 구술 전통과 공동체 합의에 크게 의존한다.**) 관습법은 공동체의 필요에 대응하는 유연하고 적응적인 체계로 기능했다. (③) 이러한 체계에서는 분쟁이 임명된 판사보다는 장로나 존경받는 공동체 구성원에 의해 해결되는 경우가 많았다. (④) 오늘날에도 관습법은 전 세계의 다양한 원주민 및 농촌 공동체에서 여전히 적용되고 있다.

어휘

- statute 성문법, 법령
- customary law 관습법
- oral 구두의, 말로 하는
- tradition 전통, 관습
- consensus 합의, 의견 일치
- emerge 나타나다, 생겨나다
- practice 관습, 관행, 연습
- community 공동체, 지역 사회
- dispute 분쟁, 논쟁
- indigenous 토착의, 원주민의

06 정답 ②

난이도 ★★★★☆

해설

이 글은 문화별로 예술에서 결점을 어떻게 긍정적으로 재해석하는지를 설명한다. 주어진 문장은 일본의 킨츠기 예술을 예로 들어, 깨진 도자기를 금으로 수리하여 결함을 숨기지 않고 기념하는 철학을 소개한다. 이는 ①번 뒤의 문장에서 언급한 '결점을 강조하는 전통'에 대한 구체적 사례이자, ②번 뒤의 문장에서 말한 '결함이 역사와 정체성의 일부임을 가르친다'는 내용을 뒷받침한다. 따라서 주어진 문장이 들어갈 위치로 가장 적절한 것은 ②이다.

지문해석

문화권을 막론하고, 예술은 단순히 아름다움을 표현하는 수단일 뿐만 아니라, 결점을 새롭게 해석하는 방식으로도 활용되어 왔다. (①) 몇몇 전통에서는 결함이나 금, 손상, 불규칙한 부분을 숨기기보다는 강조하는 데 초점을 맞춘다. (② **일본의 킨츠기는 깨진 도자기를 금으로 수리하는 예술로, 결함을 숨길 대상이 아니라 시각적으로 기념하고 축하하는 요소로 바꾼다.**) 이 철학은 결함이 사물의 역사와 정체성의 일부임을 가르친다. (③) 예를 들어, 한국에서는 달항아리가 비대칭적인 형태에도 불구하고 소중히 여겨지며, 불완전함 속에서 조화를 표현한다. (④) 마찬가지로, 서양에서도 와비사비 사조를 따르는 예술가들이 부식, 마모, 불완전함을 미적 가치의 일부로 받아들인다.

어휘

- kintsugi 금줄잇기 (일본 도자기 수리 예술)
- repair 수리하다, 고치다
- pottery 도자기, 도기류
- flaw 결함, 흠
- celebration 축하, 기념
- conceal 숨기다, 감추다
- philosophy 철학, 사고방식
- asymmetrical 비대칭의, 균형이 맞지 않는
- harmony 조화, 화합
- imperfection 불완전함, 결점

07 정답 ①

난이도 ★★★☆

해설

이 글은 디지털 독서와 인쇄 독서가 정보 이해와 기억에 미치는 차이를 설명한다. 주어진 문장은 인쇄물을 읽을 때 더 깊은 집중이 가능하다는 구체적 내용을 제시하여, ①번 뒤의 문장에서 언급한 '디지털 독서는 빠르고 피상적이다'라는 진술과 자연스럽게 대조를 이룬다. 또한 ②번 뒤의 문장에서 제시된 '인쇄 독서는 더 느리고 반성적이다'라는 일반적 진술을 구체적으로 뒷받침한다. 따라서 주어진 문장이 들어갈 위치로 가장 적절한 것은 ①이다.

지문해석

우리가 읽는 매체는 정보 이해와 기억 방식에 영향을 미친다. (① **화면에서 읽는 경우 훑어보거나 얕게 처리하는 경향이 나타난다.**) 연구에 따르면, 디지털 독서는 종종 텍스트를 더 빠르고 피상적으로 접하게 만든다. (②) 반면, 인쇄된 책을 읽는 것은 더 느리고 반성적인 처리를 촉진하는 경향이 있다. (③) 연구자들은 이것이 물리적 책에서 제공되는 촉각적·공간적 단서 때문일 수 있다고 제안한다. (④) 디지털 독서가 점점 더 보편화됨에 따라, 교육자들은 이에 맞춰 교수 방법을 조정할 방안을 모색하고 있다.

어휘

- print 인쇄물, 활자
- concentration 집중, 전념
- screen 화면, 스크린
- skimming 대충 훑어보기, 흘려읽기
- processing 처리, 사고 과정
- retain 유지하다, 보유하다
- tactile 촉각의, 손으로 느낄 수 있는
- spatial 공간의, 위치의
- engagement 참여, 관여
- educator 교육자, 교사

08 정답 ③

난이도 ★★★★☆

해설

이 글은 인지 부조화가 발생하는 원리와 그로 인해 사람들이 신념, 태도, 행동을 변화시키는 과정을 설명한다. 주어진 문장은 '인지 부조화라고 알려진 이 불편함은 사람들이 일관성을 회복하기 위해 자신의 신념, 태도, 또는 행동을 바꾸도록 동기를 부여한다'는 내용을 담고 있다. 여기서 'This discomfort'는 ②번 뒤의 문장에서 언급된 'a state of mental tension and psychological unease'를 가리킨다. 먼저 심리적 불편함이 발생하고, 이어서 그 불편함의 학문적 정의와 역할이 제시되며, 마지막으로 그 불편함을 해소하기 위한 구체적인 방법의 예시가 나오는 논리적 흐름이 자연스럽게 완성된다. 따라서 주어진 문장이 들어갈 위치로 가장 적절한 것은 ③이다.

지문해석

사람들은 일반적으로 자신의 생각, 신념, 행동에서 일관성을 유지하려고 노력한다. 하지만 우리는 종종 태도와 행동이 상충하는 상황을 마주하게 된다. (①) 예를 들어, 흡연이 건강에 해롭다고 믿는 사람이 매일 담배를 계속 피우는 경우가 있다. (②) 이로 인해 정신적 긴장과 심리적 불편함이 생긴다. (③ **인지 부조화라고 알려진 이 불편함은, 사람들이 일관성을 회복하기 위해 자신의 신념, 태도 또는 행동을 바꾸도록 동기를 부여한다.**) 흡연자는 흡연을 중단함으로써 행동을 바꾸거나(행동 변경), 건강 위험이 과장되었다고 결론을 내림으로써 신념을 바꾸는 방식으로 대응할 수 있다. (④) 이 과정을 이해하는 것은 인간의 의사결정과 합리화 과정의 많은 측면을 설명하는 핵심이 된다.

어휘

- cognitive 인지의, 인식의
- dissonance 불일치, 부조화
- motivate 동기를 부여하다, 자극하다
- belief 신념, 믿음
- attitude 태도, 마음가짐
- behavior 행동, 행위
- consistency 일관성, 조화
- conflict 갈등, 충돌
- tension 긴장, 압박
- rationalize 합리화하다, 정당화하다

09 정답 ② 난이도 ★★☆☆☆

해설

이 글은 '의사결정 피로' 현상을 설명하며, 많은 결정을 내릴수록 판단력이 떨어지고 비합리적인 선택을 할 수 있음을 경고한다. ①번 뒤의 문장은 '의사결정 피로' 개념을 소개하고, ②번 뒤의 문장은 그 결과로 나타나는 사람들의 행동 변화(결정 회피 또는 충동적 선택)를 설명한다. 주어진 문장은 '의사결정 피로' 현상을 명확히 정의하여 ①번 뒤의 문장의 개념 설명을 보완한다. 따라서 주어진 문장이 들어갈 위치로 가장 적절한 것은 ②이다.

지문해석

결정을 내리는 일은 일상생활에서 필수적인 부분으로, 옷을 고르는 것부터 중요한 재정적 선택을 하는 것까지 포함된다. (①) 그러나 연구에 따르면, 사람이 하루 동안 더 많은 결정을 내릴수록 이후의 결정은 점점 더 어려워진다. (② **이 현상은 '의사결정 피로'라고 알려져 있으며, 긴 연속적인 선택 후에는 올바른 판단 능력을 저하시킬 수 있다.**) 사람들은 결정을 아예 회피하거나, 충동적이고 충분히 고민하지 않은 선택을 내리기 시작할 수 있다. (③) 한 가지 흔한 예로, 피곤한 상태에서 장을 보는 경우가 있으며, 이는 종종 건강에 좋지 않은 상품을 구매하게 만든다. (④) 전문가들은 중요한 선택을 위해 정신적 에너지를 보존할 수 있도록, 일상에서 사소한 결정을 줄이는 것을 권장한다.

어휘

- phenomenon 현상, 사건
- decision fatigue 의사결정 피로
- impair 손상시키다, 약화시키다
- judgment 판단, 평가
- subsequent 그 다음의, 차후의
- avoid 피하다, 회피하다
- impulsive 충동적인, 성급한
- trivial 사소한, 중요하지 않은
- preserve 보호하다, 유지하다

10 정답 ③ 난이도 ★★★☆☆

해설

이 글은 자동화와 인공지능으로 인한 노동 시장 변화에 대응하는 사회적 방안, 특히 '보편적 기본 소득(UBI)'에 대해 설명한다. ②번 뒤의 문장은 UBI를 소개하고, ③번 뒤의 문장은 지지자들이 주장하는 UBI의 긍정적 효과를 구체적으로 언급한다. 주어진 문장은 UBI의 정의를 명확히 제시하여 ②번 뒤의 문장의 개념을 보완하고, ③번 뒤의 문장의 주장을 자연스럽게 뒷받침한다. 따라서 주어진 문장이 들어갈 위치로 가장 적절한 것은 ③이다.

지문해석

자동화와 인공지능이 노동 시장을 재편함에 따라, 광범위한 일자리 상실에 대한 우려가 커지고 있다. (①) 이에 대응하여, 일부 경제학자와 정책 입안자들은 경제적 안정을 보장하기 위한 새로운 접근법을 제안했다. (②) 가장 많이 논의되는 제안 중 하나는 '보편적 기본 소득(UBI)'이다. (③ **보편적 기본 소득(UBI)은 고용 상태와 상관없이 모든 시민에게 정기적이고 무조건적인 금액을 지급하는 것을 목표로 한다.**) 지지자들은 UBI가 빈곤을 줄이고, 정신 건강을 개선하며, 사람들이 재정적 불안 없이 의미 있는 일을 추구할 수 있게 해줄 것이라고 주장한다. (④) 그러나 비평가들은 그 비용 부담과 노동 의욕을 저하시킬 가능성에 대해 의문을 제기한다.

어휘

- universal basic income 보편적 기본 소득
- citizen 시민, 국민
- automation 자동화, 기계화
- artificial 인공의, 인위적인
- economist 경제학자, 경제 전문가
- policymaker 정책 입안자
- poverty 가난, 빈곤
- disincentive 억제 요인, 동기 감소 요인

11
정답 ② 난이도 ★★★☆☆

해설

이 글은 우주에 대한 전통적인 뉴턴 역학적 관점과 20세기에 등장한 양자역학 사이의 차이를 설명한다. ①번 뒤의 문장은 뉴턴 역학이 우주를 정밀하고 결정론적으로 바라보는 관점을 제시하고, ②번 뒤의 문장은 20세기에 이 관점에 도전한 양자 이론의 등장을 알린다. 주어진 문장은 뉴턴 역학과 양자역학의 대조를 명확히 보여주어, ①번 뒤의 문장과 ②번 뒤의 문장 사이에서 자연스럽게 연결되는 역할을 한다. 따라서 주어진 문장이 들어갈 위치로 가장 적절한 것은 ②이다.

지문해석

수세기 동안, 과학자들은 우주를 정밀한 법칙에 의해 움직이는 시계 장치 같은 체계로 보았다. (①) 이러한 관점은 주로 뉴턴 역학에 의해 형성되었으며, 뉴턴 역학은 운동과 중력을 설명하는 명확한 수학적 규칙을 제공했다. (② <u>뉴턴 역학이 우주를 예측 가능하고 결정론적으로 설명하는 반면, 양자역학은 확률과 불확실성에 의해 지배되는 세계를 보여준다.</u>) 그러나 20세기에 양자 이론의 등장은 이러한 질서 정연한 현실관에 도전했다. (③) 아원자 입자들은 예측할 수 없이 행동하며, 그 결과는 관찰 자체의 영향을 받는 것으로 나타났다. (④) 이러한 근본적인 변화는 양자 컴퓨팅에서 첨단 의료 영상 기술에 이르는 새로운 기술 발전으로 이어졌다.

- [ ] physics 물리학, 자연의 법칙
- [ ] universe 우주, 전체
- [ ] deterministic 결정론적인, 필연적인
- [ ] probability 확률, 가능성
- [ ] predictable 예측 가능한, 예상할 수 있는
- [ ] quantum 양자, 극소의
- [ ] mechanics 역학, 기계학
- [ ] uncertainty 불확실성, 애매함
- [ ] subatomic 아원자, 원자보다 작은

12
정답 ③ 난이도 ★★★☆☆

해설

이 글은 역사적으로 다양한 문화가 지식 전달과 성찰을 위해 독특한 교육 방식을 발전시켜 왔음을 설명한다. ①, ②번 뒤의 문장은 인도와 중국의 전통적 교육 방식을 소개하고, ③번 뒤의 문장은 고대 그리스 철학자들이 대화를 진리 탐구와 비판적 사고의 수단으로 중시한 점을 강조한다. 주어진 문장은 고대 그리스 전통을 구체적으로 설명하며, ②번 뒤의 문장과 ③번 뒤의 문장 사이에 자연스럽게 들어가 글의 흐름을 원활하게 만든다. 따라서 주어진 문장이 들어갈 위치로 가장 적절한 것은 ③이다.

지문해석

역사적으로, 다양한 문화는 지식을 전달하고 성찰을 장려하기 위한 독특한 방법을 발전시켜 왔다. (①) 인도에서는 구루 – 제자 전통이 경청, 암기, 영적 지도에 가치를 두었다. (②) 중국에서는 유교적 교육이 경전 학습, 반복, 위계적 존중을 통해 도덕적 수양을 강조했다. (③ <u>고대 그리스에서는 소크라테스와 플라톤 같은 철학자들이 대화를 진리를 발견하고 비판적 사고를 촉진하는 수단으로 중시했다.</u>) 한편, 서양 전통에서는 철학이 가정에 의문을 제기하고 합리적 설명을 추구하는 도구로 등장했다. (④) 이러한 다양한 접근 방식은 문화가 교육적 가치와 지적 실천에 얼마나 깊이 영향을 미치는지를 보여준다.

어휘

- [ ] philosopher 철학자, 사상가
- [ ] dialogue 대화, 문답
- [ ] truth 진실, 사실
- [ ] critical 비판적인, 중요한
- [ ] transmit 전달하다, 전하다
- [ ] knowledge 지식, 학문
- [ ] reflection 성찰, 숙고
- [ ] tradition 전통, 관습
- [ ] cultivation 계발, 함양
- [ ] assumption 가정, 추정

13
정답 ③ 난이도 ★★☆☆☆

해설

이 글은 소셜 미디어를 통한 잘못된 정보 확산 문제와 이를 해결하기 위한 교육적 대응 방안을 다룬다. ①, ②번 뒤의 문장은 잘못된 정보에 노출되는 대상과 교육자들이 직면한 문제를 설명한다. 주어진 문장은 이를 해결하기 위한 구체적 방안인 미디어 정보 해독력 프로그램 도입을 소개하며, ②번 뒤의 문장과 ③번 뒤의 문장 사이에 자연스럽게 위치한다. 따라서 주어진 문장이 들어갈 위치로 가장 적절한 것은 ③이다.

지문해석

소셜 미디어에서는 잘못된 정보가 빠르게 확산되어, 종종 여론과 행동에 영향을 미친다. (①) 많은 시간을 온라인에서 보내는 청소년들은 오해의 소지가 있는 제목이나 조작된 이미지에 특히 취약하다. (②) 이로 인해, 정보는 풍부하지만 신뢰성은 부족한 디지털 환경에서 학생들을 준비시키려는 교육자들에게 도전과제가 된다. (③ <u>이를 해결하기 위해, 일부 학교에서는 학생들에게 온라인 콘텐츠를 비판적으로 평가하는 방법을 가르치는 미디어 정보 해독력 프로그램을 도입했다.</u>) 이 프로그램들은 출처 분석, 사실 확인, 편향 인식에 중점을 둔다. (④) 초기 연구 결과에 따르면, 이러한 프로그램에 참여한 학생들은 디지털 콘텐츠를 더 신중하게 소비하는 경향을 보인다.

어휘

- address 다루다, 해결하다
- implement 실행하다, 도입하다
- evaluate 평가하다, 판단하다
- misinformation 잘못된 정보, 허위 정보
- influence 영향을 미치다, 영향을 끼치다
- vulnerable 취약한, 상처받기 쉬운
- credibility 신뢰도
- bias 편향, 선입견
- discerning 통찰력 있는, 안목 있는

14 정답 ②   난이도 ★★☆☆☆

해설

이 글은 공감각이라는 신경학적 현상을 소개하며, 일부 사람들에게 감각이 서로 교차하는 특이한 경험이 있음을 설명한다. ①번 뒤의 문장은 공감각에 대한 개념을 간략히 언급하고, ②번 뒤의 문장은 이 현상이 인구의 몇 퍼센트에 영향을 미치는지 구체적인 수치를 제시한다. 주어진 문장은 공감각의 정의와 구체적인 예시를 자세히 설명하여, ①번 뒤의 문장과 ②번 뒤의 문장 사이에 자연스럽게 들어가 내용을 보완한다. 따라서 주어진 문장이 들어갈 위치로 가장 적절한 것은 ②이다.

지문해석

모든 사람이 세상을 똑같이 경험하는 것은 아니다. (①) 일부 사람들에게는 감각 간의 경계가 흐려진다. (② **공감각은 한 감각이 자극될 때 다른 감각에서 경험이 자동적으로 나타나는 신경학적 상태로, 예를 들어 음악을 들을 때 색을 보는 경험을 하게 되는 경우가 있다**.) 이러한 특이한 감각 교차 현상은 인구의 약 4%에 영향을 미치는 것으로 알려져 있다. (③) 연구에 따르면, 공감각은 기억력, 창의성, 예술적 표현과 관련이 있는 것으로 나타난다. (④) 그 결과, 공감각은 신경과학자, 심리학자, 예술가들 모두의 관심을 끌고 있다.

어휘

- synesthesia 공감각
- neurological 신경학적인, 신경과 관련된
- stimulation 자극, 고무
- involuntarily 본의 아니게, 무의식적으로
- boundary 경계, 한계
- blur 흐리게 하다, 모호하게 하다
- crossover 교차, 혼합
- population 인구, 집단
- heightened 강화된, 고조된
- creativity 창의성, 독창성

15 정답 ③   난이도 ★★★☆☆

해설

이 글은 공생 관계를 설명하며, ②번 뒤의 문장까지는 양쪽 모두에게 이익이 되는 상리공생에 대해 다루고 있다. 주어진 문장은 '대조적으로(In contrast)'라는 표현을 사용하여, 한쪽은 이익을 보고 다른 쪽은 피해를 입는 기생 관계를 정의한다. ③번 뒤의 문장은 기생 관계의 구체적인 예시로 촌충을 들고 있다. 따라서 주어진 문장은 상리공생에 대한 설명이 끝나고 기생에 대한 설명이 시작되기 직전인 ③번 위치에 들어가야, 상반된 두 개념을 자연스럽게 연결하고 뒤따르는 예시를 도입하는 역할을 할 수 있다. 따라서 주어진 문장이 들어갈 위치로 가장 적절한 것은 ③이다.

지문해석

공생은 두 개의 서로 다른 생물 종 사이의 장기적인 상호작용을 의미한다. 잘 알려진 공생 유형 중 하나는 상리공생으로, 두 종 모두 관계로부터 이익을 얻는 경우이다. (①) 예를 들어, 벌은 꽃에서 꿀을 얻고, 그 과정에서 꽃을 수분시켜 번식할 수 있도록 돕는다. (②) 이 상호작용은 벌과 식물 모두에게 분명히 유리하다. (③ **대조적으로, 기생은 한 생물인 기생자가 다른 생물인 숙주에게 피해를 주면서 이익을 얻는 관계이다**.) 예를 들어, 포유류의 장 속에 사는 촌충은 숙주로부터 직접 영양분을 흡수하여 해를 끼치고 영양 부족을 초래한다. (④) 이러한 관계들은 종들이 생태계에서 공존하는 복잡하고 다양한 방식을 보여준다.

어휘

- symbiosis 공생
- parasitism 기생 관계, 기생
- parasite 기생충, 기생 생물
- host 숙주, 주최자
- mutualism 상호이익 관계, 상리공생
- nectar 꽃꿀, 식물의 꿀
- pollinate 수분시키다, 꽃가루받이하다
- reproduce 번식하다, 재생하다
- advantageous 유리한, 이로운
- ecosystem 생태계, 환경 체계

16 정답 ④   난이도 ★★★☆☆

해설

이 글은 직장 내 번아웃 문제와 이를 해결하기 위한 다양한 접근법을 다룬다. ③번 뒤의 문장은 '일을 덜 하는 것'이 효과적인 해결책이 될 수 있음을 시사하는 연구 결과를 소개한다. 주어진 문장은 급여는 유지하면서 근무 시간을 줄여 생산성과 복지를 개선하는 '주 4일 근무제' 도입과 같은 구체적 해결책을 제시하여, ③번 뒤의 문장에 언급된 연구 결과와 자연스럽게 연결된다. 따라서 주어진 문장이 들어갈 위치로 가장 적절한 것은 ④이다.

지문해석

번아웃은 많은 현대 직장에서 만연한 문제가 되었으며, 이는 개인의 건강뿐만 아니라 조직의 효율성에도 영향을 미친다. (①) 긴 근무 시간과 지속적인 연결성은 업무와 개인 생활의 경계를 흐리게 하여, 직원들을 피로하고 무관심하게 만든다. (②) 일부 회사들은 유연 근무제나 건강 프로그램을 도입하여 이를 해결하려 했지만, 결과는 엇갈렸다. (③) 새로운 연구들은 적절히 구조화된 상태에서 단순히 근무 시간을 줄이는 것이 부분적인 개입보다 더 효과적일 수 있다고 시사한다. (④ **제안된 한 가지 해결책은 주 4일 근무제 도입으로, 급여는 유지하면서 근무 시간을 줄여 생산성과 직원 복지를 동시에 개선하려는 것이다.**) 여러 국가에서 시행된 실험 결과, 근무 주를 줄인 회사들은 종종 사기 상승, 결근 감소, 그리고 생산성 유지를 보고하고 있다.

어휘

- proposed 제안된, 계획된
- implement 실행하다, 도입하다
- workweek 근무주, 근무 기간
- productivity 생산성, 효율
- well-being 행복, 안녕, 건강 상태
- burnout 탈진, 심리적 소진
- pervasive 만연한, 널리 퍼진
- connectivity 연결성, 접속 상태
- disengaged 몰입하지 않는, 무기력한
- absenteeism 결근, 결석

17 정답 ② 난이도 ★★★☆☆

해설

이 글은 전통 농업과 수직 농업을 비교하며, 수직 농업이 토지와 자원 소비를 줄이는 지속 가능한 대안임을 소개하고 있다. ①번 뒤의 문장은 전통 농업의 특징과 한계를 설명하고, ②번 뒤의 문장은 지속 가능한 대안으로 수직 농업의 장점을 구체적으로 제시한다. 주어진 문장은 전통 농업의 문제 인식에서 대체 농업 방식(수직 농업)으로 시선이 전환되는 과정을 보여 주어, ①번 뒤와 ②번 뒤의 문장 사이를 자연스럽게 이어 준다. 따라서 주어진 문장이 들어갈 위치로 가장 적절한 것은 ②이다.

지문해석

증가하는 전 세계 인구를 먹이면서 환경을 보호하는 일은 긴급한 과제이다. (①) 전통 농업은 오랫동안 식량 생산의 근간이 되어 왔지만, 동시에 엄청난 양의 물, 토지, 화학 비료를 소비하기도 한다. (② **자원 고갈과 환경 영향에 대한 우려가 커지면서, 많은 연구자들과 정책 입안자들이 대체 농업 방식에 주목하고 있다.**) 수직 농업은 토지 사용과 자원 소비를 줄여 보다 지속 가능한 대안을 제공한다. (③) 또한, 도시 근처에서 식량을 재배할 수 있어 운송과 부패를 최소화할 수 있다. (④) 그럼에도 불구하고, 비평가들은 높은 에너지 비용과 기술적 장벽을 잠재적 한계로 지적한다.

어휘

- depletion 고갈, 소모
- alternative 대체 가능한, 대안이 되는
- sustainable 지속 가능한, 친환경적인
- resource 자원, 물자
- urban 도시의, 도시와 관련된
- spoilage 부패, 손상
- limitation 제한, 한계

18 정답 ③ 난이도 ★★☆☆☆

해설

이 글은 정서적 고통에 대한 문화별 접근 차이를 설명한다. ②번 뒤의 문장은 서구 사회의 심리적 고통 치료 모델을 요약하고, ③번 뒤의 문장은 이에 대한 동양 전통의 대조적인 관점을 소개한다. 주어진 문장은 동양 철학이 정서적 고통을 병리로 보지 않고, '목격하고 이해해야 할 현상'으로 여긴다는 내용을 담아, ②번 뒤의 문장에 대한 구체적이고 직접적인 반론 및 보완 설명 역할을 한다. 따라서 주어진 문장이 들어갈 위치로 가장 적절한 것은 ③이다.

지문해석

정서적 고통은 모든 인간이 경험하는 보편적 현상이지만, 이를 관리하는 전략은 문화마다 크게 다르다. (①) 많은 서구 사회에서는 심리적 고통을 병리로 간주하는 경우가 많아, 진단과 개입에 초점을 맞춘 치료 계획이 수립된다. (②) 이 모델은 증상 완화와 정상적 기능 회복을 우선시한다. (③ **서구적 접근이 종종 분석이나 약물 치료를 통해 부정적 감정을 제거하려는 반면, 동양 전통은 감정을 관찰하고 일시적 마음 상태로 받아들이는 경향이 있다.**) 한편, 불교나 도교와 같은 동양 철학에서는 정서적 고통을 치유해야 할 병리로 보지 않고, 관찰하고 이해해야 할 현상으로 접근한다. (④) 이러한 대조적인 관점은 마음의 본질과 고통의 역할에 대한 근본적인 철학적 차이를 보여준다.

어휘

- approach 접근법, 방법
- eliminate 제거하다, 없애다
- inclined ~하는 경향이 있는, ~하기 쉬운
- transient 일시적인, 잠깐의
- emotional 정서적인, 감정의
- suffering 고통, 괴로움
- distress 고통, 괴로움, 곤란
- pathologize 병리화하다, 질병으로 간주하다
- phenomenon 현상, 사건
- normative 기준이 되는, 표준적인

19 정답 ③ 난이도 ★★★★☆

해설

이 글은 신경과학의 발전을 통해 뇌의 물리적 구조와 정신 과정을 연결하는 혁신적 연구를 소개한다. ②번 뒤의 문장은 뇌 해부학과 정신 기능의 연계 기반을 설명하는 반면, 주어진 문장은 뇌의 전기적 패턴 분석을 통해 사고와 행동이 생성되는 과정을 전례 없이 파악하고 있음을 구체적으로 확장한다. 이 내용은 ②번 뒤의 문장과 ③번 뒤의 문장 사이에 자연스럽게 위치하며, 이후 ③번 뒤의 문장은 신호 해독 수준으로 연구가 발전하고 있음을 설명한다. 따라서 주어진 문장이 들어갈 위치로 가장 적절한 것은 ③이다.

지문해석

신경과학은 뇌의 물리적 구조를 이해하는 데 있어 놀라운 발전을 이루었다. (①) fMRI와 PET 스캔과 같은 이미징 기술의 발전 덕분에, 과학자들은 실시간으로 신경 활동을 관찰할 수 있게 되었다. (②) 이러한 혁신은 뇌 해부학과 기억, 의사결정, 감정과 같은 정신 과정을 연결하는 기반을 마련하였다. (③ <u>뇌의 전기적 패턴을 지도화하고 이를 특정 인지 기능과 연관시키면서, 연구자들은 사고와 행동이 생성되는 과정을 전례 없이 깊이 이해하게 되었다.</u>) 단순히 뇌 영역을 관찰하는 것을 넘어서, 연구자들은 이제 복잡한 정신 상태를 지탱하는 신호 자체를 해독하고 있다. (④) 이 새로운 연구 영역은 정신 질환 치료를 혁신하고 인간 의식에 대한 이해를 증진할 잠재력을 지니고 있다.

어휘

- electrical 전기의, 전기와 관련된
- cognitive 인지의, 사고의
- function 기능, 작용
- unprecedented 전례 없는
- insight 통찰력, 이해
- neural 신경의, 신경과 관련된
- anatomy 해부학, 구조
- decode 해독하다, 판독하다
- underlie 기초를 이루다, 근본이 되다
- consciousness 의식, 자각

20 정답 ④ 난이도 ★★★☆☆

해설

이 글은 헤라클레이토스의 변화 철학과 그 영향을 설명하며, 불확실성과 무상함을 수용하는 태도가 삶에 미치는 긍정적 영향을 다룬다. ③번 뒤의 문장은 이러한 개념이 동양 철학과 현대 과학에 끼친 영향을 설명하는 반면, 주어진 문장은 불확실성에 대한 집중이 체념이 아니라 겸손과 유연성을 장려한다는 점을 명확히 하여 ③번 뒤의 문장과 ④번 뒤의 문장 사이에 자연스럽게 들어간다. ④번 뒤의 문장은 무상함 수용이 절망이 아니라 회복력 강화로 이어진다고 마무리하며, 삽입문장은 앞 문장들과 논리적으로 매끄럽게 연결된다. 따라서 주어진 문장이 들어갈 위치로 가장 적절한 것은 ④이다.

지문해석

고대 그리스 철학자 헤라클레이토스는 변화가 현실의 근본적 본질이라고 주장했다. (①) 그는 아무것도 정지 상태로 남지 않으며, 모든 것이 끊임없이 변화하는 상태에 있다고 믿었다. (②) 영속성과 안정성을 강조하는 철학들과 달리, 헤라클레이토스는 존재의 예측 불가능성을 강조하였다. (③) 이 개념은 도교와 같은 동양 전통뿐만 아니라 현대 과학의 확률적 세계관에도 지속적인 영향을 미쳤다. (④ <u>이러한 불확실성에 집중한다고 해서 체념을 의미하는 것이 아니라, 오히려 삶을 겸손하고 유연하며 다양한 관점에 열려 있는 태도로 대하도록 초대한다.</u>) 무상함을 받아들이는 것은 절망이나 허무를 조장하는 것이 아니라, 삶의 도전에 직면했을 때 더 적응력 있고 회복력 있는 사고방식을 기르는 데 도움이 된다.

어휘

- uncertainty 불확실성, 확신이 없음
- resignation 체념, 단념
- humility 겸손, 겸허함
- flux 끊임없는 변화, 흐름
- permanence 영속성, 영구성
- stability 안정, 안정성
- unpredictability 예측 불가능성, 불확실성
- impermanence 무상함, 영속하지 않음
- adaptive 적응할 수 있는, 융통성 있는
- resilient 회복력 있는, 탄력적인

21 정답 ③ 난이도 ★★★☆☆

해설

이 글은 도시의 심각한 주차 문제와 이에 대한 해결책을 설명하고 있다. 주어진 문장은 '이러한 문제들'에 대한 대응책으로 '동적 요금 모델'을 도입한 사례를 언급한다. 여기서 '이러한 문제들'은 ③번 바로 앞 문장에서 언급된, 전통적인 고정 요금제가 수요 변동을 제대로 반영하지 못해 발생하는 '인기 지역의 과밀화'와 '다른 지역의 저조한 사용'을 구체적으로 가리킨다. ③번에 주어진 문장이 들어가 이 문제들에 대한 해결책을 제시하고, ③번 뒤의 문장에서 '수요 기반 시스템'이라는 말로 이 모델을 받아 그 초기 실험 결과를 설명하는 것이 논리적으로 가장 자연스럽다. 따라서 주어진 문장이 들어갈 위치로 가장 적절한 것은 ③이다.

지문해석

도시의 주차 문제는 점점 심각해지고 있으며, 운전자들은 저렴한 주차 공간을 찾기 위해 블록을 빙빙 돌곤 한다. (①) 이러한 행동은 교통 혼잡을 가중시키고, 배기가스를 늘리며, 도시의 전반적인 효율성을 떨어뜨린다. (②) 전통적인 고정 요금제는 시간과 장소에 따라 달라지는 수요 변동을 반영하지 못해, 인기 지역에는 과밀을, 다른 지역에는 공간 낭비를 초래한다. (③ <u>이러한 문제들에 대응하여, 여러 도시들은 실시간 수요에 따라 주차 요</u>

금을 조정하는 동적 요금제 모델을 실험하기 시작했다.) 수요 기반 시스템의 초기 실험들은 순환 주행 시간의 감소와 주차 공간 회전율의 개선 등 유망한 결과를 보여주고 있다. (④) 물론 이러한 모델의 시행은 시민 반발이나 인프라 구축 비용 등 여러 어려움이 따르지만, 그 잠재적 이점을 고려할 때 더 연구할 가치가 있다.

어휘

☐ dynamic 변화하는, 역동적인
☐ pricing 가격 책정, 요금
☐ adjust 조정하다, 맞추다
☐ demand 수요, 요구
☐ congestion 혼잡, 밀집
☐ emission 배출, 배출물
☐ flat-rate 정액제 요금
☐ overcrowding 과밀, 혼잡
☐ underuse 충분히 사용되지 않음, 저활용
☐ turnover 회전율, 교체율

22 정답 ② 난이도 ★★☆☆☆

해설

이 글은 의료 진단 분야에서 인공지능(AI)의 역할에 대한 기대와 우려를 균형 있게 다루고 있다. ①번 뒤의 문장은 AI 지지자들의 긍정적 주장을 제시하며, AI가 방대한 데이터를 처리하고 정확한 예측을 수행할 수 있는 능력을 강조한다. 주어진 문장은 이러한 AI의 강점과 한계를 보완하여, AI가 뛰어난 패턴 분석 능력을 지니지만 인간의 직관적 판단력은 대체할 수 없다는 점을 설명한다. 이는 지지자들의 시각을 보완하는 내용으로, ①번 뒤의 문장과 ②번 뒤의 문장 사이에 자연스럽게 들어가 ②번 뒤의 문장의 비판적 시각과 연결되며 전체 논지를 균형 있게 만든다. 따라서 주어진 문장이 들어갈 위치로 가장 적절한 것은 ②이다.

지문해석

의료 진단 분야에서 AI의 활용이 증가함에 따라, 기대와 우려가 동시에 제기되고 있다. (①) 지지자들은 AI 시스템이 방대한 데이터를 처리하고, 미세한 이상을 감지하며, 질병의 진행을 놀라울 정도로 정확하게 예측할 수 있다고 주장한다. (② <u>인공지능은 인간 능력을 훨씬 뛰어넘는 패턴 분석이 가능하지만, 수년간의 경험과 맥락적 이해를 바탕으로 한 직관적 판단력은 부족하다.</u>) 그러나 비판자들은 특히 인간의 세심한 판단이 중요한 고위험 상황에서 알고리즘에 과도하게 의존하는 것을 경계한다. (③) 그들은 가장 정교한 모델조차도 익숙하지 않거나 모호한 데이터를 마주했을 때 오류를 발생시킬 수 있다고 지적한다. (④) 따라서 AI의 효율성과 인간 전문가의 전문성을 결합하는 균형 잡힌 접근법이 가장 현명한 방안일 수 있다.

어휘

☐ artificial 인공의, 인조의
☐ analyze 분석하다, 검토하다
☐ intuitive 직관적인, 직감적인
☐ judgment 판단, 평가
☐ contextual 맥락상의, 상황과 관련된
☐ diagnostics 진단(법)
☐ anomaly 변칙, 이례적인 것
☐ algorithm 알고리즘, 문제 해결 절차
☐ prudent 신중한, 현명한

23 정답 ③ 난이도 ★★★☆☆

해설

이 글은 스토아 철학자들이 덕을 어떻게 정의하고 중요하게 여겼는지 설명한다. ①번 뒤의 문장과 ②번 뒤의 문장은 덕의 본질과 의미를 소개하며, 내적 평화를 유지하는 덕의 특성을 다룬다. 주어진 문장은 스토아 철학에서 덕이 단순한 선택이 아니라 필수 조건이며, 외부 상황과 무관하게 내적 평화를 가능하게 한다는 점을 강조한다. 이는 덕의 중요성을 보다 명확히 하여 ②번 뒤의 문장의 개념을 확장하고, ③번 뒤의 문장의 외부 사건에 대한 판단과 자연스럽게 연결되어 논리적 흐름을 이어 준다. 따라서 주어진 문장이 들어갈 위치로 가장 적절한 것은 ③이다.

지문해석

고대 그리스와 로마의 스토아 철학자들은 덕의 함양에 특별한 중요성을 두었다. (①) 물질적 부나 사회적 지위와 달리, 덕은 완전히 자신의 통제 안에 있는 것으로 여겨졌다. (②) 덕은 이성 및 자연과 조화를 이루며 살고, 도전에 평정심으로 대응하는 것을 포함했다. (③ <u>스토아 철학자들에게 덕은 사치가 아니라 잘 사는 데 필수적인 조건이었으며, 외부의 운에 상관없이 내적 평화를 유지할 수 있게 해주었다.</u>) 이 틀 안에서 외부 사건은 중립적으로 간주되었고, 그것들에 대한 우리의 판단만이 선악으로 평가될 수 있었다. (④) 따라서 스토아 철학은 외부 결과에서 자신을 분리시키고, 자신의 마음을 규율하는 데 집중하도록 장려했다.

어휘

☐ Stoicism 스토아 철학
☐ virtue 덕, 미덕, 선행
☐ extraordinary 비범한, 뛰어난
☐ cultivation 함양, 개발, 경작
☐ equanimity 평정, 침착, 마음의 평온
☐ detachment 무심, 초연함, 분리
☐ discipline 훈련, 규율, 자제력
☐ governance 통치, 관리, 지배
☐ fortune 운, 행운, 재산

24 정답 ③ 난이도 ★★☆☆☆

해설

이 글은 피로가 근육이 아닌 뇌에서 시작된다는 과학적 발견과 그 의미를 설명한다. ①번 뒤의 문장과 ②번 뒤의 문장은 피로의 원인과, 뇌가 신체를 보호하기 위해 신호를 보내는 메커니즘을 소개한다. 주어진 문장은 '과학자들이 뇌를 속일 수 있다는 가능성'을 제시하여, 앞서 설명한 뇌의 역할을 확장한다. 주어진 문장은 ②번 뒤의 문장의 원인 설명과 ③번 뒤의 문장의 구체적 실험 사례 사이를 자연스럽게 연결하며, 논리 전개의 핵심 전환점 역할을 한다. 따라서 주어진 문장이 들어갈 위치로 가장 적절한 것은 ③이다.

지문해석

우리가 피곤함을 느낄 때, 종종 그 원인이 몸에 있는 것처럼 느껴진다. 그러나 연구에 따르면 이러한 피로감은 실제로 근육에서 시작되지 않는다. (①) 운동 후 사람들이 극도로 피곤하다고 말할 때조차, 그들의 근육에는 몇 분 더 운동할 수 있는 충분한 에너지가 남아 있다. (②) 이는 뇌가 신체가 실제 한계에 도달하기 전에 경고 신호를 보내어 부상을 방지하기 때문이다. (③ <u>그러나 과학자들은 뇌를 속일 수 있다는 가능성을 발견했다</u>.) 예를 들어, 연구자들이 뇌에 작은 전류를 흘렸을 때, 사이클 선수들은 수행 능력을 10% 향상시킬 수 있었다. (④) 또한 다른 운동선수들도 실제 온도에 대한 잘못된 정보를 받았을 때 더운 환경에서 더 나은 성과를 보였다.

어휘

- fool 속이다, 기만하다, 어리석게 만들다
- tired 피곤한, 지친
- exhausted 지친, 기진맥진한, 소모된
- signal 신호, 표시, 전달하다
- limit 한계, 경계, 제한하다
- protect 보호하다, 지키다, 방어하다
- performance 수행, 성과, 공연
- increase 증가시키다, 오르다, 강화하다
- condition 조건, 상태, 상황

25 정답 ④ 난이도 ★★★★☆

해설

이 글은 개미 집단이 새로운 먹이원을 발견했을 때, 개별 행동이 어떻게 집단 행동으로 확산되어 효율적인 변화를 이루는지를 설명한다. ①, ②, ③번 문장은 먹이 탐색 과정, 화학 자취를 따른 이동, 그리고 그 정보가 군체 전체로 퍼지는 단계를 서술한다. 주어진 문장은 '개미 개체들이 의식적으로 집단 행동 변화를 결정하지 않는다'는 점을 강조하며, 개인의 무의식적 행동이 어떻게 집단 행동으로 나타나는지를 보여 준다. 따라서 이 문장은 ③번 문장과 ④번 문장 사이에 위치하여, 기존 과정 설명과 집단 변화 결과를 자연스럽게 연결하는 논리적 전환 역할을 한다. 따라서 주어진 문장이 들어갈 위치로 가장 적절한 것은 ④이다.

지문해석

한 마리의 개미가 새로운 먹이원을 발견하면, 지도자의 명령 없이도 집단 전체가 빠르게 행동을 바꾸어 그 새로운 장소에서 먹이를 모으기 시작한다. 이는 개미가 먹이 냄새를 따라 이동하면서 화학적 흔적을 남기기 때문이다. (①) 주변의 개미들은 이 흔적을 보고 자신의 이동 방향을 바꿔 그 길을 따라간다. (②) 곧 다른 개미들도 변화를 보고 따라간다. (③) 이렇게 새로운 정보가 집단 전체로 퍼진 후, 모든 개미가 새로운 장소에서 먹이를 모으기 시작한다. (④ <u>한 마리의 개미가 집단 전체의 행동 변화를 의식적으로 결정하는 것은 아니다.</u>) 그럼에도 불구하고, 새로운 집단 행동 패턴이 나타나 집단이 더 효율적으로 활동할 수 있게 된다.

어휘

- colony 집단, 군체, 식민지
- behavior 행동, 태도, 반응
- source 원천, 공급원, 출처
- chemical 화학물질, 화학의
- trail 흔적, 자국, 길
- notice 알아차리다, 주목하다, 공지
- efficient 효율적인, 능률적인
- pattern 패턴, 양식, 무늬
- command 명령, 지시, 지휘하다

26 정답 ④ 난이도 ★★★☆☆

해설

이 글은 사람들의 기대가 타인에 대한 인상뿐만 아니라 그 사람과의 상호작용에도 영향을 준다는 심리적 현상을 실험 결과를 바탕으로 설명한다. ①, ②, ③번 뒤의 문장은 실험 과정과 결과를 차례로 소개하며, 학생들이 처음 받은 정보에 따라 강사에 대한 인상이 어떻게 달라졌는지를 보여준다. 주어진 문장은 '강사가 따뜻하다고 믿은 학생들이 더 적극적으로 소통했다'는 추가 관찰을 제시하여, 인상이 실제 행동에 미치는 영향을 구체적으로 드러낸다. 이 문장은 ③번 뒤의 문장의 인상 차이 결과와 ④번 뒤의 문장의 행동에 대한 영향 결론 사이에서 자연스러운 연결고리 역할을 한다. 따라서 주어진 문장이 들어갈 위치로 가장 적절한 것은 ④이다.

지문해석

사람들은 흔히 한 사람에게 특정 성격 특성이 있으면 자동으로 다른 관련 특성도 있다고 잘못 생각하곤 한다. 한 실험에서 대학생들에게 한 객원 강사에 대한 정보를 미리 알려주었다. (①) 학생들의 절반에게는 그 강사가 "따뜻하다"는 설명을, 나머지 절반에게는 "차갑다"는 설명을 제공했다. (②) 이후 강사는 강연을 하고 그룹 토론을 이끌었다. 학생들은 그 강사에 대한 인상을 공유하도록 요청받았다. (③) 연구자들이 예상한 대로, 학생들의 인상은 강사가 따뜻할지 차가울지에 대한 사전 정보에 따라 크게 달라졌다. (④ <u>그들은 또한, 강사가 따뜻할 것이라고 믿은 학생들이 세션 동안 더 적극적으로 강사와 소통하려 했다는 점을</u>

관찰했다.) 이는 우리의 기대가 단지 누군가를 어떻게 보는지에 영향을 줄 뿐만 아니라, 그 사람과 상호작용하는 방식과 관계 형성에도 영향을 준다는 것을 시사한다.

어휘
- researcher 연구자, 조사자
- observe 관찰하다, 주목하다, 목격하다
- student 학생, 학습자
- lecturer 강사, 교수, 발표자
- engage 참여하다, 관여하다, 고용하다
- trait 특성, 성격, 특징
- experiment 실험, 시도, 경험
- impression 인상, 느낌, 감명
- expectation 기대, 예상, 전망

27 정답 ③ 난이도 ★★★☆☆

해설
이 글은 저작권이 창작물에 대해 자동으로 법적 보호를 제공한다는 점과, 소프트웨어 산업에서의 일반적인 라이선스 방식을 설명한다. ②번 뒤의 문장은 소프트웨어 구매자가 프로그램의 '소유권'이 아니라 '사용 권한'을 얻는다는 점을 보여주며, 저작권의 적용 범위를 구체적으로 제시한다. 이어 주어진 문장은 이러한 설명 뒤에 등장하여 저작권 보호의 중요한 한계를 지적하는 전환점이 된다. 즉, 저작권이 '표현'만 보호하고 '아이디어'나 '기능'은 보호하지 않는다는 점을 명확히 드러낸다. 다음 ③번 뒤의 문장은 이를 구체적으로 설명하며, ④번 뒤의 문장은 그 한계를 보여주는 실제 사례(기능 모방 가능성)를 제시한다. 따라서 주어진 문장이 들어갈 위치로 가장 적절한 것은 ③이다.

지문해석
저작권은 책, 이미지, 소프트웨어 코드, 영화 등 창작물을 법적으로 보호하는 쉽고 자동적인 방법이다. 창작자는 별도의 서류를 제출할 필요가 없으며, 저작권은 작품이 만들어지는 순간부터 발생한다. (①) 또한, 특히 소프트웨어 산업에서는 기업들이 저작권이 있는 콘텐츠를 라이선스로 제공하는 경우가 흔하다. (②) 일반 소프트웨어를 구매하면, 사용 권한은 부여되지만 프로그램의 설계나 아이디어 자체에 대한 소유권은 가지지 못한다. (③ <u>그럼에도 불구하고, 저작권 보호에는 간과해서는 안 될 중요한 한계가 있다.</u>) 저작권은 정확한 표현만을 보호할 뿐, 그 뒤에 있는 일반적인 아이디어나 발명은 보호하지 않는다. (④) 즉, 누군가가 저작권이 있는 소프트웨어의 기능을 복제하고자 한다면, 동일한 기능을 수행하는 자신만의 코드를 작성하는 것은 법적으로 허용된다.

어휘
- copyright 저작권, 저작물 보호권
- protection 보호, 방어, 보호 장치
- original 원래의, 독창적인, 원본의
- content 내용, 목차, 함유물
- license 허가, 면허, 사용권을 주다
- software 소프트웨어, 프로그램
- ownership 소유권, 소유
- expression 표현, 발현, 표정
- invention 발명, 고안, 창작물

28 정답 ③ 난이도 ★★★☆☆

해설
이 글은 인간의 동기가 기본적인 생존 욕구를 넘어, 사회적 영향에 의해 어떻게 변화하는지를 설명한다. ①, ②번 뒤의 문장은 기본 욕구 충족과 그 한계를 통해 동기가 형성되는 과정을 다루고 있으며, 주어진 문장은 인간이 사회적 존재로서, 사회가 '성공'과 '행복'을 정의하는 방식에 따라 자신의 욕망을 조절한다는 추가적 원인을 제시한다. 이 문장은 ②번 뒤의 문장의 기본 욕구 한계 설명과 ③번 뒤의 문장의 구체적 사례(사치품이 필수가 되는 현상)를 자연스럽게 연결하여, 사회적 욕구가 욕망 변화에 미치는 핵심적 역할을 강조한다. 따라서 주어진 문장이 들어갈 위치로 가장 적절한 것은 ③이다.

지문해석
인간에게는 자신을 다른 사람과 비교하는 것이 강력한 동기 부여의 원천이 된다. (①) 사람들은 종종 주변 사람들이 추구하는 목표를 보고 자신이 어떤 목표를 따라야 할지 결정한다. (②) 만약 우리가 단지 음식, 거주지, 동반자를 찾도록만 설계되어 있다면, 이러한 기본적인 욕구가 충족된 이후에는 더 이상 노력할 이유가 없을 것이다. (③ <u>그러나 인간은 사회적 존재이기 때문에, 사회가 현재 성공적이거나 즐거운 삶의 기준으로 여기는 것에 따라 자신의 욕망을 조절하는 경향이 있다.</u>) 한때 사치로 여겨졌던 것들—예를 들어 케이블 TV나 두 번째 자동차—은 곧 사람들이 반드시 가져야 한다고 느끼게 된다. (④) 행복의 개념은 시간이 흐르면서 계속 변하며, 이는 주로 인간의 유연한 동기, 특히 다른 사람들이 가진 것을 따라가려는 욕망과 관련이 있다.

어휘
- creature 생물, 생명이 있는 존재
- adjust 조정하다, 적응하다, 맞추다
- desire 욕망, 갈망, 원하다
- society 사회, 사회 집단, 사회 조직
- sign 신호, 표시, 징후, 상징
- successful 성공적인, 유능한
- enjoyable 즐거운, 유쾌한
- motivation 동기, 자극, 의욕
- pursue 추구하다, 뒤쫓다, 계속하다
- luxury 사치, 호화, 호사

29 정답 ② 난이도 ★★★★☆

해설

이 글은 평생 학습자의 문제 해결 능력과 학습 태도를 설명한다. ①번 뒤의 문장은 평생 학습자들이 다양한 분야의 아이디어를 이해하고 활용할 수 있는 능력을 언급하며, ②번 뒤의 문장은 자신의 지식 한계를 인식하고 필요할 때 도움을 구하는 태도를 설명한다. 주어진 문장은 평생 학습자들이 모든 분야의 전문가가 될 필요는 없다는 중요한 한계를 명확히 하여, ①번 뒤의 문장의 긍정적 설명과 ②번 뒤의 문장의 자기 인식 강조를 자연스럽게 연결한다. 따라서 주어진 문장이 들어갈 위치로 가장 적절한 것은 ②이다.

지문해석

우리는 문제 해결 방식을 어떻게 개선할 수 있을까? 그것은 자연스러운 호기심과 학습 자체에 대한 사랑에서 시작된다. 평생 학습을 이어가는 사람들은 종종 다양한 분야의 지식을 아우르는 사고를 한다. (①) 그들은 특정 아이디어가 얼마나 복잡하고 정교한지 이해하며, 한 분야에서 얻은 통찰이 다른 분야의 문제를 해결하는 데 도움이 될 수 있음을 안다. (② <u>이것은 평생 학습자가 탐구하는 모든 분야에서 전문가가 될 필요가 있다는 뜻은 아니다.</u>) 실제로 이들은 자신의 지식이 어디까지인지, 언제 도움이 필요한지를 잘 아는 편이다. (③) 이러한 인식은 또한 언제 다른 사람과 협력해야 하는지, 혹은 언제 다른 사람에게 주도권을 맡겨야 하는지를 판단하는 데 도움을 준다. (④) 이러한 접근 방식을 통해 평생 학습은 개인적·직업적 문제를 해결하는 강력한 도구가 될 수 있다.

어휘

☐ lifelong learner 평생 학습자, 계속 배우는 사람
☐ expert 전문가, 숙련자, 권위자
☐ explore 탐구하다, 탐험하다, 살펴보다
☐ curiosity 호기심, 궁금증, 탐구심
☐ appreciate 이해하다, 인식하다, 감상하다
☐ complex 복잡한, 얽힌, 난해한
☐ insight 통찰, 이해, 식견
☐ knowledge 지식, 정보, 학식
☐ awareness 인식, 자각, 의식
☐ approach 접근법, 방법, 다가가다

30 정답 ④ 난이도 ★★★☆☆

해설

이 글은 르네상스 미술이 중세 미술과 어떻게 다른지를 설명한다. ③번 뒤의 문장은 르네상스 시대의 핵심 지적 운동인 '인문주의'를 소개하며, 초점이 신에서 인간 개인으로 이동했음을 밝힌다. 주어진 문장은 '인문주의에 대한 이러한 새로운 초점'이라는 표현으로 바로 앞 문장을 받아오며, 이 사상이 예술가들로 하여금 종교적 인물들을 보다 인간적으로 묘사하게 만들었다는 결과를 설명한다. 이어지는 ④번 뒤의 문장은 감정 표현이 풍부한 조토의 성인 그림을 예시로 들어 제시문의 내용을 구체화한다. 따라서 주어진 문장이 들어갈 위치로 가장 적절한 것은 ④이다.

지문해석

르네상스 미술은 그 이전 중세 시대와 뚜렷이 구별되는 중요한 변화를 보여준다. 중세 미술은 주로 종교적이고 상징적이었으며, 사실감이나 입체감이 부족한 경우가 많았다. (①) 이에 반해, 르네상스 예술가들은 인간 경험의 현실을 포착하고자 했다. (②) 그들은 해부학, 원근법, 빛의 사용을 연구하여 생생하고 입체적인 작품을 창조했다. (③) 당시의 핵심 지적 운동인 인문주의는 인간의 잠재력과 업적을 기념하며, 초점을 신에서 개인으로 이동시켰다. (④ <u>인문주의에 대한 이러한 새로운 초점은 예술가들이 종교적 인물을 보다 친근하고 인간적인 방식으로 묘사하게 만들었으며, 이전처럼 스타일화되거나 초월적인 존재로 표현하지 않게 했다.</u>) 예를 들어, 조토의 프레스코화는 성인들을 감정이 담긴 표정과 자연스러운 자세로 그려, 비잔틴 시대의 경직된 인물 표현과 확연히 차이를 보인다.

어휘

☐ humanism 인간 중심주의, 인간성 존중, 인문주의
☐ portray 묘사하다, 그리다, 나타내다
☐ religious 종교적인, 신앙심 있는, 경건한
☐ relatable 공감할 수 있는, 이해할 수 있는, 친근한
☐ stylized 양식화된, 형식화된, 틀에 맞춘
☐ otherworldly 초자연적인, 비현실적인, 신비로운
☐ departure 결별, 떠남
☐ medieval 중세의
☐ anatomy 해부학, 구조, 구성
☐ perspective 원근법, 관점, 시각
☐ realism 사실주의, 현실성, 실재감
☐ fresco 프레스코화, 습벽화, 벽화 기법

31 정답 ④ 난이도 ★★★☆☆

해설

이 글은 '창의성'이라는 개념의 어원과 역사적 변화를 설명하며, 창의성이 처음에는 신적 존재와 연관되어 인식되었음을 보여준다. ①, ②, ③번 뒤의 문장은 'create'라는 단어가 수동태에서 능동태로 변하는 언어적 변천사를 다루고 있다. 주어진 문장은 이러한 변천사를 종합적으로 평가하며, 수백 년 동안 창의성이 신적인 것과 연결되어 인식되었다는 점을 강조한다. ④번 뒤의 문장은 이후 르네상스와 계몽주의 시대에 이 개념이 도전받고 변화했다는 역사적 사실을 설명하며, 주어진 문장과 자연스럽게 연결된다. 따라서 주어진 문장이 들어갈 위치로 가장 적절한 것은 ④이다.

지문해석

이 글은 '창의성'이라는 개념의 어원과 역사적 변화를 설명하고 있다. 'creativity'라는 단어 자체가 왜 옛 역사를 이해하는 것이 중요한지를 보여준다. 그 어원은 라틴어 creare로 거슬러 올라가며, '무엇인가를 만들다, 존재하게 하다'라는 의미였다. 하지만 오랫동안 사람들은 창의성을 인간이 할 수 있는 것으로 여기지

않았다. (①) 대신, 사람들은 '창조'를 신이나 자연이 행하는 것으로 생각했고, 인간이 만든 것을 표현할 때는 ars나 artis 같은 단어를 사용했다. (②) 따라서 13세기 초기 'create'의 사용은 was created처럼 수동태 형태가 대부분이었다. (③) 15세기가 되어서야 create나 creating 같은 현재 시제 형태가 사용되기 시작했다. (④ **이렇게 수백 년 동안 창의성은 인간보다는 신과 연결되어 인식되었다**.) 이 오래된 생각은 이후 르네상스 시대에 도전받았고, 계몽주의 시대에 대부분 대체되었다.

어휘

- creativity 창의성, 창조력, 독창성
- divine 신성한, 신의, 신적인
- human 인간의, 인간다운, 인간적인
- origin 기원, 출처, 유래
- Latin 라틴어, 라틴의, 고전 라틴 문화와 관련된
- creation 창조, 제작, 작품
- passive 수동적인, 소극적인, 수동태의
- present-tense 현재형 시제
- enlightenment 계몽, 계몽주의, 깨달음
- Renaissance 르네상스, 재생, 문화적 부흥

32 정답 ③   난이도 ★★★☆☆

해설

이 글은 지리가 인간 역사에 영향을 미치지만, 기술의 발전이 이러한 지리적 한계를 변화시키고 있음을 설명한다. ①, ②번 뒤의 문장은 기술이 지리적 제약을 극복하는 역할을 한다는 내용을 소개하며, 주어진 문장은 이에 대한 구체적인 사례를 제시한다. 미국 공군이 미주리에서 모술까지 급유 없이 비행할 수 있다는 사례는 기술 발전이 실제로 지리적 한계를 어떻게 허물고 있는지를 보여준다. ③, ④번 뒤의 문장은 이러한 기술 발전이 미국의 군사력에 미치는 구체적 영향을 설명하며, 주어진 문장과 자연스럽게 연결된다. 따라서 주어진 문장이 들어갈 위치로 가장 적절한 것은 ③이다.

지문해석

일부 사람들은 지리가 인간 역사를 결정한다고 생각하며, 이러한 관점은 다소 부정적으로 보일 수 있다. 이는 자연이 인간보다 강력하며 우리가 할 수 있는 일을 제한한다는 의미이기 때문이다. (①) 그러나 물론 세계에서 일어나는 일은 기술과 같은 다른 요소들도 영향을 미친다. (②) 기술은 이제 지리가 설정한 옛 한계를 변화시키고 있다. 비행기, 터널, 위성은 우리가 자연적 장벽을 넘어설 수 있게 해준다. (③ **예를 들어, 미국 공군은 이제 미주리에서 모술까지 급유 없이 비행하여 폭격 임무를 수행할 수 있다**.) 강력한 항공모함 함대와 함께, 이는 미국이 다른 나라의 동맹이나 기지에 의존하지 않고도 전 세계적으로 작전할 수 있음을 의미한다. (④) 물론, 디에고 가르시아 같은 기지나 바레인 같은 항구에 접근할 수 있다면 더 많은 선택권을 가지게 되지만, 이제 이러한 기지는 필수적이지 않다.

어휘

- geography 지리, 지형, 지리학
- control 지배하다, 통제하다, 관리하다
- history 역사, 과거 사건, 경과
- technology 기술, 과학 기술, 기계 장치
- limit 한계, 제한, 경계
- refuel 연료를 보급하다, 다시 채우다
- aircraft carrier 항공모함, 항공 운반선
- satellite 위성, 인공위성, 추종자
- barrier 장벽, 장애물, 경계
- ally 동맹국, 협력자, 우방

33 정답 ③   난이도 ★★★☆☆

해설

이 글은 오염 배출량에 직접 과세하는 환경세의 원리와 장점을 설명한 뒤, 현실에서 이러한 방식이 적용되기 어려운 이유와 그에 대한 기술 발전 상황을 다룬다. ①, ②번 뒤의 문장은 환경세가 오염 감축을 유도하는 메커니즘과 장점을 설명한다. 주어진 문장은 오염 배출량을 지속적으로 측정하는 데 드는 비용과 어려움, 특히 배출원이 많을 경우 발생하는 문제를 지적하며 이러한 과세 방식의 한계를 보여준다. ③번, ④번 뒤의 문장은 측정 기술이 발전하고 있어 미래에는 이러한 한계를 극복할 가능성이 있음을 설명한다. 따라서 주어진 문장이 들어갈 위치로 가장 적절한 것은 ③이다.

지문해석

직접 오염 배출량에 따라 부과되는 환경세는 환경 보호에 매우 효과적일 수 있다. 기업이 더 많이 오염을 배출하면 더 많은 세금을 내야 한다. (①) 이는 기업이 세금을 내는 것보다 저렴한 방법으로 배출량을 줄이도록 동기를 부여한다. (②) 이러한 세금의 큰 장점은, 기업이 세금을 줄이기 위해 하는 모든 노력들이 동시에 오염 감소에도 기여한다는 점이다. (③ **배출량을 지속적으로 측정하는 것은 비용이 많이 들 수 있으며, 특히 배출원이 많을 경우 이러한 직접 배출세를 활용하는 것을 어렵게 만들 수 있다**.) 그럼에도 불구하고, 오염 수준을 측정하는 도구는 빠르게 발전하고 있다. (④) 따라서 미래에는 더 많은 지역에서 배출량에 세금을 부과하는 것이 더 쉬워질 수 있다.

어휘

- emission 배출, 방출
- tax 세금, 과세하다, 부담금
- pollution 오염, 공해, 환경 오염
- discourage 단념시키다, 막다, 의욕을 꺾다
- measure 측정하다, 평가하다, 조치
- effective 효과적인, 효력 있는, 유효한
- source 근원, 출처, 원천
- company 회사, 기업, 단체
- benefit 이익, 혜택, 이득
- cheaper 더 저렴한, 비용이 적은, 경제적인

34 정답 ④ 난이도 ★★★☆

해설

이 글은 디지털 시대를 살아가는 우리가 착각하고 있는 '소통의 의미'를 되짚고, 진정한 인간관계의 본질을 환기시키는 것을 목적으로 한다. ①, ②, ③번 뒤의 문장은 디지털 환경 속에서 우리가 빠지기 쉬운 피상적인 인정 욕구와 그로 인한 문제점을 비판적으로 서술한다. 주어진 문장은 이러한 비판을 정리하며 글의 중심 메시지이자 핵심 주장을 제시한다. 특히 ③번 뒤의 문장에서 언급된 '진정한 이해보다는 디지털 인정 욕구에 사로잡혀 있다'는 지적 뒤에 제시문이 등장함으로써, '진정한 연결이란 무엇인가'에 대한 정의를 명확히 인식하게 된다. 이어지는 ④번 뒤의 문장에서는 이러한 연결의 본질이 실제 경험 속에서 어떻게 확인되는지를 구체적 사례를 통해 보여 준다. 따라서 주어진 문장이 들어갈 위치로 가장 적절한 것은 ④이다.

지문해석

우리는 종종 끊임없는 소통을 의미 있는 연결로 착각하곤 한다. (①) 우리는 휴대폰을 끊임없이 확인하고, 즉시 답장을 하며, "읽음" 상태로 남겨졌을 때 불안을 느낀다. (②) 하지만 이렇게 행동함으로써, 우리는 실제 친밀감보다는 의존 습관을 형성하게 될 수 있다. (③) 진정한 이해를 촉진하기보다는, 우리는 디지털 인정의 순환을 강화하고 있는 셈이다. (④ <u>진정한 연결은 빈번한 메시지 교환에서 오는 것이 아니라, 함께하는 시간과 서로의 취약함을 나누는 데서 온다.</u>) 예를 들어, 많은 사람들은 수 시간 동안 문자 메시지를 주고받는 것보다 친구와 조용히 산책을 한 뒤에 더 큰 정서적 만족을 느낀다.

어휘

☐ connection 연결, 관계, 유대
☐ frequent 잦은, 빈번한, 반복되는
☐ messaging 메시지 보내기, 전송, 통신
☐ shared 공유된, 공동의, 나누어진
☐ presence 존재, 참석, 출석
☐ vulnerability 취약성, 연약함, 상처받기 쉬움
☐ constant 끊임없는, 지속적인, 변함없는
☐ anxious 불안해하는, 걱정되는, 열망하는
☐ left on read (상대방이) 메시지를 읽었지만 답장을 안 하다
☐ dependency 의존, 종속, 의지
☐ intimacy 친밀감, 친근함, 은밀함

35 정답 ③ 난이도 ★★★★☆

해설

이 글은 사람들이 무의식적으로 반복하는 습관에서 벗어나기 위해 자기 성찰이 필요하다는 메시지를 중심으로 전개된다. ①, ②번 뒤의 문장에서는 이러한 반복 습관이 초래하는 문제를 설명하고, ③번 뒤의 문장에서는 자기 성찰이 해결책이 될 수 있음을 강조한다. 주어진 문장은 바로 이 둘 사이에 위치하여 문제 상황과 해결 방안을 연결하는 전환점이자 글의 핵심 주장 역할을 한다. 즉, ②번 뒤의 문장에서 문제의 결과로 나타나는 정체 상태를 언급한 뒤, 제시문이 자기 성찰을 통한 성장 가능성을 요약하며 이를 해결의 실마리로 제시하고, ③번 뒤의 문장에서 구체적 이유를 설명함으로써 전체 논리 흐름이 완성된다. 따라서 주어진 문장이 들어갈 위치로 가장 적절한 것은 ③이다.

지문해석

많은 사람들이 자신이 왜 그런 행동을 하는지 의문을 품지 않은 채 매일의 일상을 살아간다. (①) 그들은 수년 전 형성된 습관을 따라 행동하는데, 이는 주로 편의나 사회적 압력 때문이다. (②) 그 결과, 더 이상 자신에게 도움이 되지 않는 반복적인 패턴 속에 갇혀 있는 느낌을 받을 수 있다. (③ <u>자기 생각과 동기, 반응을 점검하는 시간을 갖는 것은 자동적인 행동을 넘어 성장할 수 있게 해준다.</u>) 자기 성찰은 이러한 반복의 고리에서 벗어나는 방법을 제공하며, 무의식적인 일상 행동을 명확히 드러나게 한다. (④) 예를 들어, 누군가는 회의 중 짧은 성격이 동료들의 행동 때문이 아니라 개인적 불안에서 비롯된 것임을 깨달을 수 있다.

어휘

☐ examine 조사하다, 검토하다, 살피다
☐ thoughts 생각, 사상, 사고
☐ motives 동기, 목적, 이유
☐ reactions 반응, 대응, 반작용
☐ automatic 자동적인, 무의식적인, 습관적인
☐ habits 습관, 버릇, 관습
☐ convenience 편리함, 편의, 용이함
☐ social pressure 사회적 압력, 집단적 강요
☐ self-reflection 자기 성찰, 자기 반성, 내적 성찰
☐ insecurities 불안감, 자신 없음, 불확실성

36 정답 ③ 난이도 ★★☆☆☆

해설

이 글은 기술이 창의성에 미치는 양면적 영향을 설명한다. ①, ②번 뒤의 문장에서는 기술의 장점과 접근성 향상 등 긍정적인 측면을 강조한다. ③, ④번 뒤의 문장에서는 오히려 창의성을 제한할 수 있다는 역설적 문제점을 부각하며, 그 원인과 결과를 제시한다. 주어진 문장은 이러한 긍정적 흐름에서 부정적 논의로 넘어가는 '전환점' 역할을 하며, 기술의 의도와 실제 결과 사이의 아이러니를 지적함으로써 뒤따르는 ③번 뒤의 문장과 ④번 뒤의 문장의 비판적 내용을 자연스럽게 유도한다. 따라서 주어진 문장이 들어갈 위치로 가장 적절한 것은 ③이다.

지문해석

AI 기반 디자인 도구부터 미리 설정된 음악 템플릿에 이르기까지, 기술은 창작 작업을 확실히 더 접근하기 쉽게 만들었다. (①) 이제 신진 예술가들은 몇 초 만에 사실적인 그림을 생성하거나, 드래그 앤 드롭 방식의 도구로 영화 음악을 작곡할 수 있다. (②) 하지만 접근성이 쉬워졌다고 해서 반드시 독창성으로 이어지는 것은 아니다. (③ <u>아이러니하게도, 창의성을 증진시키기 위해 고안</u>

된 도구들이 때로는 오히려 그것을 제한할 수 있다.) 과도한 사전 설정과 자동화에 대한 의존은 창작자들로 하여금 새로운 것을 발명하기보다는 유행을 따르게 만들 수 있다. (④) 그 결과, 오늘날의 디지털 예술 중 많은 부분이 과감하기보다는 모방적인 성격을 띨 위험이 있다.

어휘
- ironically 아이러니하게도, 역설적으로
- tool 도구, 수단, 장치
- enhance 향상시키다, 강화하다, 높이다
- creativity 창의성, 창조력, 독창성
- accessible 접근 가능한, 이해하기 쉬운, 이용 가능한
- ease 용이함, 편리함, 편안함
- originality 독창성, 창의성, 새로운 생각
- overreliance 과도한 의존, 지나친 신뢰
- derivative 파생적인, 독창적이지 않은, 모방한

37 정답 ③ 난이도 ★★★☆☆

해설
이 글은 과로와 정보 과부하에 지친 현대인들에게 자연이 정서적 회복을 제공하는 공간임을 조명한다. ①, ②번 뒤의 문장에서는 사람들이 자연을 찾는 이유와 배경을 설명하며, 자연을 단순한 도피처로 인식하는 경향을 보여준다. 주어진 문장은 이러한 흐름 위에 놓이는 철학적 중심 문장으로, 자연을 단순한 회피 대상이 아닌 본질적 가치와 의미를 지닌 공간으로 정의하며 글의 핵심 메시지를 전달한다. 이어지는 ③, ④번 뒤의 문장에서는 이러한 자연의 본질이 실제 활동과 경험 속에서 어떻게 구현되는지, 그리고 그 과정에서 회복 효과가 어떻게 나타나는지를 보여준다. 따라서 주어진 문장이 들어갈 위치로 가장 적절한 것은 ③이다.

지문해석
오늘날 많은 사람들은 끊임없는 바쁨과 디지털 요구 속에서 지치고 압도된 느낌을 받는다. (①) 연속된 회의부터 끝없는 알림에 이르기까지, 현대 생활은 좀처럼 숨 쉴 여유를 주지 않는다. (②) 안도감을 찾기 위해 일부 사람들은 자연으로 향한다. (③ **자연은 성취를 요구하지 않고 단지 우리의 존재를 초대할 뿐이다.**) 나무 아래를 걷거나, 호숫가에 앉거나, 그저 구름을 바라보는 것만으로도 자극이 과한 삶 속에서 차분한 휴식을 만들 수 있다. (④) 바로 이러한 고요한 순간 속에서 우리의 마음은 치유되기 시작하고, 회복력도 돌아오기 시작한다.

어휘
- nature 자연, 본성, 성질
- demand 요구하다, 필요로 하다, 요구
- productivity 생산성, 효율, 산출 능력
- presence 존재, 참석
- drained 기진맥진한, 지친, 고갈된

- overwhelmed 압도당한, 감당하기 힘든, 당황한
- loop 반복되는 상태, 순환, 되풀이
- notifications 알림, 통지, 공지
- relief 안도, 경감, 완화
- resilience 회복력, 탄력, 복원력

38 정답 ④ 난이도 ★★★☆☆

해설
이 글은 회복적 정의의 개념과 과정을 설명한다. ③번 뒤의 문장까지는 회복적 정의 과정에서 피해자와 가해자가 각각 수행하는 역할을 구체적으로 묘사하고 있다. 주어진 문장은 '처벌에 초점을 맞추기보다는, 주된 목표는 범죄로 인한 피해를 치유하고 영향을 받은 사람들 간의 관계를 회복하는 것'이라고 밝히며, 앞서 설명된 과정의 궁극적 목적을 명확히 제시한다. 이 목표가 설정된 후에야 ④번 뒤의 문장에서 '이 과정은 모든 당사자에게 해결감과 재통합감을 제공하고, 더 안전하고 연결된 공동체를 조성하는 것을 목표로 한다'라고 하여, 목표 달성 시 나타나는 긍정적 결과를 자연스럽게 설명할 수 있다. 따라서 주어진 문장이 들어갈 위치로 가장 적절한 것은 ④이다.

지문해석
전통적인 형벌 중심 사법 제도는 범죄를 국가에 대한 행위로 보지만, 회복적 정의는 범죄를 사람과 관계에 대한 침해로 본다. (①) 이 접근법에서는 피해자와 가해자를 한자리에 모아, 종종 신중히 조정된 회의를 진행한다. (②) 피해자는 범죄가 자신의 삶에 미친 영향을 표현하고, 궁금한 점에 대한 답을 받으며, 사법 과정에 직접 참여할 기회를 가진다. (③) 한편, 가해자는 자신의 행동에 책임을 지고, 끼친 피해를 이해하며, 이를 회복하는 데 기여하도록 권장된다. (④ **처벌에 초점을 맞추기보다는, 이 접근법의 주된 목표는 범죄로 발생한 피해를 치유하고 영향을 받은 사람들 간의 관계를 회복하는 것이다.**) 이 과정은 모든 당사자에게 해결감과 재통합감을 제공하여, 보다 안전하고 연결된 공동체를 조성하는 것을 목표로 한다.

어휘
- restorative 회복적인, 복구하는, 복원하는
- punishment 처벌, 형벌, 징계
- harm 해, 손해, 피해를 입히다
- repair 수리하다, 고치다, 회복하다
- punitive 처벌을 위한, 가혹한
- violation 위반, 침해, 위배
- mediate 중재하다, 조정하다, 해결하다
- offender 범죄자, 위반자, 위반 행위자
- responsibility 책임, 의무, 담당
- resolution 해결, 결심, 결의
- reintegration 재통합, 복귀, 다시 합류

39 정답 ①　난이도 ★★★★☆

해설

이 글은 후성유전학이라는 복잡한 개념을 소개한다. 도입부에서는 후성유전학을 'DNA 서열 자체를 바꾸지 않으면서 유전자 활성에 영향을 미치는 DNA의 변형'이라고 학술적으로 정의한다. 주어진 문장은 "비유를 사용하자면"이라는 표현으로 시작하여, 이 추상적 개념을 독자가 쉽게 이해하도록 돕는다. DNA를 '하드웨어', 후성유전학을 '소프트웨어'에 비유함으로써 두 요소 간의 관계를 명확히 보여준다. 이처럼 어려운 개념을 정의한 직후 비유를 제시하고, 이어 ①번 뒤의 문장에서 '후성유전학적 표지'가 유전자를 켜고 끄는 구체적 기능을 설명하는 방식이 자연스럽다. 따라서 주어진 문장이 들어갈 위치로 가장 적절한 것은 ①이다.

지문해석

유전학은 오랫동안 생물의 형질을 결정하는 주된 요소로 DNA 서열 자체에 초점을 맞춰왔다. 그러나 후성유전학 분야는 또 다른 조절 층이 존재함을 보여준다. 후성유전학은 DNA 서열을 변경하지 않으면서도 유전자 활성에 영향을 미치는 DNA의 변형을 의미한다. (① <u>비유를 사용하자면, DNA가 컴퓨터의 하드웨어라면, 후성유전학은 하드웨어가 어떻게 작동할지를 지시하는 소프트웨어와 같다.</u>) 이러한 후성유전적 "표지"는 유전자를 켜거나 끔으로써 어떤 단백질이 생성될지를 조절한다. (②) 이 메커니즘은 동일한 유전자를 가진 세포-예를 들어 뉴런과 피부 세포-가 어떻게 완전히 다른 기능과 형태를 가질 수 있는지를 설명한다. (③) 더 나아가 연구에 따르면 일부 후성유전적 변화는 식습관이나 스트레스와 같은 환경적 요인에 의해 영향을 받을 수 있으며, 세대를 거쳐 유전될 가능성도 있다. (④) 따라서 후성유전학은 유전과 정체성에 대한 우리의 이해에 역동적인 차원을 더해준다.

어휘

- analogy 유사, 비유, 비교
- epigenetics 후성유전학
- genetics 유전학
- sequence 연속, 순서, 염기서열
- modification 수정, 변경, 변형
- gene 유전자, 유전 인자
- activity 활동, 작용, 기능
- mechanism 구조, 방식, 메커니즘
- heritability 유전 가능성, 유전성, 전달 가능성
- inheritance 유산, 상속, 유전적 특징

40 정답 ③　난이도 ★★☆☆☆

해설

이 글은 현대 사회의 즉시성 집착을 짚고, 기다림의 가치를 재발견할 것을 제안한다. ①, ②번 뒤의 문장은 빠름을 추구하는 문화와 기다림에 대한 부정적 인식을 보여준다. ③, ④번 뒤의 문장은 기다림이 실제로 내면의 사유를 촉진하는 시간임을 설명하고 구체적 사례를 제시한다. 주어진 문장은 이러한 전환점 역할을 하며, 기다림에 대한 기존 시각을 저항과 성찰이라는 새로운 관점으로 바꾸어 이후 ③번 뒤의 문장과 ④번 뒤의 문장의 내용을 자연스럽게 연결한다. 따라서 주어진 문장이 들어갈 위치로 가장 적절한 것은 ③이다.

지문해석

우리는 즉각적 만족을 중시하는 시대에 살고 있다. (①) 원클릭 구매, 당일 배송, 실시간 응답은 이제 단순한 기대를 넘어 일상이 되었다. (②) 그 결과, 기다림은 종종 불편한 것으로 여겨지며, 없애거나 피해야 할 대상으로 간주된다. (③ <u>디지털 속도에 집착하는 문화에서, 기다림은 조용한 저항이자 성찰의 방식이 될 수 있다.</u>) 그러나 서두르지 않고 잠시 멈출 때, 우리는 더 깊은 인식과 신중한 의사결정을 위한 공간을 확보할 수 있다. (④) 대화가 자연스럽게 흐르도록 기다리거나, 불확실한 상황을 받아들이거나, 단순히 줄을 서서 방해 없이 시간을 보내는 것과 같이, 기다림은 현재 순간과의 연결을 회복하게 한다.

어휘

- culture 문화, 사회적 풍습, 문명
- obsessed 집착하는, 강박적인, 몰두한
- gratification 만족, 충족, 기쁨
- instant 즉각적인, 즉석의, 순간의
- norm 규범, 표준, 일반적인 것
- inconvenience 불편, 곤란, 귀찮은 일
- pause 멈춤, 잠시 쉬다, 중단
- awareness 인식, 자각, 주의
- reflection 반성, 성찰, 숙고
- connection 연결, 관계, 유대

41 정답 ③　난이도 ★★☆☆☆

해설

이 글은 현대 사회에서 휴식이 어떻게 오용되고 있는지를 비판하고, 진정한 회복을 가능하게 하는 휴식의 의미를 재정립하고자 한다. ①, ②번 뒤의 문장에서는 사람들이 과로에 익숙해진 채, 심지어 휴식조차 생산성과 효율 중심으로 사용하는 현실을 지적한다. 주어진 문장은 이러한 흐름 속에서 핵심 전환점 역할을 하며, 휴식의 진정한 정의를 제시함으로써 이후 ③번 뒤의 문장의 문제 상황(겉으로는 쉬지만 실제로는 회복되지 못하는 상태)을 이해할 수 있게 해준다. 이어지는 ④번 뒤의 문장에서는 이러한 정의를 바탕으로 한 구체적 실천 방안을 제시한다. 따라서 주어진 문장이 들어갈 위치로 가장 적절한 것은 ③이다.

지문해석

현대 사회는 끊임없는 분주함을 미덕으로 여기는 경향이 있어, 아무 것도 하지 않는 것을 게으름으로 보는 경우가 많다. (①) 우리는 피로에도 불구하고 자신을 몰아붙이며, 끊임없는 생산성이 미덕이라고 믿는다. (②) 심지어 휴일에도 우리는 보일, 의무, 화면 속 활동 등으로 일정을 채운다. (③ <u>휴식이란 단순히 활동이 없는 상태가 아니라, 회복이 있는 상태를 의미한다</u>.) 그 결과, 우리는 수시간의 '자유 시간'을 보낸 후에도 진정으로 쉬었다는 느낌을 거의 받지 못한다. (④) 느린 산책, 조용한 성찰, 혹은 단순히 가만히 있는 시간을 갖는 것이 마음과 몸을 재정비하는 데 도움을 줄 수 있다.

어휘

- rest 휴식, 쉬다, 안정
- absence 부재, 결석, 결핍
- restoration 회복, 복원, 재건
- glorify 미화하다, 찬양하다, 높이다
- hustle 서두르다, 분주히 움직이다, 밀치다
- fatigue 피로, 탈진, 지치게 하다
- productivity 생산성, 생산 능력, 산출량
- obligation 의무, 책임, 부담
- reflection 성찰, 숙고, 반성
- reset 재설정하다, 다시 맞추다, 새롭게 시작하다

42 정답 ② 난이도 ★★★☆☆

해설

이 글은 산만한 환경에 익숙해진 현대인들에게 깊은 집중의 중요성과 효과를 강조하고자 한다. ①번 뒤의 문장에서는 스마트폰 확인, 알림 응답 등 산만한 행동 양상을 나열하며 문제 상황을 제시하고, ②번 뒤의 문장에서는 이러한 행동이 의미 있는 성과를 만들지 못하고 정신적 피로를 초래한다는 부작용을 설명한다. 주어진 문장은 이 흐름 속에서 전환점 역할을 수행하며, 문제의 대안으로 깊은 집중이라는 핵심 개념을 선언한다. 이어지는 ③, ④번 뒤의 문장에서는 이러한 집중력이 가져오는 긍정적 효과와 구체적 실천 방법이 소개된다. 따라서 주어진 문장이 들어갈 위치로 가장 적절한 것은 ②이다.

지문해석

오늘날의 빠르게 변화하는 환경에서는 산만함이 일상이 되었다. (①) 우리는 화상 회의 중에도 이메일을 확인하고, 여러 작업 사이에 소셜 미디어를 스크롤하며, 한 가지 생각을 끝맺기도 전에 다른 것에 주의가 끌리곤 한다. (② <u>지속적인 집중력은 끊임없는 중단의 세계에서 드물지만 혁신적인 능력이다</u>.) 그 결과, 많은 사람들은 의미 있는 성과를 내지 못하거나, 아무것도 제대로 이루지 못한 채 정신적으로 지쳐버리기 쉽다. (③) 반면, 깊은 집중은 아이디어가 더 명확하게 연결되고 작업 속도가 빨라지는 몰입 상태로 들어가게 해준다. (④) 집중력을 기르기 위해서는 알림을 끄거나, 방해받지 않는 시간 블록 안에서 작업을 하거나, 심지어 다시 지루함을 받아들이는 법을 배우는 것이 필요할 수 있다.

어휘

- sustained 지속적인, 장기간의, 견디는
- focus 집중, 초점, 주의 집중
- transformative 변화를 일으키는, 혁신적인, 전환적인
- interruption 중단, 방해, 가로막음
- distraction 산만함, 주의 분산, 관심을 딴 데로 돌리는 것
- scroll 화면을 내리다, 스크롤하다, 계속 보다
- flow 흐름, 순조로운 진행, 몰입 상태
- accelerate 가속하다, 촉진하다, 속도를 높이다
- notification 알림, 통지, 공지
- uninterrupted 중단 없는, 끊기지 않은, 연속적인

43 정답 ② 난이도 ★★★☆☆

해설

이 글은 많은 사람들이 믿고 있는 운동 전 정적 스트레칭의 긍정적 효과를 과학적으로 반박하며, 실제로는 오히려 해가 될 수 있다는 관점을 소개한다. ①번 앞과 뒤의 문장에서는 스트레칭이 운동 전 준비에 좋다는 일반적 인식을 보여주고, 주어진 문장은 전문가의 입장에서 이를 명확히 반박함으로써 글의 논리적 전환점 역할을 한다. 이어지는 ②번 뒤의 문장에서는 정적 스트레칭이 운동 수행 능력 저하, 부상 위험 증가 등 부작용을 어떻게 유발하는지를 구체적으로 설명하여 반박의 근거를 제시한다. ③, ④번 뒤의 문장에서는 이러한 문제를 피할 수 있는 대안적 접근(예: 동적 스트레칭)과 그 효과를 소개한다. 따라서 주어진 문장이 들어갈 위치로 가장 적절한 것은 ②이다.

지문해석

많은 사람들은 운동 전에 스트레칭을 하는 것이 필수적이라고 믿는다. (①) 일반적으로 스트레칭이 부상을 예방하고 근육을 활동에 대비시키는 것으로 여겨진다. (② <u>하지만 스포츠 생리학자들에 따르면, 정적 스트레칭은 일시적으로 근력과 반응 속도를 감소시킬 수 있다</u>.) 특히 한 자세를 오랫동안 유지하는 스트레칭은 수행 능력을 떨어뜨리고 관절 안정성에도 영향을 줄 수 있다. (③) 전문가들은 이제 대신 동적 스트레칭을 권장하는데, 이는 가벼운 움직임을 통해 몸을 준비시키는 방법이다. (④) 동적 스트레칭은 혈류를 증가시키고 체온을 점진적으로 올려, 신체가 신체적 활동에 대비하도록 돕는다.

어휘

- static 정적인, 움직이지 않는, 고정된
- stretching 스트레칭, 늘리기, 잡아 늘리는 동작
- temporarily 일시적으로, 잠시, 임시로
- strength 힘, 근력, 강도
- reaction 반응, 반작용, 대응
- joint 관절, 결합부, 합동의
- stability 안정성, 고정, 균형
- dynamic 역동적인, 활동적인, 힘 있는
- exertion 노력, 분투, 힘씀
- blood flow 혈류, 혈액순환

44 정답 ② 난이도 ★★★☆☆

해설

이 글은 멀티태스킹이 효율적이라는 일반적 믿음이 실제로는 비효율과 피로를 초래한다는 과학적 근거를 중심으로 전개된다. ①번 뒤의 문장은 멀티태스킹이 흔히 생산적이라고 여겨지는 구체적 사례를 제시하고 있고, ②번 뒤의 문장은 이러한 믿음이 오히려 해롭다는 논리적 전환의 출발점이 된다. 주어진 문장은 심리학자들의 관점을 소개하며, ①번 문장과 ②번 문장 사이에서 자연스럽게 전환 역할을 수행한다. 따라서 주어진 문장이 들어갈 위치로 가장 적절한 것은 ②이다.

지문해석

많은 사람들은 자신이 멀티태스킹을 잘한다고 자부한다. (①) 회의 중에 이메일을 확인하거나 요리하면서 문자 메시지를 보내는 행동은 생산성의 표시로 여겨진다. (② **사실은 심리학자들은 멀티태스킹이 실제로 효율을 떨어뜨리고 정신적 피로를 증가시킨다고 지적한다.**) 여러 가지 일을 동시에 처리하려고 하면 실수와 집중력 저하로 이어지는 경우가 많다. (③) 연구에 따르면, 작업을 번갈아 수행하면 뇌가 매번 재설정되면서 에너지가 소모된다. (④) 집중력을 높이기 위해 전문가들은 한 번에 한 가지 작업에 집중하고 정기적으로 휴식을 취할 것을 권장한다.

어휘

- multitask 여러 일을 동시에 수행하다, 겸임하다
- efficiency 효율, 능률, 생산성
- mental 정신의, 지적인, 마음의
- fatigue 피로, 탈진, 지침
- pride 자부심, 긍지, 자랑
- juggle (여러 일을) 동시에 처리하다
- error 실수, 오류, 잘못
- focus 집중, 초점, 주의
- switch 전환하다, 바꾸다, 교체하다
- break 휴식, 단절, 중단

45 정답 ② 난이도 ★★★☆☆

해설

이 글은 스마트폰 알림이 집중력에 미치는 영향을 다루며, 그 영향이 즉각적이고 깊다는 점을 강조한다. ①번 뒤의 문장에서는 많은 사람들이 알림을 무해하게 여기거나 빠르게 확인하면 괜찮다고 생각하는 인식을 소개하고, ②번 뒤의 문장에서는 이러한 인식이 잘못되었음을 지적하며 알림이 실제로 뇌의 흐름을 방해한다는 과학적 근거를 제시한다. 주어진 문장은 ①번 뒤의 문장과 ②번 뒤의 문장 사이에서 논리적 전환점 역할을 하며, '간단한 알림도 인지 흐름을 끊는다'는 연구 결과를 제시함으로써 이후 ②, ③, ④번 뒤의 문장에서 설명될 주의력 손상, 인지 부하, 생산성 저하 등의 내용을 자연스럽게 연결한다. 따라서 주어진 문장이 들어갈 위치로 가장 적절한 것은 ②이다.

지문해석

많은 사람들은 가끔 휴대전화를 확인하면서도 집중력을 유지할 수 있다고 믿는다. (①) 메시지가 울리거나 알림음이 울리는 것은 무해해 보일 수 있는데, 특히 그것을 무시하거나 빨리 확인하면 더욱 그렇다. (② **하지만 최근 연구에 따르면, 잠깐의 알림조차도 인지적 흐름을 크게 방해할 수 있다.**) 단 몇 초의 주의 산만조차 뇌가 상황 전환을 하도록 강요하며, 이는 회복하는 데 시간과 정신적 에너지를 필요로 한다. (③) 이러한 '주의 잔여'는 원래 작업으로 돌아가 같은 수준의 집중을 유지하는 것을 더 어렵게 만든다. (④) 시간이 지나면서, 빈번한 알림은 생산성 저하, 사고의 단편화, 정신적 피로 증가로 이어질 수 있다.

어휘

- notification 알림, 통지, 공지
- interrupt 중단시키다, 가로막다, 방해하다
- cognitive flow 행위적 몰입
- distraction 주의 산만, 방해, 딴생각
- split-second 찰나의, 순간적인, 아주 짧은 시간의
- context 상황, 맥락, 배경
- residue 잔여물, 나머지, 잔류
- fragmented 단편적인, 분열된, 조각난
- fatigue 피로, 탈진, 지침

46 정답 ③ 난이도 ★★☆☆☆

해설

이 글은 어수선한 환경이 정신에 미치는 부정적 영향을 설명하며, 정리를 통해 집중력과 심리적 안정감을 회복할 수 있다는 메시지를 전달한다. ①, ②번 뒤의 문장에서는 지저분한 공간이 시각적 소음과 무의식적 스트레스를 유발한다는 문제 상황을 다루고, ③, ④번 뒤의 문장에서는 공간을 정리하는 것이 명료함과 평온함을 가져다준다는 긍정적 효과를 제시한다. 주어진 문장은 이 두 흐름 사이에서 등장하는 과학적 근거로, 정리가 왜 효과적인지를 설명하는 핵심 연결 문장이다. 따라서 주어진 문장이 들어갈 위치로 가장 적절한 것은 ③이다.

지문해석

어수선한 환경은 미묘하게 우리의 기분과 생산성에 영향을 줄 수 있다. (①) 공간이 지저분하면 시각적 소음이 생겨 집중하기가 더 어려워진다. (②) 이런 상황은 자신이 완전히 인식하지 못하더라도 압도당하는 느낌을 유발하는 경우가 많다. (③ **프린스턴 대학교 연구에 따르면, 주변의 물리적 잡동사니가 주의력을 빼앗아 성과를 낮추고 스트레스를 증가시킨다고 한다.**) 따라서 책상을 정리하거나 방을 정돈하는 것은 명료함과 평온함을 높이는 간단한 방법이 될 수 있다. (④) 많은 사람들은 주변을 정리한 후 더 통제감을 느끼고 동기 부여가 된다고 보고한다.

어휘

- clutter 어수선함, 잡동사니, 혼란
- surroundings 주변 환경, 주위, 환경 조건
- compete 경쟁하다, 겨루다, 다투다
- performance 수행, 성과, 능력 발휘
- stress 스트레스, 압박, 긴장
- subtly 미묘하게, 교묘하게, 눈에 잘 띄지 않게
- visual 시각의, 시각적인, 보는 것과 관련된
- overwhelm 압도하다, 제압하다, 감정적으로 사로잡다
- clarity 명확함, 선명함, 깨끗함
- tidying 정리, 정돈, 깨끗하게 함

47 정답 ③ 난이도 ★★★☆☆

해설

이 글은 리버사이드 유적의 역사적 중요성과 유물 발견 경위를 설명한다. ③번 뒤의 문장은 '많은 유물이 놀랍도록 잘 보존되어 있었다'고 언급하며, 이러한 보존 상태가 어떻게 가능했는지를 설명하는 삽입문의 필요성을 암시한다. 주어진 문장은 1800년대 초 대홍수로 유물이 진흙 속에 묻혔다는 역사적 사건을 소개하며, 유물이 온전하게 남을 수 있었던 원인을 제시한다. ②번 뒤의 문장까지는 지역의 역사적·지리적 배경을 설명하고, ③번 뒤의 문장부터는 유물의 보존 상태와 출토 사실을 다룬다. 따라서 주어진 문장이 들어갈 위치로 가장 적절한 것은 ③이다.

지문해석

일리노이 남부의 리버사이드 유적을 연구하던 고고학자들은 초기 미국 개척 시대의 삶에 관한 귀중한 단서를 발견했다. (①) 발굴 결과, 이 지역에는 농업과 강을 통한 무역에 크게 의존했던 정착민들이 거주했음이 밝혀졌다. (②) 리버사이드는 현재는 말라버린 강길을 따라 위치한 주요 장소로, 외딴 마을과 성장하는 도시들을 연결했다. (③ <u>역사 기록에 따르면, 1800년대 초 어느 시점에 큰 홍수가 원래 정착지 일부를 잠기게 했고, 그로 인해 도구, 도기, 일상 용품들이 두꺼운 강 퇴적층 아래에 묻혔다</u>.) 최근 발굴에서 출토된 점토 냄비, 나무 도구, 보존된 씨앗 등 많은 유물은 놀라울 정도로 온전하게 발견되었다. (④) 2002년 인근 도로 건설 과정에서 유적 일부가 드러나면서 전문적인 고고학 조사로 이어졌다.

어휘

- archaeologist 고고학자
- settlement 정착지, 거주지, 식민지
- submerge 물에 잠기다, 가라앉히다, 완전히 덮다
- remnant 남은 것, 잔재, 유물
- sediment 퇴적물, 침전물, 침전층
- excavation 발굴, 굴착, 발굴 작업
- implement 도구, 기구, 실행 수단
- astonishingly 놀랍게도, 경이롭게, 믿기 어려울 정도로
- intact 손상되지 않은, 온전한, 완전한
- prompt 촉발하다, 유도하다, 자극하다

48 정답 ③ 난이도 ★★★☆☆

해설

이 글은 인공 조명이 도시 생활에 가져온 긍정적 효과에서 출발해, 이후에는 그 이면에 존재하는 생태적 부작용으로 논의가 전환되는 설명문이다. ②번 뒤의 문장에서는 '생태적 대가'가 존재한다는 점을 언급하지만, 그 표현은 추상적 수준에 머물러 있어 독자의 이해를 충분히 돕지 못한다. 주어진 문장은 생체 리듬 교란, 철새의 방향 감각 상실, 양서류의 번식 방해 등 구체적인 사례를 제시하여 이러한 대가가 실제로 어떤 생물학적 피해로 나타나는지를 분명히 보여준다. 이어지는 ③번 뒤의 문장은 '야행성 생물들이 조명으로 고통받는다'는 포괄적 진술로, 제시문의 구체적 예시를 받아 확장된 논지를 형성한다. 따라서 주어진 문장이 들어갈 위치로 가장 적절한 것은 ③이다.

지문해석

인공 조명은 도시 생활을 변화시켜, 밤에도 도시를 더 안전하고 접근하기 쉽게 만들었다. (①) 가로등과 조명이 켜진 건물 덕분에 인간의 활동은 낮 시간을 훨씬 넘어 확장되었다. (②) 그러나 야간 조명의 이점에는 과학자들이 이제야 이해하기 시작한 생태학적 대가가 따른다. (③ <u>일부 연구에 따르면, 인공 조명은 생체 리듬을 교란시켜 철새의 방향 감각을 흐트러뜨리고 양서류의 번식을 방해할 수 있다</u>.) 생물학자들은 야행성 동물이 과도한 조명에 노출될 경우 피해를 입는다는 증거가 늘어나고 있음을 발견했다. (④) 이에 대응하여 일부 도시는 불필요한 야간 조명을 줄이기 위한 '다크 스카이' 계획을 도입했다.

어휘

- artificial 인공의, 인위적인, 거짓된
- circadian rhythm 생체 리듬, 24시간 주기의 생리적 변화
- disorientation 방향 감각 상실, 혼란, 혼동
- amphibian 양서류, 양서동물
- illuminated 밝게 빛나는, 조명된, 해설된
- nocturnal 야행성의, 밤에 활동하는
- excessive 과도한, 지나친, 무절제한
- adopt 채택하다, 받아들이다, 입양하다
- interfere 방해하다, 간섭하다, 훼방 놓다

49 정답 ③ 난이도 ★★☆☆☆

해설

이 글은 스마트폰 알림이 집중력에 미치는 부정적 영향을 설명하는 정보성 글이다. ①, ②번 뒤의 문장에서는 반복적이고 예측 불가능한 알림이 주의력을 분산시키는 방식과 그 빈도를 설명하며 문제 상황을 제시한다. 주어진 문장은 이러한 맥락 위에 놓이는 구체적 부연으로, 사용자가 알림에 반응하지 않더라도 그 존재만으로 인지적 방해가 발생한다는 사실을 강조한다. 이는 ②번 뒤의 문장에서 언급한 주의 분산 문제를 한층 더 구체화하며, 이어지는 ③번 뒤의 문장에서 소개되는 실험 연구 결과와도 긴밀하게 연결된다. 따라서 주어진 문장이 들어갈 위치로 가장 적절한 것은 ③이다.

지문해석

스마트폰은 우리를 계속 연결해 주도록 설계되었지만, 끊임없는 알림은 오히려 해로울 수 있다. (①) 앱, 이메일, 메시지에서 오는 알림은 하루 종일 예기치 않게 도착하곤 한다. (②) 각각의 알림은 우리의 제한된 주의를 경쟁하며 중요한 업무에서 집중을 빼앗는다. (③ <u>사용자가 알림에 반응하지 않더라도, 알림 자체의 존재만으로도 주의가 방해되고 과제 수행에 지장을 줄 수 있다.</u>) 연구에 따르면, 이러한 방해가 있을 때 사람들은 과제를 완료하는 데 더 오랜 시간이 걸리고, 실수도 더 많이 한다. (④) 그 결과, 일부 전문가들은 불필요한 알림을 끄거나, 기기를 확인하는 특정 시간을 정할 것을 권장한다.

어휘

- notification 알림, 통지, 공지
- disrupt 방해하다, 중단시키다, 혼란스럽게 만들다
- hinder 방해하다, 저해하다, 어렵게 만들다
- alert 경보, 알림, 경계하는
- compete 경쟁하다, 겨루다, 필적하다
- interrupt 중단시키다, 방해하다, 끼어들다
- essential 필수적인, 본질적인, 중요한
- device 장치, 기기, 장치 수단
- focus 집중하다, 초점, 주의
- limited 제한된, 한정된, 부족한

50 정답 ④ 난이도 ★★★☆☆

해설

이 글은 배경음악이 작업 효율에 미치는 영향을 설명하며, ①, ②, ③번 뒤의 문장에서는 특히 기악 음악이 집중력과 정서 안정에 긍정적 효과를 준다는 점을 다각도로 제시한다. ④번 뒤의 문장에서는 이러한 긍정적 흐름에서 벗어나, 가사가 있는 음악이 언어 기반 과제 수행을 방해할 수 있다는 예외적 상황으로 논의가 전환된다. 주어진 문장은 ③번 뒤의 문장에서 언급된 리듬과 템포의 안정성이 인지 상태를 돕는다는 설명에서, ④번 뒤의 문장의 가사로 인한 언어 처리 방해 주장으로 자연스럽게 넘어가도록 하는 논리적 전환문 역할을 한다. 특히 "However"라는 접속사가 포함된 제시문은 긍정에서 부정으로의 전환을 매끄럽게 연결한다. 따라서 주어진 문장이 들어갈 위치로 가장 적절한 것은 ④이다.

지문해석

배경음악은 집중력과 생산성을 높이기 위해 자주 사용된다. (①) 많은 학생과 직장인은 공부하거나 일할 때 더 쾌적한 환경을 만들기 위해 음악을 재생한다. (②) 일부 연구는 이러한 방법을 뒷받침하며, 기악 음악이 기분을 향상시키고 반복적인 작업 동안 주의를 지속시키는 데 도움을 줄 수 있음을 보여준다. (③) 일정한 리듬과 갑작스러운 템포 변화의 부재는 안정적인 인지 상태를 유지하는 데 기여한다. (④ <u>그러나 음악에 가사가 포함될 경우, 언어 처리와 경쟁을 일으켜 독서나 글쓰기 작업에 집중하기가 어려워질 수 있다.</u>) 언어와 관련된 과제, 예를 들어 독해나 글쓰기와 같은 작업에서는 가사가 있는 음악이 실제로 수행 능력을 떨어뜨릴 수 있다.

어휘

- lyric (노래의) 가사, 서정시
- verbal 언어의, 말의, 구두의
- processing 처리, 과정, 가공
- focus 집중하다, 초점, 주의
- enhance 향상시키다, 강화하다, 높이다
- sustain 유지하다, 지탱하다, 지속하다
- cognitive 인지의, 인식의, 사고의
- rhythm 리듬, 박자, 규칙적인 움직임
- tempo (음악) 빠르기, 속도, 진행 속도
- instrumental 악기의, 도구의, 중요한 역할을 하는

51 정답 ④ 난이도 ★★★☆☆

해설

이 글은 멀티태스킹에 대한 잘못된 사회적 인식과 그로 인한 실제 인지적 부작용을 설명하고 있다. ①, ②, ③번 뒤의 문장에서는 사람들이 멀티태스킹을 시도하는 이유와 그로 인한 집중력 저하, 기억력 손실 등 단기적 부작용을 다루고 있다. ④번 뒤의 문장에서는 이러한 영향이 장기 기억력 저하로까지 이어질 수 있음을 제시한다. 주어진 문장은 ③번 뒤의 문장에서 언급된 '동시 작업이 기억을 어렵게 만든다'는 진술에 대해, 뇌는 실제로 멀티태스킹을 하지 않고 빠르게 과제 전환을 반복한다는 인지 과학적 설명을 제공함으로써 그 원인을 명확히 해주는 논리적 연결고리 역할을 한다. 따라서 주어진 문장이 들어갈 위치로 가장 적절한 것은 ④이다.

지문해석

멀티태스킹은 빠르게 돌아가는 현대 사회에서 가치 있는 능력으로 여겨진다. (①) 사람들은 시간을 절약하기 위해 이메일, 회의, 과제를 한꺼번에 처리하려고 한다. (②) 이렇게 하면 효율적이라고 느낄 수 있지만, 연구에 따르면 실제로는 집중력이 떨어지고 실수가 더 많아질 수 있다. (③) 여러 작업을 동시에 시도하면 뇌에 스트레스가 가해지고, 정보를 저장하기가 더 어려워진다. (④ <u>사실, 뇌는 진정으로 멀티태스킹을 하는 것이 아니라 과제 사이를 빠르게 전환하면서 마치 동시에 처리하는 것처럼 느끼게 만든다.</u>) 이는 업무 수행 능력뿐 아니라 장기 기억력에도 영향을 미칠 수 있다.

어휘

- multitask 동시에 여러 일을 처리하다, 복수 작업을 수행하다
- juggle (여러 일을) 동시에 처리하다
- concentration 집중, 전념, 집착
- retain 유지하다, 보유하다, 기억하다
- assignment 과제, 업무, 임무
- efficiency 효율, 능률, 효과적임
- simultaneously 동시에, 일제히
- rapidly 빠르게, 신속하게
- productivity 생산성, 생산력
- stress 스트레스, 압박, 긴장

52 정답 ① 난이도 ★★★★☆

해설

이 글은 경제학의 핵심 개념인 기회비용을 설명한다. 도입부에서 기회비용을 '어떤 행동을 선택하기 위해 포기해야 하는 차선책의 가치'라고 정의하며, 이것이 단순히 금전적 비용에 국한되지 않는다는 점을 강조한다. 주어진 문장은 "예를 들어"라는 표현을 사용하여, 영화를 보는 선택의 기회비용이 티켓 가격뿐 아니라 공부에 사용할 수 있었던 시간의 가치까지 포함된다고 설명한다. 이는 앞서 언급한 추상적 정의를 구체화하고, 특히 금전적이지 않은 비용까지 포함된다는 점을 명확히 뒷받침한다. 따라서 주어진 문장이 들어갈 위치로 가장 적절한 것은 ①이다.

지문해석

경제학에서 가장 기본적인 개념 중 하나는 기회비용이다. 기회비용이란 특정 행동을 선택하기 위해 포기해야 하는 차선책의 가치를 의미한다. 이것은 단순히 금전적 비용만을 뜻하는 것이 아니라, 선택을 내리는 데 따른 모든 실제 비용을 포함한다. (① 예를 들어 영화를 보기로 선택한다면, 기회비용은 단순히 티켓 가격이 아니라, 그 시간을 공부하는 데 사용할 수 있었던 가치까지 포함된다.) 이 원칙은 개인이 저녁 시간을 어떻게 보낼지 결정하는 경우에서부터 정부가 예산을 어떻게 배분할지 결정하는 경우까지 모든 의사결정에 적용된다. (②) 본질적으로 모든 선택에는 무언가를 포기하는 거래가 따른다. (③) 기회비용을 인식하는 것은 어떤 것을 얻기 위해 무엇을 포기해야 하는지 더 신중하게 평가하도록 만든다. (④) 따라서 합리적 의사결정을 위해서는 명시적 비용뿐만 아니라 선택의 기회비용과 얻는 이익을 함께 비교해야 한다.

어휘

□ opportunity cost 기회비용
□ alternative 대안, 선택 가능한 것, 다른 방법
□ forgone 포기된, 지나간, 얻지 못한
□ allocate 할당하다, 배분하다, 배치하다
□ trade-off 상충관계, 균형을 맞추기 위해 포기해야 하는 것
□ rational 합리적인, 이성적인, 논리적인
□ evaluate 평가하다, 감정이나 가치를 판단하다
□ explicit 명시적인, 분명한, 솔직한
□ benefit 이익, 혜택, 장점
□ pursue 추구하다, 실행하다, 종사하다

53 정답 ③ 난이도 ★★☆☆☆

해설

이 글은 인공지능(AI)에 대한 긍정적인 견해와 부정적인 견해를 차례로 제시하며 균형 잡힌 시각을 다루고 있다. 주어진 문장은 "But for others(하지만 다른 사람들에게는)"라는 강력한 대조 연결어를 사용하여, AI가 '심각한 윤리적 우려(serious ethical concerns)'를 제기한다는 부정적인 측면을 처음으로 도입하는 문장이다. ③번 앞까지의 내용은 "For some(어떤 사람들에게는)"이라는 표현과 함께, AI가 의료 진단, 교통, 교육 등에서 인류에게 혜택을 준다는 긍정적인 측면을 상세히 설명하고 있으므로, ③번 뒤의 문장은 AI의 '이점(benefits)'과 '잠재적인 단점(potential drawbacks)' 사이의 균형을 맞추는 '논쟁(debate)'에 대해 언급하고 있다. 긍정적인 견해(benefits)에 대한 설명이 모두 끝난 지점이자, 이와 상반되는 부정적인 견해(drawbacks)를 소개하여 '논쟁'의 근거를 마련해 주는 부분에 들어가야 자연스럽다. 따라서 주어진 문장이 들어갈 위치로 가장 적절한 것은 ③이다.

지문해석

인공지능(AI)은 종종 효율성을 높이고, 복잡한 문제를 해결하며, 많은 영역에서 삶을 개선하는 능력으로 칭송받는다. (①) 어떤 사람들에게 AI는 일상적인 작업을 자동화하고 혁신적인 해결책을 제공함으로써 인류에게 혜택을 줄 기술 혁명을 의미한다. (②) 그것은 향상된 의료 진단, 더 스마트한 교통 시스템, 그리고 더 개인화된 교육으로 이어질 수 있다. (③ 하지만 다른 사람들에게는, 인공지능이 의사 결정 과정에서의 편향성이나 책임성 결여와 같은 심각한 윤리적 우려를 제기한다.) AI 사용을 둘러싼 논쟁은 종종 그 이점과 잠재적인 단점 사이의 균형을 어떻게 맞출 것인지에 초점을 맞춘다. (④) 전문가들은 투명하고 책임감 있는 AI 시스템을 개발하는 것의 중요성을 강조한다.

어휘

□ efficiency 효율성, 능률
□ automate 자동화하다
□ innovative 혁신적인, 독창적인, 창의적인
□ diagnosis 진단, 문제나 질병의 분석 및 확인
□ personalized 개인 맞춤형의, 개개인의 특성에 맞춘
□ ethical 윤리적인, 도덕적 기준에 맞는
□ bias 편향
□ accountability 책임성
□ transparent 투명한, 이해하기 쉬운

54 정답 ④ 난이도 ★★★☆☆

해설

이 글은 교육 개혁에 대한 찬반 양측의 시각을 제시하고 있다. ①번 뒤의 문장에서는 개혁을 긍정적으로 보는 입장을, ②번 뒤의 문장에서는 이러한 개혁이 가져오는 구체적 효과를 설명한다. ③번 뒤의 문장에서는 앞서 언급한 긍정적 입장에 대한 반대 시각이 제시된다. 두 입장이 모두 드러난 뒤, 주어진 문장은 그다음에 위치하여 이러한 상반된 관점이 교육 정책 논의에 어떤 영향을 미치는지를 언급한다. 또한 이후 ④번 뒤의 문장에서 양쪽 입장을 조화롭게 고려해야 한다는 정책적 제안이 자연스럽게 이어진다. 따라서 주어진 문장이 들어갈 위치로 가장 적절한 것은 ④이다.

지문해석

최근 전 세계의 교육 개혁은 측정 가능한 성과, 책임성, 표준화된 시험을 강조하고 있다. (①) 일부 사람들에게 이러한 개혁은 교육 수준을 높이고 학교 시스템 전반에서 형평성을 확보하는 데 필수적이라고 여겨진다. (②) 이러한 변화는 학교를 보다 효율적으로 만들고, 성과가 낮은 기관을 식별하며, 자원을 보다 효과

적으로 배분하는 것을 목표로 한다. (③) 하지만 다른 사람들에게는, 이러한 개혁이 지나치게 표준화되어 교사의 자율성과 학생의 창의성을 제한한다고 여겨진다. (④ 이러한 상반된 관점 사이의 긴장은 전 세계 교육 정책 논쟁에 지속적으로 영향을 미치고 있다.) 정책 입안자들은 평가의 필요성과 교실 내 유연성과 혁신을 유지하는 중요성을 모두 고려해야 한다.

어휘

- reform 개혁, 개선
- standardized 표준화된, 일정한 기준에 맞춘
- autonomy 자율성, 독립적 권한
- creativity 창의성, 독창성
- accountability 책임성, 의무를 다해야 하는 상태
- equity 공정, 형평
- underperforming 기대 이하의 성과를 내는
- allocate 배분하다, 할당하다
- policy 정책, 방침

55 정답 ③ 난이도 ★★★☆☆

해설

이 글은 사회적 응집력의 긍정적 측면과 부정적 측면을 모두 다룬다. ②번 뒤의 문장까지는 응집력이 가져오는 생산성 향상, 안정성, 긍정적 환경 조성 등 장점만을 서술한다. 주어진 문장은 "그러나"를 사용해 논지를 전환하며, 높은 응집력이 '집단 사고'로 이어질 수 있는 잠재적 위험성을 처음으로 언급한다. 이어지는 ③번 뒤의 문장은 "예를 들어"를 통해 집단 사고가 실제로 어떻게 나타나는지 구체적인 사례를 제시한다. 주어진 문장은 긍정적 설명이 끝나고 부정적 측면과 사례가 시작되는 전환점의 역할을 한다. 따라서 주어진 문장이 들어갈 위치로 가장 적절한 것은 ③이다.

지문해석

사회적 응집력은 한 집단이나 공동체 구성원 간의 관계 강도와 연대감을 의미한다. 응집력이 높을 때 구성원들은 서로 협력하고 지원하며 공동의 목표를 위해 노력하는 경향이 강해진다. (①) 이는 직장에서의 생산성 향상과 공동체의 안정성 증가로 이어질 수 있다. (②) 강한 유대와 상호 신뢰는 사람들이 안전하고 존중받는다는 긍정적인 환경을 조성한다. (③ 그러나 바로 이러한 응집력은 "집단 사고"로 이어질 수도 있는데, 이는 집단 내 조화나 동조를 유지하려는 욕구 때문에 비합리적이거나 기능 장애를 일으키는 의사결정 결과를 초래하는 현상이다.) 예를 들어, 집단 구성원들은 갈등을 피하기 위해 반대 의견을 억누를 수 있으며, 그로 인해 잠재적 위험을 간과하고 잘못된 선택을 하게 될 수 있다. (④) 따라서 사회적 응집력은 유익할 수 있지만, 그 잠재적 부작용을 줄이기 위해 비판적 사고와 다양한 관점을 장려하는 것이 중요하다.

어휘

- cohesion 응집력, 결속력,
- groupthink 집단 사고
- harmony 조화, 화합
- conformity 순응, 규범이나 집단에 맞추는 성향
- solidarity 연대, 결속, 공동체 의식
- dissent 반대 의견, 의견 불일치
- irrational 비합리적인, 논리적이지 않은
- dysfunctional 제대로 기능하지 않는, 문제를 일으키는

56 정답 ③ 난이도 ★★☆☆☆

해설

이 글은 실패에 대한 사회적 인식을 비판하고, 실패가 지닌 긍정적 역할과 가능성을 강조하고자 한다. ①, ②번 뒤의 문장에서는 실패를 두려워하는 사회 분위기와 그로 인해 행동이 위축되는 현상을 설명하며, 실패가 갖는 부정적 이미지에 초점을 맞춘다. 주어진 문장은 이러한 흐름 속에서 논리적 전환점 역할을 하며, 기존의 실패 인식을 '호기심 기반 접근'이라는 새로운 시각으로 전환시키는 핵심 메시지를 제시한다. 이어지는 ③, ④번 뒤의 문장에서는 이 새로운 시각이 실제로 어떻게 작동하며, 실패를 학습과 성장의 기회로 바꿀 수 있는지를 구체적으로 설명한다. 따라서 주어진 문장이 들어갈 위치로 가장 적절한 것은 ③이다.

지문해석

우리는 종종 실패를 두려워하도록 배운다. 즉, 실패를 어떤 대가를 치르더라도 피해야 하며, 그것을 약함의 표시로 여겨야 한다고 배운다. (①) 그 결과, 많은 사람들이 위험을 감수하거나 새로운 것을 시도하는 것을 꺼리게 된다. (②) 이러한 사고방식은 개인의 성장을 제한할 뿐만 아니라, 실험을 처벌하는 문화를 만들기도 한다. (③ 실패는 수치심이 아니라 호기심을 가지고 접근할 때, 우리에게 가장 큰 스승 중 하나가 될 수 있다.) 그러나 실패 자체가 본질적으로 해로운 것은 아니며, 중요한 것은 우리가 실패에 어떻게 대응하느냐이다. (④) 세계에서 가장 혁신적인 발견들 중 일부는, 반복되는 실패를 통해 귀중한 통찰을 얻은 결과로 나타났다.

어휘

- approach 접근하다, 다루다, 처리하다
- curiosity 호기심, 알고자 하는 마음
- shame 수치심, 부끄러움
- fear 두려움, 공포
- at all costs 어떤 희생을 치르더라도, 기어코
- weakness 약점, 결점
- shy away from (~을) 피하다, 꺼리다
- mindset 사고방식, 마음가짐
- experimentation 실험, 새로운 시도
- inherently 본질적으로, 타고난

독해 끝판왕 500제 · 후반부

57 정답 ③ 난이도 ★★★☆☆

해설

이 글은 만사 무사의 순례와 그로 인한 금 배포가 말리 제국과 주변 지역의 경제에 미친 영향에 대해 설명한다. ②번 뒤의 문장은 만사 무사가 카이로와 메디나 같은 도시에서 막대한 양의 금을 나누어 준 '원인 행위'를 설명하고, ③번 뒤의 문장은 '아이러니하게도 황제의 자선 행위가 그가 방문한 곳에 재앙적 경제 영향을 미쳤다'고 그 결과를 요약한다. 주어진 문장은 '이 갑작스럽고 막대한 금의 유입이 그 지역의 금 가치를 떨어뜨려, 10년 이상 지속된 심각한 경제 위기를 초래했다'는 내용으로 ②번 뒤의 문장의 원인과 ③번 뒤의 문장의 요약 사이에 위치해, 금 가치 폭락이라는 구체적 경제적 재앙을 설명하는 역할을 한다. 따라서 주어진 문장이 들어갈 위치로 가장 적절한 것은 ③이다.

지문해석

말리 제국은 서아프리카에 위치한 세계 역사상 가장 부유한 제국 중 하나였으며, 이는 주로 지역 금 생산을 광범위하게 통제했기 때문이다. 그 부의 명성은 14세기 황제 만사 무사의 순례 기록을 통해 주로 유럽과 중동으로 퍼졌다. (①) 메카로 향하는 여정에서, 만사 무사의 카라반에는 수만 명의 사람과 막대한 양의 금을 실은 낙타들이 포함되어 있었다고 전해진다. (②) 그는 이 금을 가난한 사람들에게 자선으로 나누어 주고, 카이로와 메디나를 포함한 경유 도시의 통치자들에게 선물로 베풀었다. (③ <u>이 갑작스럽고 막대한 금의 유입은 그 지역의 금 가치를 떨어뜨려, 10년 이상 지속된 심각한 경제 위기를 초래했다.</u>) 아이러니하게도, 황제의 자선 행위는 그가 방문한 지역에 재앙적인 경제적 영향을 미쳤다. (④) 이 사건은 한 개인의 행위가 지역 경제에 심대한 혼란을 초래한 드문 역사적 사례로 꼽힌다.

어휘

- influx 유입, 밀려 들어옴
- devalue 가치를 떨어뜨리다, 평가절하하다
- precious 귀중한, 값비싼
- crisis 위기, 중대한 문제
- pilgrimage 순례, 종교적 목적의 여행
- caravan (상행·무역용) 대형 행렬, 대상 운송단
- alms 자선금, 구호금
- catastrophic 치명적인, 대재앙의
- profound 깊은, 엄청난

58 정답 ③ 난이도 ★★★☆☆

해설

이 글은 디지털 과다 사용으로 인한 문제를 지적하고, 이에 대한 해법으로 디지털 미니멀리즘을 제안한다. ①, ②번 뒤의 문장에서는 스마트폰과 소셜미디어의 과도한 사용으로 나타나는 중독 현상과 부작용을 설명하며 문제 상황을 강조한다. 주어진 문장은 이러한 문제 제기 이후 등장하는 전환점으로, 디지털 미니멀리즘이라는 핵심 철학을 제시하여 글의 방향을 실천적 해결로 이끈다. 이어지는 ③, ④번 뒤의 문장에서는 이 철학을 바탕으로 일상에서 어떤 변화를 만들어낼 수 있는지를 구체적 질문과 제안의 형태로 풀어낸다. 따라서 주어진 문장이 들어갈 위치로 가장 적절한 것은 ③이다.

지문해석

우리 중 많은 사람들이 목적 의식보다는 습관 때문에 몇 시간씩 스크롤하고, 화면을 넘기며, 반응한다. (①) 알림은 끊임없이 우리의 주의를 진정으로 중요한 것에서 빼앗는다. (②) 시간이 지나면서 이런 습관은 집중력 저하, 정신적 피로, 그리고 자기 정체성의 단절감으로 이어진다. (③ <u>불필요한 디지털 요소를 줄이면 더 깊은 집중과 진정한 몰입을 위한 정신적 공간을 만들 수 있다.</u>) 그렇다면 디지털 삶을 단순화함으로써 우리의 주의를 되찾는다면 어떨까? (④) 알림을 끄고, 필요 없는 앱을 삭제하거나, 휴대폰 없는 시간을 정하는 작은 변화가 큰 차이를 만들어낼 수 있다.

어휘

- reduce 줄이다, 축소하다, 낮추다
- digital clutter 디지털 잡동사니, 불필요한 디지털 정보
- authentic 진정한, 진짜의
- scroll 화면을 위아래로 움직이다, 스크롤하다
- swipe 화면을 손가락으로 넘기다, 문지르다
- habit 습관, 버릇
- notification 알림, 공지
- fragmented 단편화된, 조각난
- reclaim 되찾다, 회복하다

59 정답 ② 난이도 ★★☆☆☆

해설

이 글은 정보 비대칭으로 인한 역선택 문제와 그로 인한 시장 실패, 그리고 이를 완화하기 위한 노력에 대해 설명한다. ①번 뒤의 문장은 중고차 시장에서 질이 낮은 차(레몬)를 가진 판매자가 차를 팔 동기가 더 크다는 사례를 보여준다. 주어진 문장은 바로 이 문제를 '역선택'이라고 명명하고, 앞서 설명된 구체적 상황에 대한 학술적 정의를 제공한다. 이 정의가 있어야 ②번 뒤의 문장의 '결과적으로, 시장에 나와 있는 중고차의 평균 품질이 감소한다'는 내용이 논리적으로 이해된다. 즉, 역선택 때문에 좋은 차는 시장에서 사라지고 나쁜 차만 남게 되는 것이다. 따라서 주어진 문장이 들어갈 위치로 가장 적절한 것은 ②이다.

지문해석

많은 시장 거래에서는 한쪽이 다른 쪽보다 더 많은 정보를 가지고 있어 "비대칭 정보"가 발생한다. 대표적인 예가 중고차 시장으로, 판매자가 자신의 차량에 대해 구매자보다 더 많이 알고 있는 경우이다. (①) 질이 낮은 차("레몬")를 가진 판매자는 이를 팔 가능성이 높고, 질이 높은 차를 가진 판매자는 이를 보유할 가능성이 높다. (② <u>이 문제는 역선택이라고 알려져 있으며, 정보가 더 많은 쪽이 자신의 이익을 위해 이를 활용할 동기가 있기 때문에 발생하며, 정보가 적은 쪽에 손해를 줄 수 있다.</u>) 결과적으로, 시장에 나와 있는 중고차의 평균 품질은 떨어지고, 이를 인지한 구매자들은 높은 가격을 지불하려 하지 않는다. (③) 이로

인해 실제 가치가 제대로 인식되지 않아 좋은 상품이 시장에서 퇴출되는 시장 실패가 발생할 수 있다. (④) 이를 방지하기 위해, 보증서나 제3자 검수와 같은 장치가 종종 도입된다.

어휘

- adverse 불리한, 해로운, 반대의
- selection 선택, 선발, 선별
- incentive 유인, 장려책, 동기
- advantage 이점, 유리한 조건
- asymmetric 비대칭의, 균형이 맞지 않는
- transaction 거래
- lemon (중고차 등에서) 불량품, 결함 있는 상품
- consequently 결과적으로, 따라서
- warranty 보증서, 품질 보증

60 정답 ① 난이도 ★★☆☆☆

해설

이 글은 성평등 정책을 둘러싼 사회적 반응의 이중성을 설명한다. ①번 문장 앞에서는 주제(성평등의 가치)를 제시한 직후, 주어진 문장이 들어가 찬성 측의 관점을 먼저 제시한다. 이어 ①번 문장 뒤에서 구체적 정책 사례(직장 할당제, 육아휴직 지원, 교육 캠페인 등)를 언급하며 구체화한다. ②번 문장 뒤에서는 반대 시각(과도한 표준화·불공정 우려)로 전환되고, 이후 이런 찬·반의 긴장이 공적 논쟁으로 표출됨을 정리하고, 정책적 과제를 제시하며 글을 마무리한다. 따라서 주어진 문장이 들어갈 위치로 가장 적절한 것은 ①이다.

지문해석

현대 민주사회에서 성평등은 종종 핵심 가치로 여겨진다. (① <u>일부 사람들에게는 성평등을 촉진하는 정책이 역사적 불의와 제도적 불균형을 시정하기 위한 오래된 노력을 대표한다고 여겨진다.</u>) 여기에는 직장 내 할당제, 육아휴직 지원, 교육 캠페인과 같은 정책이 포함된다. (②) 그러나 다른 사람들에게는, 성별 중심 정책이 도를 넘거나 심지어 불공정하게 작용하여 분열을 강화할 수 있다고 여겨진다. (③) 공공 논쟁은 이러한 긴장을 반영하며, 일부는 더 강력한 조치를 요구하고 다른 일부는 신중함을 촉구한다. (④) 정부와 기관은 이제 포용을 촉진하면서 공정성과 효과성에 대한 우려를 동시에 해결해야 하는 과제에 직면해 있다.

어휘

- gender 성별, 남녀
- overreach 도를 넘다
- reinforce 강화하다, 지지하다
- division 분열, 구분
- equity 공평, 형평
- quota 할당량, 배정
- parental 부모의, 양육 관련
- inclusion 포함, 포용
- systemic 체계적인, 조직 전체에 걸친

61 정답 ② 난이도 ★★★☆☆

해설

이 글은 균류가 환경 복원에 미치는 긍정적 역할을 강조한다. ①번 뒤의 문장은 균류가 오염과 토양 황폐화에 대응하는 동맹으로 떠오른 사실을 알리고, ②번 뒤의 문장은 기존 인공 화학물질 의존 복원법과 달리, 균사의 네트워크가 자연적 분해 과정으로 작동한다는 점을 구체적으로 설명한다. 주어진 문장은 ①번 뒤의 문장의 내용을 이어받아 균류의 기능과 중요성을 더 자세히 밝힘으로써, 자연적 복원 과정을 소개하는 ②번 뒤의 문장과 가장 자연스럽게 연결된다. 따라서 주어진 문장이 들어갈 위치로 가장 적절한 것은 ②이다.

지문해석

지속 가능성에 대한 논의는 종종 태양광 패널이나 전기차에 집중되지만, 우리 발밑에서는 조용한 혁명이 일어나고 있다. (①) 환경 문제 논의에서 오랫동안 간과되어 온 균류가 오염과 토양 황폐화에 대응하는 강력한 동맹으로 떠오르고 있다. (② <u>균류는 리그닌과 일부 석유 기반 오염물질과 같은 단단한 유기 화합물을 분해할 수 있기 때문에, 생태 복원에서 핵심적인 역할을 하는 존재로 점점 인식되고 있다.</u>) 많은 기존 인공 화학물질에 의존하는 복원 방법과 달리, 균사 네트워크는 분해와 영양 순환이라는 자연적 과정을 통해 작동한다. (③) 이 지하 생물군은 독소를 흡수할 뿐만 아니라 토양 구조를 개선하여 장기적인 생태적 회복력을 촉진한다. (④) 과학자들이 생태계에서 균류가 수행하는 다양한 역할을 계속 밝혀내면서, 환경 위기 해결에 있어 그들의 잠재력은 점점 무시할 수 없게 되었다.

어휘

- fungi (fungus의 복수형) 균류
- break down 분해하다, 해체하다
- organic 유기체의, 유기농의
- pollutant 오염물질, 공해물질
- ecological 생태학적, 생태계의
- restoration 회복, 복원
- overlook 간과하다, 못 보고 지나치다
- remediation 교정, 복원, 정화
- decomposition 분해, 부패
- resilience 회복력, 탄력성

62 정답 ② 난이도 ★★★★☆

해설

이 글은 예술이 단순히 사회를 반영하는 것을 넘어, 인간 경험의 깊은 차원을 표현하는 중요한 수단임을 강조한다. ①번 뒤의 문장은 예술이 감정과 추상적 상태를 표현하는 능력을 언급하고 있으며, 삽입문장은 이를 확장하여 예술이 형언하기 어려운 인간 경험을 가시화하는 수단임을 설명한다. 주어진 문장은 ①, ②번 뒤의 문장 사이에 자연스럽게 들어가며, 예술 해석의 한계를 지적하는 ②번 뒤의 문장으로 논리를 연결한다. 따라서 주어진 문장이 들어갈 위치로 가장 적절한 것은 ②이다.

지문해석

예술은 오랫동안 문화의 반영으로 인식되어 왔으며, 특정 시대의 신념, 투쟁, 열망에 대한 통찰을 제공한다. (①) 하지만 단순한 기록적 가치 이상의 의미에서, 예술은 언어로는 종종 표현할 수 없는 감정, 직관, 추상적 상태를 표현할 수 있는 능력을 지닌다. (② **이러한 의미에서 예술적 표현은 단순히 사회를 비추는 거울이 아니라, 인간 경험의 말로 심오한 차원을 가시화하는 수단이 된다.**) 이 때문에 예술 작품을 문자 그대로 또는 정치적 관점에서만 해석하면, 그 작품의 전체적 영향력을 파악하는 데 한계가 있을 수 있다. (③) 고대 조각에서 현대 설치미술에 이르기까지 위대한 예술은 종종 즉각적인 역사적 맥락을 초월하여, 여러 문화와 세대를 넘어 관객에게 울림을 준다. (④) 예술을 단지 사회적 현실의 기록으로만 접근하는 것은, 인간 조건을 전달하는 더 깊은 기능을 간과하는 것이다.

어휘

- artistic 예술적인, 미술의
- expression 표현, 표현력
- mirror 반영, 거울
- ineffable 형언할 수 없는, 말로 표현할 수 없는
- render 나타내다, 표현하다
- aspiration 열망, 염원
- literal 문자 그대로의, 글자 그대로의
- transcend 초월하다, 능가하다
- resonate 공명하다, 울려 퍼지다
- conduit 전달 수단, 통로

63 정답 ③ 난이도 ★★★★★

해설

이 글은 깨진 유리창 이론을 설명한다. ②번 뒤의 문장은 '깨진 유리창'이라는 비유가 그래피티, 쓰레기, 버려진 차와 같은 다른 방치의 신호들로 확장될 수 있음을 설명한다. 주어진 문장은 "이것은"이 이러한 방치 신호들이 잠재적 범죄자들에게 해당 지역의 사회적 통제가 약하다는 신호를 보내어, 범죄를 상대적으로 덜 위험한 시도로 인식하게 만든다는 점을 밝힌다. 이는 방치된 무질서가 실제 범죄로 이어지는 심리적 메커니즘을 제공한다. 이 설명이 있어야만 ③번 뒤의 문장의 "사소한 위반과 무질서의 신호들이 걷잡을 수 없이 번져 무법의 분위기로 이어질 수 있다"는 주장이 설득력을 갖게 된다. 따라서 주어진 문장이 들어갈 위치로 가장 적절한 것은 ③이다.

지문해석

"깨진 유리창" 이론은 1982년 James Q. Wilson과 George L. Kelling이 제안한 대표적인 범죄학 이론이다. 이 이론은 범죄, 반사회적 행동, 시민적 무질서의 가시적 징후가 도시 환경을 조성하여 더 심각한 범죄를 유발할 수 있다고 주장한다. (①) 이 이론은 깨진 유리창을 비유로 사용한다. 건물의 창문이 수리되지 않고 방치되어 있으면 아무도 신경 쓰지 않는다는 신호를 보내며, 더 많은 창문을 깨는 것도 비용이 들지 않는다는 의미가 된다. (②) 이 개념은 그래피티, 쓰레기, 버려진 차량 등 다른 방치의 징후로도 확장될 수 있다. (③ **이는 잠재적 범죄자들에게 해당 지역의 사회적 통제가 약하다는 신호를 보내어, 범죄가 상대적으로 덜 위험한 시도로 인식되게 만든다.**) 이러한 관점에서 사소한 위반과 무질서의 징후가 방치되면, 이는 걷잡을 수 없이 무법 상태로 확산될 수 있다. (④) 따라서 이 이론은 질서 유지와 사소한 범죄 단속에 초점을 맞춘 치안 전략을 지지하며, 이를 통해 더 심각한 범죄로의 확산을 예방하고자 한다.

어휘

- signal 신호, 신호를 보내다, 알리다
- offender 범죄자, 위반자
- social control 사회 통제, 사회 규범 유지
- weak 약한, 취약한
- crime 범죄, 위법 행위
- endeavor 노력, 시도, 애씀
- criminological 범죄학의
- theory 이론, 학설, 원리
- metaphor 은유, 비유적 표현
- neglect 방치, 소홀히 하다, 무시하다
- escalation 점증, 확대, 심화

64 정답 ④ 난이도 ★★★☆☆

해설

이 글은 아프리카 코끼리 보호 문제와 이를 해결하기 위한 국가별 접근 방식을 설명한다. ①, ②, ③번 뒤의 문장은 사냥 금지와 국립공원 조성 등 공공 자산으로서의 보호 정책과 그 한계를 보여주며, 코끼리 개체 수 감소 문제를 강조한다. 주어진 문장은 대부분의 국가와 달리 보츠와나, 짐바브웨, 남아프리카공화국이 코끼리의 개인 소유권을 허용한 특수한 정책을 소개하여, 앞서 언급된 문제와 해결책에 대한 추가적 맥락을 제공한다. ④번 뒤의 문장은 이러한 소유권을 가진 개인들이 코끼리를 보호하고 활용하는 구체적 방법을 설명하며, 주어진 문장과 자연스럽게 이어진다. 따라서 주어진 문장이 들어갈 위치로 가장 적절한 것은 ④이다.

지문해석

자연 자원의 과도한 사용에 대한 일반적인 해결책 중 하나는 개인에게 사적 소유권을 부여하는 것이다. 아프리카의 많은 코끼리 서식국에서는 코끼리를 실제로 소유한 사람이 없다. 이로 인해 코끼리는 과도하게 사냥당하는 경우가 많아 현재 멸종 위기에 처해 있다. (①) 많은 국가가 코끼리를 보호하기 위해 사냥이 금지된 국립공원을 조성하려 시도했다. (②) 그러나 이러한 사냥 금지 조치에도 불구하고 코끼리 개체 수는 계속 감소하고 있다. (③) 예를 들어, 10년 전 아프리카에는 100만 마리가 넘는 코끼리가 있었지만, 지금은 그 수가 절반 이상 줄어들었다. (④ **대부분의 국가가 코끼리를 공공 자산으로 유지하는 것과 달리, 보츠와나, 짐바브웨, 남아프리카공화국은 개인이 코끼리를 소유할 권리를 부여했다.**) 이 개인 소유 코끼리들은 번식시키고 보호하여, 후에 상아용, 규제된 공원에서의 트로피 사냥용, 혹은 전 세계 동물원으로 판매될 수 있다.

어휘

- elephant 코끼리
- publicly owned 공공 소유의, 국가 소유의
- private citizen 개인, 사인
- overuse 남용, 과도한 사용
- natural resource 천연자원, 자연 자원
- hunt 사냥하다, 추적하다, 사냥
- disappear 사라지다, 소멸하다
- national park 국립공원, 보호구역
- ban 금지하다, 금지령
- ivory 상아, 상아 제품

65 정답 ② 난이도 ★★★★☆

해설

이 글은 유럽이 향신료 무역을 중심으로 아시아로 가는 새로운 해상 항로를 개척하게 된 역사적 배경과 그 결과로 경제 권력이 변화한 과정을 설명한다. 주어진 문장은 '이 귀중한 상품들은 유럽 열강이 아시아로 가는 새로운 해상 항로를 개척하려는 주된 동기였다'고 말한다. 여기서 "These valuable commodities"는 서두에서 언급된 계피, 정향, 육두구 등의 향신료를 가리킨다. ①번 뒤의 문장은 기존 육상 무역로의 단점을 설명하며 '왜 새로운 항로를 찾아야 했는가'에 대한 배경을 제공하고, ②번 뒤의 문장은 "이러한 전통적인 경로를 우회하려는 욕구가 탐험의 시대를 촉발했다"고 말한다. 주어진 문장은 ①번 뒤의 문장의 문제점과 ②번 뒤의 문장의 욕구 사이에서, 그 '욕구'의 핵심 대상이 바로 향신료였음을 명확히 밝혀주는 역할을 한다. 따라서 주어진 문장이 들어갈 위치로 가장 적절한 것은 ②이다.

지문해석

중세부터 근세 초기까지 번성했던 향신료 무역은 세계 경제를 움직이는 주요 동력이었다. 계피, 정향, 육두구와 같은 향신료는 주로 동남아시아 섬에서 재배되었으며, 유럽에서는 음식에 맛을 내고, 고기를 보존하며, 약으로 사용하기 위해 매우 귀하게 여겨졌다. (①) 그러나 실크로드와 같은 육상 경로는 길고 위험했으며, 여러 중개인이 통제하고 있어 유럽 시장에서 향신료의 최종 가격이 천문학적으로 높았다. (② **이러한 귀중한 상품들은 유럽 열강이 아시아로 가는 새로운 해상 항로를 개척하려는 주된 동기였다.**) 전통적인 경로를 우회하고 향신료의 원산지에 직접 접근하려는 욕구는 탐험 시대를 촉발했다. (③) 이로 인해 바스코 다 가마는 1498년 아프리카를 돌아 인도로 가는 항로를 성공적으로 개척하여 향신료 무역의 직접 해상 경로를 열었다. (④) 결과적으로 이러한 무역 경로의 변화는 경제 권력의 균형을 크게 바꾸어, 지중해 무역을 지배하던 이탈리아 도시국가에서 포르투갈과 스페인과 같은 나라로 이동하게 만들었다.

어휘

- commodity 상품, 물품
- maritime 해양의, 바다와 관련된
- establish 설립하다, 확립하다
- prized 소중히 여겨지는, 높이 평가되는
- overland 육로를 통한, 육상에서의
- astronomical 천문학적인, 매우 큰
- bypass 우회하다, 회피하다
- voyage 항해, 긴 여행
- exploration 탐험, 탐사

66 정답 ④ 난이도 ★★★☆☆

해설

이 글은 구텐베르크의 인쇄술 발명이 가져온 역사적 변화를 설명한다. ③번 뒤의 문장에서 인쇄술 덕분에 '책과 팸플릿이 훨씬 더 넓은 대중에게 접근 가능하게 되었다'고 언급한다. 주어진 문장은 "그 결과"로 시작하며, 이러한 접근성 확대가 가져온 직접적인 사회적 파급 효과, 즉 '문해율이 급증하고, 사상이 전례 없는 속도와 범위로 순환될 수 있었다'는 점을 설명한다. 이어서 ④번 뒤의 문장은 '이러한 기술적 변화가 종교개혁이나 과학혁명 같은 더 큰 사회 변혁을 촉진했다'고 결론짓는다. 따라서 주어진 문장이 들어갈 위치로 가장 적절한 것은 ④이다.

지문해석

요하네스 구텐베르크가 15세기 중반 발명한 인쇄술은 서구사에서 중요한 전환점이 되었다. 인쇄술 발명 이전에는 책이 희귀하고 비쌌으며, 필사자가 손으로 정성껏 복사해야 했다. (①) 이 과정은 느리고 오류가 발생하기 쉬워 지식의 확산이 소수 엘리트 집단에만 국한되었다. (②) 그러나 인쇄술 덕분에 훨씬 저렴한 비용으로 책을 대량으로 제작할 수 있게 되었다. (③) 그 결과, 책과 팸플릿이 훨씬 더 넓은 대중에게 접근 가능해졌다. (④ **그 결과,**

식자율이 급증했고, 사상은 교회나 국가와 같은 전통적 권력자의 통제를 우회하여 전례 없는 속도와 범위로 확산될 수 있었다.) 이러한 기술적 변화는 종교개혁과 과학혁명과 같은 주요 사회 변혁을 촉진했으며, 이는 새로운 사상과 비판이 널리 교류된 덕분이었다.

어휘
- literacy rate 식자율, 국민 중 글을 아는 사람들의 비율
- surge 급증하다, 급격한 증가
- circulate (정보, 아이디어가) 퍼지다, 유통되다
- bypass 우회하다, (절차, 제한) 피하다
- gatekeeper 중간 관리인, 정보나 권한을 통제하는 사람
- printing press 인쇄기
- meticulously 꼼꼼하게, 세심하게
- dissemination (정보, 지식의) 전파, 보급
- technological shift 기술적 변화, 기술 혁신
- reformation 개혁, 개선

67 정답 ④   난이도 ★★★☆☆

해설
이 글은 자카드 직기가 현대 컴퓨터의 선구자적 역할을 했음을 설명한다. ③번 뒤의 문장까지는 천공 카드를 이용해 직기가 어떻게 복잡한 패턴을 자동으로 짜는지를 구체적으로 보여준다. 주어진 문장은 '천공 카드에 담긴 암호화된 명령으로 기계를 제어하는 이 개념'이 현대 컴퓨터 프로그래밍의 기초 원리로 간주된다고 말하며, 19세기 기술의 역사적 의의를 명확히 한다. 이 설명이 있은 뒤에야 ④번 뒤의 문장에서 "따라서"라는 결론 연결어를 사용해, 이 직조 기계가 디지털 시대를 형성한 중요한 아이디어를 담고 있었음을 자연스럽게 요약하고 마무리할 수 있다. 따라서 주어진 문장이 들어갈 위치로 가장 적절한 것은 ④이다.

지문해석
전자식 컴퓨터가 등장하기 훨씬 이전에, 자동 계산을 향한 중요한 진전이 섬유 산업에서 이루어졌다. 1804년, Joseph Marie Jacquard는 복잡한 무늬를 자동으로 직조할 수 있는 직기를 발명했다. (①) 그의 발명의 핵심은 교체 가능한 천공 카드 시스템이었다. (②) 각 카드는 디자인의 한 줄에 대응하며, 카드의 특정 지점에 구멍이 있거나 없느냐에 따라 해당 실이 들어 올려지거나 내려지는지를 제어했다. (③) 이러한 카드를 순서대로 연결하면, 직기는 인간 직공보다 훨씬 빠르고 정확하게 정교한 무늬를 만들어낼 수 있었다. (④ 천공 카드에 담긴 암호화된 명령으로 기계를 제어하는 이 개념은 현대 컴퓨터 프로그래밍의 기초 원리로 간주된다.) 따라서 이 19세기 직조 기계는 이후 디지털 시대를 형성하는 중요한 아이디어를 담고 있었다.

어휘
- concept 개념, 원리
- coded 부호화된, 암호화된
- instruction 지시, 명령
- foundational 기초적인, 근본이 되는
- automated 자동화된, 기계로 처리되는
- loom 직기, 직물을 짜는 기계
- punched card 천공 카드, 펀치 카드
- intricate 복잡한, 정교한
- sequence 연속, 순서

68 정답 ③   난이도 ★★★★☆

해설
이 글은 바로크 미술에서 빛의 사용을 설명한다. ②번 뒤의 문장은 카라바조 같은 화가들이 '대상을 거의 완전한 어둠 속에 두고, 특정 방향에서 오는 단 하나의 강한 광원으로 비추었다'고 구체적으로 묘사한다. 주어진 문장은 ②번 뒤의 문장의 내용을 받아, 빛과 그림자 사이의 극명한 대비를 '키아로스쿠로'라는 전문 용어로 정의하고, 이를 통해 입체감과 극적인 효과를 만들어낸다고 설명한다. 이 기법에 대한 정의와 효과가 제시된 후에야, ③번 뒤의 문장에서 특정 작품인 '성 마태를 부르심'을 예로 들어, 빛줄기가 신의 부르심을 상징하며 극적인 효과를 구현하는 방식을 보여주는 것이 자연스럽다. 따라서 주어진 문장이 들어갈 위치로 가장 적절한 것은 ③이다.

지문해석
바로크 미술은 17세기 초부터 18세기 중반까지 유럽에서 번성했으며, 극적 표현, 감정, 웅장함이 특징이다. 이 시기 화가들은 르네상스 시대의 조화와 균형에서 벗어나 보다 역동적이고 강렬한 구도를 추구했다. (①) 이를 구현하기 위해 사용된 가장 중요한 기법 중 하나는 빛의 혁신적 사용이었다. (②) 카라바조와 같은 화가들은 피사체를 거의 완전한 어둠 속에 두고, 특정 방향에서 오는 하나의 강한 광원으로 비추었다. (③ 빛과 그림자 사이의 이 극명한 대비, 즉 키아로스쿠로는 입체감을 형성하고 인체를 모델링하며 강력한 극적 효과를 만들어낸다.) 예를 들어, 그의 작품 "성 마태를 부르심"에서는 빛줄기가 그리스도의 손짓을 따라 마태를 비추며 신의 부르심 순간을 상징한다. (④) 이러한 극적인 빛의 사용은 바로크 미술의 특징이 되었고, 이후 수많은 화가들에게 영향을 미쳤다.

어휘
- stark 뚜렷한, 극명한, 황량한
- contrast 대조, 차이
- chiaroscuro 명암 대비 기법
- volume 입체감, 부피
- model 형태를 만들다, 본뜨다
- dramatic 극적인, 감정을 자극하는
- grandeur 웅장함, 장엄함
- dynamic 역동적인, 변화가 많은
- composition 구성, 작품의 구조
- illuminate 밝게 비추다, 계몽하다
- hallmark 특징, 품질, 보증

69 정답 ③ 난이도 ★★★★☆

해설

이 글은 피진어가 크리올어로 발전하는 과정을 설명한다. ②번 뒤의 문장은 피진어를 '누구에게도 모국어가 아니며, 제한된 어휘와 일관성 없는 문법을 가진 임시방편의 언어'라고 정의한다. 주어진 문장은 피진어를 사용하는 공동체에서 아이들이 이를 모국어로 습득할 때, 토착화 과정을 거쳐 피진어가 크리올어로 발전한다고 설명한다. 즉, 2세대 아이들이 언어를 모국어로 채택하는 결정적 전환 과정을 보여준다. 이러한 설명이 제시된 후에야 ③번 뒤의 문장에서 이 새로운 언어, 즉 크리올어가 자체적인 일관된 문법 규칙을 가진 완전히 발달한 언어라는 특징을 설명하는 것이 논리적으로 가능하다. 따라서 주어진 문장이 들어갈 위치로 가장 적절한 것은 ③이다.

지문해석

언어는 끊임없이 진화하며, 특히 강한 언어 접촉 상황에서는 완전히 새로운 언어가 탄생하기도 한다. 이는 서로 다른 언어 배경을 가진 사람들이 의사소통을 해야 하는 상황, 예를 들어 식민지 농장이나 교역소에서 흔히 발생한다. (①) 처음에는 두 개 이상의 집단 사이에서 문법적으로 단순화된 의사소통 수단인 '피진어'가 발달할 수 있다. (②) 피진어는 누구에게도 모국어가 아니며, 제한된 어휘와 일관성 없는 문법을 가진 임시방편의 언어이다. (③ <u>이 피진어 사용 공동체에서 태어난 아이들이 그것을 모국어로 습득하면, 토착화 과정이 일어나 피진어가 크리올어로 변화한다.</u>) 이 새로운 언어는 자체적인 일관된 문법 규칙과 더 큰 어휘를 가진 완전히 발달된 복합 언어가 된다. (④) 프랑스어와 서아프리카 언어 간 접촉에서 발전한 아이티 크리올어가 이러한 언어의 대표적인 예이다.

어휘

☐ pidgin 피진어 (서로 다른 언어의 사람들이 의사소통을 위해 만든 혼성어)
☐ creole 크리올어 (피진어가 특정 집단의 모국어가 된 언어)
☐ nativization 모국어화
☐ acquire 습득하다, 배우다
☐ grammar 문법, 언어 구조
☐ vocabulary 어휘, 단어 목록
☐ simplified 단순화된, 간소화된
☐ emerge 나타나다, 발생하다
☐ consistent 일관된, 변함없는
☐ prominent 중요한, 저명한, 눈에 띄는

70 정답 ③ 난이도 ★★★☆☆

해설

이 글은 성인의 뇌도 신경가소성을 통해 경험과 학습에 따라 변화할 수 있다는 사실을 설명한다. ②번 뒤의 문장은 '새로운 언어를 배우는 활동이 새로운 신경 연결을 만들 수 있다'고 설명하며 뇌의 변화 현상을 묘사한다. 주어진 문장은 이 현상을 받아 '신경가소성'이라고 명명하며, 앞 문장에서 언급된 특정 현상을 학술적으로 정의하는 역할을 한다. 이어서 ③번 뒤의 문장은 신경가소성의 구체적 예시로 런던 택시 기사들의 해마 크기 변화를 보여준다. 따라서 주어진 문장이 들어갈 위치로 가장 적절한 것은 ③이다.

지문해석

오랫동안 과학자들은 성인의 뇌는 본질적으로 고정되어 있어, 일정 나이가 지나면 그 구조와 신경 경로가 변하지 않는다고 믿었다. (①) 그러나 현대 연구는 이러한 구식 관점을 뒤집었다. (②) 연구에 따르면 새로운 언어를 배우거나, 악기를 연주하거나, 심지어 뇌 손상에서 회복하는 활동조차도 새로운 신경 연결을 만들어낼 수 있다. (③ <u>이 능력은 신경가소성으로 알려져 있으며, 뇌가 정적인 기관이 아니라 경험에 반응하여 스스로 재조직할 수 있는 역동적 시스템임을 보여준다.</u>) 예를 들어, 런던 택시 기사들은 복잡한 도시 지도를 암기해야 하는데, 이들의 해마(기억과 관련된 뇌 영역)가 유의미하게 더 큰 것으로 나타났다. (④) 이 발견은 우리의 일상 활동과 노력조차 뇌의 물리적 구조를 실제로 형성할 수 있음을 시사한다.

어휘

☐ neuroplasticity 신경가소성
☐ dynamic 역동적인, 변할 수 있는
☐ reorganize 재조직하다, 구조를 새롭게 배열하다
☐ fixed 고정된, 변하지 않는
☐ neural 신경의, 신경계와 관련된
☐ pathway 경로, 신경로
☐ memorize 기억하다, 암기하다
☐ hippocampus 해마
☐ overturn 뒤집다, 폐지하다
☐ structure 구조, 조직

07 순서 배열 유형 정답 및 해설

Answer

01 ③	02 ②	03 ④	04 ④	05 ④
06 ③	07 ④	08 ③	09 ③	10 ③
11 ①	12 ③	13 ②	14 ③	15 ①
16 ③	17 ③	18 ③	19 ④	20 ②
21 ④	22 ③	23 ②	24 ③	25 ②
26 ④	27 ④	28 ②	29 ③	30 ④
31 ③	32 ④	33 ④	34 ③	35 ④
36 ③	37 ③	38 ③	39 ④	40 ③
41 ③	42 ④	43 ③	44 ③	45 ③
46 ③	47 ④	48 ③	49 ②	50 ②
51 ③	52 ③	53 ②	54 ③	55 ②
56 ③	57 ④	58 ②	59 ③	60 ②
61 ②	62 ②	63 ②	64 ③	65 ③
66 ②	67 ③	68 ②	69 ②	70 ③

01 정답 ③   난이도 ★★☆☆☆

해설
주어진 문장은 '수면의 중요성이 간과되고 있다'는 문제 제기이며, 이어지는 문장은 수면 부족이 구체적으로 어떤 문제를 일으키는지를 설명해야 한다. 따라서 (B)에서는 수면 부족으로 인한 단기적 영향(집중력 저하, 면역력 약화 등)을 설명하고, (C)에서는 이러한 영향이 누적되어 만성 질환 위험으로 이어진다는 장기적 문제를 다룬다. 마지막으로 (A)는 문제 해결을 위한 실천 방안(규칙적인 취침 시간 유지 등)을 제시하며 글을 마무리한다. 따라서 글의 순서로 가장 적절한 것은 ③이다.

지문해석
수면은 정신적·신체적 건강에 결정적인 역할을 하지만, 여전히 가장 흔히 무시되는 웰빙 요소 중 하나이다.
(B) 사람들이 충분한 수면을 취하지 못하면 집중력 저하, 면역력 약화, 감정적 반응성 증가를 경험한다.
(C) 이러한 효과는 시간이 지날수록 누적되어 심장 질환, 당뇨, 우울증 같은 만성 질환의 위험을 높인다.
(A) 규칙적인 취침 시간과 편안한 환경을 통해 수면을 우선시하는 것은 장기적인 건강에 필수적이다.

어휘
☐ critical 대단히 중요한, 필수적인, 비판적인
☐ neglect 소홀히 하다, 방치하다, 무시하다, 등한시하다
☐ adequate 충분한, 적절한
☐ concentration 집중력, 농축
☐ immune 면역의, 면역력이 있는, 영향을 받지 않는, 면제된
☐ chronic 만성적인, 오래 지속되는, 끊임없이 반복되는

02 정답 ②   난이도 ★★☆☆☆

해설
주어진 문장은 "위기 시기, 소규모 사업체는 지역 경제의 혁신과 회복력을 이끈다"고 논의를 시작한다. 이어지는 (B)에서는 구체적 사례로서 "코로나19 팬데믹 동안 음식점들이 배달, 밀키트, SNS 등을 통해 유연하게 적응했다"고 제시하며 주장의 실제 예시를 보여준다. 그 다음 (A)는 이러한 전략들이 생존뿐만 아니라 공동체 결속과 고객 충성도까지 강화했다는 점을 강조하며 B의 구체적 행동에 대한 효과를 확장한다. 마지막으로 (C)는 보다 넓은 결과 차원으로 전환하여, 강한 소상공 네트워크를 가진 지역 경제가 대기업 의존 지역보다 더 빠르게 회복되었다고 결론지으며 글을 마무리한다. 따라서 글의 순서로 가장 적절한 것은 ②이다.

지문해석
소규모 사업체는 특히 위기 시기에 지역 경제에서 혁신과 회복력을 이끄는 경우가 많다.
(B) 코로나19 팬데믹 동안, 많은 소규모 음식점들이 배달, 밀키트 판매, 소셜미디어 활용 등으로 변화에 적응했다.
(A) 이러한 유연한 전략들은 사업체가 생존하는 데 도움을 주었을 뿐 아니라 지역 사회 연대와 고객 충성도도 강화했다.
(C) 그 결과, 강력한 소상공 네트워크를 갖춘 지역 경제는 대형 체인에 의존하던 지역보다 더 빠르게 회복되었다.

어휘
☐ innovation 혁신, 획기적 변화
☐ resilience 회복력, 탄성
☐ crisis 위기, 중대한 고비
☐ adapt 적응하다, 조정하다
☐ flexible 융통성 있는, 잘 구부러지는
☐ afloat (사업이) 빚지지 않고 유지되는, 떠 있는
☐ dependent 의존하는, ~에 좌우되는

03 정답 ④   난이도 ★★★☆☆

해설
주어진 문장은 "플라스틱 오염이 해양 생물과 인간 건강에 영향을 미치는 심각한 환경 문제"라는 문제 제기로 글을 시작한다. 이어서 (C)에서는 이 문제를 해결하기 위한 구체적인 정책 대응 사례를 소개하며 전개를 이어간다. 플라스틱 병 보증금 제도나 일회용품 금지와 같은 정책적 해결책이 제시된다. (B)에서는 이러한 정책이 실제로 나타낸 긍정적 효과를 설명하며, 수로 내 쓰레기 감소와 시민의 재활용 행동 변화 등 성과 중심의 내용을 다룬다. 마지막으로 (A)는 앞으로의 전망을 제시하며, 글로벌 인식 확산에 따른 유사 정책의 확산 가능성을 언급하며 글을 마무리한다. 따라서 글의 순서로 가장 적절한 것은 ④이다.

지문해석

전 세계 바다의 플라스틱 오염은 해양 생물과 인간 건강 모두에 영향을 미치는 심각한 환경 문제로 떠올랐다.
(C) 이 문제를 해결하기 위해 몇몇 국가는 플라스틱 병 보증금 반환 제도를 도입하고 일회용 플라스틱을 금지했다.
(B) 이러한 조치들은 수로 내 쓰레기를 줄이고 시민들의 재활용 행동을 유도하는 등 긍정적인 효과를 이미 보여주고 있다.
(A) 전 세계적으로 인식이 확산됨에 따라, 더 많은 정부들이 생태계를 보호하기 위한 유사한 정책을 도입할 가능성이 높다.

어휘

- pollution 오염
- marine 바다의, 해양 생물의
- combat (문제에) 맞서 싸우다, 방지하다
- introduce 도입하다, 소개하다
- deposit 보증금, 예치금
- ban 금지하다, 법으로 막다
- single-use 일회용의, 한 번 사용하는
- adopt 채택하다, 입양하다

04 정답 ④ 난이도 ★★★☆☆

해설

주어진 문장은 '친절한 행동이 주는 사람과 받는 사람 모두의 행복에 긍정적인 영향을 준다'는 주장을 중심으로 전개된다. 먼저 (C)에서는 작은 친절을 실천한 사람들이 실제로 더 행복해졌다는 연구 결과를 소개한다. 이어서 (B)에서는 그 친절을 받은 사람들 역시 사회적 유대감이 증가하고 스트레스가 감소했다는 점을 설명하며, 친절의 효과가 양방향임을 강조한다. 마지막으로 (A)에서는 이 두 사례를 바탕으로 '일상에서 친절을 실천하는 것이 정서적 건강에 도움이 된다'는 결론을 제시하며 글을 마무리한다. 따라서 글의 순서로 가장 적절한 것은 ④이다.

지문해석

아무리 작더라도 친절한 행동은 주는 사람과 받는 사람 모두의 행복을 크게 향상시킬 수 있다.
(C) 한 연구에서, 문을 잡아주거나 감사 편지를 쓰는 등의 단순한 친절 행위를 실천한 참가자들은 단 일주일 후 더 큰 행복감을 보고했다.
(B) 그런 행동을 받은 사람들 또한 사회적 유대감이 증가하고 스트레스가 감소하는 효과를 경험했다.
(A) 이러한 연구 결과는 일상에 친절을 실천하는 것이 정서 건강을 높이는 강력한 도구가 될 수 있음을 시사한다.

어휘

- significantly 상당히, 의미 있게
- improve 향상시키다, 개선하다
- well-being 행복, 안녕
- participant 참가자, 참여자
- perform 수행하다, (행동을) 하다
- connection 연결, 인간적 유대감
- enhance 향상시키다, 강화하다

05 정답 ④ 난이도 ★★★☆☆

해설

주어진 문장은 전통적인 교실 교육의 한계를 언급하며, 유연한 대안 교육 모델이 인기를 얻고 있다고 소개한다. 이를 구체적으로 뒷받침하는 내용이 (C)로, 대표적인 대안 교육 방식인 몬테소리 학교의 특징 – 학생 주도의 학습 활동 – 을 예시로 들어 설명한다. 이어서 (B)에서는 (C)와 대비되는 전통 교육의 특성을 언급하며 두 방식의 차이를 부각한다. 마지막으로 (A)에서는 이러한 두 방식의 장단점을 모두 고려한 하이브리드 교육 방식을 탐색하는 최근 교육계의 흐름을 제시하며 글을 마무리한다. 따라서 글의 순서로 가장 적절한 것은 ④이다.

지문해석

전통적인 교실 수업은 구조화된 수업과 표준화된 시험을 중시하지만, 대안 교육 모델은 그 유연성 덕분에 점점 인기를 얻고 있다.
(C) 예를 들어 몬테소리 학교에서는 학생들이 스스로 학습 활동을 선택하고 자신의 속도에 맞춰 공부하는 것이 장려된다.
(B) 반면에 전통 교육은 학생들을 나이별로 묶고 개인의 요구보다 획일성을 우선시하는 경향이 있다.
(A) 효과적인 학습 방식에 대한 논의가 계속되면서, 많은 교육자들은 두 체계의 강점을 결합한 하이브리드 방식을 모색하고 있다.

어휘

- emphasize 강조하다, 두드러지게 하다
- structured 체계적인, 조직적인
- standardized 표준화된, 획일적인
- alternative 대안적인, 기존과 다른
- flexibility 유연성, 융통성
- conventional 전통적인, 관습적인
- uniformity 획일성, 동일성
- explore 탐구하다, 조사하다

06 정답 ③ 난이도 ★★★☆☆

해설

주어지 문장은 '우주 쓰레기가 증가하고 있다는 문제의식'을 제시하며 시작한다. 이어지는 (C)에서는 이러한 쓰레기들이 실제로 어떤 위험을 초래하는지를 구체적으로 설명하여 문제의 심각성을 강조한다. 다음 문장인 (A)에서는 이러한 위협에 대응하기 위한 기술적 노력, 즉 우주 쓰레기 제거 기술의 개발을 소개한다. 마지막으로 (B)에서는 이러한 기술이 성공할 경우 미래에 미칠 긍정적인 영향을 전망하며 글을 마무리한다. 따라서 글의 순서로 가장 적절한 것은 ③이다.

지문해석

지구 궤도를 도는 우주 쓰레기의 증가는 과학자들과 인공위성 운영자들에게 시급한 문제로 떠올랐다.
(C) 작동을 멈춘 위성과 로켓 추진체의 잔해들은 현재 작동 중인 우주선과 국제우주정거장에 충돌 위험을 안기고 있다.
(A) 이러한 위협에 대응하기 위해, 엔지니어들은 로봇팔이나 그물과 같은 우주 쓰레기 수거 기술을 개발하고 있다.
(B) 이러한 기술이 성공한다면, 지구 궤도의 보다 안전하고 지속 가능한 이용을 가능하게 만들 수 있을 것이다.

어휘

- debris 파편, 잔해
- orbit 궤도를 돌다, 궤도
- pressing 시급한, 긴급한
- concern 우려, 관심사
- defunct 지금은 사용되지 않는, 소멸한
- pose (위협·문제 등) 제기하다, 자세를 취하다
- capture 붙잡다, 포획하다
- sustainable 지속 가능한, 유지 가능한

07 정답 ④   난이도 ★★★☆☆

해설

주어진 문장은 창의적 활동이 개인과 사회 모두에 긍정적인 영향을 미친다고 말하며 시작한다. 이어지는 (C)에서는 개인 수준에서 창의적 활동이 문제 해결력과 정서 회복력 향상에 도움을 준다는 연구 결과를 제시한다. 다음으로 (B)에서는 이러한 창의성이 공동체 전체에 미치는 긍정적 영향, 즉 사회적 결속력 강화와 혁신 촉진을 설명하며 관점을 확대한다. 마지막으로 (A)에서는 위 두 내용을 바탕으로 창의적 실천을 일상에 통합할 필요성을 강조하며 글을 마무리한다. 따라서 글의 순서로 가장 적절한 것은 ④이다.

지문해석

창의성은 개인의 삶을 풍요롭게 할 뿐 아니라 사회 발전에도 크게 기여한다.
(C) 연구에 따르면, 그림 그리기나 글쓰기 같은 창의적 활동에 참여하면 문제 해결 능력과 정서적 회복력이 향상된다.
(B) 더욱이, 창의적 표현을 장려하는 공동체는 사회적 결속력과 혁신 수준이 더 높게 나타난다.
(A) 이러한 통찰은 개인과 집단의 성장을 위해 일상생활에 창의적 실천을 통합하는 것이 중요함을 강조한다.

어휘

- enrich 풍요롭게 하다, 질을 높이다
- contribute 기여하다, 원인이 되다
- significantly 상당히, 의미 있게
- societal 사회의, 사회적인
- progress 발전, 진전
- engage 참여하다, 끌어들이다
- enhance 향상시키다, 강화하다
- resilience 회복력, 탄성
- foster 촉진하다, 양육하다
- cohesion 결속, 응집력

08 정답 ③   난이도 ★★★☆☆

해설

주어진 문장은 인쇄기의 발명이 지식 전파의 역사에서 결정적 전환점이 되었음을 밝히며 시작하고, 이후 구체적 역사적 사실로 전개될 것임을 예고한다. (C)에서는 구텐베르크 성경이라는 역사적 사건을 소개하며 인쇄 기술의 실제 적용을 보여주고, 이를 통해 지식 접근성이 획기적으로 향상되었음을 설명한다. 이어지는 (A)에서는 인쇄 기술이 유럽 전역으로 확산되면서 문해율 증가와 사상 전파 촉진 등 사회 전반의 변화를 강조한다. 마지막으로 (B)에서는 이러한 변화가 르네상스와 종교개혁 같은 대규모 지적·사회적 운동으로 이어졌음을 보여주며 글을 마무리한다. 따라서 글의 순서로 가장 적절한 것은 ③이다.

지문해석

15세기 중반 발명된 인쇄기는 지식의 보급 역사에서 중대한 전환점을 이뤘다.
(C) 1455년, 요하네스 구텐베르크는 최초로 인쇄된 성경을 제작했고, 그로 인해 책은 그 어느 때보다 쉽게 접근할 수 있게 되었다.
(A) 인쇄 기술이 유럽 전역으로 확산되면서 문해율이 상승하고, 아이디어가 훨씬 빠르고 널리 퍼질 수 있게 되었다.
(B) 이러한 지식의 민주화는 이후 수세기 동안 르네상스와 종교개혁 같은 움직임에 불을 지폈다.

어휘

- printing press 인쇄기
- invent 발명하다, 고안하다
- mark 표시하다, 특징짓다
- turning point 전환점, 중요한 분기점
- dissemination 보급, 유포
- produce 만들어 내다, 생산하다
- accessible 접근 가능한, 이용 가능한
- spread 퍼지다, 확산되다
- literacy 읽고 쓸 줄 아는 능력, 학식
- democratization 민주화, 대중화

09 정답 ③   난이도 ★★★☆☆

해설

주어진 문장은 음악 스트리밍 플랫폼이 음악 감상 방식을 변화시켰다는 전제로 시작한다. (B)에서는 기존 라디오 중심 시스템과 달리 알고리즘이 개인 맞춤형 음악을 추천하는 새로운 구조를 설명하며 구체적 변화를 보여준다. 이어지는 (C)에서는 이러한 변화가 인디 뮤지션에게 기회를 제공하고 음악 시장의 다양성을 확대했다는 긍정적 결과를 제시한다. 마지막으로 (A)에서는 이 모든 흐름을 정리하며 스트리밍 서비스의 사회적·문화적 영향력을 강조하며 글을 마무리한다. 따라서 글의 순서로 가장 적절한 것은 ③이다.

지문해석

음악 스트리밍 플랫폼은 사람들이 새로운 아티스트를 발견하고 감상하는 방식을 근본적으로 바꿔놓았다.
(B) 전통적으로는 라디오 방송국이 인기곡을 결정했지만, 이제는 알고리즘이 청취자의 선호도와 행동을 바탕으로 맞춤 추천을 제공한다.
(C) 이러한 변화 덕분에 인디 뮤지션들도 대형 기획사의 지원 없이도 주목을 받을 수 있게 되었고, 음악 시장은 더욱 다양해지고 있다.
(A) 결과적으로 스트리밍 서비스는 단순한 엔터테인먼트 수단을 넘어서, 문화 트렌드와 소비 습관을 형성하는 영향력 있는 도구가 되고 있다.

어휘

☐ streaming 스트리밍, 온라인 실시간 전송
☐ fundamentally 근본적으로, 본질적으로
☐ discover 발견하다, 알아내다
☐ engage 참여하다, 관여하다
☐ platform 플랫폼, 기반
☐ algorithm 알고리즘, 연산 규칙
☐ personalize 개인화하다, 맞춤화하다
☐ recommendation 추천, 권고
☐ visibility 가시성, 주목도
☐ diverse 다양한, 다채로운

10 정답 ③   난이도 ★★☆☆☆

해설

주어진 문장은 보편적 기본소득(UBI)이 불평등과 일자리 상실 문제를 해결할 새로운 방식으로 주목받고 있다는 내용으로 시작한다. 이어지는 (B)에서는 지지자들의 입장을 소개하며, 기본소득이 개인의 재정 안정성과 창의적 활동을 촉진할 수 있다는 장점을 제시한다. 그에 대한 반론으로 (C)에서는 반대론자들의 우려를 다루며, 도입 비용과 근로 의욕 저하라는 단점을 언급한다. 마지막으로 (A)에서는 찬반 논의 속에서 실제로 UBI의 효과를 확인하려는 시범 사례를 소개하며 글을 마무리한다. 따라서 글의 순서로 가장 적절한 것은 ③이다.

지문해석

보편적 기본소득(UBI)은 불평등과 일자리 상실 문제에 대응하기 위한 논쟁적인 제안으로 떠올랐다.
(B) 지지자들은 모든 시민에게 고정 수입을 제공하면 재정적 안정성이 보장되고 창의적이거나 창업적인 활동이 장려된다고 주장한다.
(C) 반면에, 비판론자들은 UBI 도입 비용이 너무 크고 노동 의욕을 저해할 수 있다고 우려한다.
(A) 핀란드, 캐나다 등의 여러 시범 사업은 고용과 삶의 질에 대한 실제 영향을 조사하고 있다.

어휘

☐ universal 보편적인, 전 세계적인
☐ basic 기본적인, 근본적인
☐ income 수입, 소득
☐ emerge 나타나다, 부상하다
☐ controversial 논란이 되는, 이견이 있는
☐ proposal 제안, 계획
☐ inequality 불평등, 부등
☐ displacement 대체, 이동
☐ proponent 지지자, 옹호자
☐ disincentive 의욕을 꺾는 것

11 정답 ①   난이도 ★★★☆☆

해설

주어진 문장은 '재생 에너지와 화석연료를 비교하는 이야기'로 시작한다. 따라서 두 에너지원의 특징을 차례로 살펴보는 구성이 필요하다. 먼저 (A)에서는 재생 에너지의 장점을 설명하며 비교 대상 중 하나를 먼저 제시한다. 이어 (C)에서는 '그러나'라는 표현으로 화석연료의 현실적 강점을 소개하며 대조 구조를 만든다. 마지막으로 (B)에서는 앞서 살펴본 두 에너지의 장단점을 바탕으로, 정부가 균형 잡힌 에너지 정책을 수립해야 한다는 결론으로 글을 마무리한다. 따라서 글의 순서로 가장 적절한 것은 ①이다.

지문해석

재생 가능 에너지원은 종종 화석 연료와 효율성, 비용, 환경 영향 측면에서 비교된다.
(A) 태양광과 풍력 에너지는 직접적인 배출이 없으며 기술 발전에 따라 점점 더 가격 경쟁력을 갖추고 있다.
(C) 그렇다 하더라도 화석 연료는 기존 인프라와 안정적인 에너지 공급력으로 인해 여전히 세계 에너지 사용의 대부분을 차지한다.
(B) 각 에너지원의 강점과 한계를 이해하는 것은 미래의 균형 잡힌 에너지 정책 수립에 도움이 된다.

어휘

- renewable 재생 가능한, 다시 사용할 수 있는
- fossil fuel 화석 연료
- efficiency 효율, 능률
- cost 비용, 가격
- environmental 환경의, 환경과 관련된
- impact 영향, 충격
- produce 생산하다, 만들어내다
- competitive 경쟁력 있는, 경쟁적인
- infrastructure 사회 기반 시설, 조직 구조
- output 산출, 생산량

12 정답 ③ 난이도 ★★★☆☆

해설

주어진 문장은 소아마비 백신 개발이 과학이 질병을 정복한 대표적 사례임을 서술하며 시작한다. 이어 (C)에서는 1950년대 초 조너스 소크 박사의 대규모 임상시험을 소개하며 백신 개발 과정을 구체적으로 설명한다. 다음으로 (A)에서는 백신의 안전성과 효과가 입증되자 전국적인 예방 접종이 시작되고 환자 수가 급격히 감소한 결과를 제시한다. 마지막으로 (B)에서는 현재 상황을 정리하며, 소아마비가 대부분 지역에서 근절되었고 전 세계 퇴치도 가까워졌음을 결론으로 글을 마무리한다. 따라서 글의 순서로 가장 적절한 것은 ③이다.

지문해석

소아마비 백신의 개발은 의학사에서 중요한 이정표로, 과학이 치명적인 질병을 극복할 수 있음을 보여준다.
(C) 1950년대 초, 조너스 소크 박사는 소아마비 백신을 대규모로 실험했으며, 백만 명 이상의 어린이가 '소아마비 개척자'라는 이름으로 참여했다.
(A) 1955년 백신이 안전하고 효과적이라는 발표가 나자, 전국적인 예방 접종 캠페인이 시작되어 소아마비 환자 수는 급감했다.
(B) 오늘날 지속적인 예방접종 덕분에 소아마비는 대부분의 지역에서 근절되었고, 전 세계 퇴치도 눈앞에 두고 있다.

어휘

- development 발전, 개발
- polio 소아마비
- vaccine 백신, 예방주사
- landmark 획기적인 사건, 이정표
- illustrate 보여주다, 설명하다
- overcome 극복하다, 이겨내다
- devastating 파괴적인, 엄청난
- declare 선언하다, 공표하다
- campaign 캠페인, 조직적 활동
- eradicate 근절하다, 박멸하다
- immunization 예방접종, 면역화

13 정답 ② 난이도 ★★★☆☆

해설

주어진 문장은 "학생들이 온라인 정보에 지속적으로 노출되는 시대에 미디어 문해력이 교육의 핵심이 되어야 한다"고 주제를 제시한다. 이어 (B)에서는 이와 관련된 문제점을 설명하고, (A)에서는 교육적 대응의 효과를 강조하며 비판적 미디어 평가가 정보 기반 판단과 디지털 시민성에 기여함을 설명한다. 마지막으로 (C)에서는 실천적 측면에서 학교 교육의 변화를 제안하며, 커리큘럼에 사실 확인, 편향 인식, 미디어 분석 등을 포함해야 한다고 주장하며 글을 마무리한다. 따라서 글의 순서로 가장 적절한 것은 ②이다.

지문해석

학생들이 끊임없이 온라인 정보에 노출되고 있는 오늘날, 미디어 문해력은 현대 교육의 핵심 요소가 되어야 한다.
(B) 적절한 교육이 없으면, 청소년은 신뢰할 수 있는 출처와 허위 정보를 구별하는 데 어려움을 겪을 수 있다.
(A) 그러나, 학생들에게 미디어를 비판적으로 평가하는 법을 가르치면, 정보에 기반한 결정을 내리고 책임 있는 디지털 시민이 되도록 도울 수 있다.
(C) 학교는 커리큘럼을 조정해 미디어 분석, 사실 확인 능력, 디지털 콘텐츠 속 편향 인식 등을 포함시켜야 한다.

어휘

- media 매체, 미디어
- literacy 읽고 쓸 줄 아는 능력, 이해력
- core 핵심, 중심
- component 구성 요소, 부품
- expose 드러내다, 노출시키다
- critically 비판적으로, 신중하게
- evaluate 평가하다, 판단하다
- credible 신뢰할 수 있는, 믿을 만한
- misinformation 잘못된 정보, 허위 정보
- bias 편견, 치우침

14 정답 ③ 난이도 ★★★★☆

해설

주어진 문장은 '진정한 자유'에 대한 철학적 관점을 설명하며, 자유는 단순한 제약의 부재가 아니라 이성에 따른 자기 결정임을 주장한다. (C)에서는 두 핵심 전제인 도덕적 추론과 자율성을 제시하고, (A)에서는 칸트의 입장을 예시로 설명하며, (B)에서는 이를 개인의 행동과 연결해 구체적으로 글을 마무리한다. 따라서 글의 순서로 가장 적절한 것은 ③이다.

지문해석

진정한 자유는 제약의 부재가 아니라 이성적 원칙과의 일치에서 비롯된다는 개념은 오랫동안 철학적 담론의 중심을 이루어 왔다.
(C) 이 관점은 두 가지 핵심 사상에 기반한다: 첫째, 도덕적 추론은 주관적 욕망을 초월한다는 점, 둘째, 이성적 주체성은 진정한 자율성을 가능케 한다는 점이다.
(A) 자유를 충동에 따른 행동 허용으로 보기보다, 칸트와 같은 철학자들은 자율성이 이성에 의해 안내되는 자기 입법에서 비롯된다고 주장했다.
(B) 이 관점에 따르면, 인간은 강제나 변덕이 아닌, 스스로에게 부과한 보편적 도덕 법칙에 따라 행동할 때 가장 자유롭다.

어휘

- concept 개념, 관념
- freedom 자유, 자율
- arise 발생하다, 생기다
- constraint 제약, 제한
- alignment 정렬, 일치
- rational 합리적인, 이성적인
- principle 원칙, 원리
- discourse 담론, 토론
- autonomy 자율성, 독립성
- transcend 초월하다, 능가하다

15 정답 ① 난이도 ★★★☆☆

해설

주어진 문장은 표절 문제를 해결하기 위해 법적 조치만으로는 충분하지 않다는 주장을 담고 있다. (A)에서는 법적 조치의 한계를 구체 사례와 함께 설명하고, (B)에서는 이러한 한계가 창작 산업 전반에 미치는 부정적 영향을 다룬다. (C)에서는 이에 대한 대안으로 예방 중심의 해결책을 제시하며 글을 마무리한다. 따라서 글의 순서로 가장 적절한 것은 ①이다.

지문해석

대중문화에서의 표절 문제는 단지 법적 조치만으로는 충분하지 않다.
(A) 법적 대응은 대부분 피해가 발생한 후에 이뤄지며, 원작자에게 온전히 명예나 수익을 돌려주지 못하는 경우가 많다.
(B) 게다가 이런 행위는 대중의 창작 산업에 대한 신뢰를 약화시키며, 소비자들은 자신이 소비하는 것이 진짜 창작인지 의심하게 된다.
(C) 그렇기 때문에, 표절을 사전에 예방하기 위해서는 윤리 교육과 산업 내 투명성을 강화하는 노력이 필요하다.

어휘

- growing 증가하는, 커지는
- concern 우려, 관심사
- plagiarism 표절, 도용
- popular culture 대중문화, 인기 문화
- legal 법적인, 합법적인
- measure 조치, 수단
- restore 회복하다, 복구하다
- credit 공로, 신용
- erode 침식하다, 약화시키다
- transparency 투명성, 명료성

16 정답 ③ 난이도 ★★☆☆☆

해설

주어진 문장은 감성 지능(EI)의 개념을 소개한 뒤, 그 구성 요소를 설명하고, 마지막으로 구체적인 사례를 통해 EI의 실제적 중요성을 보여주는 구조로 이루어져 있다. 먼저 (B)에서는 EI의 네 가지 핵심 구성 요소(자기 인식, 자기 관리, 사회적 인식, 관계 관리)를 제시하여 전체적인 틀을 마련한다. 이어 (C)에서는 첫 번째 요소인 '자기 인식'의 정의와 중요성을 구체적으로 설명한다. 마지막으로 (A)는 리더와 일반인의 사례를 통해 감성 지능의 수준 차이가 성과에 어떤 영향을 미치는지를 언급하며 마무리한다. 따라서 글의 순서로 가장 적절한 것은 ③이다.

지문해석

감성 지능(EI)이라는 개념은 자신과 타인의 감정을 인식하고, 통제하며, 평가할 수 있는 능력을 의미한다. 이것은 개인적·직업적 성공을 위해 매우 중요한 기술이다.
(B) 이러한 능력은 자기 인식, 자기 관리, 사회적 인식, 관계 관리의 네 가지 핵심 요소로 나눌 수 있다.
(C) 각 요소는 이전 요소를 바탕으로 쌓인다. 그중 자기 인식은 기초가 되는 능력으로, 자신의 감정이 자신의 생각과 행동에 어떤 영향을 미치는지 인식하는 것을 말한다.
(A) 예를 들어, 감성 지능이 높은 리더는 팀의 역학 관계를 더 잘 관리하고 구성원을 동기부여할 수 있는 반면, 감성 지능이 낮은 사람은 대인관계에서 어려움을 겪을 수 있다.

어휘

- perceive 인식하다, 감지하다
- evaluate 평가하다, 감정하다
- self-awareness 자기 인식
- self-management 자기 관리
- dynamic 역학, 관계
- interpersonal 대인 관계의

17 정답 ③ 난이도 ★★★☆☆

해설

주어진 문장은 기후 변화가 여전히 심각하게 악화되고 있음을 지적하며, 그 원인을 설명할 필요가 있음을 밝힌다. 이어서 (C)에서는 기존 대응 노력들이 효과를 거두지 못하는 이유를 구체적으로 서술한다. (A)에서는 이러한 상황으로 인해 정부가 책임을 회피하게 되는 구조적 문제를 설명한다. 마지막으로 (B)에서는 문제를 해결하기 위한 실질적인 대응책을 제시하며 글을 마무리한다. 따라서 글의 순서로 가장 적절한 것은 ③이다.

지문해석

국제 협약과 대중 인식 캠페인에도 불구하고 기후 변화는 계속 가속화되고 있다.
(C) 이러한 노력들은 선의로 이루어진 것이긴 하나, 명확한 목표와 강제 가능한 약속이 부족하여 효과가 충분하지 않았다.
(A) 이처럼 명확성이 부족하면 많은 정부가 아무런 결과 없이 행동을 미루게 되고, 이는 기후 대응에 대한 신뢰를 약화시킨다.
(B) 따라서 구체적인 목표를 가진 정책을 채택하고, 지도자들이 약속을 지키도록 엄격한 감시 체계를 시행하는 것이 필수적이다.

어휘

- climate 기후, 분위기
- change 변화, 변동
- accelerate 가속하다, 촉진하다
- agreement 협정, 합의
- campaign 캠페인, 조직적 활동
- lack 결핍, 부족
- goal 목표, 목적
- enforce 시행하다, 집행하다
- commitment 약속, 헌신
- monitoring 감시, 관찰

18 정답 ③ 난이도 ★★★☆☆

해설

주어진 문장은 디지털 미디어가 예술의 형태를 어떻게 변화시켰는지를 소개한다. 이어서 (B)에서는 전통 예술과 디지털 예술의 기술적 차이를 비교하고, (C)에서는 이러한 차이로 인해 나타나는 접근성과 감성적 경험의 차이를 분석한다. 마지막으로 (A)에서는 두 예술 형태가 공유하는 본질적 특성을 강조하며, 대조적 논의를 종합적으로 정리하며 글을 마무리한다. 따라서 글의 순서로 가장 적절한 것은 ③이다.

지문해석

예술은 크게 진화해 왔으며, 디지털 미디어는 우리가 예술을 창작하고 경험하는 방식을 변화시켰다.
(B) 캔버스나 물감 같은 물리적 재료를 필요로 하는 전통 예술과 달리, 디지털 예술은 소프트웨어 도구에 의존하며 무한히 수정하거나 온라인으로 공유될 수 있다.
(C) 이러한 변화는 예술을 더 접근 가능하고 협업적으로 만들었지만, 일부는 전통 예술에서 느낄 수 있는 촉각적 존재감과 유일성이 부족하다고 주장한다.
(A) 그럼에도 불구하고, 두 형식 모두 인간의 창의성과 감정을 표현하며, 매체가 달라져도 예술의 핵심 목적은 변하지 않는다.

어휘

- evolve 진화하다, 발전하다
- significantly 상당히, 의미 있게
- digital 디지털의, 컴퓨터 기반의
- reshape 재형성하다, 바꾸다
- experience 경험하다, 체험하다
- accessible 접근 가능한, 이용할 수 있는
- collaborative 협력적인, 공동의
- tactile 촉각의, 만질 수 있는

19 정답 ④ 난이도 ★★★☆☆

해설

주어신 분상은 플라스틱 오염을 줄이기 위한 두 가시 주요 내안을 소개한다. 이어서 (C)에서는 생분해성 플라스틱의 작동 원리와 장점을 설명하고, (B)에서는 재활용 플라스틱의 이점과 서로 대비되는 접근 방식을 다룬다. 마지막으로 (A)에서는 두 대안이 현실에서 마주하는 한계점을 종합적으로 분석하며 글을 마무리한다. 따라서 글의 순서로 가장 적절한 것은 ④이다.

지문해석

플라스틱 오염 문제에 대처하기 위한 노력으로 두 가지 주요 대안이 등장했다: 생분해성 플라스틱과 재활용 플라스틱이다.
(C) 생분해성 플라스틱은 미생물 작용을 통해 자연스럽게 분해되도록 설계되어, 매립지에서의 장기 폐기물 문제를 줄일 수 있다.
(B) 반면 재활용 플라스틱은 여러 차례 처리되어 재사용될 수 있도록 고안되었으며, 이는 원자재와 에너지 수요를 줄이는 데 기여한다.
(A) 하지만 두 방법 모두 한계가 있다. 생분해성 플라스틱은 특정 조건에서만 제대로 분해되며, 재활용 플라스틱도 오염이나 시설 부족으로 인해 실제로는 재활용되지 않는 경우가 많다.

어휘
- pollution 오염, 공해
- crisis 위기, 위험
- alternative 대안, 선택지
- emerge 나타나다, 부상하다
- biodegradable 생분해성의, 분해될 수 있는
- recyclable 재활용 가능한, 다시 이용 가능한
- decompose 분해되다, 썩다
- contamination 오염, 혼입
- infrastructure 사회 기반 시설, 구조

20 정답 ② 난이도 ★★★☆☆

해설

주어진 문장은 "시간 개념이 서양과 원주민 문화에서 다르며, 이러한 차이가 역사와 진보에 대한 관점에 영향을 준다"는 주제 제시로 글을 시작한다. (A)에서는 서양의 시간 개념을 구체적으로 설명하며, 시간을 직선적으로 인식하고 진보와 연대기적 기록을 중시한다고 밝힌다. 이에 대응하여 (C)에서는 원주민 문화의 시간 인식을 대조적으로 제시하며, 시간을 순환적이고 의례·서사적으로 본다고 설명한다. 마지막으로 (B)에서는 이 두 문화의 시간관 차이가 단순한 개념적 차이를 넘어 역사 해석, 지속가능성, 문화 보존 방식 등 실질적인 영역에까지 영향을 미친다고 정리하며 글을 마무리한다. 따라서 글의 순서로 가장 적절한 것은 ②이다.

지문해석

시간에 대한 개념은 서양 문화와 원주민 문화 간에 크게 다르며, 이는 각 문화가 역사와 진보를 바라보는 방식에 영향을 준다.
(A) 서양 사회는 종종 시간을 연속적으로 인식하며, 진보, 혁신, 연대기적 기록을 중시한다.
(C) 반면, 많은 원주민 공동체는 시간을 순환적인 것으로 보며, 과거·현재·미래가 신성한 의례와 이야기 속에 얽혀 있다고 본다.
(B) 이러한 세계관의 차이는 역사 해석뿐 아니라 지속가능성이나 문화 보존 방식에도 영향을 미친다.

어휘
- differ 다르다, 구별되다
- significantly 상당히, 의미 있게
- shape 형성하다, 영향을 미치다
- history 역사, 과거 사건
- progress 진보, 발전
- perceive 인식하다, 여기다
- linearly 연속적으로
- chronological 연대순의, 시간 순서대로 된
- cyclical 주기적인, 순환하는

21 정답 ④ 난이도 ★★★☆☆

해설

주어진 문장은 다리의 색상에 대한 논의가 있었다는 사실을 언급하며 글을 시작하여 독자의 흥미를 끈다. 이어서 (C)에서는 미국 해군이 제안한 색상과 그 선택 이유를 상세히 설명하여 당시 고려된 기준과 목적을 보여준다. 다음으로 (B)에서는 그 제안에 대한 일부 사람들의 비판적 반응을 소개하며, 다양한 의견과 논쟁의 존재를 보여준다. 마지막으로 (A)에서는 최종적으로 결정된 색상과 그 선택 이유를 제시하며, 논의 과정을 종합적으로 정리하고 글을 마무리한다. 따라서 글의 순서로 가장 적절한 것은 ④이다.

지문해석

샌프란시스코의 골든게이트 브리지가 1930년대에 설계되던 당시, 다리의 색상을 무엇으로 할지를 두고 많은 논의가 있었다.
(C) 미국 해군은 안개 낀 날의 충돌을 방지하기 위해 다리를 노란색과 검은색 줄무늬로 칠할 것을 제안했다.
(B) 하지만 일부 사람들은 그 색이 다리를 너무 산업적이고 거칠게 보이게 만든다고 생각했다.
(A) 결국 건축가 어빙 모로는 "인터내셔널 오렌지"라는 색을 선택했는데, 이는 시선을 끌면서도 주변 자연경관과 잘 어울리는 색상이었기 때문이다.

어휘
- debate 논쟁하다, 토론하다
- paint 칠하다, 채색하다
- eventually 결국, 최종적으로
- architect 건축가, 설계자
- select 선택하다, 고르다
- eye-catching 눈길을 끄는, 매력적인
- suitable 적합한, 알맞은
- natural 자연의, 천연의
- industrial 산업의, 공업의
- collision 충돌, 부딪침

22 정답 ③ 난이도 ★★★☆☆

해설

주어진 문장은 청년 실업 문제가 장기간 지속되며 심각한 사회적 이슈로 대두되고 있음을 제기한다. 이어서 (B)는 그 핵심 원인으로 청년과 노동시장의 요구 사이에 존재하는 기술 격차 문제를 지적한다. (C)에서는 이러한 문제를 해결하기 위한 제도적 접근으로 교육과정의 개편과 직업 훈련 강화 방안을 소개한다. 마지막으로 (A)에서는 학생들이 실제 산업 현장에서 경험을 쌓을 수 있도록 현장 실습을 확대하는 실질적 지원 방안을 제시하며 글을 마무리한다. 따라서 글의 순서로 가장 적절한 것은 ③이다.

지문해석

청년 실업은 많은 선진국에서 여전히 시급한 문제이며, 특히 경제적 불확실성이 클 때 더욱 그렇다.
(B) 그 주요 원인 중 하나는, 청년들이 학교에서 배우는 기술과 고용주들이 실제로 원하는 자격 요건 사이에 큰 차이가 있다는 점이다.
(C) 이 격차를 해소하기 위해 정부와 교육기관은 협력하여 노동 시장의 실제 수요를 반영한 교육과정을 설계해야 한다.
(A) 또한 인턴십과 견습 프로그램을 확대하면 학생들이 실무 경험을 쌓을 수 있어 학교에서 직장으로의 전환이 더 원활하고 효과적으로 이루어질 수 있다.

어휘

- youth 청년, 젊은이
- unemployment 실업, 일자리 없음
- pressing 긴급한, 시급한
- developed 선진국의, 발달된
- economic 경제의, 재정상의
- uncertainty 불확실성, 모호함
- mismatch 불일치, 부조화
- qualification 자격, 능력
- internship 인턴십, 실습
- apprenticeship 도제 제도, 견습 기간

23 정답 ③   난이도 ★★★★☆

해설

주어진 문장은 "전쟁의 이름과 길이"라는 흥미로운 사실을 통해 글을 시작하며 독자의 호기심을 자극한다. 이어서 (C)에서는 전쟁의 배경과 발단을 상세히 설명하여 갈등이 어떻게 시작되었는지를 보여준다. 다음으로 (A)에서는 군사적 전개와 주요 전투, 전략적 전환점 및 결말을 구체적으로 제시하여 사건의 진행 과정을 입체적으로 보여준다. 마지막으로 (B)에서는 전쟁의 결과와 역사적 의미, 정치적·사회적 영향 등을 종합적으로 정리하며 글을 마무리한다. 따라서 글의 순서로 가장 적절한 것은 ③이다.

지문해석

당신은 역사상 가장 짧은 전쟁이 단 38분밖에 지속되지 않았다는 사실에 놀랄 수도 있다. 그것은 앵글로-잔지바르 전쟁이라고 불리며, 1896년에 영국과 아프리카의 작은 섬나라 잔지바르 사이에서 벌어졌다.
(C) 이 전쟁은 잔지바르의 통치자가 사망한 직후에 시작되었다. 그의 사촌이 영국의 승인 없이 권력을 잡자, 영국은 그에게 사임을 요구했다. 그는 이를 거절하고 3천 명의 병사에게 궁전을 지키게 했다.
(A) 이에 영국은 군함 세 척을 보내 궁전을 포격했다. 공격은 수백 명을 사망하게 했고, 새 통치자는 도망쳤으며, 잔지바르는 곧 항복했다.
(B) 이 전투는 1시간도 채 안 되는 짧은 시간에 끝났지만, 그 결과로 잔지바르의 정치적 독립은 사실상 종료되었고, 영국의 지배는 강화되었다.

어휘

- recorded 기록된, 문서화된
- war 전쟁, 충돌
- Anglo-Zanzibar War 앵글로-잔지바르 전쟁
- take place 발생하다, 열리다
- ruler 통치자, 지배자
- seize power 권력을 잡다, 장악하다
- approval 승인, 허가
- prompt 유발하다, 자극하다
- bombard 폭격하다, 공격하다
- surrender 항복하다, 굴복하다

24 정답 ③   난이도 ★★★★☆

해설

주어진 문장은 가정용 퇴비 시스템 구축의 '첫 번째 단계'로 적절한 장소 선택을 제시하며 시작된다. 이어서 (B)는 '그 다음'이라는 연결어를 통해, 장소 선정 이후에 수행해야 할 녹색 재료와 갈색 재료를 번갈아 쌓는 재료 구성 단계를 구체적으로 설명한다. (C)는 '그러고 나서'라는 표현으로 자연스럽게 이어지며, 쌓아 올린 퇴비 더미에 물을 뿌리고 덮개를 씌우는 후속 조치를 안내한다. 마지막으로 (A)는 '몇 주 후에'라는 시간 경과 표현을 사용해, 초기 설정을 마친 퇴비 더미를 뒤집어 공기를 공급하는 관리 단계로 연결함으로써 글을 마무리한다. 따라서 글의 순서로 가장 적절한 것은 ③이다.

지문해석

성공적인 가정용 퇴비 시스템을 설치하기 위한 첫 번째 단계는 올바른 장소를 선택하는 것이다. 그늘지고 물이 잘 빠지는 곳으로, 접근하기는 쉽지만 집에서 너무 가깝지는 않은 곳이어야 한다.
(B) 그 다음, 재료를 층층이 쌓기 시작하라. 질소가 풍부한 과일 및 채소 찌꺼기와 같은 "녹색" 재료와, 탄소를 제공하는 마른 잎이나 판지와 같은 "갈색" 재료를 번갈아 가며 쌓는다.
(C) 그러고 나서, 축축한 스펀지 정도의 수분 함량을 갖도록 더미에 가볍게 물을 뿌려라. 적절한 수분은 분해 과정이 시작되는 데 필수적이다. 마지막으로, 열과 수분을 유지하기 위해 더미의 꼭대기를 덮어라.
(A) 몇 주 후에, 쇠스랑이나 삽으로 더미를 뒤집어 주어야 한다. 이 통기 과정은 폐기물을 분해하는 미생물에게 산소를 공급하는 데 매우 중요하다.

어휘

- set up 설치하다, 준비하다
- successful 성공적인, 성취한
- home composting 가정용 퇴비화
- location 위치, 장소

- shady 그늘진, 음영이 있는
- well-drained 배수가 잘 되는, 물빠짐이 좋은
- accessible 접근하기 쉬운, 이용 가능한
- layer 겹치다, 층을 이루다
- moisture 수분, 습기
- decomposition 분해, 부패
- microorganism 미생물, 작은 생물
- aeration 공기 공급, 통기

25 정답 ②   난이도 ★★★☆

해설

주어진 문장은 대부분의 사람들이 어릴 적 꿈을 결국 이루지 못한다는 사실을 전제로 글을 시작한다. (B)는 실현 가능성이 비교적 높은 직업의 예시와 관련 통계 자료를 제시하며, 꿈이 현실로 이어진 경우를 설명한다. 이에 대응하여 (A)는 실현 가능성이 낮은 직업군과 그 결과 실제로 선택하게 된 직종을 보여주며 성공과 좌절의 양면적 현실을 대비한다. 마지막으로 (C)는 꿈의 실현 여부가 개인의 삶의 만족도와 정체성에 어떤 영향을 미치는지를 분석하며 글을 마무리한다. 따라서 글의 순서로 가장 적절한 것은 ②이다.

지문해석

어린 시절의 꿈이 모두 현실이 되는 것은 아니다. 영국의 한 조사에 따르면, 성인의 약 96%가 자신이 어릴 적 꿈꾸던 직업이 아닌 일을 하고 있다고 답했다.
(B) 그 조사에 따르면 교사와 변호사는 비교적 달성 가능한 꿈이었다. 교사를 꿈꿨던 사람들 중 약 14%는 실제 교육 분야에서, 변호사를 꿈꿨던 사람들 중 같은 비율은 법률이나 보안 관련 분야에서 일하고 있었다.
(A) 반면, 운동선수나 배우를 꿈꿨던 사람들은 해당 분야로 진출할 가능성이 낮았다. 이들은 주로 접객업, 행사기획, 회계 같은 분야에서 일하고 있었다.
(C) 그렇다면, 어린 시절의 꿈을 이루는 것이 정말 중요한 일일까? 연구에 따르면 그렇다. 꿈의 직업에 종사하는 사람들의 만족도는 92%였고, 그렇지 않은 사람들은 84%에 그쳤다. 이는 꿈의 실현이 장기적인 행복에 영향을 줄 수 있음을 보여준다.

어휘

- childhood 어린 시절, 아동기
- dream 꿈, 희망
- reality 현실, 실제 상황
- survey 조사, 설문
- adult 성인, 어른
- achievable 달성 가능한, 실현 가능한
- fulfillment 성취, 완수
- impact 영향, 충격
- hospitality 환대, 서비스 산업
- event planning 행사 기획
- accounting 회계, 장부 관리
- satisfaction 만족, 만족감

26 정답 ④   난이도 ★★★★☆

해설

주어진 문장은 온라인 포럼이 실시간 토론과는 다른 방식으로 이루어지며, 그만큼 고유한 장단점을 가진다는 전제로 글을 시작한다. (C)는 포럼에서 논의가 어떤 방식으로 구조화되며 그로 인해 발생하는 장점을 설명하며 전개를 자연스럽게 이끈다. 이어서 (B)는 실제 게시글의 유형과 참여 방식의 사례를 제시해 내용을 구체화하고, 논의를 현실적인 맥락으로 확장한다. 마지막으로 (A)는 이러한 구조가 가지는 한계와 그로 인한 부작용을 지적하며 글을 마무리한다. 따라서 글의 순서로 가장 적절한 것은 ④이다.

지문해석

실시간으로 진행되는 토론과는 달리, 온라인 포럼에서는 사람들이 서로 다른 시간에 메시지를 게시하며 소통한다. 이러한 방식은 고유한 대화 구조를 형성하며 장단점을 모두 가지고 있다.
(C) 각 새로운 메시지는 이전 메시지에 대한 응답으로 이어지고, 논의는 점진적으로 진행된다. 이 형식의 가장 큰 장점은 사람들이 시간이 날 때 언제든지 토론에 참여할 수 있다는 점이다.
(B) 이런 기여 중 일부는 단순한 댓글일 수 있지만, 다른 것들은 질문, 답변, 혹은 반론이 될 수도 있다. 이러한 메시지들은 길거나 세부 정보가 많지 않아도 논의를 이어갈 수 있다.
(A) 그러나 이러한 참여 수준을 지속하는 것은 쉽지 않다. 결국 온라인 토론은 지나치게 길어질 수 있으며, 일부 메시지는 무시되기 쉽다.

어휘

- real-time 실시간의, 즉시의
- discussion 토론, 논의
- communicate 의사소통하다, 전달하다
- posting 게시, 글 올리기
- interaction 상호작용, 교류
- dialogue 대화, 회화
- strength 강점, 힘
- weakness 약점, 결점
- contribution 기여, 참여
- detailed 상세한, 세부적인
- participation 참여, 참가

27 정답 ④   난이도 ★★★★☆

해설

주어진 문장은 "모든 영화가 현재의 사회 문제를 직접적으로 겨냥하여 제작된 것은 아니다"라는 주장을 제시하며 글을 시작한다. (C)는 그 근거로 영화 제작과 개봉 사이에 존재하는 시간적 간극을 설명하고, 환경 문제를 다룬 것으로 오해된 영화 사례를 소개하며 논지를 구체화한다. 이어 (B)는 그러한 오해가 설득력을 가질 수 있었던 사회적 분위기와 당대의 상황을 보여주며 독자의 이해를 돕는다. 마지막으로 (A)는 해당 영화가 실제로는 훨씬 이전 시점부터 기획되었음을 밝혀, 관객의 해석과 창작자의 의도 사이에서 발생하는 시간적 괴리를 강조하며 글을 마무리한다. 따라서 글의 순서로 가장 적절한 것은 ④이다.

독해 끝판왕 500제 · 후반부

지문해석

어떤 영화들은 모두가 이야기하는 주요 사회 문제를 직접 다루는 것처럼 보인다. 그러나 모든 영화가 시사 문제를 의도적으로 반영하는 것은 아니라는 점을 기억하는 것이 중요하다.
(C) 그 이유 중 하나는 영화 제작에는 오랜 시간이 걸린다는 것이다. 개봉 당시의 '뜨거운 쟁점'은 각본이 처음 쓰였을 때는 아예 존재하지 않았을 수 있다. 실제로, 환경 보호에 관한 영화로 오해된 사례가 있다.
(B) 어떤 면에서는 그렇게 생각할 만했다. 그 영화의 줄거리는 작은 식물로 오염된 지구를 구하는 내용이었고, 개봉 시점에는 환경 문제가 주요 이슈였다. 하지만 그 생각은 사실과 달랐다.
(A) 실제로 그 영화의 작가와 감독은 영화가 완성되어 개봉되기 거의 15년 전에 이야기를 구상했다. 그 시점은 현재의 환경 운동이 시작되기 훨씬 전이었다.

어휘

☐ deal with 다루다, 처리하다
☐ major 주요한, 큰
☐ intention 의도, 목적
☐ current event 시사, 현재 사건
☐ writer 작가, 필자
☐ director 감독, 지휘자
☐ script 각본, 대본
☐ environmental 환경의, 환경 관련
☐ assumption 가정, 추정
☐ release 출시하다, 공개하다
☐ plot 줄거리, 구성

28 정답 ④ 난이도 ★★★☆☆

해설

주어진 문장은 난민들이 겪는 여정의 위험성과 그들이 그럼에도 불구하고 길을 떠날 수밖에 없는 이유를 제시하며 시작한다. (C)는 육체적·정신적 고통을 비교하면서, 단순한 생존의 문제가 아니라 '고국을 잃는 아픔'이라는 깊은 상실감이 동반된다는 점을 강조한다. 이어 (B)는 떠남으로 인해 정체성이 흐려질 수 있다는 두려움과, 이를 잃지 않기 위한 기억에의 집착을 구체적으로 서술한다. 마지막으로 (A)는 난민들이 정체성을 지키기 위해 실제로 취하는 행동 사례를 제시하며, 앞서 제기된 감정과 두려움이 현실적인 노력과 실천으로 이어진다는 점을 보여주며 글을 마무리한다. 따라서 글의 순서로 가장 적절한 것은 ④이다.

지문해석

전쟁 중 삶이 견딜 수 없을 정도로 고통스러울 때, 난민들은 마치 가라앉을지도 모르는 배에 오르듯, 어려운 여정의 위험을 감수한다.
(C) 그들의 여정이 매우 힘들지만, 고국을 잃는 것은 더 고통스럽다. 신체에 입은 상처는 심각해 보일 수 있지만, 정신적인 상처는 보통 더 심하다.
(B) 더 이상 이름과 주소, 친구들이 있는 사회의 일원이 아닌 그들은 이제 단지 '난민'이라 불린다. 그들은 자신을 잃을까 두려워하며 고향의 기억을 붙잡는다.
(A) 예를 들어, 어떤 사람들은 더 이상 쓸모없는 옛 직장의 유니폼 같은 옷을 가지고 다닌다. 때때로 그들은 자신이 누구였는지 기억하려는 듯 그것을 입어보기도 한다.

어휘

☐ unbearable 견딜 수 없는, 참기 어려운
☐ refugee 난민, 피난민
☐ risk 위험, 모험
☐ journey 여행, 여정
☐ board 타다, 승선하다
☐ sink 가라앉다, 침몰하다
☐ identity 정체성, 신원
☐ memory 기억, 추억
☐ homeland 조국, 고향
☐ emotional 정서적인, 감정의
☐ physical 신체적인, 물리적인

29 정답 ③ 난이도 ★★☆☆☆

해설

주어진 문장은 기술 장치가 단순히 기능을 수행하는 수준을 넘어, 사용자 경험까지 설계하고 있다는 사실을 보여준다. (C)에서는 현대 앱에서 의도적으로 삽입되는 '가짜 잡음' 사례를 제시하며 이러한 설계 개념을 도입한다. 이어 (A)는 이와 동일한 원리가 이미 1960년대 전화 시스템에서도 활용되었다는 역사적 사례를 통해, 이러한 사용자 경험 조작이 과거부터 존재해 왔음을 설명한다. 마지막으로 (B)는 이러한 설계 방식의 의도와 효과, 즉 사용자가 기술 시스템을 신뢰하도록 만드는 심리적 장치로서의 기능을 정리하며 글을 마무리한다. 따라서 글의 순서로 가장 적절한 것은 ③이다.

지문해석

많은 현대 장치들은 특정 기능을 수행할 뿐만 아니라, 사용자에게 제대로 작동하고 있다는 인식을 주기 위해 설계된다.
(C) 한 가지 예로, 일부 음성 통화 앱은 인공 잡음을 의도적으로 삽입한다. 완전히 무음인 연결은 사용자가 통화가 끊겼다고 느끼게 만들 수 있기 때문이다.
(A) 사실 이러한 기능은 완전히 새로운 것이 아니다. 1960년대의 초기 전화 교환 시스템은 통화 연결 실패 시, 사용자를 임의의 다른 사람에게 연결해, 사용자가 단순히 잘못 걸었다고 생각하게 만들었다.
(B) 이는 기만적으로 보일 수 있지만, 사용자 불만을 줄이고 새로운 시스템에 대한 신뢰 유지에 기여했다.

어휘

- modern 현대의, 최신의
- device 장치, 기기
- perform 수행하다, 기능을 하다
- assure 확신시키다, 보장하다
- properly 제대로, 적절히
- feature 기능, 특성
- deceptive 속이는, 현혹하는
- reduce 줄이다, 완화하다
- frustration 좌절, 불만
- trust 신뢰, 믿음
- reliability 신뢰성, 안정성
- connection 연결, 접속

30 정답 ④ 난이도 ★★★☆☆

해설

주어진 문장은 무기가 만들어내는 '유한한 게임'의 특성을 설명하며 글을 시작한다. 이어 (C)는 이에 대응되는 개념으로 '평화'가 열어주는 열린 서사와 지속 가능성을 제시하여 뚜렷한 대비 구조를 형성한다. (B)에서는 평화가 단순한 갈등의 부재가 아니라, 새로운 가능성을 확장하는 능동적 가치임을 강조하며 논지를 확장한다. 마지막으로 (A)는 이 추상적 개념을 구체적 사례로 연결하면서 글을 마무리한다. 따라서 글의 순서로 가장 적절한 것은 ④이다.

지문해석

지배를 목적으로 한 무기들은 승자와 패자가 명확한 게임을 만들어낸다. 이들은 갈등을 해결하기보다 파괴로 끝맺는다.
(C) 이에 반해 사람들이 평화를 선택하면 새로운 가능성의 문이 열린다. 평화는 정해진 결말이 없으며, 사람들의 선택에 따라 계속 진화한다.
(B) 그래서 평화는 전쟁보다 더 강력할 수 있다. 평화는 단순히 폭력을 멈추는 것이 아니라, 협력과 창의성, 변화의 공간을 창출하는 것이다.
(A) 예를 들어, 두 경쟁자가 갈등을 끝내기로 선택했다고 하자. 이들은 함께 공동체나 기업, 또는 선한 목적을 위한 운동을 시작할 수도 있다.

어휘

- weapon 무기, 도구
- domination 지배, 통제
- conflict 갈등, 충돌
- destruction 파괴, 손상
- resolution 해결, 결단
- rival 경쟁자, 상대
- remarkable 주목할 만한, 뛰어난
- community 공동체, 사회
- cooperation 협력, 공동작업
- creativity 창의력, 독창성
- possibility 가능성, 잠재력
- evolve 발전하다, 진화하다

31 정답 ③ 난이도 ★★★☆☆

해설

주어진 문장은 "정서적 관심이 생산성에 긍정적 영향을 준다"는 속담을 제시하며 글을 시작한다. (C)는 이를 젖소 연구 사례로 구체화하며, 단순한 먹이 공급이 아닌 감정적 교감이라는 비물질적 요소의 중요성을 강조한다. 이어 (A)에서는 젖소에게 이름을 붙이고 정성껏 돌보았을 때 실제로 생산성이 향상되었다는 연구 결과를 통해 이 속담의 타당성을 뒷받침한다. 마지막으로 (B)는 이러한 원리가 인간 사회에서도 동일하게 적용될 수 있음을 일반화하며 글을 마무리한다. 따라서 글의 순서로 가장 적절한 것은 ③이다.

지문해석

네덜란드에는 "당신은 소의 입을 통해 젖을 짠다"는 속담이 있다. 이 말은, 소에게 더 좋은 먹이를 주고 더 정성껏 돌볼수록 더 많은 젖을 얻을 수 있다는 뜻이다.
(C) 그러나 젖 생산은 먹이만의 문제가 아니다. 연구자 캐서린 버튼쇼와 피터 롤린슨은 500명 이상의 영국 농부들을 조사하여, 소와의 정서적 상호작용이 미치는 영향을 연구했다.
(A) 핵심 결과 중 하나는, 소에게 이름을 붙이고 친밀하게 돌본 농부들이 유의미하게 많은 젖을 얻었다는 것이다. 이는 단순한 차이가 아닌 의미 있는 개선이었다.
(B) 이와 마찬가지로, 인간관계에서도 이름을 부르고 개인적 관심을 보이는 것이 유익하다. 고객이나 직원에게 이름을 불러주는 것은 만족감과 몰입도를 높인다.

어휘

- attention 주의, 관심
- feeding 사료 주기, 먹이 주기
- treatment 처리, 대우
- yield 산출량, 수확량
- meaningful 의미 있는, 중요한
- interaction 상호작용, 교류
- survey 설문조사, 조사
- emotional 감정의, 정서적인
- address (사람에게) 말을 걸다, 다루다
- engagement 참여, 관여

32 정답 ④ 난이도 ★★★☆☆

해설

주어진 문장은 "왜 우리는 기능적 이유 없이도 공간을 꾸미는가?"라는 질문을 던지며 시작된다. (C)는 이에 대한 이론적 이유를 제시하며, '장식'이 단순한 미관 요소를 넘어 사람의 사고와 행동에 실제로 영향을 줄 수 있다는 연구 배경을 소개한다. 이어서 (B)는 구체적인 연구 결과를 통해, 사람들이 느끼는 '편안함'이 단순한 물리적 조건이 아니라 감정적·미적 요소까지 포함하는 복합적 경험임을 강조한다. 마지막으로 (A)는 실생활 사례로 시선을 다시 돌려, 비록 직접적인 기능은 없더라도 공간의 분위기를 바꾸고 태도에 영향을 미치는 장식의 효과를 인정하며 글을 마무리한다. 따라서 글의 순서로 가장 적절한 것은 ④이다.

> **지문해석**
>
> 우리는 종종 개인 공간을 장식하지만, 이러한 장식은 순수한 기능적 관점에서는 불필요해 보일 수 있다.
> (C) 사실 단순히 '장식'처럼 보이는 것이 우리가 공간에서 어떻게 생각하고 행동하는지를 크게 형성할 수 있다. Gallup Management Journal은 물리적 환경과 직원 몰입도 간의 관련성을 조사한 바 있다.
> (B) 그 결과, 근무 환경을 '편안하게' 느끼는 직원들이 더 생산적이고 회사에 긍정적으로 기여할 가능성이 높다는 점이 밝혀졌다. 여기서 '편안함'은 단순한 물리적 조건뿐만 아니라 정서적·미적 요소까지 포함한다.
> (A) 그래서 책장 위의 장난감 로봇이 보고서를 대신 써주진 않더라도, 또는 벽의 알록달록한 장식이 이메일에 답장을 해주진 않더라도, 그런 물건들은 우리가 공간에서 느끼고 행동하는 방식에 영향을 준다. 우리의 장식은 우연이 아니라 우리의 기능에 영향을 미치는 반영이다.

> **어휘**
> ☐ decorate 장식하다, 꾸미다
> ☐ personal 개인적인, 사적인
> ☐ space 공간, 여유
> ☐ unnecessary 불필요한, 필요 없는
> ☐ functional 기능적인, 실용적인
> ☐ influence 영향을 미치다, 작용하다
> ☐ reflect 반영하다, 나타내다
> ☐ affect 영향을 주다, 감정에 작용하다
> ☐ comfortable 편안한, 쾌적한
> ☐ productive 생산적인, 다산의
> ☐ aesthetic 심미적인, 미적인
> ☐ engagement 참여, 관여

33 정답 ④   난이도 ★★★☆☆
해설

주어진 문장은 경기 중 발생한 위기 상황을 묘사하며 긴장감을 조성한다. (C)는 이 위기를 해결하는 장면을 보여주며 긴장과 반전의 구도를 완성한다. 이어 (B)는 누가 그 도움을 줬는지 인물의 정체를 밝혀, 독자의 감정 몰입을 더욱 높이고 감동을 강화한다. 마지막으로 (A)는 그 인물이 밝힌 신념과 올림픽 정신을 직접 인용함으로써 메시지를 명확히 전달하며 글을 마무리한다. 따라서 글의 순서로 가장 적절한 것은 ④이다.

> **지문해석**
>
> 사라 하머는 캐나다 대표로 크로스컨트리 팀 경기에 출전하고 있었다. 그런데 경사로를 오르던 중 갑자기 스키 폴이 부러졌고, 그녀는 무기력하게 여러 팀이 자신을 앞지르는 것을 지켜보았다.
> (C) 상황이 절망적으로 보이던 순간, 한 남성이 코스 옆에서 나타나 그녀에게 새 폴을 건넸다. 하머는 다시 경기에 합류했고, 캐나다는 은메달을 땄다.
> (B) 경기 후 하머는 그 남성이 노르웨이 팀의 감독 아슬레 파게르스트룀이었다는 사실을 알게 되었다. 노르웨이는 캐나다에 이어 4위였고, 그의 행동은 캐나다에서 칭송을 받았다.
> (A) 파게르스트룀은 언론에 "누군가를 도와야 할 때 돕지 않는다면, 이긴다고 해도 의미가 없다"고 말하며 겸손한 태도를 보였다.

> **어휘**
> ☐ compete 경쟁하다, 겨루다
> ☐ cross-country 장거리 경기의, 횡단의
> ☐ suddenly 갑자기, 돌연
> ☐ unable ~할 수 없는, 불가능한
> ☐ steep 가파른, 급경사의
> ☐ appeared 나타나다, 출현하다
> ☐ replacement 교체품, 대체물
> ☐ energized 활기를 띠게 하다, 힘을 주다
> ☐ rejoined 다시 합류하다, 재참가하다
> ☐ sportsmanship 스포츠맨십, 공정한 경기 태도
> ☐ praised 칭찬하다, 높이 평가하다
> ☐ humbly 겸손하게, 겸허하게

34 정답 ②   난이도 ★★★★☆
해설

주어진 문장은 학교 중심 계획의 한계를 지적하며 글을 시작한다. (B)는 이를 뒷받침하며 가정과 지역사회에서의 경험을 강조해 학교 중심 접근의 한계를 보완한다. 이어 (A)는 학교의 역할을 인정하면서도 독점적 입장을 경계하여 균형 잡힌 시각을 제시한다. 마지막으로 (C)는 이러한 논의를 바탕으로 교사의 실천적 질문 제안으로 글을 마무리한다. 따라서 글의 순서로 가장 적절한 것은 ②이다.

> **지문해석**
>
> 일부 교육자들은 아동의 지식이 대부분 학교에서 배운 것에 의존한다고 가정한다. 그래서 교사는 이전 수업 경험만을 바탕으로 수업을 계획하곤 한다.
> (B) 그러나 이러한 관점은 학교 밖에서 일어나는 풍부한 학습 경험을 간과한다. 아이들은 가정과 지역사회에서 학습한 내용을 가지고 오며, 이는 교과 내용과도 깊이 연결된다.
> (A) 학교 수업은 이러한 바깥 배움을 보다 체계적인 방식으로 확장시켜 줄 수 있다. 하지만 학교가 유일한 지식의 전달자라고 여겨서는 안 된다.

(C) 교사는 수업을 시작할 때 "이 아이들이 이미 알고 있는 것은 무엇인가?", "서로에게 혹은 나에게 가르쳐줄 수 있는 것이 있는가?"와 같은 질문을 던져야 한다.

어휘

- educator 교육자, 교사
- assume 가정하다, 추정하다
- depends on ~에 달려 있다, 의존하다
- plan 계획하다, 설계하다
- based on ~에 기초하여, 근거하여
- instruction 수업, 지도, 가르침
- support 지지하다, 돕다
- structured 구조화된, 조직된
- overlooks 간과하다, 놓치다
- rich 풍부한, 다양한
- connect 연결되다, 관련되다
- academic 학문의, 학업의

- interview 인터뷰, 면담
- activist 활동가, 운동가
- identity 정체성, 신원
- value 가치, 중요성
- familiar 익숙한, 친숙한

35 정답 ④   난이도 ★★★☆☆

해설

주어진 문장은 "장소감"이 감정적 연결을 통해 형성된다는 일반 이론을 제시하며 글을 시작한다. (C)에서는 감정적 연결이 일상적 경험 속에서 어떻게 형성되는지를 설명하고, (B)에서는 실제 환경운동가들의 사례를 통해 이 이론이 실제로 적용되는 모습을 보여준다. 마지막으로 (A)는 이러한 경험이 기억 속에 장소로 남는 방식을 구체적 사례로 글을 마무리한다. 따라서 글의 순서로 가장 적절한 것은 ④이다.

지문해석

사람들이 반복적인 경험을 통해 한 장소와 감정적으로 연결될 때, 장소감이 형성된다.
(C) 이 연결은 사람들이 공간의 풍경, 소리, 일상적인 활동을 자주 접하며 점차 형성된다. 시간이 지나면서, 이 경험들이 그 공간을 익숙하고 의미 있는 장소로 만든다.
(B) 여러 나라의 환경 운동가들과의 인터뷰에 따르면, 많은 이들이 어린 시절 자연에서의 기억이 정체성과 가치관 형성에 큰 영향을 주었다고 한다.
(A) 이들은 종종 조용한 숲이나 동네 개울처럼 자신이 애정을 가졌던 어린 시절의 장소를 이야기한다. 안타깝게도 많은 장소들은 지금은 사라졌지만, 그 감정적 유대는 여전히 남아 있다.

어휘

- place 장소, 위치
- form 형성하다, 만들다
- connect 연결되다, 관련되다
- emotionally 감정적으로, 정서적으로
- repeated 반복된, 되풀이되는
- experience 경험, 체험

36 정답 ③   난이도 ★★★☆☆

해설

주어진 문장은 "거대한 코끼리가 왜 가느다란 밧줄 하나에 묶여 있는가?"라는 의문을 제기하며 글을 시작한다. (C)에서는 아기 코끼리가 실패 경험을 통해 '도망칠 수 없다'는 믿음을 가지게 되는 과정을 설명하고, (A)에서는 자란 이후에도 그 믿음이 여전히 코끼리의 행동을 억제함을 보여준다. 마지막으로 (B)는 이 믿음이 단순한 행동의 제약이 아니라, 정신적 한계이자 마음의 습관이라는 점을 일반화하며 글을 마무리한다. 따라서 글의 순서로 가장 적절한 것은 ③이다.

지문해석

인도에서는 코끼리를 노동에 활용하지만, 일이 없을 때에도 그들을 통제해야 한다. 그런데 어떻게 사슬도 우리도 없이 그렇게 힘센 동물을 묶어 둘 수 있을까?
(C) 사육사는 코끼리가 어릴 때부터 훈련을 시킨다. 몸무게 약 150파운드의 아기 코끼리를 굵은 밧줄로 묶는다. 코끼리는 하루 종일 발버둥치며 밧줄을 풀려 하지만 실패한다. 결국 저항은 쓸모없다는 것을 배우게 된다.
(A) 그렇게 자란 코끼리는 밧줄이 점점 얇아지는데도 다시는 풀려고 하지 않는다. 지금은 충분히 힘이 세서 쉽게 끊을 수 있는데도, 예전 기억 때문에 도전조차 하지 않는다.
(B) 그들을 묶고 있는 것은 실제 밧줄이 아니라, 어릴 적 형성된 '도망칠 수 없다'는 믿음이다. 그들의 진짜 한계는 물리적인 것이 아니라, 오래전부터 이어진 마음속의 습관이다.

어휘

- elephant 코끼리
- labor 노동, 일
- restrain 억제하다, 제한하다
- chain 사슬, 쇠줄
- cage 우리, 감금장치
- handler 조련사, 관리자
- struggle 몸부림치다, 애쓰다
- resistance 억제, 저항, 반대
- habit 습관, 버릇
- mental 정신적인, 마음의
- belief 믿음, 신념
- limit 한계, 제한

37 정답 ③ 　난이도 ★★★☆☆

해설

주어진 문장은 기술 발전이 인간 고용의 미래에 대한 논의를 촉발시켰다는 점을 소개하며 글을 시작한다. (B)에서는 이러한 논쟁 속에서 기술 변화를 일자리 위협으로 보는 시각과 새로운 기회로 보는 시각이라는 두 가지 대표 관점을 제시한다. 이어지는 (C)에서는 '기계가 인간을 단순히 대체할 것'이라는 생각이 지나치게 단순함을 지적하며, 역사적 사례를 통해 기술 변화의 결과가 더 복합적일 수 있음을 보여 준다. 마지막으로 (A)에서는 일부 직업은 사라지겠지만, 다른 직업은 변화하거나 지금은 상상할 수 없는 새로운 역할들이 생길 수 있다는 미래 일자리의 구체적 변화를 설명하며 글을 마무리한다. 따라서 글의 순서로 가장 적절한 것은 ③이다.

지문해석

자동화와 인공지능(AI)의 부상은 인간의 고용 미래에 대한 치열한 논쟁을 불러일으켰다.
(B) 이 논의에는 두 가지 주요 관점이 존재한다. 하나는 기술 발전을 일자리의 위협으로 보는 것이고, 다른 하나는 재창조의 기회로 보는 것이다.
(C) 자동화가 단순히 노동자를 대체할 것이라고 여기는 것은 지나치게 단순한 생각이다. 역사적으로 훨씬 더 복잡한 결과가 나타났다.
(A) 일부 일자리는 필연적으로 사라지겠지만, 다른 일자리는 변형될 것이고, 오늘날 우리가 상상조차 하기 힘든 전혀 새로운 역할들이 등장할 것이다.

어휘

- automation 자동화, 기계화
- artificial 인공의, 인조의
- intense 강렬한, 열렬한
- debate 토론, 논쟁
- employment 고용, 일자리
- inevitably 필연적으로, 반드시
- transform 변화시키다, 변형하다
- emerge 나타나다, 부상하다
- perspective 관점, 시각
- threat 위협, 위험
- opportunity 기회, 가능성
- simplistic 단순화된, 지나치게 단순한

38 정답 ③ 　난이도 ★★☆☆☆

해설

주어진 문장은 환경 문제에 대한 사회 전반의 제도적 대응 필요성을 소개하며 글을 시작한다. (C)에서는 개인의 책임과 역할 역시 간과할 수 없음을 강조하며, 그 이유로 직접적인 환경적 영향과 사회 변화를 유도하는 힘이라는 두 가지를 제시하여 주제를 구체화한다. 이어서 (A)에서는 개인이 일상 속에서 실천할 수 있는 행동을 예로 들어 구체적인 기여 방식을 보여준다. 마지막으로 (B)에서는 이러한 개인의 실천이 집단적으로 축적될 경우 사회 전체의 흐름까지 변화시킬 수 있는 힘을 갖는다는 점을 강조하며 글을 마무리한다. 따라서 글의 순서로 가장 적절한 것은 ③이다.

지문해석

지속적으로 심화되는 환경 위기는 대규모 정책 변화와 기업의 책임을 요구하는 목소리를 높이고 있다.
(C) 개인의 행동이 중요한 이유는 두 가지다. 그것이 직접적인 환경적 영향을 미치고, 더 나아가 체계적 변화를 촉발할 수 있기 때문이다.
(A) 이러한 제도적 노력이 중요하긴 하지만, 일상적인 선택-예: 쓰레기 줄이기, 에너지 절약, 지속 가능한 습관 채택-을 통해 개인도 중요한 역할을 수행한다.
(B) 게다가 개인이 집단적으로 행동할 때, 그 영향력은 더 넓은 사회적·정치적 변화를 견인할 수 있다.

어휘

- environmental 환경의, 환경과 관련된
- crisis 위기, 위험한 상태
- policy 정책, 방침
- corporate 기업의, 법인의
- responsibility 책임, 의무
- systemic 체계적인, 조직 전체의
- individual 개인, 개별적인
- collectively 집단적으로, 함께
- influence 영향, 작용
- momentum 추진력, 탄력
- reform 개혁, 개선
- sustainable 지속 가능한, 환경을 해치지 않는

39 정답 ④ 　난이도 ★★★★☆

해설

주어진 문장은 현대 기술 환경에서 기억의 외부화 현상이 나타나고 있음을 암시하며 글을 시작한다. (C)에서는 그 핵심 양상으로 정보를 스스로 기억하려는 경향이 줄어드는 점과 디지털 기기에 의존하는 비중이 증가하는 점을 요약적으로 제시한다. 이어서 (B)에서는 이러한 현상을 학술적으로 설명하며 '인지적 외부 위임'이라는 개념을 도입해 개념적 틀을 제공한다. 마지막으로 (A)에서는 이 개념이 스마트폰 검색, 인터넷 활용 등 실생활 속에서 구체적으로 나타나는 사례를 통해 글을 마무리한다. 따라서 글의 순서로 가장 적절한 것은 ④이다.

지문해석

디지털 기기에 대한 의존이 증가하면서, 우리가 정보를 기억하는 방식은 큰 변화를 겪고 있다.
(C) 이러한 변화에는 두 가지 핵심 양상이 있다. 우리는 스스로 기억하는 양이 줄어들고, 정보를 불러오기 위해 기기에 점점 더 의존하게 된다.
(B) 이러한 변화의 결과 중 하나는 일부 연구자들이 "인지적 외부 위임"이라고 부르는 현상인데, 이는 뇌가 기억 저장을 외부 도구에 맡기는 것이다.
(A) 우리는 사실을 머릿속에 저장하는 대신, 휴대폰이나 인터넷에 기억을 맡기고 필요할 때 다시 찾을 수 있다고 믿는다.

어휘

- reliance 의존, 신뢰
- remember 기억하다, 상기하다
- undergo 겪다, 경험하다
- significant 중요한, 의미 있는
- store 저장하다, 보관하다
- outsource 외부에 맡기다, 위탁하다
- retrieve 회수하다, 되찾다
- consequence 결과, 영향
- shift 변화, 이동
- delegate 위임하다, 맡기다
- recall 기억해내다, 회수하다

40 정답 ③ 난이도 ★★★☆☆

해설

주어진 문장은 많은 사람들이 자기 통제를 단순히 '의지력의 문제'로 본다는 전제를 제시하며 글을 시작한다. (B)에서는 이 전제에 반박하며, 의지력이 한정된 자원이라는 연구 결과를 통해 새로운 관점을 제시한다. 이어 (C)에서는 이러한 한계 인식이 대체 전략 탐색으로 이어졌음을 설명하며 논리적 전환 역할을 한다. 마지막으로 (A)에서는 그 대체 전략 중 하나로 '환경적 전략'의 구체적 사례를 제시하며 글을 마무리한다. 따라서 글의 순서로 가장 적절한 것은 ③이다.

지문해석

사람들은 종종 자기 통제를 의지력의 문제로 여기며, 유혹을 이기는 것은 단지 더 노력하는 것이라고 생각한다.
(B) 그러나 연구에 따르면 의지력만으로는 부족하다. 그것은 시간이 지날수록, 스트레스를 받을수록 약화되는 제한된 자원이기 때문이다.
(C) 이 때문에 심리학자들은 사람들이 충동을 보다 효과적으로 조절할 수 있도록 돕는 대체 전략들을 연구하게 되었다.
(A) 의지력에만 의존하기보다는, 성공적인 자기 통제는 산만함을 제거하거나 알림을 설정하는 등의 환경적 전략에 더 의존하는 경우가 많다.

어휘

- self-control 자기 통제, 자제
- willpower 의지력, 결단력
- resist 저항하다, 참다
- temptation 유혹, 욕망
- assume 추정하다, 가정하다
- depend 의존하다, ~에 달려 있다
- environmental 환경의, 주변 조건과 관련된
- strategy 전략, 계획
- distraction 주의 산만하게 하는 것, 방해
- reminder 상기시키는 것, 알림
- research 연구, 조사
- impulse 충동, 즉흥적 행동
- alternative 대안, 다른 방법

41 정답 ③ 난이도 ★★★☆☆

해설

주어진 문장은 많은 사람들이 "창의성은 협업과 자극적인 환경에서 나온다"는 통념을 가지고 있다고 시작한다. (C)에서는 이 통념과 반대되는 연구 결과를 제시하며, 고립이 오히려 창의성의 중요한 조건이 될 수 있음을 주장한다. 이어 (A)에서는 고립이 뇌의 자유로운 연결과 깊은 사고를 가능하게 한다는 점을 설명하며 주장을 뒷받침한다. 마지막으로 (B)에서는 실제 예술가와 창작자들이 창의성을 위해 고립을 선택한 사례를 소개하며 글을 마무리한다. 따라서 글의 순서로 가장 적절한 것은 ③이다.

지문해석

많은 사람들은 창의성이 빠르게 움직이고 자극이 풍부한 협업 환경에서 가장 잘 발휘된다고 생각한다.
(C) 하지만 인지 과학의 연구는 고립된 시간이 창의적 사고에 중요한 역할을 할 수 있음을 시사한다.
(A) 고립된 시간 동안 뇌는 자유롭게 사고를 유영하며, 멀리 떨어진 아이디어들을 연결하고, 외부의 방해 없이 내면의 사고에 접근할 수 있다.
(B) 이런 이유로 작가, 발명가, 예술가들은 독창적인 아이디어를 떠올리거나 복잡한 문제를 해결할 때 세상과 단절된 장소로 물러나는 것이다.

어휘

- creativity 창의성, 독창력
- spark 불을 붙이다, 자극하다
- fast-paced 빠른 속도의, 급속하게 진행되는
- stimulating 자극적인, 흥미를 돋우는
- environment 환경, 주변 상황
- collaboration 협력, 공동 작업
- solitude 고독, 고립
- wander (마음이) 떠돌다, 방황하다
- connect 연결하다, 결합하다
- inner 내면의, 내부의
- original 독창적인, 새로운
- complex 복잡한, 난해한
- generate 만들어 내다, 발생시키다

42 정답 ④ 난이도 ★★★☆☆

해설

주어진 문장은 공감이 단순한 감정적 특성이 아니라 사회적 관계 유지를 위한 핵심 역량임을 강조하며 시작한다. (C)에서는 공감이 갈등 상황에서 협력과 소통을 증진한다는 연구 결과를 통해 공감의 기능적 효과를 제시한다. 이어 (B)에서는 공감이 감정 수준에서 갈등을 완화하는 방식을 설명하며 정서적 작용으로 내용을 확장한다. 마지막으로 (A)에서는 경청과 인정 등 공감을 실천하는 구체적 방법을 통해 신뢰 형성의 실제 과정을 보여주며 글을 마무리한다. 따라서 글의 순서로 가장 적절한 것은 ④이다.

지문해석

공감은 종종 부드럽거나 감정적인 특성으로 여겨질지라도, 탄탄한 사회적 유대를 유지하는 데 핵심적 역할을 한다.
(C) 연구에 따르면 공감은 대인 커뮤니케이션을 향상시키고, 특히 오해나 갈등 상황에서 협력을 촉진한다.
(B) 이러한 감정적 연결은 사람들이 갈등 상황에서 더 큰 연민으로 반응하게 하며, 상황이 악화될 가능성을 줄인다.
(A) 실제로 타인의 감정을 진심으로 듣고 인정함으로써 사람들은 신뢰와 개방성이 자랄 수 있는 안전한 공간을 만든다.

어휘

☐ empathy 공감, 감정 이입
☐ trait 특성, 성격적 특징
☐ critical 중요한, 결정적인
☐ maintain 유지하다, 지속하다
☐ social bond 사회적 유대, 관계
☐ acknowledge 인정하다, 받아들이다
☐ flourish 번영하다, 잘 자라다
☐ openness 개방성, 솔직함
☐ compassion 연민, 동정
☐ escalation (분쟁·갈등의) 확대, 심화
☐ cooperation 협력, 공동 작업

43 정답 ② 난이도 ★★★☆☆

해설

주어진 문장은 일반적으로 작은 개는 용감하지 않다는 통념을 제시하며 글을 시작한다. (B)에서는 이 통념을 반박하며, 작은 개가 위기 상황에서 주인을 지켜낸 실제 사례를 소개한다. 이어 (A)에서는 당시 개의 구체적 행동과 상황을 생생하게 묘사하여 긴박함과 용기를 강조한다. 마지막으로 (C)에서는 이러한 행동이 사회적으로 알려져 개가 공식적으로 칭찬받는 결과로 이어졌음을 보여주며 글을 마무리한다. 따라서 글의 순서로 가장 적절한 것은 ②이다.

지문해석

작은 개들은 영웅적인 행동을 할 수 없다고 생각하기 쉽다–특히 빵 한 덩이만 한 크기일 때는 더욱 그렇다.
(B) 그러나 그런 기대를 완전히 깬 작은 개 한 마리가 이른 아침 산책 중 주인을 도둑으로부터 지켜냈다.
(A) 그 개는 맹렬하게 짖고 도둑의 다리를 물기까지 하며, 주인이 도망쳐 도움을 요청할 수 있는 시간을 벌어주었다.
(C) 이 사건은 언론을 통해 널리 퍼졌고, 지역 시장은 이 개에게 용감함을 기리는 메달을 수여했다.

어휘

☐ assume 가정하다, 추정하다
☐ capable ~을 할 수 있는, 능력이 있는
☐ heroic 영웅적인, 용감한
☐ defy ~에 굴하지 않다, 반항하다
☐ protect 보호하다, 지키다
☐ elderly 나이가 많은, 고령의
☐ thief 도둑, 절도범
☐ furiously 격렬하게, 맹렬히
☐ escape 탈출하다, 벗어나다
☐ call for help 도움을 요청하다
☐ news outlet 뉴스 매체, 언론사
☐ bravery 용기, 용맹

44 정답 ③ 난이도 ★★★☆☆

해설

주어진 문장은 사람들이 무심코 찍는 사진이 예상치 못한 과학적 발견으로 이어질 수 있음을 암시하며 시작된다. (B)는 그런 가능성을 보여주는 구체적 사례로, 등산객이 아무 의도 없이 찍은 꽃 사진이 결정적 단서가 되었음을 보여준다. (C)는 그 사진이 학계의 관심을 끌며 탐사로 이어진 경과를 설명하며 사건의 중요성을 확대한다. (A)는 탐사 결과, 이 사진이 미기록 종 식물의 존재를 밝히는 데 기여했다는 결론을 제시하며 글을 마무리한다. 따라서 글의 순서로 가장 적절한 것은 ③이다.

지문해석

사람들은 종종 자신이 무엇을 찍고 있는지 깊이 생각하지 않고 사진을 찍는다–특히 여행이나 탐험 중 무작위로 사진을 찍을 때 더욱 그렇다.
(B) 브라질의 한 등산객이 우연히 찍은 열대우림 꽃 사진을 온라인에 올렸고, 그것이 중요한 의미를 가진다는 사실을 전혀 몰랐던 일이 바로 그런 경우다.
(C) 그 사진은 과학계의 주목을 받았고, 드문 식물을 찾아 조사하기 위한 전면적인 탐사가 시작되었다.
(A) 과학자들은 나중에 해당 이미지를 분석하여, 이 지역에 자생하는 미기록 난초 종임을 확인했다.

어휘

☐ photograph 사진을 찍다, 사진
☐ capture 포착하다, 담다
☐ snap (사진을) 찍다, 급히 하다
☐ random 무작위의, 우연한
☐ exploration 탐험, 조사
☐ hiker 도보 여행자, 등산객
☐ casually 무심코, 평상시처럼
☐ significance 중요성, 의미
☐ undocumented 기록되지 않은, 문서화되지 않은
☐ species 종, 종류
☐ expedition 탐험, 원정
☐ rare 희귀한, 드문

45 정답 ②   난이도 ★★★☆

해설

주어진 문장은 폴리네시아인들의 항해술이 오랫동안 미스터리였음을 제시한다. (B)는 유럽인과의 비교를 통해 그들이 사용했던 구체적인 비계기 항해법(별, 파도, 새 등)을 설명하며, 미스터리에 대한 실마리를 제공한다. (C)의 this understanding은 (B)에서 묘사된 항해법에 대한 이해를 가리키며, 이를 바탕으로 학자들이 가설을 세우는 단계로 이어진다. 마지막으로 (A)의 this hypothesis는 (C)의 가설을 이어 받아 Hōkūle'a 호의 실제 항해를 통해 가설이 성공적으로 검증되는 과정을 보여주며 글을 마무리한다. 따라서 글의 순서로 가장 적절한 것은 ②이다.

지문해석

수세기 동안, 고대 폴리네시아 항해자들이 태평양의 광대한 섬들을 정착할 때 사용한 정밀한 항해 방법은 서구 학자들에게 깊은 미스터리로 남아 있었다.
(B) 유럽 선원들이 자기나침반과 육분의에 의존했던 것과 달리, 이 숙련된 항해자들은 별, 태양의 경로, 바다의 물결, 구름의 형상, 새의 비행 패턴 등 자연적 신호를 관찰하며 항해를 했다.
(C) 이러한 이해를 바탕으로, 인류학자들은 비계기 방식의 복잡한 항해 체계가 체계적으로 개발되어 세대를 거쳐 전해졌을 것이라고 가설을 세우기 시작했다.
(A) 이 가설은 1976년 폴리네시아 항해 협회가 고대 카누를 재현한 Hōkūle'a 호를 건조하고, 현대식 기구 없이 하와이에서 타히티까지 성공적으로 항해함으로써 궁극적인 시험을 받았다.

어휘

- precise 정확한, 정밀한, 세밀한
- navigational 항해의, 항해와 관련된
- voyager 항해자, 여행자, 탐험가
- settle 정착하다, 해결하다, 안정시키다
- hypothesis 가설, 추측
- replica 복제, 모형, 재현물
- compass 나침반
- observe 관찰하다, 지켜보다, 주목하다
- swell (파도의) 큰 물결
- anthropologist 인류학자
- pass down 전해주다, 물려주다

46 정답 ③   난이도 ★★★★☆

해설

주어진 문장은 화자에게 오랫동안 안식처였던 동네 서점에 대한 애정을 묘사하며 안정된 이전 상황을 보여준다. (C)에서는 '그러던 어느 날 아침'이라는 표현으로 안정이 깨지며, 새로운 주인이 나타나 서점을 현대화하는 사건이 발생한다. (A)에서는 '처음에는'이라는 말로 리모델링 직후 화자가 느낀 익숙함 상실의 감정을 보여준다. 마지막으로 (B)에서는 그 상실감이 점차 '조용한 감사함'으로 바뀌며, 서점이 개인의 공간을 넘어 새로운 공동체의 중심으로 거듭났음을 깨닫는 긍정적 결말로 글을 마무리한다. 따라서 글의 순서로 가장 적절한 것은 ③이다.

지문해석

그 작고 독립적인 서점은 나의 성역이었고, 결코 잠들지 않는 도시 속 조용한 안식처였다. 나는 그곳의 모든 구석을 알았고, 오래된 종이와 신선한 잉크의 향기는 변함없는 위안이었다. 몇 년 동안, 그곳은 나의 변치 않는 피난처였다.
(C) 그러던 어느 날 아침, 문에 "새 경영진 인수"라는 표지판이 나타났다. 젊은 사업가인 새 주인은 그 공간의 정신을 보존하면서 현대화하겠다고 약속하며 대대적인 리모델링을 시작했다.
(A) 처음에는 상실감을 느꼈다. 익숙한 어수선함은 세련된 책장으로 대체되었고, 시 코너가 있던 구석에는 작은 카페가 들어섰다. 위안을 주던 향기는 이제 커피 향과 섞여 있었다.
(B) 그러나 그 상실감은 서서히 조용한 감사함으로 바뀌었다. 나는 밝고 현대적인 공간에 이끌려 들어온 젊은 독자들, 새로운 얼굴들을 보았다. 그 서점은 더 이상 나만의 피난처가 아니었다; 그것은 공동체의 중심지가 되어 있었다.

어휘

- sanctuary 성역, 피난처, 안식처
- haven 안전한 장소, 피난처
- unchanging 변하지 않는, 일정한
- refuge 피난처, 은신처
- displacement 이동, 위치 변경, 일시적 상실감
- clutter 어질러진 물건, 잡동사니
- sleek 매끄러운, 세련된
- café 카페, 커피숍
- entrepreneur 기업가, 창업자
- renovation 개조, 새단장
- modernize 현대화하다, 새롭게 하다
- appreciation 감상, 이해, 인정

47 정답 ④   난이도 ★★★☆

해설

주어진 문장은 아이들의 상상 놀이는 현실과는 관련이 없다는 일반적인 인식에서 출발한다. (C)는 이러한 통념을 뒤집는 전환 역할을 하며, 한 아이의 상상 속 그림이 실제 유적과 연결된 사례를 소개한다. (B)는 그 아이가 어떻게 상상 속 이미지를 통해 유적의 위치나 특징을 묘사했는지를 구체적으로 설명하며, 상상과 현실의 연결 가능성을 보여준다. (A)는 전문가들이 해당 그림을 분석한 뒤 실제 고고학적 사실과 일치함을 확인하며 글을 마무리한다. 따라서 글의 순서로 가장 적절한 것은 ④이다.

지문해석

아이들이 상상의 지도나 보물찾기를 그릴 때, 어른들은 그것을 현실과는 무관한 무해한 놀이로 여긴다.
(C) 그러나 한 놀라운 사례에서, 한 아이의 그림이 역사학자들로 하여금 오랫동안 간과된 해안 지대를 다시 살펴보게 만들었다.

(B) 그 아이는 해변에서 본 이상한 돌의 형태를 바탕으로 '해적 지도'를 그렸고, 알지 못한 채 사라진 고고학 유적의 일부를 묘사하고 있었던 것이다.
(A) 초기 조사를 거친 후, 연구자들은 그 기호들이 고대 해안 부족이 사용하던 표시들과 유사하며, 이미 알려진 정착지 패턴과도 일치한다고 확인했다.

어휘

- imaginary 상상의, 가상의
- harmless 해가 없는, 무해한
- consequence 결과, 중요성
- pirate 해적
- symbol 상징, 기호
- marker 표시, 지표
- ancient 고대의, 오래된
- coastal 해안의, 연안의
- tribe 부족, 집단
- settlement 정착지, 거주지
- archaeological 고고학의
- overlook 간과하다, 못 보고 지나치다

48 정답 ③ 난이도 ★★★☆☆

해설

주어진 문장은 비행기 창밖을 바라보는 일상적 행위를 '흔하지만 특별하지 않은' 것으로 인식하는 상식에서 출발한다. (B)는 이러한 상식을 뒤집는 전환부로 기능하며, 한 승객이 창밖에서 보기 드문 구름 형상을 포착한 사례를 소개한다. (C)는 이 사진이 과학계의 관심을 받으며 분석의 실마리가 되었음을 설명하고, 사건이 단순한 기록을 넘어 연구 대상으로 전환되었음을 보여준다. (A)는 이 현상이 기상학적으로 매우 중요한 관측이었음을 밝혀 주며 글을 마무리한다. 따라서 글의 순서로 가장 적절한 것은 ③이다.

지문해석

대부분의 승객들은 비행기 창밖을 심심풀이로 바라볼 뿐, 특별한 무언가를 보게 될 거라고는 기대하지 않는다.
(B) 그러나 태평양 상공을 비행 중이던 한 승객은 특이한 구름 형상을 발견해 사진을 찍고, 이를 날씨 포럼에 게시했다.
(C) 그 게시글은 기상학자들의 주목을 받았고, 그들은 위성 데이터를 활용한 공동 연구를 시작했다.
(A) 전문가들은 그 특이한 나선형 구름이 중력파 불리는 드문 대기 현상으로, 이렇게 선명하게 촬영된 것은 처음이라고 확인했다.

어휘

- passenger 승객, 탑승자
- stare 응시하다, 뚫어지게 보다
- extraordinary 비범한, 보통이 아닌
- formation 형성, 구조
- snap (사진을) 찍다, 급히 하다
- upload (인터넷에) 올리다, 전송하다
- forum 토론장, 온라인 게시판
- attention 주목, 관심
- meteorologist 기상학자, 기상 전문가
- collaborative 협력적인, 공동의
- phenomenon 현상, 사건
- satellite 위성, 인공위성

49 정답 ② 난이도 ★★☆☆☆

해설

주어진 문장은 자연 애호가들의 취미 활동이 과학적 발견으로 이어지는 경우는 드물다는 통념을 제시하며 글을 시작한다. (B)는 이 상식을 뒤집는 사건으로, 한 여행자가 조류 소리를 우연히 녹음한 사례를 소개하며 전환의 역할을 한다. (A)는 이 녹음이 전문가의 분석을 통해 매우 희귀한 조류일 수 있다는 과학적 가능성을 드러내며 긴장감을 높인다. (C)는 후속 탐사를 통해 실제로 그 조류가 발견된 과정을 설명하며 글을 마무리한다. 따라서 글의 순서로 가장 적절한 것은 ②이다.

지문해석

자연을 좋아하는 사람들 중에는 주변 소리를 녹음하는 습관이 흔하지만, 그것이 과학적 발견으로 이어지는 경우는 드물다.
(B) 그러나 보르네오의 외진 지역을 트레킹하던 한 여행자는 새로 산 야외 녹음기를 시험하다가 우연히 독특한 새 소리를 녹음하게 되었다.
(A) 관심을 가진 생물학자 팀은 해당 음성을 분석했고, 그 울음소리는 알려진 어떤 종과도 일치하지 않아 멸종 위기 열대우림 조류일 가능성이 있다는 결론을 내렸다.
(C) 예상치 못한 단서는 소리의 출처를 추적하기 위한 새로운 탐사를 촉발했고, 수십 년 전 멸종된 것으로 여겨졌던 조류가 실제로 목격되었다.

어휘

- recording 녹음, 기록
- ambient 주변의, 환경의
- enthusiast 열광자, 애호가
- rarely 거의 ~않다, 드물게
- scientific 과학의, 과학적인
- breakthrough 획기적 발견, 큰 진전
- intrigued 호기심을 가진, 흥미로운
- analyze 분석하다, 검토하다
- species 종, 생물 종류
- extinct 멸종된, 사라진
- expedition 탐험, 원정
- sighting 목격, 관찰

50 정답 ② 난이도 ★★★★☆

해설

주어진 문장은 현대 예술 전시가 단순히 작품 감상을 넘어 작가의 개인적 공간이나 기록까지 조명하는 방식으로 변화하고 있음을 소개하며 시작된다. (B)는 이러한 흐름 속에서 시각 예술가의 작업실과 창작 환경을 전시하는 구체 사례를 들며 흐름을 연다. 이어지는 (A)는 작가의 일기, 편지 등 사적 기록물이 전시된 경우를 소개하면서 (B)와 병렬 구조를 형성한다. (C)는 두 사례의 공통점과 차이를 분석하며, 이 새로운 전시 방식이 관람자와 작가 사이의 관계를 어떻게 재구성하는지를 조명하며 글을 마무리한다. 따라서 글의 순서로 가장 적절한 것은 ②이다.

지문해석

최근 몇 년 사이, 예술가의 작품뿐만 아니라 그들의 사적인 편지, 일기, 혹은 작업 공간까지 공개하는 전시에 대한 관심이 점점 높아지고 있다.
(B) 시각 예술가들의 경우, 오랫동안 그들의 창작 환경이 관람객을 위해 연출되어 왔으며, 이를 통해 그들의 습관, 일상, 내면을 엿볼 수 있는 기회가 제공되었다.
(A) 예를 들어, 작가들은 자신의 주석이 달린 원고나 책상 위에서 발견된 개인 소지품 등을 강조하는 전시에서 점점 더 자주 조명되고 있다.
(C) 이런 두 유형의 전시는 모두 사적인 자아에 대한 호기심을 자극하지만, 문학 전시는 감정적 통찰에 더 초점을 두는 반면, 예술 전시는 종종 천재성과 영감이라는 '신화'에 집중하는 경향이 있다.

어휘

- exhibition 전시회, 전람회
- reveal 드러내다, 밝히다
- artist 예술가, 화가
- private 개인적인, 사적인
- journal 일기, 정기 간행물
- studio 작업실, 스튜디오
- highlight 강조하다, 돋보이게 하다
- manuscript 원고, 필사본
- object 물건, 대상
- curiosity 호기심, 궁금함
- emotional 감정의, 정서적인
- inspiration 영감, 창작 의욕

51 정답 ③ 난이도 ★★★☆☆

해설

주어진 문장은 '현실을 보여주는 미디어 콘텐츠'에 대한 관심이 높아지는 사회적 흐름을 도입부에서 제시하며 글을 시작한다. (B)는 이러한 흐름 속에서 리얼리티 쇼가 갈등과 극적 연출에 초점을 맞춘 구성 방식을 통해 관객의 몰입을 유도한다는 사례를 소개한다. 이어지는 (C)는 다큐멘터리가 같은 '현실 기반' 콘텐츠라 해도 사실 전달과 해석에 기반한 구성으로 리얼리티 쇼와는 전혀 다른 성격을 지닌다는 점을 병렬적으로 제시한다. 마지막으로 (A)는 두 콘텐츠가 모두 논픽션이라는 외형을 가졌음에도 불구하고 목적과 태도에서 근본적인 차이를 보인다는 점을 정리하며 의미 대조로 글을 마무리한다. 따라서 글의 순서로 가장 적절한 것은 ③이다.

지문해석

요즘 관객들은 "진짜 삶"을 보여준다고 주장하는 미디어에 점점 더 끌리고 있지만, 이른바 리얼리티 콘텐츠라고 해서 모두 같은 방식으로 만들어지는 것은 아니다.
(B) 예를 들어, 리얼리티 TV는 종종 대본이 있는 상황 설정, 선택적인 편집, 경쟁 구조 등을 활용해 갈등이 극대화된 느낌을 만들어낸다.
(C) 반면, 다큐멘터리는 보통 꼼꼼하게 조사된 이야기들을 제시하고, 실제 상황에서 실제 인물들과의 인터뷰를 담아낸다.
(A) 두 형식 모두 '논픽션'으로 불리긴 하지만, 다큐멘터리는 사회 문제를 다루면서도 비교적 절제된 편집 태도를 보이는 반면, 리얼리티 쇼는 드라마성과 오락성에 더 중점을 두는 경향이 있다.

어휘

- audience 관객, 청중
- increasingly 점점 더, 갈수록
- drawn 끌리는, 매료된
- claim 주장하다, 요구하다
- reality 현실, 실제
- highlight 강조하다, 돋보이게 하다
- entertainment 오락, 즐거움
- participant 참여자, 참가자

52 정답 ③ 난이도 ★★★☆☆

해설

주어진 문장은 '과거 인간 기억이 공동체와 문화 형성에 기여한 사회적 역할'을 강조하며 도입부를 이룬다. (B)는 이러한 전통적 기억이 디지털 기술에 의해 외부 장치로 위임되는 현상, 즉 '기억의 외부화'로 이어졌음을 설명하며 변화의 시작을 제시한다. (C)는 이 변화가 단순한 정보 저장 방식을 넘어 인간의 정체성 구성과 감정 작용에까지 영향을 미친다는 점을 부각시키며 논지를 심화시킨다. 마지막으로 (A)는 이러한 흐름 속에서 인간 내면이 약화될 수 있다는 학자들의 경고를 통해 문제의식을 제시하며 글을 마무리한다. 따라서 글의 순서로 가장 적절한 것은 ③이다.

지문해석

수세기 동안, 인간은 단순한 정보 저장뿐 아니라 이야기를 전하고, 가치를 계승하며, 집단 정체성을 유지하기 위해 기억에 의존해 왔다.

(B) 그러나 디지털 기술이 부상하면서 우리는 점차 내부 기억보다 외부 기기에 정보를 기록하고 검색하는 데 더 많이 의존하게 되었다.
(C) 이러한 변화는 단순히 정보를 저장하는 방식만이 아니라, 기억이 정체성과 관계, 감정 처리 방식에 어떤 역할을 하는지를 변화시키고 있다.
(A) 기억 기능을 기계에 더 많이 맡기게 되면서, 일부 연구자들은 전통적인 기억 관행에 기반한 자기성찰과 문화적 연속성의 일부가 상실될 수 있다고 우려한다.

어휘

- memory 기억, 추억
- store 저장하다, 보관하다
- pass down 전하다, 물려주다
- collective 집단의, 공동의
- identity 정체성, 신원
- outsource 외부에 맡기다, 위탁하다
- retrieve 되찾다, 검색하다
- shift 변화, 이동
- self-reflection 자기 성찰, 내적 성찰
- continuity 연속성, 지속성

53 정답 ②   난이도 ★★★★☆

해설

주어진 문장은 "도시의 소리 환경이 인간의 행동에 영향을 준다"는 통찰로 글을 시작하며, 이 주장을 뒷받침할 연구 흐름을 예고한다. (B)는 이러한 문제의식에 따라 주목받게 된 개념, 즉 '사운드스케이프'에 대한 소개와 함께 해당 분야에 대한 학계의 연구 집중을 설명한다. 이어지는 (A)는 실제 연구 결과를 통해, 특정 소리 환경이 시민들의 이동 방식이나 공공 공간 이용 행태에 변화를 준 사례를 보여주며 이론의 실증적 뒷받침을 제공한다. 마지막으로 (C)는 이러한 연구 결과들이 실제 도시 설계와 정책에 반영된 사례를 소개함으로써, 연구의 실질적 영향력을 드러내며 글을 마무리한다. 따라서 글의 순서로 가장 적절한 것은 ②이다.

지문해석

도시는 단순히 시각적 풍경일 뿐 아니라 청각적 환경이기도 하며, 우리는 그 소리에 의해 감정과 행동을 종종 무의식적으로 조절받는다.
(B) 갈수록 더 도시 설계자들과 심리학자들은 전체 소리 환경인 '사운드스케이프'가 공공장소에서의 인간 행동에 어떤 영향을 주는지를 주목하기 시작했다.
(A) 한 연구에 따르면, 지속적인 교통 소음이 있는 장소에서는 사람들이 더 빠르게 걷는 반면, 새소리나 음악이 들리는 장소에서는 천천히 걷거나 더 오래 머무르는 경향이 있었다.
(C) 이러한 통찰로 몇몇 도시는 분위기 음악을 설치하거나 조용한 녹지 공간을 조성하여 군중 흐름을 유도하고 심리적 안정을 꾀하고 있다.

어휘

- acoustic 음향의, 청각의
- shape 형성하다, 영향을 미치다
- consciously 의식적으로, 알아차리고
- soundscape 소리 환경, 음향 경관
- traffic 교통, 차량
- stroll 산책하다, 거닐다
- linger 오래 머무르다, 지체하다
- urban 도시의, 도시 지역의
- ambient 주변의, 환경적인
- psychological 심리적인, 정신적인
- crowd flow 군중 흐름, 인파 이동
- well-being 건강, 행복

54 정답 ③   난이도 ★★★☆☆

해설

주어진 문장은 사워도우 빵 만들기의 '첫 단계'로 스타터를 활성화하는 과정을 설명하며 시작한다. (B)는 '일단 스타터가 활성화되면'이라는 내용을 통해, 이후 스타터와 나머지 재료를 섞어 반죽을 만드는 단계를 설명한다. (C)는 '그 다음'이라는 연결어로 (B)에서 완성된 반죽을 가지고 몇 시간 동안 스트레칭과 폴드 과정을 수행하는 중간 단계를 묘사한다. 마지막으로 (A)는 전체의 과정이 끝난 것으로 (B)와 (C)의 과정을 마무리하며, 반죽의 모양을 잡아 마지막 부풀리기를 하는 제빵의 최종 단계를 설명하며 글을 마무리한다. 따라서 글의 순서로 가장 적절한 것은 ③이다.

지문해석

클래식 사워도우 빵을 굽기 위한 첫 번째 단계는 전채 요리를 활성화하는 것이다. 밀가루와 물을 먹여주고, 거품이 일며 크기가 두 배로 커질 때까지 몇 시간 동안 그대로 두어야 한다.
(B) 일단 스타터가 활성화되면, 그것을 더 많은 밀가루, 물, 그리고 소금과 섞어 엉성한 반죽을 만든다. 그런 다음, 이 혼합물을 약 한 시간 동안 휴지시킨다. 이 초기 휴지는 오토리즈라고 불린다.
(C) 그 다음, 몇 시간 동안 30분마다 반죽에 일련의 "스트레칭과 폴드"를 수행한다. 이 과정은 반죽을 치대지 않고도 힘을 길러준다.
(A) 이 휴지 기간이 끝난 후, 반죽을 둥근 덩어리로 모양을 잡고 발효 바구니에 넣는다. 이것이 풍미를 발달시키는 마지막 부풀리기이다.

어휘

- sourdough 사워도우, 천연 발효종으로 만든 빵
- starter (코스 요리의) 전채 요리
- activate 활성화하다, 작동시키다
- feed 먹이를 주다, (발효종에) 재료를 추가하다
- bubbly 거품이 있는, 발포하는
- dough 반죽, 밀가루 반죽

- [ ] shaggy 털이 많은, 덥수룩한; 여기서는 '정리되지 않은 반죽'
- [ ] autolyse 오토리즈, 반죽 초기 수분 흡수 과정
- [ ] proofing 발효시키는 과정, 숙성
- [ ] loaf 덩어리 빵, 한 덩어리의 빵
- [ ] kneading 반죽

55 정답 ②

난이도 ★★☆☆☆

해설

주어진 문장은 AI의 교육적 활용이 단순한 도구가 아니라 기대와 복잡성을 동시에 지닌 존재임을 문제의식으로 제시하며 시작한다. (B)에서는 AI의 양면적 성격을 구체적으로 보여준다. 이어 (A)는 이러한 양면성이 교사의 역할과 업무에 미치는 실제 영향을 다루며, 기술적 논의를 교육 현장의 인간적 맥락으로 확장한다. 마지막으로 (C)는 교사의 전문성 개발과 윤리 지침 마련과 같은 실천적 대안을 제시하며 글을 마무리한다. 따라서 글의 순서로 가장 적절한 것은 ②이다.

지문해석

인공지능(AI)은 교실에서 점점 더 강력한 존재가 되어, 학생들의 학습 방식을 향상시키는 동시에 복잡하게 만들고 있다.
(B) 한편으로는 AI가 적응형 학습과 즉각적인 피드백을 가능하게 하지만, 의존성과 형평성 문제를 야기한다는 우려도 있다.
(A) AI의 이러한 이중적 성격은, 일부 교사에게는 학습을 개인화할 수 있는 잠재력 때문에 힘이 되기도 하지만, 다른 교사에게는 기술의 변화 속도를 따라가는 데 어려움을 겪으며 감당하기 어려운 부담이 되기도 한다.
(C) 이러한 어려움에 대응하기 위해, 지속적인 교사 연수와 윤리적 지침이 필요하며, 이는 AI가 모든 학습자에게 효과적으로 기여하도록 하기 위함이다.

어휘

- [ ] enhance 향상시키다, 강화하다
- [ ] complicate 복잡하게 만들다, 어렵게 하다
- [ ] adaptive 적응형의, 환경이나 상황에 맞게 변화하는
- [ ] dependency 의존, 의지
- [ ] equity 공평, 형평
- [ ] empowering 권한을 부여하는, 자율성을 높이는
- [ ] overwhelming 압도적인, 감당하기 힘든
- [ ] continuous 지속적인, 끊임없는
- [ ] ethical 윤리적인, 도덕과 관련된

56 정답 ③

난이도 ★★★☆☆

해설

주어진 문장은 디지털 문해력이 교육에서 필수적 요소로 자리 잡았지만, 단순한 기술 습득을 넘어 복잡한 도전 과제를 동반한다는 문제의식으로 시작된다. (B)는 디지털 리터러시의 양면적 특성을 구체화하면서, 정보 접근의 확대라는 장점과 함께 정보 왜곡, 편향, 격차 심화라는 위험 요소를 병렬적으로 제시한다. (C)는 이러한 문제를 해결하기 위해 단순한 기술 중심 교육이 아닌 시민성 함양을 중심으로 한 원칙 기반의 접근이 필요하다고 주장하며 글의 방향을 제시한다. 마지막으로 (A)는 이러한 접근이 실제 교육 현장에서 어떻게 구현될 수 있는지를 교사와 학생의 구체적 역할로 설명하며 글을 마무리한다. 따라서 글의 순서로 가장 적절한 것은 ③이다.

지문해석

디지털 문해력은 현대 교육에서 필수로 간주되지만, 이를 학교에 통합하는 과정에서는 기회와 도전이 공존한다.
(B) 한편으로는 디지털 플랫폼이 정보 접근성을 확대하고 협업을 촉진하지만, 다른 한편으로는 잘못된 정보를 퍼뜨리거나 디지털 격차를 심화시킬 위험이 있다.
(C) 이러한 복잡성은 단순한 기술 교육을 넘어 디지털 시민성을 강조하는 보다 신중한 접근을 요구한다.
(A) 교육자들은 단순히 디지털 도구를 사용하는 것에 그치지 않고, 학생들이 정보를 비판적으로 평가하고 온라인에서 윤리적으로 행동할 수 있도록 도와야 한다.

어휘

- [ ] digital literacy 디지털 정보 활용 능력
- [ ] integration 통합, 결합
- [ ] opportunity 기회, 가능성
- [ ] challenge 도전, 어려움
- [ ] collaboration 협력, 공동 작업
- [ ] misinformation 잘못된 정보, 허위 정보
- [ ] digital divide 디지털 격차, 기술 접근의 불평등
- [ ] critically 비판적으로, 분석적으로
- [ ] evaluate 평가하다, 판단하다
- [ ] ethical 윤리적인, 도덕과 관련된
- [ ] citizenship 시민권

57 정답 ④

난이도 ★★★☆☆

해설

주어진 문장은 마음챙김이 다양한 영역에서 주목받고 있는 현실을 소개하며 글을 시작한다. (C)는 이러한 관심의 배경을 설명하는 부분으로, 마음챙김이 인기 있는 핵심 요인으로 '단순성'과 '효과'를 갖추고 있음을 밝힌다. (B)는 이러한 확산 흐름 속에서 전문가들이 제안하는 바람직한 실천 조건을 제시하며, 단순한 적용을 넘어서 교육적·실천적 맥락에서 어떻게 활용되어야 하는지를 강조한다. 마지막으로 (A)는 이러한 조건이 무시될 경우, 마음챙김이 유행어로 전락하거나 실천이 피상화될 수 있다는 점을 경고하며 글을 마무리한다. 따라서 글의 순서로 가장 적절한 것은 ④이다.

지문해석

마음챙김은 최근 몇 년 사이 개인 수행뿐 아니라 교육, 비즈니스, 의료 등 다양한 분야에서 활용되는 도구로 주목받고 있다.
(C) 마음챙김이 주목받는 이유는 그 간결함과 스트레스 감소, 집중력 향상, 정서적 건강 증진 등 보고된 효과에 있다.
(B) 이 때문에 전문가들은 마음챙김을 과학적 근거와 윤리적 의도에 기반하여 깊이 있게 교육하는 것이 중요하다고 강조한다.
(A) 그러나 충분한 이해 없이 사용된다면, 마음챙김은 단순한 유행어로 전락할 수 있으며 그 본래 의미는 퇴색될 수 있다.

어휘

☐ mindfulness 마음챙김, 현재 순간에 주의를 기울이는 태도
☐ popularity 인기, 대중적 관심
☐ practice 실천, 연습
☐ education 교육, 학습
☐ healthcare 의료, 건강 관리
☐ superficial 피상적인, 깊이가 없는
☐ buzzword 유행어, 그럴듯하지만 실체가 약한 단어
☐ meaningful 의미 있는, 가치 있는
☐ emphasize 강조하다, 중요성을 두다
☐ evidence-based 근거 중심의, 실증적 근거에 기반한
☐ ethical 윤리적인, 도덕과 관련된

58 정답 ② 난이도 ★★★★☆

해설

주어진 문장은 게임화가 교육 전반에 널리 적용되고 있으며, 이로 인해 복합적인 효과가 나타나고 있다는 문제의식으로 시작된다. (B)는 이러한 흐름 속에서 게임화의 긍정적 측면인 흥미 유발과 함께, 집중력 저하와 같은 부작용 가능성을 병렬적으로 제시한다. (A)는 그 부작용이 실제로 학습 동기를 약화시키고 점수 중심의 피상적 학습으로 이어지는 과정을 구체적으로 설명하면서 문제를 심화시킨다. 마지막으로 (C)는 교육자가 이러한 양면성을 인식하고, 균형 잡힌 설계와 비판적 활용을 통해 문제를 보완해야 함을 제안하며 글을 마무리한다. 따라서 글의 순서로 가장 적절한 것은 ②이다.

지문해석

게임화는 학생들의 참여를 유도하기 위해 교육에 점점 더 많이 활용되고 있지만, 그 효과가 항상 긍정적인 것만은 아니다.
(B) 배지, 점수, 순위표와 같은 요소는 학습을 더 즐겁고 상호작용적으로 만들 수 있지만, 깊은 사고와 몰입을 방해할 가능성도 있다.
(A) 외적 보상에 지나치게 의존하게 되면, 학생들의 내재적 학습 동기를 약화시켜 점수에 집착하게 만들고, 내용의 이해에는 소홀하게 될 수 있다.
(C) 게임화를 효과적으로 활용하려면, 교육자는 게임 요소와 함께 의미 있는 피드백과 성찰의 기회를 균형 있게 제공해야 한다.

어휘

☐ gamification 게임화, 게임의 요소를 적용하기
☐ engage 참여시키다, 관심을 끌다
☐ effect 효과, 영향
☐ universally 보편적으로, 전반적으로
☐ reward 보상, 상
☐ intrinsic 내재적인, 본질적인
☐ motivation 동기, 의욕
☐ understanding 이해, 지식
☐ badge 배지, 표식
☐ leaderboard 순위표, 점수판
☐ interactive 상호작용하는, 쌍방향의
☐ reflection 성찰, 되돌아봄

59 정답 ③ 난이도 ★★★☆☆

해설

주어진 문장은 기후 변화 대응에서 개인의 실천과 정책적 개입이 모두 필요하다는 기본 입장으로 글을 시작한다. (B)는 개인이 할 수 있는 구체적 행동과 그 긍정적 영향을 통해, 개인 차원의 실천이 효과적일 수 있음을 보여준다. (C)는 이러한 실천이 단순히 일회성 행동에 그치지 않고, 사회 전체의 정책이나 문화 변화를 이끄는 계기가 될 수 있음을 강조하며 논리를 확장한다. 마지막으로 (A)는 개인의 책임을 강조하는 담론이 자칫 구조적 개혁의 필요성을 가릴 수 있다는 점을 지적하며 비판적으로 글을 마무리한다. 따라서 글의 순서로 가장 적절한 것은 ③이다.

지문해석

기후 변화에 맞서기 위해 글로벌 정책이 중요하지만, 개인의 실천 또한 지속 가능한 미래를 만드는 데 핵심적인 역할을 한다.
(B) 육류 소비 줄이기, 자동차 사용 줄이기, 전기 절약 같은 행동은 작아 보일 수 있지만, 모이면 큰 영향력을 가질 수 있다.
(C) 뿐만 아니라, 이러한 실천들은 정책 변화에 대한 수요를 전달하고, 환경 인식 중심의 문화 형성에 기여한다.
(A) 하지만 개인의 책임에만 초점을 맞추면, 제도적 개혁의 필요성이 흐려지고, 기업이나 정부의 책임이 간과될 위험이 있다.

어휘

☐ global 전 세계적인, 세계적인
☐ policy 정책, 방침
☐ tackle 문제에 맞서다, 다루다
☐ climate change 기후 변화, 기후 변화 현상
☐ individual 개인, 개별적인
☐ sustainable 지속 가능한, 환경을 해치지 않는
☐ responsibility 책임, 의무
☐ obscure 가리다, 흐리게 하다
☐ systemic 체계적인, 조직 전체의
☐ collectively 집단적으로, 함께
☐ cultural norm 문화적 규범, 사회적 관습
☐ consciousness 의식, 인식

60 정답 ② 난이도 ★★★☆☆

해설

주어진 문장은 소셜 미디어가 공론장과 민주주의에 끼치는 영향에 대한 찬반 논란을 소개하며 문제의식을 제기한다. (B)는 이 논란을 구성하는 대표적 입장 두 가지를 제시하며 논의의 기본 틀을 형성한다. (C)는 이러한 이분법적 구도가 실상을 단순화시킨다는 점을 비판하고, 기술의 영향은 설계 방식과 사용 맥락에 따라 달라진다는 복합적 관점을 제시하며 관점의 전환을 이끈다. (A)는 이를 구체적 사례로 뒷받침하여, 플랫폼 설계가 사회적 결과에 미치는 영향을 보여준다. 따라서 글의 순서로 가장 적절한 것은 ②이다.

지문해석

소셜 미디어의 부상은 공적 담론과 민주주의에 대한 그 영향에 대해 점차 커지는 우려를 낳았다.
- (B) 학자들은 대체로 두 입장으로 나뉜다. 일부는 소셜 미디어가 시민 참여를 확대한다고 보지만, 다른 일부는 숙고된 토론을 해치고 회피적 정보 공간을 만든다고 경고한다.
- (C) 소셜 미디어를 순전히 이롭거나 해롭다고 보는 것은 지나친 단순화다. 그 효과는 플랫폼의 설계와 사용 방식에 크게 좌우된다.
- (A) 예를 들어, 자극적인 콘텐츠에 보상을 주는 플랫폼은 종종 분열을 심화시키지만, 검증된 정보를 장려하는 플랫폼은 공적 신뢰를 강화할 수 있다.

어휘
- [ ] rise 증가, 부상
- [ ] concern 우려, 관심
- [ ] influence 영향, 작용
- [ ] public discourse 공적 담론, 사회적 논의
- [ ] democratic 민주주의의, 민주(주의)적인
- [ ] polarization 양극화, 극단적 대립
- [ ] misinformation 잘못된 정보, 허위 정보
- [ ] empower 권한을 부여하다, 힘을 실어주다
- [ ] engagement 참여, 약속
- [ ] echo chamber impact 반향실 효과

61 정답 ② 난이도 ★★☆☆☆

해설

주어진 문장은 이별 직전의 침묵과 감정을 표현하며 시작한다. (B)에서는 등장인물이 감정을 직접 표현하지 않고 어린 시절 몸짓으로 전하는 장면을 보여주어, 이별의 정서적 깊이를 행동으로 드러낸다. (A)는 물리적 거리와 함께 감정적 거리감이 커져가는 순간을 묘사하며, 이별의 결단이 구체화되는 장면을 그린다. 마지막으로 (C)는 기차가 출발한 뒤 고개를 돌려 마지막 인사를 확인하는 장면으로 글을 마무리한다. 따라서 글의 순서로 가장 적절한 것은 ②이다.

지문해석

그는 대문 옆에 서 있었고, 내가 오래전에 선물했던 목도리를 느슨하게 걸치고 있었다. 나는 뭔가 말하고 싶었지만, 말이 나오지 않았다.
- (B) 그는 작은 미소를 지으며 손을 뻗었다. 악수를 하기 위해서가 아니라, 예전처럼 내 코트 깃을 정리해주려는 몸짓이었다.
- (A) 기차는 이미 도착해 있었다. 나는 짐을 들어 올렸고, 뒤돌아보지 못한 채 걸었다. 그가 여전히 거기 있을지 자신이 없었다.
- (C) 기차가 출발하고서야 나는 고개를 돌렸다. 그는 그 자리에 그대로 서 있었고, 손바닥을 들어 올렸다. 그것은 '잘 가'라기보다는 더 부드럽고 묵직한 작별의 표현이었다.

어휘
- [ ] scarf 스카프, 목도리
- [ ] loosely 느슨하게, 헐겁게
- [ ] hum 윙윙거리다, 소리 내다
- [ ] daring 용감한, 감히 하는
- [ ] half-smile 반쯤 웃음, 어색한 미소
- [ ] handshake 악수
- [ ] palm 손바닥

62 정답 ② 난이도 ★★★☆☆

해설

주어진 문장은 전투 직후 형을 찾기 위한 동생의 절박한 심정으로 시작된다. (B)는 참호로 향하는 과정에서의 폐허와 정적, 그리고 동생의 심리 묘사를 통해 긴장과 불안을 고조시킨다. (A)는 도착한 참호에서 형의 흔적은 있지만 형 자신은 보이지 않는 상황을 마주하며, 상실과 절망의 정조를 강조한다. (C)는 고요 속 들려온 기침 소리로 형의 생존을 확인하고, 말 없이 손을 맞잡는 장면으로 형제의 유대와 안도감을 전하며 글을 마무리한다. 따라서 글의 순서로 가장 적절한 것은 ②이다.

지문해석

총성이 멎었지만, 연기는 여전히 공기를 감싸고 있었고 나는 무너진 철문을 넘으며 형을 찾아 헤맸다.
- (B) 휘어진 철조망과 쓰러진 철모들을 지나 달렸다. 진흙과 재 속에 발이 빠졌고, 한 걸음 한 걸음이 점점 무거워졌다.
- (A) 우리가 마지막으로 함께 있던 무너진 참호에 도착했다. 먼지로 덮인 형의 재킷이 있었고, 나는 그의 이름을 불렀지만 아무런 대답도 들리지 않았다.
- (C) 그때 희미한 기침 소리가 들렸다. 나는 곧바로 무릎을 꿇고 파기 시작했다. 손끝이 닿았을 때, 우리는 아무 말도 하지 않았다. 그저 서로를 붙잡았다.

어휘

- gunfire 총격, 발포
- smoke 연기, 연무
- clung 달라붙다, 매달리다
- shattered 산산조각 난, 박살난
- trench 참호, 도랑
- collapsed 무너진, 붕괴된
- dust 먼지, 가루
- ash 재, 잿더미
- cough 기침, 갑작스러운 소리
- dig 파다, 캐다

63 정답 ②   난이도 ★★★☆☆

해설

주어진 문장은 책상에 대한 화자의 평범한 인식을 보여주며 시작한다. (B)에서는 'However'를 사용해 이러한 통념을 뒤집고, 비밀 공간을 발견하는 반전의 계기를 제시한다. (A)는 그 비밀 공간에서 일기장을 발견하는 구체적인 장면을 서술하며 사건을 이어간다. 마지막으로 (C)는 이 발견이 화자에게 어떤 의미를 주었는지 정리하며 글을 마무리한다. 따라서 글의 순서로 가장 적절한 것은 ②이다.

지문해석

수년간, 나는 내 서재에 있는 오래된 나무 책상을 기능적인 가구에 불과하다고 여겼다. 그것은 튼튼하고 넓었지만, 나는 항상 그것이 특별한 역사 없이 대량 생산된 제품이라고 추정해왔다.

(B) 하지만, 어느 비 오는 날 오후, 끈적거리는 서랍을 청소하다가 내 손가락이 뒤쪽의 헐거운 나무 조각에 걸렸다. 놀랍게도, 그것은 비밀 공간의 앞부분이었다.

(A) 이 작고 숨겨진 공간 안에는 가죽으로 장정된 일기장이 있었다. 우아한 필기체로 쓰인 그 기록들은 1세기 전 나의 집에 살았던 한 여성의 삶을 상세히 담고 있었다.

(C) 이 발견은 그 평범한 물건을 보물 상자로 바꾸어 놓았고, 나를 과거와 직접적으로 연결해주었다. 그 책상은 더 이상 그냥 책상이 아니었다; 그것은 이야기의 조용한 수호자였다.

어휘

- regard 여기다, 간주하다
- sturdy 튼튼한, 견고한
- spacious 넓은, 광대한
- mass-produced 대량 생산된, 기계적으로 만들어진
- assume 추정하다, 가정하다
- compartment 칸, 구획
- catch on (손가락 등이) 걸리다, 이해하다
- loose 느슨한, 헐거운
- hidden 숨겨진, 비밀의
- journal 일기, 기록
- cursive 필기체, 흐르는 글씨체
- mundane 평범한, 일상적인

64 정답 ③   난이도 ★★★★☆

해설

주어진 문장은 실내 허브 정원을 가꾸는 '첫 번째 단계'로 화분 선택을 설명하며 시작한다. 이어 (C)에서는 '일단 그 화분을 구하면'이라는 표현으로 흙을 채우고 씨앗을 심는 다음 단계를 묘사한다. 그다음 (A)는 '다음으로'를 사용해 씨앗을 심은 화분을 햇빛이 잘 드는 곳에 배치하는 과정을 설명한다. 마지막으로 (B)는 '마지막으로'를 통해 물을 주고 싹이 트기를 기다리는 최종 단계를 제시하며 글을 마무리한다. 따라서 글의 순서로 가장 적절한 것은 ③이다.

지문해석

실내에서 작은 허브 정원을 가꾸기 위해, 첫 번째 단계는 올바른 화분을 고르는 것이다. 뿌리가 썩는 것을 방지하기 위해 바닥에 배수 구멍이 있어야 한다.

(C) 일단 화분을 구했다면, 위에서 약 1인치의 공간을 남기고 양질의 배양토로 채워라. 그런 다음, 허브 씨앗을 흙 표면 위에 고르게 뿌리고 얇은 흙으로 덮어준다.

(A) 다음으로, 남향 창가와 같이 하루에 최소 6시간의 햇빛을 받을 수 있는 장소에 화분을 놓아라. 허브가 광합성을 하고 튼튼하게 자라기 위해서는 지속적인 빛이 매우 중요하다.

(B) 마지막으로, 씨앗에 부드럽게 그러나 충분히 물을 준다. 흙은 축축해야 하지만 물에 잠겨서는 안 된다. 적절한 관리를 하면, 1~2주 안에 작은 싹이 돋아날 것이다.

어휘

- cultivate 재배하다, 기르다
- container 용기, 그릇
- drainage 배수, 물 빠짐
- rot 썩다, 부패하다
- sprout 싹이 트다, 새싹
- soil 흙, 토양
- potting mix 화분용 흙, 배양토
- sprinkle 뿌리다, 흩뿌리다
- surface 표면, 겉면
- waterlogged 물에 잠긴, 흠뻑 젖은
- photosynthesize 광합성을 하다

65 정답 ③   난이도 ★★★☆☆

해설

주어진 문장은 식물학자들의 평범한 야간 연구 활동을 배경으로 시작한다. (C)는 'However'라는 전환어를 사용해 일상에서 벗어난 예상치 못한 현상, 즉 의문의 불빛 발견을 알린다. (A)는 '이 불빛'의 출처를 추적하는 과정을 상세히 묘사하며, 그것이 버섯에서 나왔음을 밝혀낸다. 마지막으로 (B)는 '이 발견'이 생물 발광 균류임을 확인하고, 이 우연한 발견이 새로운 연구 분야를 열었다는 학문적 의미를 부여하며 글을 마무리한다. 따라서 글의 순서로 가장 적절한 것은 ③이다.

지문해석

야행성 생태계를 연구하는 식물학자들에게 숲속에서의 야간 산책은 연구의 일상적인 부분이다. 일반적으로, 초점은 밤에 피는 꽃이나 야행성 수분 매개자의 행동을 관찰하는 데 맞춰진다.
(C) 그러나 외딴 열대우림에서의 한 특별한 탐사에서, 한 연구원은 예상치 못한 현상을 목격했다: 빽빽한 덤불을 뚫고 새어 나오는 부드럽고 유령 같은 녹색 빛이었다.
(A) 이 희미하고 미묘한 빛은 알려진 어떤 광원에서도 나온 것이 아니었다. 호기심이 생긴 연구원은 더 가까이 다가갔고, 그 빛이 썩어가는 통나무에서 자라는 작고 눈에 띄지 않는 버섯 군집에서 발산된다는 것을 발견했다.
(B) 이 현상은 나중에 화학 반응을 통해 빛을 내는 생물 발광 균류의 한 종으로 확인되었다. 이 우연한 발견은 이 빛을 내는 유기체들의 생태학적 역할에 대한 새로운 연구의 길을 열었다.

어휘

- botanist 식물학자
- nocturnal 야행성의, 밤에 활동하는
- ecosystem 생태계, 생태 환경
- pollinator 꽃가루 매개자, 수분을 돕는 곤충
- faint 희미한, 옅은
- ethereal 천상의, 가볍고 우아한
- emanate 발산하다, 나오다
- unassuming 겸손한, 잘난 체하지 않는
- decaying 썩어가는, 부패하는
- bioluminescent 생물 발광성의, 스스로 빛을 내는
- phenomenon 현상, 사건
- undergrowth 덤불, 하층 식생

66 정답 ② 난이도 ★★★★☆

해설

주어진 문장은 DNA 코드 자체를 바꾸지 않고 유전자 발현을 조절하는 '후성유전학'을 소개하며 시작한다. (B)는 후성유전학의 대표적 메커니즘인 'DNA 메틸화'를 구체적으로 정의하고 설명한다. (A)는 'This process'라는 표현으로 (B)에서 소개된 DNA 메틸화 과정을 이어받아, 이것이 유전자를 켜고 끄는 '스위치'처럼 작동함을 설명한다. 마지막으로 (C)는 'What this means is'라는 표현을 사용해, 이러한 후성유전학적 조절이 일란성 쌍둥이 간 차이를 만들어낼 수 있다는 실제적 결과를 제시하며 글을 마무리한다. 따라서 글의 순서로 가장 적절한 것은 ②이다.

지문해석

유전학 분야는 오랫동안 DNA 서열 자체가 유기체 특성의 주된 결정 요인이라고 여겨왔다. 그러나 후성유전학이라는 새로운 분야는 DNA 코드를 변경하지 않고 유전자가 발현되는 방식에 영향을 미치는 또 다른 차원의 통제가 있음을 밝히고 있다.
(B) 가장 많이 연구된 후성유전학적 메커니즘 중 하나는 DNA 메틸화이다. 이것은 메틸기라고 불리는 작은 화학 그룹이 DNA 분자의 특정 부분에 추가되는 것을 포함한다.
(A) 식단이나 스트레스 같은 환경적 요인에 의해 유발될 수 있는 이 과정은 유전자를 켜거나 끌 수 있는 일련의 분자 스위치처럼 작용하여 그 활동을 변형시킨다.
(C) 이것이 의미하는 바는, 쌍둥이처럼 동일한 DNA를 가진 두 개인이 그들의 삶의 경험에 의해 형성된 고유한 후성유전학적 패턴에 따라 다른 특성이나 건강 상태를 보일 수 있다는 것이다.

어휘

- genetics 유전학, 유전 연구
- determinant 결정 요인, 좌우하는 요소
- organism 유기체, 생물체
- epigenetics 후성유전학
- expressed 발현된, 유전자가 기능을 나타내는
- alter 바꾸다, 변경하다
- mechanism 기제, 방식
- methylation 메틸화, 화학적 그룹이 DNA에 결합하는 과정
- molecular 분자의, 분자 수준의
- trigger 촉발하다, 유발하다
- outcome 결과, 성과

67 정답 ③ 난이도 ★★★★☆

해설

주어진 문장은 '탈진실'의 기본 개념을 정의하며 시작한다. (B)는 탈진실이 단순히 진실을 숨기려는 거짓말과 달리, 진실 자체를 무관하게 만든다는 점에서 근본적으로 다르다는 사실을 설명해 개념을 명확히 한다. (C)는 '대신'이라는 표현을 사용해, 진실이 무관해진 자리에서 사실 여부와 상관없이 감정적 공감을 일으키는 이야기가 진실로 받아들여지는 탈진실의 핵심 작동 방식을 보여준다. 마지막으로 (A)는 '결과적으로'라는 표현으로, 이러한 현상이 사회에 미치는 영향을 설명하며 글을 마무리한다. 따라서 글의 순서로 가장 적절한 것은 ③이다.

지문해석

"탈진실"이라는 용어는 2016년 옥스퍼드 사전의 '올해의 단어'로 선정되었으며, 이는 공론장에서의 새로운 시대를 의미한다. 이는 객관적인 사실이 여론을 형성하는 데 있어 감정과 개인적 신념에 대한 호소보다 영향력이 덜한 상황을 묘사한다.
(B) 이 개념을 단순히 거짓말하는 것과 구별하는 것이 중요하다. 거짓말쟁이는 진실을 인정하지만 그것을 숨기려고 노력한다; 반면에 탈진실 서사는 진실 자체를 무관한 것으로 만든다.
(C) 대신, 강조점은 이야기가 사람들을 어떻게 느끼게 하는가로 이동한다. 감정적으로 공감대를 형성하거나 깊이 자리 잡은 편견을 확인시켜 주는 서사는 사실적 근거와 상관없이 진실로 받아들여진다.

(A) 결과적으로, 이러한 환경에서는 전문가의 의견과 검증 가능한 데이터가 종종 단순한 "의견"으로 치부되는 반면, 근거 없는 주장은 청중의 기존 감정과 일치하면 설득력을 얻을 수 있다.

어휘
- post-truth 탈진실, 객관적 사실보다 감정이나 신념이 영향력이 큰 상황
- signify 나타내다, 의미하다
- discourse 담화, 토론
- objective 객관적인, 사실에 기반한
- influential 영향력 있는, 중요한
- appeal 호소, 관심을 끌다
- belief 믿음, 신념
- distinguish 구별하다, 식별하다
- narrative 이야기, 서사
- resonate 울리다, 공감을 불러일으키다
- bias 편견, 선입견
- traction 영향력, 주목을 얻음

68 정답 ③ 난이도 ★★★☆☆

해설
주어진 문장은 부모가 자녀의 일상을 SNS에 공유하는 '셰어런팅'을 소개하며 시작한다. (B)는 부모 입장에서 이러한 행동이 가지는 긍정적 동기와 의미를 설명한다. (C)는 'However'를 사용해 논점을 전환하며, 아이들이 성장하면서 부모의 공유 행위와 자신의 사생활 권리 사이에 갈등이 발생할 수 있음을 지적한다. 마지막으로 (A)는 'This dilemma'라는 표현으로 (C)에서 제기된 갈등을 요약하고, 이것이 아동의 '잊힐 권리'라는 더 넓은 사회적·법적 논의로 이어짐을 설명하며 글을 마무리한다. 따라서 글의 순서로 가장 적절한 것은 ③이다.

지문해석
"셰어런팅"으로 알려진, 부모가 소셜 미디어에 자녀의 삶을 기록하는 행위는 현대 가족 생활의 흔한 측면이 되었다. 이 관행은 가족 및 친구들과 소통하고 추억의 디지털 스크랩북을 만들고자 하는 욕구에서 비롯된다.
(B) 많은 부모에게 이러한 디지털 공유는 21세기 자랑스러운 부모 역할의 자연스러운 연장선이다. 이를 통해 그들은 자녀의 중요한 성장 단계를 축하하고 양육 과정에서 공동체의 지지를 받을 수 있다.
(C) 그러나 디지털에 기록된 이 아이들이 자라서 자신만의 자아와 사생활 의식을 갖게 되면서 갈등이 발생한다. 그들은 자신의 어린 시절 사진과 일화가 온라인에 공개적으로 남아있는 것에 동의하지 않을 수 있다.
(A) 이 딜레마는 아동의 "잊힐 권리"에 대한 전 세계적인 논의를 촉발했으며, 부모의 공유할 권리가 어디에서 끝나고 아동의 사생활 권리가 어디에서 시작되는지에 대한 질문을 던지고 있다.

어휘
- document 기록하다, 문서화하다
- phenomenon 현상, 사건
- sharenting 부모가 자녀의 삶을 소셜미디어에 공유하는 행위
- dilemma 딜레마, 어려운 문제
- right 권리, 권한
- consent 동의하다, 허락하다
- accessible 접근 가능한, 이용 가능한
- conflict 갈등, 충돌
- milestone 이정표, 중요한 사건

69 정답 ② 난이도 ★★★★☆

해설
주어진 문장은 NFT의 기술적 정의를 설명한다. (B)는 이 어려운 개념을 독자가 쉽게 이해할 수 있도록 '모나리자'라는 친숙한 '비유'를 들어 설명을 시작한다. (A)는 'in a similar way'라는 연결어를 통해 (B)의 비유를 디지털 세계의 NFT에 그대로 적용하여, 블록체인이 원본 소유권을 증명하는 역할을 한다고 설명한다. 마지막으로 (C)는 (A)에서 설명한 '검증 가능한 소유권 증명'이 어떻게 디지털 파일에 희소성과 '가치'를 부여하는지를 설명하며 NFT의 핵심 원리를 요약하고 글을 마무리한다. 따라서 글의 순서로 가장 적절한 것은 ②이다.

지문해석
NFT(대체 불가능 토큰)는 블록체인에 기록되는 고유한 디지털 식별자로, 소유권과 진품임을 인증하는 데 사용된다. 그것은 복사되거나, 대체되거나, 세분될 수 없다.
(B) 이것을 이해하기 위해, 모나리자와 같은 유명한 그림을 생각해 보라. 누구나 그 그림의 포스터를 살 수 있지만, 오직 한 사람이나 기관만이 원본의, 진품인 작품을 소유할 수 있다.
(A) NFT는 이미지나 노래와 같은 디지털 파일에 대해 비슷한 방식으로 작동한다. 블록체인은 공공 원장 역할을 하여, 누가 그 아이템을 만들었고 현재 누가 소유하고 있는지에 대한 영구적인 기록을 제공한다.
(C) 이 검증 가능한 소유권 증명이 바로 고유한 디지털 아이템에 가치를 부여하는 것이며, 창작자들이 이전에는 불가능했던 방식으로 수집가들에게 직접 자신의 작품을 판매할 수 있게 한다.

어휘
- non-fungible token 대체 불가능한 토큰(블록체인의 토큰을 다른 토큰으로 대체하는 것이 불가능한 암호 화폐)
- identifier 식별자, 신원 확인 장치
- blockchain 블록체인, 분산 원장 기술
- certify 증명하다, 보증하다
- ownership 소유권, 소유
- authenticity 진품임, 신뢰성
- copy 복사하다, 모방하다
- substitute 대체하다, 대신하다

☐ verifiable 입증 가능한, 확인할 수 있는
☐ ledger 원장, 회계 장부
☐ collector 수집가, 컬렉터

70 정답 ③ 난이도 ★★★★☆

해설

주어진 문장은 '시민 과학'의 개념을 정의한다. (C)는 시민 과학의 일반적인 '과정'이 어떻게 전문가의 연구 설계로 시작되는지를 설명하며 구체적인 논의를 시작한다. (A)는 (C)에서 설명된 과정의 '유명한 예시'로, 전 세계 사람들이 참여하는 새 관찰 프로젝트를 소개한다. 마지막으로, (B)는 (A)에서 든 예시와 같은 '이러한 프로젝트들'이 광범위한 데이터를 수집함으로써 과학 연구에 어떤 중요한 기여를 하는지 그 의의를 설명하며 글을 마무리한다. 따라서 글의 순서로 가장 적절한 것은 ③이다.

지문해석

"시민 과학"은 아마추어 또는 비전문 과학자들에 의해 전체 또는 일부가 수행되는 과학 연구를 의미한다. 이는 대중이 새로운 과학 지식의 발견에 기여할 수 있게 한다.

(C) 그 과정은 보통 전문 과학자들이 자원봉사자들이 최소한의 훈련으로 따를 수 있는 연구 프로토콜을 설계할 때 시작된다. 이는 수집된 데이터가 일관성 있고 신뢰할 수 있도록 보장한다.

(A) 이것의 잘 알려진 예는 "위대한 뒷마당 새 관찰"인데, 여기서는 전 세계 수천 명의 자원봉사자들이 특정 날에 자신의 지역에서 본 새들을 보고한다.

(B) 동시에 여러 다른 장소에서 방대한 양의 데이터를 수집함으로써, 이러한 프로젝트들은 과학자들이 한 연구팀만으로는 결코 관찰할 수 없었던 대규모 패턴을 연구할 수 있게 한다.

어휘

☐ citizen science 시민 과학
☐ nonprofessional 비전문가, 전문적이지 않은
☐ contribute 기여하다, 제공하다
☐ discovery 발견, 발명
☐ volunteer 자원봉사자, 자발적으로 참여하다
☐ protocol 절차, 규약
☐ consistent 일관된, 일정한
☐ reliable 신뢰할 수 있는, 믿을 만한
☐ vast 광대한, 막대한

빈칸 완성 유형 정답 및 해설

Answer

01 ②	02 ③	03 ②	04 ②	05 ③
06 ①	07 ②	08 ③	09 ①	10 ①
11 ②	12 ④	13 ②	14 ①	15 ②
16 ①	17 ③	18 ②	19 ③	20 ③
21 ④	22 ②	23 ②	24 ②	25 ②
26 ①	27 ③	28 ②	29 ③	30 ③
31 ①	32 ②	33 ③	34 ④	35 ③
36 ③	37 ②	38 ③	39 ③	40 ④
41 ①	42 ②	43 ③	44 ②	45 ①
46 ②	47 ③	48 ③	49 ①	50 ②
51 ④	52 ④	53 ②	54 ④	55 ④
56 ②	57 ③	58 ③	59 ②	60 ④
61 ③	62 ④	63 ③	64 ④	65 ②
66 ②	67 ③	68 ③	69 ④	70 ③
71 ①	72 ②	73 ③	74 ②	75 ②
76 ③	77 ③	78 ④	79 ③	80 ③
81 ③	82 ④	83 ③	84 ②	85 ③
86 ④	87 ③	88 ③	89 ③	90 ②

01 정답 ② 난이도 ★★☆☆☆

해설

이 글은 예술 작품의 가치를 단순한 가격이 아니라 사회적 의미와 대화를 이끌어내는 힘에서 찾아야 한다고 강조한다. 빈칸이 포함된 문장에서 "focusing on artworks"는 주어로 쓰였으며, 빈칸 부분에는 그 예술 작품이 어떤 성격을 가져야 하는지를 제시한다. 앞서 글에서는 뱅크시의 사회적 메시지, 예술의 대화 촉발 기능, 그리고 작품 뒤에 숨은 이야기의 중요성이 반복적으로 언급되었다. 따라서 이러한 흐름을 고려할 때, 밑줄 친 부분에 들어갈 말로 가장 적절한 것은 ②이다.

선지해석

① 구입하는 데 수백만 달러가 드는
② 공공의 삶과 관련된 주제를 표현하는
③ 그들의 역사적 명성을 이유로 선택되는
④ 추상적인 양식으로 관람객을 혼란스럽게 하는

지문해석

현대 미술에서 가장 논쟁이 되는 쟁점 중 하나는 작품의 가치를 시장 가격 이상의 관점에서 어떻게 정의할 것인가이다. 예를 들어, 날카로운 정치적 메시지를 담은 거리 예술로 유명한 뱅크시의 작품들을 생각해 보자. 많은 수집가들이 그의 그림에 막대한 금액을 지불하지만, 다른 이들은 진정한 가치는 그 작품들이 촉발하는 사회적 대화에 있다고 주장한다. 이러한 긴장은 예술계 전반에서 더 넓은 변화를 보여 주는데, 오늘날 관람객들은 점점 더 작품 뒤에 담긴 이야기에 관심을 가지기 때문이다. 기관과 큐레이터들은 이제 단지 유명한 예술가가 만들었다는 이유만이 아니라, **공공의 삶과 관련된 주제를 표현하는** 작품들을 선정하는 데 초점을 맞춘다. 이러한 변화는 예술 감상의 민주화를 가져올 뿐만 아니라, 새로운 목소리들이 들릴 수 있도록 장려한다.

어휘

☐ debate 논쟁, 토론
☐ contemporary 현대의, 동시대의
☐ define 정의하다, 규정하다
☐ convey 전달하다, 전하다
☐ sharp 예리한, 날카로운
☐ collector 수집가
☐ provoke 유발하다, 자극하다
☐ tension 긴장, 갈등
☐ narrative 이야기, 서술
☐ curator 큐레이터, 관리자

02 정답 ③ 난이도 ★★★☆☆

해설

이 글은 '실제 독자와의 소통을 전제로 한 글쓰기 교육의 필요성'을 강조한다. 빈칸은 앞서 언급된 '의미 있는 수정'을 유도할 수 있는 실제 반응을 주는 독자의 특성을 채워 넣어야 한다. 본문에서 말하는 효과적인 글쓰기 학습은 단순한 형식 연습이 아니라 실제 누군가가 읽고 반응하는 상황을 전제로 한다. 따라서 밑줄 친 부분에 들어갈 말로 가장 적절한 것은 ③이다.

선지해석

① 정식 인용과 각주를 요구하고
② 익명의 검토자들로만 이루어지고
③ 진정한 피드백이나 반응을 제공하고
④ 정형화된 문구의 암기를 요구하고

지문해석

디지털 소통의 시대에, 명확하고 설득력 있게 글을 쓰는 능력은 어느 때보다 중요하다. 이메일, SNS 글, 또는 공식 문서를 작성할 때 사람들은 생각을 전달하고 다른 이에게 영향을 미치기 위해 글쓰기에 의존한다. 그러나 학교의 글쓰기 교육은 실제 활용보다는 문법과 형식에만 지나치게 집중하는 경우가 많다. 이에 대해 일부 교육자들은 학생들이 지역 공무원에게 편지를 보내거나 블로그에 글을 올리는 등 실제 목적을 가진 과제에 참여해야 한다고 주장한다. 이런 과제들은 학습자에게 **진정한 피드백이나 반응을 제공하고** 의미 있는 수정을 장려하는 청중에게 노출된다. 학생들은 자신의 글이 교실 밖의 누군가에게 읽힌다는 사실을 알면, 메시지를 더욱 신중하게 다듬는 경향이 있다. 이러한 습관을 어릴 때부터 기르면 자신감과 시민의식을 함께 키우는 데 도움을 준다.

어휘

- persuasive 설득력 있는, 남을 잘 설득하는
- compose 구성하다, 작성하다, 작곡하다, 작문하다
- rely 의존하다, 믿다, ~에 의지하다
- instruction 가르침, 교육, 지시, 안내
- neglect 무시하다, 소홀히 하다, 돌보지 않다
- authentic 진짜의, 진정한, 진품의
- purpose 목적, 의도
- audience 청중, 관객, 독자층
- civic 시민의, 시의, 공공의, 공민의

03 정답 ② 난이도 ★★★☆☆

해설

빈칸은 "악기를 배우는 것의 예상치 못한 이점"이라는 구문에서 목적어 역할을 하며, 음악 교육이 가져오는 구체적인 인지적 효과를 채워 넣어야 한다. 본문에서는 주의력 조절, 작업 기억, 과제 전환 능력 등 음악 교육이 단순한 예술 활동을 넘어 고차원적 사고와 인지 기능을 향상시키는 역할을 한다는 점이 반복적으로 강조된다. 이러한 맥락에서, 빈칸에는 음악 활동이 인지 능력을 강화하는 효과를 나타내는 내용이 들어가야 하며, 고차원적 사고와 관련된 인지 능력 향상을 설명하는 내용이 가장 논리적으로 연결된다. 따라서 밑줄 친 부분에 들어갈 말로 가장 적절한 것은 ②이다.

선지해석

① 특정 세부 사항을 기억하는 향상된 능력
② 고차원적 사고 능력을 통제하는 향상된 능력
③ 신체 경쟁 상황에서 더 빠른 반사 신경
④ 감정을 조절하는 능력

지문해석

최근 인지과학 연구에 따르면, 악기를 배우는 것의 예상치 못한 이점 중 하나는 **고차원적 사고 능력을 통제하는 향상된 능력**이라고 한다. 음악 교육은 오랫동안 감정 표현과 예술적 발달과 관련 있는 활동으로 여겨져 왔다. 그러나 신경과학자들은 이제 음악이 주의 통제와 작업 기억과 같은 실행 기능을 강화하는 데 중요한 역할을 한다는 사실을 밝혀내기 시작했다. 뇌 영상 분석 결과, 악기 연습 경험이 있는 사람들에서 과제 전환 능력과 충동 조절을 담당하는 영역의 활성화가 증가한 것이 관찰되었다. 이러한 효과는 특히 어린 나이에 음악 수업을 시작한 아이들에게서 두드러지게 나타난다. 그 결과, 일부 교육자들은 음악 프로그램을 단순한 예술 교육이 아니라 인지 발달을 위한 도구로서 교육 과정에 포함해야 한다고 주장한다. 이러한 발견은 음악이 단지 창의적 표현 수단에 그친다는 기존의 인식을 뒤흔들며, 뇌 건강 전반에서의 더 넓은 역할을 부각시킨다.

어휘

- cognitive 인지의, 사고의, 지각과 관련된
- unexpected 예상치 못한, 뜻밖의, 우발적인
- benefit 이익, 혜택, 장점
- associate 관련시키다, 연관짓다, 교제하다, 연상하다
- neuroscientist 신경과학자, 뇌과학자
- strengthen 강화하다, 튼튼하게 하다, 증진시키다
- executive 집행의, 경영의, 행정의, 관리자
- regulation 규제, 조절, 통제
- pronounced 뚜렷한, 현저한, 단호한
- advocate 지지하다, 옹호하다, 변호하다, 주장하다
- outlet 배출구, 발산 수단, 상점, 판매점

04 정답 ② 난이도 ★★☆☆☆

해설

이 글은 전적으로 능동적 경청이 개인적·직업적 관계에 긍정적 영향을 미친 사례를 설명하고 있다. 빈칸은 문장의 주어 역할을 하며, 관계를 더 만족스럽고 오래 지속되게 만드는 소통 방식을 나타내야 한다. 본문에서는 Mia와 Jason이 상대방의 말을 주의 깊게 듣고 이해하는 행동을 실천함으로써, 친구 및 동료들과의 신뢰와 교감을 높인 사례가 반복적으로 제시된다. 따라서 밑줄 친 부분에 들어갈 말로 가장 적절한 것은 ②이다.

선지해석

① 강한 의견을 표현하기
② 공감적 소통을 실천하기
③ 화제를 자주 바꾸기
④ 감정적인 대화를 피하기

지문해석

공감적 소통을 실천하기는 더 만족스럽고 오래 지속되는 인간관계를 만드는 데 도움이 될 수 있다. Mia는 친구들과 대화를 나눌 때 적극적 경청을 실천하기 시작하면서, 서로가 느끼는 연결의 깊이가 눈에 띄게 향상된 것을 알아차렸다. 자신의 대답을 미리 생각하는 대신, 상대가 진심으로 말하고자 하는 바에 집중한 것이다. 시간이 지나자 친구들은 더 많이 마음을 열고, 개인적인 이야기들을 공유하며, Mia가 함께 있어주는 것에 고마움을 표현했다. 또 다른 사례로, Jason은 직장에서 같은 방식의 소통 방식을 적용했고, 이는 동료들과의 신뢰를 쌓는 데 큰 도움이 되었다. 동료들은 그의 의견을 더 자주 구하고 중요한 결정 과정에도 그를 포함하기 시작했다. 이러한 사례들은 소통 방식에서의 작은 변화가 개인적 관계와 직장 내 관계 모두에 의미 있는 영향을 줄 수 있음을 보여준다.

어휘

- satisfying 만족스러운, 기분을 좋게 하는, 충족감을 주는
- long-lasting 오래 지속되는, 지속적인, 변치 않는
- relationship 관계, 인맥, 연결
- active 적극적인, 활동적인, 능동적인
- significant 중요한, 상당한, 의미 있는
- focus 집중하다, 주의를 기울이다, 중심으로 삼다
- personal 개인적인, 사적인, 개별적인
- trust 신뢰, 믿음, 의지
- impact 영향, 충격, 효과

05 정답 ③   난이도 ★★★☆☆

해설

이 글은 언어 전환(다중언어 사용)이 뇌의 고차원적 인지 능력, 즉 정신적 유연성과 문제 해결 능력을 향상시키는 긍정적 효과를 다루고 있다. 본문 후반부에서는 실험 결과와 연구자들의 해석을 통해, 언어 전환이 문제 해결 속도, 정신적 유연성, 과제 적응력 등 고차원적 인지 능력에 긍정적 영향을 미친다는 내용이 반복적으로 강조된다. 따라서 밑줄 친 부분에 들어갈 말로 가장 적절한 것은 ③이다.

선지해석

① 표준 문법 교육에 대한 노출
② 미묘한 문화적 차이에 대한 민감성
③ 복잡한 인지 과제를 수행하는 능력
④ 제2언어 습득에 대한 저항

지문해석

다국어 능력은 오늘날 세계화된 사회에서 인지적·문화적 자산으로 종종 여겨진다. 놀랍게도, 최근 일부 연구는 정기적으로 언어를 전환하는 행위가 **복잡한 인지 과제를 수행하는 능력** 또한 향상시킬 수 있다고 제안한다. 언어 전환이라고 불리는 이 현상은 뇌가 혼란 없이 서로 다른 언어 체계를 동시에 관리하도록 만들기 때문이다. 연구자들은 이중언어 사용자가 단일언어 사용자보다 정신적 유연성이 더 높고 과제 전환에도 더 빠르게 적응한다는 사실을 발견했다. 한 실험에서는 문제 해결 과제 중 언어를 번갈아 사용한 참가자들이 과제를 더 효율적으로 수행했다. 이런 결과로 인해 일부 교육자들은 교실에서 코드 스위칭을 억제하기보다는 그 가치를 재고해야 한다고 주장하게 되었다. 이러한 통찰은 이중언어 능력이 실행 기능과 학습 효율에 어떤 영향을 미치는지에 대한 더 넓은 이해로 이어지고 있다.

어휘

- multilingualism 다언어 사용 능력, 여러 언어 구사
- cognitive 인지의, 사고의, 지각과 관련된
- cultural 문화의, 교양의, 문화를 나타내는
- asset 자산, 가치 있는 것, 이점
- enhance 향상시키다, 강화하다, 높이다
- phenomenon 현상, 사건, 비범한 사람이나 사건
- competing 경쟁하는, 서로 맞서는, 상충하는
- flexibility 유연성, 융통성, 탄력성
- adaptation 적응, 조정, 각색
- bilingual 두 언어를 사용하는, 이중 언어의
- insight 통찰력, 이해

06 정답 ①   난이도 ★★★☆☆

해설

빈칸은 모델링의 진정한 가치가 어디에 있는지를 나타내야 한다. 본문에서는 모델이 단순한 예측을 넘어 변수 간 관계를 밝히고, 가설을 검증하며, 근본적인 원리나 역학을 이해하도록 돕는 탐구 도구라는 점이 반복적으로 강조된다. 이러한 기능은 인과 메커니즘을 파악하는 능력과 연결되며, 모델링의 진정한 가치를 묻는 질문에 정확히 부합한다. 따라서 밑줄 친 부분에 들어갈 말로 가장 적절한 것은 ①이다.

선지해석

① 인과적 메커니즘을 드러내는 능력
② 최근 발견을 요약하는 기능
③ 복잡한 데이터를 시각적으로 표현하는 역할
④ 과학 용어를 대중화하는 역할

지문해석

과학적 모델링의 진정한 힘은 단순히 예측을 생성하는 것이 아니라 **인과적 메커니즘을 드러내는 능력**에 있다. 예측은 계획 수립에 유용하지만, 모델의 더 깊은 역할은 변수들이 어떻게 연결되는지를 밝히는 데 있다. 예를 들어, 기후 모델은 단순히 온도 상승을 예측하는 데 그치지 않고, 특정 개입이 장기적인 결과에 어떤 영향을 미칠 수 있는지 정책 입안자들이 이해하도록 돕는다. 마찬가지로, 경제 모델은 복잡한 시스템 속에서 핵심 요인들을 분리해 근본적인 작동 원리를 드러내도록 연구자들을 돕는다. 모델을 절대적인 진실이 아닌 탐구를 위한 도구로 바라볼 때, 과학자들은 이론을 더욱 정교하게 다듬고 이해를 확장할 수 있다. 따라서 모델링의 가치는 정답을 제공하는 데 있는 만큼, 새로운 질문을 제기하는 데에도 있다.

어휘

- scientific 과학의, 과학적인, 체계적인
- modeling 모델링, 모형 제작, 예시를 통한 표현
- lie 존재하다, 위치하다, ~에 있다, 놓여 있다
- merely 단지, 단순히, 그저
- prediction 예측, 예언, 예상
- forecast 예보, 예측, 전망
- variable 변수, 가변적인 요소, 변하기 쉬운
- hypothetical 가상의, 가정적인, 가설적인
- intervention 개입, 조정, 중재
- isolate 분리하다, 고립시키다, 격리하다
- dynamics 역학

07 정답 ② 난이도 ★★★★☆

해설

빈칸은 메타인지적 사고가 학생에게 어떤 도움을 주는지를 나타내야 한다. 본문 전체에서 메타인지 전략은 학생이 자신의 학습을 성찰하고 전략을 조절하게 함으로써 독립적이고 효과적인 학습자가 되도록 돕는 기능이 반복적으로 강조된다. 따라서 빈칸에는 이 핵심 기능을 담은 "자신의 학습을 성찰하고 조절할 수 있는 능력을 지원한다"는 내용이 들어가야 한다. 따라서 밑줄 친 부분에 들어갈 말로 가장 적절한 것은 ②이다.

선지해석

① 학습자들이 정보를 보다 엄격하게 암기하도록 장려하고
② 자신의 학습을 돌아보고 조절하는 능력을 지원하고
③ 개인의 자율성보다 집단 규율에 초점을 맞추고
④ 수업에서 더 많은 멀티미디어 자료를 활용할 수 있도록 제공하고

지문해석

메타인지적 사고는 **자신의 학습을 돌아보고 조절하는 능력을 지원하고**, 학생들이 더 독립적이고 성찰적인 학습자가 되도록 돕는다. 전통적인 교육은 종종 사실 전달과 암기를 중심으로 진행되는 것과 달리, 메타인지 전략은 학생들이 자신의 사고 과정을 돌아보도록 장려한다. 이러한 전략에는 과제를 어떻게 접근할지 계획하기, 이해도를 스스로 점검하기, 학습 방법의 효과성을 평가하기 등이 포함된다. 예를 들어, 메타인지를 활용하는 학생은 노트를 반복해서 읽는 것이 다른 사람에게 내용을 설명하는 것보다 효과가 덜하다는 사실을 깨닫기도 한다. 이러한 인식은 학생들이 전략을 조정하고 학업 성과를 향상시키는 데 도움을 준다. 교사는 메타인지적 사고를 직접 보여주거나 학생들이 자신의 진행 상황을 평가할 수 있는 도구를 제공함으로써 이 과정을 지원할 수 있다. 궁극적으로, 강한 메타인지 능력을 개발한 학습자는 복잡한 문제 해결과 평생 학습에 더 잘 대비할 수 있다.

어휘

- metacognitive 메타인지의
- independent 독립적인, 자율적인, 의존하지 않는
- reflective 성찰적인, 깊이 생각하는, 반사하는
- traditional 전통적인, 전통에 따른, 관습적인
- strategy 전략, 계획, 방법
- monitor 관찰하다, 점검하다, 감시하다
- comprehension 이해, 파악, 독해력
- evaluate 평가하다, 판단하다, 감정하다
- effectiveness 효과, 유효성, 능률
- adjust 조정하다, 맞추다, 적응하다
- progress 진전, 발전, 진행

08 정답 ③ 난이도 ★★★☆☆

해설

빈칸은 사람들이 실패를 학습 기회로 재해석할 때 향상되는 능력이나 상태를 나타내야 한다. 본문에서는 adaptive self-reflection이 자기비판에 빠지지 않고 잘못을 분석하도록 돕고, 뇌 영상 연구에서도 수치심 관련 영역의 활동이 감소하고 계획 관련 영역의 활동은 증가한다고 언급된다. 이어 "better decision-making and greater persistence"가 결과로 나타나므로, 이는 정서 조절과 미래 행동 개선과 직접적으로 연결된다. 후반부에서도 이 전략을 사용한 사람들은 자기비판 대신 학습 전략을 적용하며, 그 결과 감정 처리 관련 뇌 영역 활동 감소, 계획 관련 영역 활성화, 더 나은 의사결정과 인내력 향상이 관찰된다고 설명된다. 따라서 밑줄 친 부분에 들어갈 말로 가장 적절한 것은 ③이다.

선지해석

① 건강하지 못한 완벽주의 패턴
② 부정적인 피드백에 대한 스트레스 반응 관리
③ 정서 조절과 미래 행동
④ 일반 지능과 기억 회상

지문해석

심리학자들은 인간이 실패에 어떻게 반응하는지를 오랫동안 연구해왔다. 최근 연구 결과에 따르면, 자신의 좌절을 학습 기회로 재구성하는 사람들은 **정서 조절과 미래 행동**에서 개선을 보인다. 이 인지적 전략은 "적응적 자기 성찰"이라고 불리며, 자기 비판에 빠지지 않고 무엇이 잘못되었는지를 분석하는 것을 포함한다. 실패를 회피하거나 책임을 부인하는 대신, 사람들은 자신의 행동을 검토하고 유용한 교훈을 도출한다. 뇌 영상 연구에 따르면, 이 기술을 실천하는 사람들은 수치심과 관련된 뇌 영역의 활동은 감소하고, 계획과 관련된 영역의 활동은 증가한다. 시간이 지나면서 이러한 패턴은 더 나은 의사결정과 도전에 직면했을 때의 높은 끈기로 이어질 수 있다. 그 결과, 치료사와 교육자들은 모두 사람들이 정서적 회복력을 기를 수 있도록 적응적 자기 성찰을 가르치는 방법을 모색하고 있다.

어휘

- psychologist 심리학자, 정신과학자, 인간 행동 연구자
- respond 반응하다, 대응하다, 응답하다
- reframe 다시 구조화하다, 재구성하다, 관점을 바꾸다
- setback 좌절, 차질, 방해
- cognitive 인지의, 사고의, 지각과 관련된
- self-criticism 자기 비판, 자기 성찰, 자기 평가
- avoid 피하다, 회피하다, 방지하다
- engagement 참여, 관여, 약속
- persistence 끈기, 지속, 인내
- resilience 회복력, 탄력성, 정서적 강인함

09 정답 ①   난이도 ★★★☆☆

해설

빈칸은 현대 재활용 프로그램의 성공이 단순히 시민 참여에만 의존하지 않고 무엇에 달려 있는지를 묻는다. 본문에서는 기존 캠페인이 소비자 책임에 초점을 맞췄지만, 오늘날 시스템은 수거, 분류, 재활용 과정의 비효율성을 해결해야 하며, 기술 혁신과 효과적인 정책 운영이 통합되어야만 재활용이 실질적 효과를 발휘한다고 설명한다. 따라서 밑줄 친 부분에 들어갈 말로 가장 적절한 것은 ①이다.

선지해석

① 정책과 산업 기반의 통합
② 환경 보호에 대한 지속적인 헌신
③ 일회용 플라스틱 생산의 수익성
④ 환경 규제에 대한 보통 사람들의 반대

지문해석

현대 재활용 프로그램의 성공은 단순히 시민 참여에만 의존하는 것이 아니라, **정책과 산업 기반의 통합**에 더 크게 달려 있다. 초기 캠페인들은 소비자의 책임에 지나치게 초점을 맞추었지만, 오늘날의 시스템은 수거, 분류, 재료 회수 과정에서의 비효율을 해결해야 한다. 시민들이 성실하게 재활용을 하더라도, 부실하게 설계된 인프라 때문에 오염이 발생하거나 재사용률이 낮아질 수 있다. 또한, 일관성 없는 규제와 인센티브 부족은 순환경제 모델에 대한 투자를 저해한다. 상징적인 재활용을 넘어서는 발전을 위해, 정책 입안자들은 기술 혁신과 효과적인 거버넌스를 통합한 시스템을 만들어야 한다. 그래야만 재활용이 세계적인 폐기물 및 자원 문제에 대한 핵심 해결책으로서의 약속을 실현할 수 있다.

어휘

- success 성공, 성취, 성과
- participation 참여, 관여, 출석
- responsibility 책임, 의무, 책무
- inefficiency 비효율, 비능률, 무능
- contamination 오염, 혼합, 부패
- incentive 장려책, 동기, 유인
- circular 순환의, 순환적인, 고리 모양의
- innovation 혁신, 새로움, 개선
- governance 관리, 통치, 운영

10 정답 ①   난이도 ★★☆☆☆

해설

빈칸은 '어떤 요인이 아동의 창의력과 주의 집중력 감소에 기여했는가'를 묻는다. 본문에서는 화면 앞 시간이 개방형 놀이와 실제 경험을 대체하면서 상상력과 문제 해결 능력 발달을 제한한다고 설명하고 있다. 이 문장은 문제 상황을 도입하는 핵심 문장으로, 이후 내용이 모두 디지털 미디어 사용 증가로 인한 무삭용에 초점이 맞춰져 있으므로, 밑줄 친 부분에 들어갈 말로 가장 적절한 것은 ①이다.

선지해석

① 디지털 오락의 영향력이 점점 커지는 것
② 디지털 중심 교육을 향한 사회적 추세
③ 부모의 과도한 개입과 관심
④ 놀이 기반 학습에 대한 부정적인 인식

지문해석

디지털 오락의 영향력이 점점 커지는 것은 아이들의 창의력과 주의 지속 시간 감소에 기여해왔다. 많은 가정에서, 화면을 보는 시간이 자유로운 놀이와 실제 세상 탐험을 대신하게 되었다. 아이들은 그림을 그리거나, 만들기 활동을 하거나, 이야기를 창작하는 대신 수동적으로 콘텐츠를 소비하는 경우가 많다. 전문가들은 이러한 변화가 상상력과 문제 해결 능력 발달을 제한한다고 경고한다. 이 문제를 해결하기 위해 일부 교육자와 부모들은 구조화

된 기술 사용 금지 시간을 도입하고 있다. 이 시간 동안 아이들은 실습 프로젝트, 야외 놀이, 협동적 스토리텔링에 참여하도록 장려된다. 이러한 노력은 디지털 미디어와 어린이의 창의적 표현 사이의 균형을 회복하는 데 목적이 있다.

어휘

- decline 감소, 하락, 쇠퇴, 줄다
- attention span 집중 지속 시간, 주의력 지속
- household 가정, 집안, 가족 단위
- exploration 탐험, 탐구, 조사
- passively 수동적으로, 소극적으로
- consume 소비하다, 소모하다, 섭취하다
- imagination 상상력, 창의력, 환상
- problem-solving 문제 해결, 해결 능력
- structured 구조화된, 조직화된, 체계적인
- collaborative 협력적인, 공동의, 협동적인

11 정답 ②   난이도 ★★☆☆☆

해설

빈칸은 앞서 언급된 공간적 단서가 어떤 역할을 하는지를 서술해야 한다. 본문 전개는 종이책이 기억과 이해에 유리함을 강조하므로 정보를 더 잘 찾고 기억하도록 돕는다는 내용이 가장 적절하다. 따라서 밑줄 친 부분에 들어갈 말로 가장 적절한 것은 ②이다.

선지해석

① 학생들이 콘텐츠에 지나치게 몰입하는 것을 방지하는 것
② 독자가 정보를 더 효과적으로 찾고 기억하도록 돕는 것
③ 눈의 피로를 완화하는 데 기여하는 것
④ 데이터 유출 위험을 제거하는 데 도움이 되는 것

지문해석

디지털 교과서는 휴대성과 상호작용 기능 때문에 학교에서 인기를 얻고 있다. 그러나 디지털과 인쇄 읽기를 비교한 연구에 따르면, 텍스트에 더 깊이 몰입하는 경우가 많은 인쇄물 독자들이 이해력 테스트에서 디지털 독자보다 더 좋은 성과를 보인다. 한 가지 설명은, 인쇄물의 물리적 구조가 **독자가 정보를 더 효과적으로 찾고 기억하도록 돕는 것**을 가능하게 해주기 때문이다. 예를 들어, 페이지를 넘기거나, 펜으로 밑줄을 긋거나, 읽은 페이지와 읽지 않은 페이지의 두께를 느끼는 것 등이 학생들이 자료의 정신적 지도를 형성하는 데 도움을 준다. 반면, 화면에서 끝없이 스크롤하는 읽기는 단편적 읽기와 집중력 저하로 이어지는 경우가 많다. 따라서 교육자들이 읽기 과제를 설계할 때 매체 형식을 신중하게 고려하는 것이 권장된다. 디지털 도구를 완전히 배제하기보다는, 학습 결과를 최적화할 수 있는 방식으로 인쇄물과 혼합하는 것이 목표가 되어야 한다.

어휘

- textbook 교과서, 학습서, 참고서
- popularity 인기, 대중성, 평판
- portability 휴대성, 이동 가능성, 편리성
- comprehension 이해, 파악, 독해력
- physical 물리적인, 신체의, 실제 존재하는
- spatial 공간의, 위치에 관한, 공간적인
- fragmented 분절된, 단편적인, 조각난
- focus 집중하다, 주의를 기울이다, 중심으로 삼다
- optimize 최적화하다, 극대화하다, 효율적으로 하다

12 정답 ④   난이도 ★★★★☆

해설

빈칸은 '현대 미술 공간이 전통적 박물관과 달리 무엇을 중시하는가'를 묻는다. 본문에서는 관람객의 참여와 상호작용을 강조하며, 관람자가 작품의 일부가 되거나 경험을 공동으로 창조할 수 있는 몰입형 설치 작품을 예로 들고 있다. 이러한 맥락에서 현대 미술 공간은 예술가와 관람객 사이의 경계를 흐리려는 경향을 보인다. 따라서 밑줄 친 부분에 들어갈 말로 가장 적절한 것은 ④이다.

선지해석

① 방문객이 고대의 예술 제작 방식을 재현하도록 훈련시킨다
② 정부가 승인한 고전 작품만 보존한다
③ 감정적으로 강한 작품으로부터 관람자를 격리시키려 한다
④ 예술가와 관객의 구분을 모호하게 만든다

지문해석

전통적인 박물관이 유물과 역사적 맥락의 보존을 강조하는 반면, 현대 미술 공간은 **예술가와 관객의 구분을 모호하게 만든다**. 이곳들은 관람자의 참여와 해석을 우선시하며, 관람자가 작품과 상호작용하거나 심지어 작품의 일부가 되도록 장려한다. 예를 들어, 신체 움직임이나 소리에 반응하는 몰입형 설치 작품은 방문자가 경험을 함께 만들어가도록 초대한다. 이러한 상호작용은 수동적인 관람자를 능동적인 참여자로 변화시키며, 예술이 정의되고 소비되는 방식을 새롭게 한다. 그러나 비평가들은 관람자 참여에 너무 집중하면 예술적 의도가 희석될 위험이 있다고 지적한다. 그럼에도 불구하고, 미술 공간의 민주화는 포용성과 대화를 중시하는 문화적 가치의 변화를 반영한다. 오늘날 큐레이터들에게는 예술적 자율성과 대중 참여 사이의 균형을 맞추는 것이 중요한 과제로 남아 있다.

어휘

- traditional 전통적인, 관습적인, 이전의 방식에 따른
- museum 박물관, 미술관, 전시관
- emphasize 강조하다, 중시하다, 주목하다
- preservation 보존, 유지, 보호
- artifact 유물, 인공물, 인류학적 산물
- contemporary 현대의, 동시대의, 당대의

□ engagement 참여, 관여, 약속
□ interpretation 해석, 설명, 이해
□ immersive 몰입형의, 포괄적인, 감각을 끄는
□ autonomy 자율성, 독립성, 자주성
□ curator 큐레이터, 전시 책임자, 박물관 관리자

13 정답 ② 난이도 ★★☆☆☆

해설

빈칸은 '청년 세대가 경제적 압박을 받게 된 주요 원인'을 묻는다. 본문에서는 세계 주요 도시에서 부동산 가격 상승과 임금 정체로 인해 소득과 임대료 간의 격차가 확대되고, 그 결과 청년들이 독립을 미루거나 결혼을 늦추는 등 재정적 어려움을 겪는 상황을 구체적으로 설명한다. 이러한 맥락에서 청년층의 주거 불안과 경제적 부담을 초래한 핵심 요인은 심화되고 있는 주택 위기이다. 따라서 밑줄 친 부분에 들어갈 말로 가장 적절한 것은 ②이다.

선지해석

① 원격 근무로의 전환
② 심화되고 있는 주택 위기
③ 취업을 포기하는 경향
④ 정부 지출 삭감

지문해석

심화되고 있는 주택 위기는 젊은 세대에게 점점 더 큰 경제적 부담을 주고 있으며, 그들이 독립적으로 생활하거나 미래를 계획하는 능력을 제한하고 있다. 전 세계 주요 도시에서 급등하는 부동산 가격과 정체된 임금은 소득과 임대료 사이의 격차를 넓히고 있다. 많은 젊은 성인들은 부모와 더 오래 함께 살아야 하고, 결혼을 늦추거나 수입의 큰 부분을 주거비용에 지출해야 한다. 이러한 재정적 압박은 미래를 위한 저축이나 개인적 성장 기회에 투자할 능력을 제한한다. 이 문제를 해결하기 위해 일부 정부는 임대료 규제, 첫 주택 구매자 보조금, 저렴한 주택 건설과 같은 정책을 도입했다. 비영리 단체들도 나서서 공동 소유와 공동체 가치를 강조하는 협동형 주택 모델을 만들고 있다. 이러한 해결책이 전체 위기를 완전히 해결하지는 못할지라도, 보다 포용적인 주택 시스템으로 나아가기 위한 의미 있는 발걸음을 보여준다.

어휘

□ affordable 감당할 수 있는, 알맞은 가격의, 저렴한
□ housing 주택, 주거, 주택 공급
□ property 부동산, 재산, 소유물
□ stagnant 정체된, 침체된, 불경기의
□ income 소득, 수입, 벌이
□ rent 임대료, 집세, 대여
□ financial 재정의, 금전적인, 금융의
□ subsidy 보조금, 장려금, 지원금
□ nonprofit 비영리의, 공익 목적의, 수익을 추구하지 않는
□ inclusive 포용적인, 포함하는, 차별 없는

14 정답 ① 난이도 ★★★☆☆

해설

빈칸은 '시각 장애인이 접근할 수 있도록 하는 대상'을 묻는다. 본문에서는 화면 읽기가 시각 장애 사용자가 디지털 시스템과 동등하게 상호작용할 수 있도록 지원한다고 설명한다. 따라서 밑줄 친 부분에 들어갈 말로 가장 적절한 것은 ①이다.

선지해석

① 다양한 온라인 플랫폼에서의 복잡한 문자 기반 콘텐츠
② 허가되지 않은 금융 기록과 거래 로그
③ 대중에게 공개되지 않는 제한된 정보
④ 관련 없는 광고 배너와 시각적 잡동사니

지문해석

보조 기술의 발전은 장애를 가진 개인들의 자율성을 크게 향상시켰다. 예를 들어, 스크린 리더는 시각 장애 사용자가 **다양한 온라인 플랫폼에서의 복잡한 문자 기반 콘텐츠**에 접근할 수 있도록 해주어, 디지털 시스템을 보다 평등한 조건에서 이용할 수 있게 한다. 음성 제어 인터페이스는 운동 기능에 제한이 있는 사용자들이 원래는 수동 입력이 필요한 작업을 수행할 수 있도록 힘을 실어준다. 심지어 자막과 실시간 전사 도구도 청각에 어려움이 있는 사람들을 지원하여 정보 접근의 폭을 넓힌다. 이러한 혁신들은 단순한 편의 제공을 넘어 보편적 사용성으로의 패러다임 변화를 나타낸다. 그러나 이러한 도구가 해당 커뮤니티의 의견 없이 설계된다면, 오히려 장벽을 지속시킬 위험이 있다. 진정한 접근성을 위해서는 공감, 기능성, 포용성을 기반으로 한 설계 철학이 필요하다.

어휘

□ assistive 보조의, 지원하는, 도움을 주는
□ enhance 향상시키다, 강화하다, 높이다
□ autonomy 자율성, 독립성, 자주성
□ visually impaired 시각 장애가 있는, 시력이 손상된
□ equitable 공평한, 공정한, 형평성 있는
□ voice-controlled 음성 제어의, 목소리 인식 기반의
□ subtitling 자막 처리, 글자 표시, 영상에 글자 입히기
□ transcription 기록, 전사, 필기
□ paradigm shift 패러다임 전환
□ accessibility 접근성, 이용 가능성, 이용 편의성

15 정답 ② 난이도 ★★☆☆☆

해설

빈칸은 '무엇이 소규모 사업체의 생존을 어렵게 만들었는가'를 묻는다. 본문에서는 전자상거래 플랫폼과 다국적 체인의 등장으로 지역 상점이 고객 유치에 어려움을 겪고 있다는 점을 설명한다. 따라서 밑줄 친 부분에 들어갈 말로 가장 적절한 것은 ②이다.

선지해석

① 정부 보조금 부족
② 대기업의 확장
③ 지역 사업체에 대한 충성도의 감소
④ 지역 소비자 수요의 변화

지문해석

대기업의 확장으로 인해 작은 기업이 경쟁이 치열한 시장에서 생존하기 어려워졌다. 전자상거래 플랫폼과 다국적 체인의 성장으로 인해 지역 상점들은 고객을 끌어들이는 데 어려움을 겪는 경우가 많다. 많은 소비자들은 편리함과 저렴한 가격을 우선시하여, 지역 기반 상점이 가진 가치를 간과한다. 이러한 경향은 소규모 사업체의 폐업, 일자리 상실, 지역 경제 약화로 이어진다. 이를 해결하기 위해 일부 도시는 "지역 상점 이용" 캠페인, 독립 소매업자에 대한 세금 혜택, 소규모 상점 홍보를 지원하는 지역 행사와 같은 정책을 도입했다. 또한, 디지털 교육 프로그램은 지역 상점 주인들이 온라인 마케팅 전략을 개발하고 고객 도달 범위를 확대하도록 돕는다. 이러한 노력은 경쟁의 장을 평평하게 만들고, 지역의 문화적·경제적 다양성을 유지하는 것을 목표로 한다.

어휘

☐ small business 소규모 기업, 자영업, 개인 상점
☐ competitive 경쟁적인, 경쟁이 치열한, 대항하는
☐ market 시장, 상거래, 수요와 공급의 공간
☐ e-commerce 전자상거래, 온라인 거래, 인터넷 상거래
☐ multinational 다국적의, 여러 나라에 걸친, 국제적인
☐ retailer 소매업자, 소매상, 판매업자
☐ visibility 가시성, 눈에 띔, 인지도
☐ diversity 다양성, 차이, 다양함

16 정답 ① 난이도 ★★★☆

해설

빈칸은 '오늘날 장기적인 기업 성공에 중요한 요인이 된 것'을 묻는다. 본문에서는 소비자가 윤리적·환경적 책임을 기대하고, CSR을 실천하는 기업에 대한 충성도와 직원 만족도가 높아진다고 설명한다. 따라서 밑줄 친 부분에 들어갈 말로 가장 적절한 것은 ①이다.

선지해석

① 기업의 사회적 책임
② 직원 성과 평가
③ 대량 생산과 자동화
④ 가격 경쟁 전략

지문해석

기업의 사회적 책임은 더 이상 단순한 기업 트렌드가 아니라 장기적인 비즈니스 성공에 중요한 요소가 되었다. 오늘날 소비자들은 자신이 구매하는 제품의 윤리적·환경적 영향에 점점 더 민감해지고 있다. 소비자들은 기업이 단순히 품질 좋은 상품을 제공하는 것을 넘어, 책임감 있게 운영할 것을 기대한다. 설문조사에 따르면, 공정 노동 관행을 지키고, 지속 가능한 재료를 사용하며, 탄소 배출을 줄이는 브랜드에 고객이 더 충성심을 보이는 경향이 있다. 또한, 직원들은 분명한 사회적 목표를 가진 기업에 끌리며, 이는 직원 유지율과 직장 내 사기를 향상시킨다. 비평가들은 기업의 사회적 책임(CSR)이 단순한 브랜딩 전략일 뿐이라고 주장하지만, 지역사회 복지와 환경 건강에 대한 실제 영향은 부인할 수 없다. CSR을 무시하는 기업은 현대 시장 수요와 사회적 기대에서 뒤처질 수 있다.

어휘

☐ corporate 기업의, 회사의, 법인의
☐ trend 경향, 추세, 동향
☐ vital 필수적인, 중요한, 생명 유지에 필요한
☐ ethical 윤리적인, 도덕적인, 정직한
☐ environmental 환경의, 자연 환경과 관련된, 주변 조건의
☐ responsibly 책임감 있게, 신중하게, 올바르게
☐ loyal 충성스러운, 변함없는, 신뢰할 수 있는
☐ sustainable 지속 가능한, 환경 친화적인, 고갈되지 않는
☐ retention 유지, 보유, 기억
☐ neglect 소홀히 하다, 등한시하다, 무시하다

17 정답 ③ 난이도 ★★☆☆

해설

빈칸은 AI가 무엇을 가능하게 하는지 그 원인이나 방식을 설명해야 한다. 본문에서는 AI가 의사결정, 음성 인식, 실시간 언어 번역 등을 수행한다고 하며, 이러한 능력이 복잡한 알고리즘과 대량 데이터 학습에 기반함을 설명한다. 따라서 밑줄 친 부분에 들어갈 말로 가장 적절한 것은 ③이다.

선지해석

① 기계 자동화의 발전으로 인해
② 제한된 컴퓨팅 능력에도 불구하고
③ 인간의 지능을 모방함으로써
④ 최소한의 데이터 입력으로

지문해석

인공지능(AI)은 우리가 세상과 상호작용하는 방식을 빠르게 변화시키고 있다. **인간의 지능을 모방함으로써**, 기계가 의사결정을 내리고, 음성을 인식하며, 심지어 실시간으로 언어를 번역할 수 있게 한다. 이러한 능력은 방대한 데이터로 학습된 복잡한 알고리즘에 기반한다. AI는 이제 의료에서 금융까지 다양한 산업에

적용되어, 질병을 감지하고, 시장 동향을 예측하며, 고객 서비스를 향상시키는 데 도움을 준다. 이러한 응용은 많은 이점을 제공하지만, 데이터 프라이버시, 편향, 기계의 사회적 역할에 대한 윤리적 문제도 제기한다. AI가 계속 발전함에 따라, 책임 있는 사용을 보장하기 위해 명확한 규제와 윤리적 지침을 마련하는 것이 중요하다.

어휘
- rapidly 빠르게, 급속히, 신속하게
- interact 상호작용하다, 소통하다, 영향을 주고받다
- decision 결정, 판단, 선택
- recognize 인식하다, 알아보다, 승인하다
- translate 번역하다, 바꾸다, 전환하다
- capability 능력, 역량, 가능성
- application 응용, 적용, 활용
- ethical 윤리적인, 도덕적인, 정직한
- regulation 규제, 규정, 통제

18 정답 ②   난이도 ★★★☆☆

해설

빈칸은 디지털 결제 시스템이 사용자를 위해 가능하게 하는 행동을 나타내야 한다. 본문에서 모바일 앱과 비접촉 스마트워치 등 다양한 도구를 통해 빠르고 안전하게 거래를 수행할 수 있다고 설명한다. 따라서 밑줄 친 부분에 들어갈 말로 가장 적절한 것은 ②이다.

선지해석
① 해외 여행 시 편리한 결제
② 온라인 구매와 개인 간 송금
③ 일상적인 현금 없는 거래
④ 완전한 개인정보 보호를 위한 조치

지문해석

디지털 결제 시스템은 소비자들의 거래 방식을 혁신적으로 바꾸었다. 이 시스템을 통해 사용자는 **온라인 구매와 개인 간 송금**을 수행할 수 있으며, 현금이나 기존 은행 카드에 의존하지 않아도 된다. 모바일 앱에서부터 비접촉식 스마트워치까지, 다양한 도구가 이제 빠르고 안전한 구매를 가능하게 한다. 이러한 변화는 편리함을 높였을 뿐만 아니라, 현금 없는 사회로의 세계적 움직임을 가속화했다. 그러나 이는 특히 디지털 인프라가 취약한 지역에서 사이버 보안과 데이터 프라이버시에 대한 우려도 제기한다. 이러한 시스템이 계속 발전함에 따라, 정부와 기업은 모든 사용자를 위한 접근성과 보호를 보장하기 위해 협력해야 한다.

어휘
- payment 지불, 결제, 납부
- revolutionize 혁신적으로 바꾸다, 근본적으로 변화시키다
- transaction 거래, 업무 처리, 금융 거래
- physical 물리적인, 실제의, 신체의
- contactless 비접촉식의, 접촉 없이 이루어지는, 무접촉의
- convenience 편리함, 편의, 용이함
- accelerate 가속하다, 촉진하다, 속도를 높이다
- cybersecurity 사이버 보안, 정보 보호, 네트워크 안전

19 정답 ③   난이도 ★★★☆☆

해설

이 글은 연극과 영화의 매체적 특성 차이를 중심으로 서술하고 있다. 영화는 카메라, 편집, 시각 효과 등 기술적 장치를 활용해 몰입감을 설계할 수 있는 반면, 연극은 실시간 연기와 물리적 공간에 의존한다. 연극 감독은 관객의 집중을 유도하기 위해 조명, 무대 디자인, 배우의 움직임 등 물리적 연출 요소를 세밀하게 설계해야 한다. 따라서 밑줄 친 부분에 들어갈 말로 가장 적절한 것은 ③이다.

선지해석
① 관객 평점과 온라인 리뷰
② 컴퓨터 그래픽 이미지와 음향 믹싱
③ 조명, 무대 배치, 배우의 동작
④ 의상 대여 정책과 촬영 허가

지문해석

연극 관람과 영화 관람은 비슷해 보일 수 있지만, 전혀 다른 경험을 제공한다. 영화는 카메라 각도, 편집, 시각 효과를 활용해 이야기 전달을 강화할 수 있는 반면, 무대 연극은 실시간 공연과 물리적 공간에 의존한다. 이러한 차이 때문에 연극 감독은 **조명, 무대 배치, 배우의 동작**을 신중하게 설계해야 공연 내내 관객의 관심을 유지할 수 있다. 반면 영화 감독은 클로즈업이나 빠른 장면 전환으로 관객의 시선을 조절할 수 있다. 이러한 차이에도 불구하고, 두 형태 모두 감정, 이야기, 의미를 효과적으로 전달할 수 있다. 각 매체의 고유한 장점을 이해하면, 관객은 각 매체를 그 특성에 맞게 즐길 수 있다.

어휘
- similar 비슷한, 유사한, 닮은
- enhance 향상시키다, 강화하다, 높이다
- storytelling 이야기하기, 서사 전달, 이야기 기술
- stage 무대, 단계, 연극
- performance 공연, 연기, 수행
- physical 물리적인, 신체적인, 실제의
- engaged 몰두한, 집중한, 참여하는

20 정답 ③ 난이도 ★★★★☆

해설

이 글은 진정한 리더십이 단독으로 결정을 내리는 능력에 있는 것이 아니라, 집단 지성을 촉진하는 데에 있다고 주장한다. 빈칸은 리더가 어떻게 그런 환경을 조성하는지를 설명하는 부분이다. 이후 문장에서 '반대 의견이 처벌받지 않고 오히려 귀중한 통찰의 원천으로 활용되는' 심리적 안전의 생태계가 등장하며, 이는 리더가 자기 생각만 옳다고 가정하지 않고, 다양한 의견을 경청하는 열린 태도를 가질 때 비로소 가능하다는 점을 강조한다. 따라서 밑줄 친 부분에 들어갈 말로 가장 적절한 것은 ③이다.

선지해석

① 협력보다 순종에 중점을 두고
② 위계적 권위를 강하게 드러냄으로써
③ 자신만이 옳은 관점을 가졌다고 가정하는 대신에
④ 상명하달식 지시의 속도를 높임으로써

지문해석

복잡한 환경에서의 탁월한 리더십은 흔히 결단력 있는 단독 행동 능력으로 오해된다. 보다 세밀한 관점에서 보면, 탁월한 리더십은 집단 지능을 키우는 데 헌신하는 것으로 특징지어진다. **자신만이 옳은 관점을 가졌다고 가정하는 대신에**, 리더는 심리적 안정감이 보장된 환경을 조성하는데, 그곳에서는 반대 의견이 처벌의 대상이 아니라, 귀중한 통찰로 활용된다. 이런 인지적 다양성의 의도적 육성은 집단 사고와 비효율적 결정에 맞서는 조직의 면역체계 역할을 한다. 명령을 내리는 즉각적 행위보다 듣는 과정 ─ 비록 불편하고 고된 과정일지라도 ─ 을 우선시함으로써, 리더는 책임을 회피하는 것이 아니라, 조직 전체에 더 회복력 있고 적응력 있는 의사결정 구조를 설계하는 것이다.

어휘

☐ exceptional 뛰어난, 예외적인, 비범한
☐ complex 복잡한, 난해한, 혼합된
☐ misconstrue 오해하다, 잘못 해석하다, 곡해하다
☐ decisive 결정적인, 단호한, 결단력 있는
☐ unilateral 일방적인, 단독의, 편파적인
☐ nuanced 미묘한 차이가 있는, 세밀한, 깊이 있는
☐ cognitive diversity 인지적 다양성
☐ resilient 회복력 있는, 탄력 있는, 강인한

21 정답 ④ 난이도 ★★★☆☆

해설

빈칸은 계몽주의가 무엇을 근본적으로 재정의했는지를 묻는다. 본문에서는 계몽주의가 신적 권위에서 이성, 증거, 개인 권리로 권위의 근거를 이동시켰다고 설명하며, 존 로크와 볼테르 등의 사상을 예로 들어 민주주의적 통치와 세속적 도덕을 강조한다. 따라서 밑줄 친 부분에 들어갈 말로 가장 적절한 것은 ④이다.

선지해석

① 종교 교리의 우월성
② 중세 성상화의 예술적 가치
③ 봉건적 의무의 실용적 혜택
④ 정당한 권위의 기반

지문해석

계몽주의는 **정당한 권위의 기반**을 근본적으로 재정의했으며, 신적 권위에서 벗어나 이성, 증거, 개인의 권리로 중심을 이동시켰다. 17세기 유럽에서 시작된 이 지적 운동은 인간의 합리적 사고와 경험적 탐구 능력을 강조했다. 존 로크와 볼테르 같은 사상가들은 세습된 권력 구조를 거부하고, 대신 민주적 통치와 세속적 도덕을 옹호했다. 종교 교리에 뿌리를 둔 중세적 세계관과 달리, 계몽주의는 비판적 사고와 과학적 진보를 기반으로 한 발전의 비전을 제시했다. 그 영향력은 오늘날 현대 법 체계, 정치 이념, 교육 제도에도 여전히 이어지고 있다.

어휘

☐ Enlightenment 계몽주의
☐ redefine 재정의하다, 새롭게 규정하다, 다시 정의하다
☐ divine 신의, 신성한, 천상의
☐ authority 권위, 권력, 권한
☐ reason 이성, 합리적 사고, 근거
☐ evidence 증거, 근거, 입증 자료
☐ individual rights 개인의 권리, 자유와 권한, 시민권
☐ empirical 경험에 근거한, 실증적인, 관찰 가능한
☐ governance 통치, 관리, 운영
☐ secular 세속적인, 종교와 무관한, 비종교적
☐ doctrine 교리, 원칙, 신조

22 정답 ② 난이도 ★★★☆☆

해설

빈칸은 오늘날 시장 변동성이 급격하고 예측하기 어려운 이유를 묻는다. 본문에서는 디지털 플랫폼, 알고리즘 거래, 소셜 미디어를 통한 소비자 심리 등 실시간 정보가 즉각적인 변동을 유발한다고 설명하며, 전통적 예측 모델이 이를 따라가기 어렵다고 언급한다. 따라서 밑줄 친 부분에 들어갈 말로 가장 적절한 것은 ②이다.

선지해석

① 오랜 역사적 전통에 기반한 경제 시스템
② 점점 더 많은 외부 요인과 빠르게 변화하는 정보 흐름
③ 안정적인 금융 기관과 장기 계획 체계
④ 소비자의 시장 수요 형성 참여 감소

지문해석

시장은 항상 공급과 수요의 변화에 반응해왔지만, 오늘날의 변화는 더 빠르고 예측하기 어렵다. 이러한 변동성은 주로 **점점 더 많은 외부 요인과 빠르게 변화하는 정보 흐름** 때문이다. 디지털 플랫폼, 알고리즘 거래, 소셜 미디어를 통해 표현되는 소비자 심리는 즉각적인 시장 변동을 촉발할 수 있다. 전통적 예측 모델은 이러한 실시간 역학을 따라잡는 데 어려움을 겪는다. 결과적으로, 경제학자와 기업들은 단기 변동에 대응할 수 있는 적응형 도구를 채택하고 있다. 여기에는 AI 기반 분석과 유연한 가격 전략이 포함된다. 궁극적으로, 이러한 메커니즘을 이해하는 것은 정보에 기반한 경제적 의사결정을 위해 필수적이다.

어휘

- respond 반응하다, 대응하다, 응답하다
- shift 변화, 이동, 전환
- supply 공급, 제공, 재고
- demand 수요, 요구, 필요
- volatility 변동성, 불안정성, 급격한 변화
- sentiment 정서, 감정
- fluctuation 변동, 등락, 변화
- adaptive 적응적인, 변화에 대응하는, 유연한

23 정답 ② 난이도 ★★★☆☆

해설

빈칸은 소셜 미디어가 사람들의 일상적 소통과 상호작용 방식을 어떻게 변화시켰는지를 묻는다. 본문에서는 이용자가 끊임없이 연결되고, 즉각적 반응과 개인화된 콘텐츠를 기대한다고 설명하며, 이러한 변화가 주의 집중과 사회적 기대에도 영향을 준다고 언급한다. 따라서 밑줄 친 부분에 들어갈 말로 가장 적절한 것은 ②이다.

선지해설

① 전통에 뿌리를 둔 느리고 신중한 소통 방식으로의 회귀
② 빠르고 피드백 중심의 상호작용으로의 문화적 변화
③ 심화되는 대인 관계 상호작용의 감소
④ 대면 소통을 선호하며 기술을 점점 거부하는 경향

지문해석

소셜 미디어 플랫폼은 사람들이 일상적으로 소통하고 상호작용하는 방식을 변화시켰다. 이러한 변화는 **빠르고 피드백 중심의 상호작용으로의 문화적 변화**를 반영한다. 사용자들은 이제 항상 연결되어 있음, 즉각적인 응답, 개인화된 콘텐츠 제공을 기대한다. 이러한 기능은 편리함을 제공하지만, 주의 지속 시간과 사회적 기대에도 영향을 준다. 많은 전문가들은 이러한 플랫폼이 감정적 반응을 증폭시키고 깊은 성찰의 기회를 줄인다고 주장한다. 결과적으로, 정신 건강, 시민적 담론, 민주적 과정에 대한 영향에 대한 우려가 커지고 있다. 따라서 이러한 변화의 심리적·사회적 결과를 이해하는 것이 필수적이다.

어휘

- transform 변화시키다, 변형하다, 전환하다
- communicate 소통하다, 전달하다, 의사소통하다
- interact 상호작용하다, 교류하다, 영향을 주고받다
- connectivity 연결성, 접속 상태, 통신 가능성
- instantaneous 즉각적인, 순간적인, 바로 이루어지는
- personalized 개인 맞춤형의, 개별화된, 특화된
- attention span 집중 지속 시간, 주의력 지속
- civic discourse 시민 담론, 공적 토론, 사회적 대화
- consequence 결과, 영향, 성과

24 정답 ② 난이도 ★★★★★

해설

빈칸은 소셜 미디어가 사람들의 일상적 소통과 상호작용 방식을 어떻게 변화시켰는지를 묻는다. 본문에서는 이용자가 끊임없이 연결되고, 즉각적 반응과 개인화된 콘텐츠를 기대한다고 설명하며, 이러한 변화가 주의 집중과 사회적 기대에도 영향을 준다고 언급한다. 따라서 밑줄 친 부분에 들어갈 말로 가장 적절한 것은 ②이다.

선지해설

① 외부 자극의 부족이 심리적 유연성을 촉진한다
② 심지어 낮은 수준의 스트레스 요인도 측정 가능한 생물학적 영향을 미친다
③ 면역 체계는 지속적인 약한 압력으로 혜택을 본다
④ 신경 변화는 오직 트라우마성 스트레스 요인과 관련이 있다

지문해석

스트레스는 기분과 기억에서 면역 반응에 이르기까지 인간 건강의 거의 모든 측면에 영향을 미친다. 연구자들은 **심지어 낮은 수준의 스트레스 요인도 측정 가능한 생물학적 영향을 미친다**는 사실을 발견했다. 스트레스 호르몬에 반성적으로 노출되면 뇌, 특히 감정과 의사결정과 관련된 영역에 구조적 변화가 나타날 수 있다. 시간이 지나면서 이는 불안, 우울, 인지 기능 저하의 위험을 증가시킬 수 있다. 그러나 스트레스 자체가 본질적으로 해로운 것은 아니며, 문제는 강도, 지속 시간, 그리고 관리 방식에 있다. 규칙적인 운동, 마음챙김 실천, 사회적 지원은 이러한 부정적 영향을 완화하는 것으로 알려져 있다. 따라서 스트레스를 조기에 관리하는 것은 장기적인 손상을 예방하고 전반적인 삶의 질을 향상시킬 수 있다.

어휘

- affect 영향을 미치다, 작용하다, 감정에 영향을 주다
- mood 기분, 정서, 심리 상태
- memory 기억, 기억력, 회상
- immune response 면역 반응
- chronic 만성적인, 장기간에 걸친, 오래 지속되는
- exposure 노출, 경험, 접촉
- structural 구조적인, 조직의, 구성상의

☐ buffer 완충하다, 완화하다, 보호하다
☐ mindfulness 마음챙김, 정신 집중

25 정답 ② 난이도 ★★★☆☆

해설

빈칸은 집단 속에서 개인이 단독으로는 예상하지 못하는 행동이 나타나는 이유를 묻는다. 본문에서는 개인 책임이 분산되고, 행동이 공유된 감정과 사회적 압력에 의해 영향을 받는다고 설명하며, 집단 내 무의식적 과정과 사회적 압력이 이러한 행동을 유발한다고 언급한다. 따라서 밑줄 친 부분에 들어갈 말로 가장 적절한 것은 ②이다.

선지해석

① 신중한 윤리적 판단과 개인적 책임
② 집단 환경에 내재된 무의식적 과정과 사회적 압력
③ 주변 사람들에게 받아들여지고 존경받고 싶은 갈망
④ 개인적 성찰과 합리적 합의 형성

지문해석

집단 행동은 종종 개인이 혼자라면 예상하거나 수행하지 못할 방식으로 나타난다. 심리학자들은 이를 **집단 환경에 내재된 무의식적 과정과 사회적 압력** 때문이라고 설명한다. 군중 속에서는 개인의 책임이 분산되고, 행동이 이성보다는 공유된 감정에 의해 좌우되기 쉽다. 이는 시위가 급격히 격화되거나, 사람들이 완전히 이해하지 못한 채 유행을 따르는 이유를 설명하는 데 도움이 된다. 더 나아가, 사회적 정체성 이론은 개인이 자신의 집단과 관련된 규범에 순응하는 경향이 있음을 시사한다. 이러한 행동은 집단의 통합을 촉진하지만, 분열과 집단 사고를 초래할 수도 있다. 이러한 역학을 이해하는 것은 복잡한 사회에서 집단 의사결정을 관리하는 데 핵심적이다.

어휘

☐ emerge 나타나다, 드러나다, 발생하다
☐ anticipate 예상하다, 기대하다, 예측하다
☐ attribute ~의 탓으로 돌리다, 원인으로 보다, 속성
☐ diffuse 확산되다, 퍼지다, 분산시키다
☐ shared emotion 공유된 감정, 집단 감정, 공동 정서
☐ protest 시위, 항의, 반대
☐ trend 경향, 추세, 유행
☐ conform 따르다, 순응하다, 맞추다
☐ polarization 양극화, 대립 심화, 분열

26 정답 ① 난이도 ★★★★☆

해설

빈칸은 인공지능 통합과 관련된 윤리적 문제의 핵심 주제를 묻는다. 본문에서는 알고리즘 편향으로 사회적 불평등이 확대될 수 있고, 기계가 생명을 좌우하는 결정을 내릴 때 책임 문제가 발생한다고 설명한다. 따라서 밑줄 친 부분에 들어갈 말로 가장 적절한 것은 ①이다.

선지해석

① 지능형 시스템의 의사결정 권한과 관련된 도덕적 의무
② 인간의 신기술 접근을 제한하는 것의 영적 가치
③ AI가 인간의 능력을 능가하는 것에 대한 불안감 증가
④ 인공지능이 도덕적 자율성을 가질 권리

지문해석

인공지능이 일상생활에 더욱 통합됨에 따라 윤리적 문제가 주목받고 있다. 이러한 문제의 많은 부분은 **지능형 시스템의 의사결정 권한과 관련된 도덕적 의무**와 관련되어 있다. 예를 들어, 알고리즘 편향은 기존의 사회적 불평등을 재생산하고 확대할 수 있다. 또한 기계가 인생에 중대한 영향을 미치는 결정을 내릴 때 책임 문제가 발생한다. 일부 윤리학자들은 기술 발전이 단순한 효율성을 넘어 인간 중심의 가치에 의해 이끌어져야 한다고 주장한다. 따라서 혁신과 윤리적 성찰 사이의 균형을 맞추는 것이 현대 사회의 중요한 과제가 되었다.

어휘

☐ integrated 통합된, 결합된, 조화된
☐ ethical 윤리적인, 도덕적인, 정직한
☐ concern 걱정, 관심사, 문제
☐ revolve around ~을 중심으로 다루다
☐ amplify 증폭하다, 확대하다, 강화하다
☐ inequality 불평등, 격차, 차별
☐ accountability 책임, 설명 책임, 의무
☐ life-altering 삶을 변화시키는, 중요한, 결정적인

27 정답 ③ 난이도 ★★★★☆

해설

빈칸은 도시화가 가져온 사회적 변화를 묻는다. 본문에서 도시화로 인해 사람들이 사는 방식과 일하는 방식이 달라지고, 사회적 역할과 기대가 재정의되었다고 설명한다. 따라서 밑줄 친 부분에 들어갈 말로 가장 적절한 것은 ③이다.

선지해석

① 농촌-도시 개발 격차
② 모든 형태의 중앙 권력에 대한 저항
③ 인구 증가와 새로운 사회적 역학의 발달
④ 산업 시스템과 시장 경제의 붕괴

지문해석

근대화 과정은 전 세계 사회를 근본적으로 재편했다. 이는 새로운 경제 시스템, 정치 제도, 문화적 가치를 도입했다. 도시화는 **인구 증가와 새로운 사회적 역학의 발달**을 가져왔다. 이러한 변화는 사람들의 생활 방식과 노동 방식뿐만 아니라 사회적 역할과 기대까지 재정의했다. 동시에 근대화는 균일하게 진행되지 않았

으며, 그 효과는 지역과 상황에 따라 크게 달랐다. 결과적으로 역사학자들은 근대화를 복잡하고 다차원적인 현상으로 보고 있다. 그 장기적 결과를 이해하면 사회가 미래 변화에 더 잘 대비할 수 있다.

어휘

☐ modernization 근대화, 현대화, 사회·경제 체제의 변화
☐ reshape 재형성하다, 다시 구성하다, 바꾸다
☐ society 사회, 공동체, 집단
☐ fundamental 근본적인, 기본적인, 필수적인
☐ cultural value 문화적 가치
☐ urbanization 도시화, 도시 개발, 인구 집중
☐ multidimensional 다차원적인, 복합적인, 여러 측면의
☐ transformation 변화, 혁신, 변형

28 정답 ② 난이도 ★★★☆☆

해설

빈칸은 기술 발전과 관련된 핵심 윤리적 논점을 묻는다. 본문에서는 기술이 가능하다고 해서 반드시 윤리적으로 허용되는 것은 아니라는 점, 프라이버시·동의·책임 문제를 강조하며, 도덕적 판단과 기술적 가능성 사이의 긴장을 다루고 있다. 따라서 밑줄 친 부분에 들어갈 말로 가장 적절한 것은 ②이다.

선지해석

① 기술 혁신을 완전히 중단해야 하는 도덕적 필요성
② 기술적 가능성과 윤리적 허용 가능성 사이의 근본적 긴장
③ 인공지능의 윤리적 사용에 대한 보편적 합의
④ 모든 형태의 도덕적으로 애매한 혁신을 제거할 필요

지문해석

기술이 계속 발전함에 따라, 그 윤리적 함의에 대한 질문이 점점 더 시급해졌다. 학자들은 혁신을 도덕적 사고와 사회적 책임과 조화시키는 필요성을 강조한다. 이러한 논의의 핵심에는 **기술적 가능성과 윤리적 허용 가능성 사이의 근본적 긴장**이 있다. 얼굴 인식 기술이나 자율 무기 같은 기술은 프라이버시, 동의, 책임 문제에 대한 우려를 불러일으킨다. 많은 윤리학자들은 기술적으로 가능하다고 해서 그것이 윤리적으로 허용된다는 의미는 아니라고 주장한다. 그들은 강력한 도구를 도입할 때의 선견지명과 윤리적 틀의 중요성을 강조한다. 이러한 관점은 보다 신중하고 가치 중심적인 혁신 접근을 촉진한다.

어휘

☐ technology 기술, 과학 기술, 기계 장치
☐ evolve 발전하다, 진화하다, 점진적으로 변화하다
☐ ethical 윤리적인, 도덕적인, 올바른
☐ implication 영향, 결과, 함축적 의미
☐ moral reasoning 도덕적 추론
☐ social responsibility 사회적 책임
☐ consent 동의, 허락, 승인
☐ accountability 책임, 설명 의무, 책임감
☐ foresight 선견지명, 예지력, 장래 예측 능력

29 정답 ③ 난이도 ★★★★☆

해설

빈칸은 문화적 차이로 인해 오해가 발생하는 주요 원인을 묻는다. 본문에서는 서양과 동양의 의사소통 방식과 가치관 차이를 예로 들며, 권위관, 표현 방식, 대인 관계에서의 차이가 갈등과 오해를 유발한다고 설명한다. 따라서 밑줄 친 부분에 들어갈 말로 가장 적절한 것은 ③이다.

선지해석

① 보편적 행동 기준에 대한 공동의 약속
② 의사소통 방식에 중요한 차이가 전혀 없음
③ 권위, 표현, 대인관계 상호작용에 대한 서로 다른 관점
④ 서구와 동양 간의 점점 더 커져가는 문화적 획일성

지문해석

세계적 상호작용이 증가함에 따라, 문화적 차이를 이해하는 것이 더욱 중요해지고 있다. 비즈니스, 교육, 외교 분야에서 성공은 종종 익숙하지 않은 규범을 잘 이해하고 대응하는 능력에 달려 있다. 오해의 주요 원인 중 하나는 **권위, 표현, 대인관계 상호작용에 대한 서로 다른 관점**이다. 예를 들어, 서구 문화가 직접적 표현과 개인적 주도성을 중요시하는 반면, 많은 동양 문화는 집단 조화와 간접적 의사소통을 강조한다. 이러한 상반된 가치관은 협상 방식에서부터 수업 참여 방식까지 모든 것에 영향을 미칠 수 있다. 문화적 민감성이 부족하면, 선의로 한 행동도 쉽게 오해되거나 심지어 불쾌감을 줄 수 있다. 따라서 문화 간 이해를 증진하는 것은 효과적인 글로벌 협력을 구축하는 데 중요한 역할을 한다.

어휘

☐ difference 차이, 다름
☐ navigate 헤쳐 나가다, 조정하다, 처리하다
☐ norm 규범, 기준, 사회적 관습
☐ misunderstanding 오해, 착각, 잘못된 이해
☐ directness 직접성, 솔직함, 명료함
☐ harmony 조화, 화합, 균형
☐ sensitivity 세심함, 감성, 예민함
☐ intercultural 다른 문화 간의

30 정답 ③ 난이도 ★★★☆☆

해설

빈칸은 만성 스트레스의 일반적인 원인을 묻는다. 본문에서는 완벽주의자가 비현실적 기준을 설정하거나, 시간 관리 능력이 부족한 사람이 과도한 불안을 경험하는 사례를 통해, 개인의 내적 신념과 기대가 스스로 압력을 높여 스트레스를 유발한다고 설명한다. 따라서 밑줄 친 부분에 들어갈 말로 가장 적절한 것은 ③이다.

선지해석
① 개인 간 감정 민감성의 유전적 차이
② 통제할 수 없는 요구가 많은 외부 상황
③ 자신에게 가해지는 압박을 높이는 내적 신념과 기대
④ 다른 사람에게 감정을 표현하는 것을 주저하는 경향

지문해석
스트레스를 관리하는 것은 단순히 압박을 피하는 것이 아니라, 스트레스의 원인과 우리가 이에 반응하는 방식을 이해하는 것과 관련이 있다. 일부 스트레스는 피할 수 없지만, 이를 해석하고 대응하는 방식이 스트레스의 영향에 중요한 역할을 한다. 만성 스트레스의 일반적인 원인 중 하나는 **자신에게 가해지는 압박을 높이는 내적 신념과 기대**이다. 예를 들어, 완벽주의자들은 종종 비현실적으로 높은 기준을 설정하는데, 이는 좌절감과 탈진으로 이어질 수 있다. 또한 시간 관리 능력이 부족한 사람은 지속적인 불안과 압도당하는 느낌을 경험할 수 있다. 전문가들은 일기 쓰기, 마음챙김, 사회적 지원 활용과 같은 대응 전략을 구축할 것을 권장한다. 내적 요인을 다루고 습관을 재구성함으로써, 개인은 스트레스를 줄이고 정신 건강을 향상시킬 수 있다.

어휘
- pressure 압박, 압력, 부담
- interpret 해석하다, 이해하다, 설명하다
- chronic 만성적인, 장기간 지속되는
- perfectionist 완벽주의자
- unrealistic 비현실적인
- frustration 좌절, 불만, 실망
- burnout 탈진, 극도의 피로, 소진
- anxiety 불안, 걱정, 긴장

31 정답 ③ 난이도 ★★★☆☆

해설
빈칸은 현대 교육에서 강조해야 할 핵심 교육 내용을 묻는다. 본문에서는 학생들이 단순히 사실을 암기하기보다는 의미를 질문하고, 성찰적·비판적 사고와 윤리적 추론 능력을 기르는 것이 중요하다고 설명한다. 따라서 밑줄 친 부분에 들어갈 말로 가장 적절한 것은 ③이다.

선지해석
① 비판적 성찰 없이 기술적 정의를 암기
② 암기 계산을 통해 수학 방정식을 해결
③ 독립적이고 윤리적인 사고를 촉진하는 철학적 탐구
④ 권위 있는 자료에서 의심 없이 지식 습득

지문해석
현대 교육은 **독립적이고 윤리적인 사고를 촉진하는 철학적 탐구**에 더 큰 비중을 두어야 한다. 정보와 급격한 기술 변화가 지배하는 시대에, 학생들은 종종 사실을 단순히 암기하는 데 집중하고 그 의미를 질문하는 데는 소홀하다. 철학적 사고는 반성, 비판적 분석, 윤리적 추론의 습관을 길러주며, 이는 민주사회에서 필수적이다. 철학적 사고는 학습자가 다양한 관점을 탐구하고 가정에 도전하도록 격려한다. 그 가치에도 불구하고, 철학은 현대 교육과정에서 자주 소외된다. 교육에 철학을 다시 통합하면, 미래 세대가 복잡성과 불확실성을 헤쳐 나갈 수 있는 도구를 갖추게 될 수 있다. 궁극적으로, 철학적 소양을 기르는 것은 포괄적 교육의 핵심 요소로 여겨져야 한다.

어휘
- modern 현대의, 근대의
- emphasis 강조, 중요성, 중점
- absorb 흡수하다, 받아들이다, 학습하다
- philosophical 철학의, 철학에 관련된
- reflection 성찰, 숙고, 심사숙고
- ethical reasoning 윤리적 추론
- perspective 관점, 시각, 견해
- holistic 전체론의

32 정답 ② 난이도 ★★★★☆

해설
빈칸은 효과적인 사회가 의존하는 핵심 요소를 묻는다. 본문에서는 공식 규칙이 단순한 금지 기능을 넘어 책임 있는 행동과 시민적 협력을 촉진하며, 교육과 직장 등에서 공정성과 상호 존중을 가르친다고 설명한다. 따라서 밑줄 친 부분에 들어갈 말로 가장 적절한 것은 ②이다.

선지해석
① 불법 행위를 엄격하게 규제하는 시스템
② 구조화된 상호작용과 상호 책임을 촉진하는 공식 지침
③ 감정적 본능과 개인적 자유에 뿌리를 둔 자발적 행동
④ 문화적 맥락과 사회적 분위기에 따라 달라지는 개인적 신념

지문해석
효과적인 사회는 **구조화된 상호작용과 상호 책임을 촉진하는 공식 지침**에 의존한다. 비공식적 관습과 달리, 공식적인 규칙은 문서화되어 있고, 강제 가능하며, 공적으로 이해된다. 이 규칙들은 단순히 잘못된 행동을 예방하는 것에 그치지 않고, 책임 있는 행동과 시민적 협력을 적극적으로 장려한다. 교육 환경에서는 규칙이 학생들에게 공정성과 책임의 원칙을 가르친다. 직장에서는 규칙이 업무를 명확히 하고 동료 간 상호 존중을 촉진한다. 이러한 규칙은 사회적 역할과 공유된 기대를 확립하는 데 도움을 주며, 이는 조정과 신뢰에 필수적이다. 규칙이 없으면 개인은 오직 자기 이익에 따라 행동하게 되어 집단 질서가 약화될 수 있다.

어휘

- effective 효과적인, 유효한, 성과가 있는
- informal 비공식적인, 격식 없는, 자유로운
- codify 성문화하다, 체계화하다, 법전으로 만들다
- enforceable 집행 가능한, 시행 가능한
- publicly 공개적으로, 공적으로
- wrongdoing 잘못된 행위, 범죄, 위법 행위
- accountability 책임, 설명, 의무, 책임감
- collective 집단의, 단체의, 공동의, 공통의

33 정답 ③   난이도 ★★★☆☆

해설

빈칸은 현대 교육이 중점적으로 길러야 할 능력을 묻는다. 본문에서 학생들이 단순 암기와 순응보다 성찰과 질문 능력을 갖추도록 하는 것이 강조되며, 철학적 사고가 분석력, 윤리적 인식, 다양한 관점 수용 능력을 길러준다고 설명한다. 따라서 밑줄 친 부분에 들어갈 말로 가장 적절한 것은 ③이다.

선지해석

① 즉시 직무 준비를 위한 기술 훈련
② 표준화된 지식을 수동적으로 습득
③ 사려 깊고 독립적인 추론을 지원하는 철학적 습관
④ 기관 권위에 대한 무조건적인 수용

지문해석

현대 교육은 <u>사려 깊고 독립적인 추론을 지원하는 철학적 습관</u>에 다시 집중해야 한다. 성과와 결과 중심으로 빠르게 돌아가는 사회에서, 학생들은 종종 반성하고 질문하기보다는 암기하고 순응하는 법을 배우게 된다. 철학적 사고는 신중한 분석, 윤리적 인식, 모호함에 대한 개방성을 장려한다. 또한 지적 겸손과 다양한 관점을 고려할 수 있는 능력을 함양한다. 이러한 자질은 복잡성, 불확실성, 문화적 다양성이 특징인 세계에서 특히 중요하다. 그렇기 때문에 많은 교육자들은 주입식 교육다는 탐구와 추론 습관을 가르치는 것을 옹호한다. 궁극적으로, 학생들이 깊이 있고 독립적으로 사고할 수 있는 능력을 개발하도록 돕는 것이 현대 교육과정의 핵심이 되어야 한다.

어휘

- contemporary 현대의, 동시대의
- renewed 재개된, 새로워진
- fast-paced 빠른 속도의, 급속히 진행되는
- memorize 암기하다, 기억하다, 숙지하다
- comply 따르다, 준수하다, 응하다
- ambiguity 모호함, 애매함, 불확실성
- humility 겸손
- rote learning 주입식 교육

34 정답 ④   난이도 ★★★★☆

해설

빈칸은 재활용과 업사이클링의 차이를 이해했을 때 얻을 수 있는 실질적 의미를 묻는다. 본문에서 두 방법의 접근 방식과 환경적 영향이 비교되므로, 이러한 차이를 이해하면 더 나은 선택을 할 수 있다는 결론으로 자연스럽게 이어진다. 따라서 밑줄 친 부분에 들어갈 말로 가장 적절한 것은 ④이다.

선지해석

① 재활용이 여전히 가장 효율적인 방법이다
② 두 방법 모두 소각으로 대체되어야 한다
③ 비용 때문에 업사이클링은 종종 권장되지 않는다
④ 두 방법의 차이를 이해하면 더 나은 선택을 할 수 있다

지문해석

재활용과 업사이클링은 모두 폐기물을 줄이고 지속 가능성을 촉진하려는 방법이지만, 접근 방식과 영향에서 큰 차이가 있다. 재활용은 폐기물을 분해하여 원재료로 되돌린 후 새로운 제품에 사용하는 과정을 포함한다. 이는 천연 자원의 사용을 줄이는 효과가 있지만, 과정에서 많은 에너지가 필요하고 재료가 열화될 수 있다. 반면 업사이클링은 폐기물을 분해하지 않고 창의적으로 변형하여 새로운, 종종 더 높은 품질의 제품으로 재탄생시키는 방법이다. 이는 환경적 영향을 최소화할 뿐만 아니라, 디자인과 혁신을 통해 가치를 추가한다. 세계가 더욱 지속 가능한 실천을 추구함에 따라, **두 방법의 차이를 이해하면 더 나은 선택을 할 수 있다**.

어휘

- recycling 재활용
- upcycling 업사이클링
- waste 폐기물, 쓰레기, 낭비
- sustainability 지속 가능성, 환경 지속성, 자원 보호
- approach 접근 방식, 방법, 태도
- break down 분해하다, 해체하다, 분석하다
- raw 원자재의, 가공되지 않은, 날것의
- degradation 저하, 비하, 수모

35 정답 ③   난이도 ★★★☆☆

해설

빈칸은 디지털 의존으로 약화된 기억력을 회복하기 위한 방법을 묻는다. 본문에서는 기기 사용 시간을 제한하고 시각화나 반복과 같은 기억 기술을 활용하면 기억력을 강화할 수 있다고 설명한다. 따라서 밑줄 친 부분에 들어갈 말로 가장 적절한 것은 ③이다.

선지해석

① 진정한 이해 없이 암기하는 것
② 기기 사용을 완전히 제어하는 것
③ 기억력을 향상시키기 위한 의도적인 전략을 사용하는 것
④ 정보를 저장하는 데 기술을 신뢰하는 것

지문해석

많은 사람들은 스마트폰이나 다른 기기를 통해 항상 정보에 접근할 수 있다면 더 똑똑해진다고 생각한다. 그러나 연구에 따르면, 이러한 손쉬운 접근은 실제로 기억 능력을 저하시킬 수 있다. 사람들이 언제든지 정보를 찾아볼 수 있다는 사실을 알게 되면, 스스로 정보를 저장하기보다는 기기에 의존하게 된다. 이 현상은 흔히 "디지털 기억 상실"이라고 불리며, 특히 젊은 세대 사이에서 점점 더 흔해지고 있다. 이는 우리가 실제로 얼마나 이해하고 있는지와 단순히 검색할 수 있는 정보인지의 차이에 대한 우려를 낳는다. 다행히도, 기술에 대한 의존을 줄일 방법이 있다. 예를 들어, 기기 사용 시간을 제한하거나 시각화, 반복과 같은 기억 기술을 연습하면 정신적 기억력을 강화할 수 있다. <u>**기억력을 향상시키기 위한 의도적인 전략을 사용하는 것**</u>은 개인이 자신의 인지 습관을 다시 통제하도록 격려한다.

어휘

- assume 가정하다, 추정하다, 생각하다
- constant 끊임없는, 지속적인, 일정한
- access 접근, 이용, 입장
- reduce 줄이다, 감소시키다, 완화하다
- phenomenon 현상, 사건
- digital amnesia 디지털 기억상실증
- retrieve 되찾다, 회수하다, 기억해 내다
- visualization 시각화, 이미지화, 구체화
- repetition 반복, 재현, 되풀이
- cognitive 인지의, 사고의, 지각과 관련된

36 정답 ③ 난이도 ★★☆☆☆

해설

빈칸은 왜 사람들은 정직하고 공정한 행동을 선택하는가를 설명하는 역할을 한다. 본문에서 지갑을 돌려주거나 실수를 보고하는 사례는 모두 올바른 도덕적 원칙을 따르는 행동으로, 이러한 행동이 개인의 자기 일관성과 타인의 신뢰를 유지하게 한다고 강조한다. 따라서 밑줄 친 부분에 들어갈 말로 가장 적절한 것은 ③이다.

선지해석

① 항상 사회적 인정을 추구하는 것
② 도덕적 가치를 훼손하는 것
③ 자신의 도덕적 원칙을 지키는 것
④ 어떤 대가를 치르더라도 책임을 회피하는 것

지문해석

한 남자가 길에서 지갑을 발견했는데, 그 안에는 현금과 신용카드가 들어 있었다. 그는 아무것도 가져가지 않고 지역 경찰서에 제출하기로 결정한다. 다른 사례에서는, 학생이 시험에서 자신의 실수를 신고하는데, 이는 낙제 점수로 이어질 수 있다. 언뜻 보면, 이러한 행동은 어리석거나 지나치게 이상적으로 보일 수 있다. 그러나 이 행동들은 인간 본성에 대한 더 깊은 사실을 드러낸다: 우리가 옳다고 믿는 것을 하고자 하는 욕구이다. <u>**자신의 도덕적 원칙을 지키는 것**</u>은 개인이 일관된 자아 의식을 유지하고 타인의 신뢰를 얻도록 돕는다. 이 때문에 사람들은 아무도 보고 있지 않을 때도 정직과 공정함을 선택하곤 한다. 사회적 조화와 개인의 존엄성은 모두 이러한 보이지 않는 선택에 달려 있다.

어휘

- wallet 지갑
- cash 현금, 현찰
- credit card 신용카드
- mistake 실수, 잘못, 오류
- idealistic 이상주의적인, 비현실적으로 이상을 추구하는
- honesty 정직, 성실, 진실됨
- fairness 공정함, 공평, 정의
- trust 신뢰, 믿음, 의지
- dignity 존엄, 품위, 위엄

37 정답 ② 난이도 ★★★☆☆

해설

빈칸은 디지털 시대에 인간관계의 정서적 깊이를 유지하기 위해 필요한 것을 설명하는 역할을 한다. 본문에서는 기술로 인해 감정 신호가 줄어들고, 공감 표현이 제한되며, 오해가 증가한다고 지적한다. 따라서 밑줄 친 부분에 들어갈 말로 가장 적절한 것은 ②이다.

선지해석

① 디지털 커뮤니케이션 능력을 향상하는 것
② 감정 인식을 우선시하는 것
③ 말을 이미지로 대체하는 것
④ 기술을 완전히 피하는 것

지문해석

기술이 우리의 일상생활을 크게 향상시켰지만, 동시에 감정적으로 상호작용하는 방식에도 변화를 가져왔다. 과거에는 대면 대화를 통해 사람들은 말투, 얼굴 표정, 몸짓과 같은 미묘한 감정 신호를 읽을 수 있었다. 그러나 이제 문자 메시지와 온라인 채팅이 증가하면서, 이러한 신호의 많은 부분이 사라졌다. 그 결과, 오해가 더 자주 발생하고 진정한 감정적 연결을 구축하기 어려워졌다. 이러한 변화는 사람들이 공감을 표현하는 방식에도 영향을 미쳤다. 위로하는 손길이나 말투 대신, 우리는 종종 이모지나 짧은 문구로 반응한다. 이러한 반응은 편리하지만, 누군가를 진정으로 위로하는 데 필요한 깊이가 부족할 수 있다. <u>**감정 인식을 우선시하는 것**</u>은 디지털 시대에서 인간 관계의 감정적 깊이를 유지하는 데 필수적이다.

어휘

- emotionally 감정적으로, 정서적으로
- face-to-face 직접 대면하는, 마주보는
- conversation 대화, 이야기, 담화
- cue 신호, 단서, 조짐
- misunderstanding 오해, 잘못된 이해
- genuine 진정한, 진짜의, 진심 어린
- empathy 공감, 감정 이입, 이해심
- comforting 위로가 되는, 안심시키는
- relationship 관계, 인간관계, 연결

38 정답 ③ 난이도 ★★★☆☆

해설

빈칸은 사람들이 환경을 생각한다고 말하지만 실제 행동과 차이가 나는 이유를 설명하는 역할을 한다. 본문에서는 사람들이 지속 가능한 제품을 선호한다고 말하면서도, 실제로는 더 저렴하고 덜 친환경적인 제품을 선택한다고 언급하며, 이러한 불일치를 'attitude-behavior gap'이라고 한다. 따라서 밑줄 친 부분에 들어갈 말로 가장 적절한 것은 ③이다.

선지해설

① 정부 정책에 의존하는 것
② 사회적 기대의 압력
③ 편리함과 비용의 영향
④ 환경에 대한 진심 어린 관심

지문해석

많은 소비자들은 자신이 환경을 신경 쓴다고 주장하며, 설문 조사에서도 종종 친환경적 실천에 대한 강한 지지가 나타난다. 사람들은 기후 변화, 오염, 폐기물에 대해 걱정하며, 지구를 보호하기 위해 변화를 기꺼이 받아들일 의향이 있다고 말한다. 그러나 실제 구매 상황에 직면하면, 이러한 의도는 행동으로 이어지지 않는 경우가 많다. **편리함과 비용의 영향**은 사람들이 말하는 것과 실제로 하는 것 사이에 눈에 띄는 차이를 만들어낸다. 예를 들어, 많은 쇼핑객들이 지속 가능한 제품을 선호한다고 말하지만, 실제로 선택할 때는 더 저렴하고 친환경적이지 않은 옵션을 선택할 수 있다. 이러한 불일치는 "태도-행동 격차"로 알려져 있으며, 실제 환경 변화를 촉진하는 것이 얼마나 복잡한지를 보여준다. 이 문제를 극복하려면 단순히 인식을 높이는 것뿐만 아니라, 친환경 선택을 더 접근 가능하고 보람 있게 만드는 것이 필요하다.

어휘

- claim 주장하다, 말하다, 요구하다
- environment 환경, 자연환경, 주위 환경
- survey 조사, 설문, 개관적 조사
- eco-friendly 친환경적인, 환경을 해치지 않는
- concern 관심, 우려, 걱정거리
- pollution 오염, 공해, 불순물
- waste 낭비하다, 버리다; 쓰레기, 폐기물
- intention 의도, 계획, 목적
- inconsistency 불일치, 모순, 일관성 없음
- behavior 행동, 행위, 반응

39 정답 ③ 난이도 ★★☆☆☆

해설

빈칸은 사람들이 실패를 인식하게 만드는 요인을 나타내야 한다. 본문은 실패를 성장과 학습의 일부로 보는 긍정적 관점과, 사람들이 실패를 약점이나 능력 부족으로 보는 부정적 관점을 대비하고 있다. '완벽주의'나 '자연적 재능에 대한 믿음'보다는, 실패를 부정적으로 해석하게 만드는 요인으로서 맥락상 사람들의 실패에 대한 잘못된 인식을 강조하는 표현이 들어가야 한다. 따라서 밑줄 친 부분에 들어갈 말로 가장 적절한 것은 ③이다.

선지해설

① 외부 보상에 대한 집중
② 발명하기 위한 끊임없는 집착
③ 완벽함에 대한 강조
④ 타고난 재능에 대한 믿음

지문해석

완벽함에 대한 강조는 사람들이 실패를 약점이나 능력 부족의 표시로 여기게 만드는 경우가 많다. 그러나 실제로 실패는 학습 과정에서 자연스럽고 심지어 필요한 부분이다. 개인이 새로운 것을 시도할 때, 첫 시도에서 성공하는 경우는 거의 없다. 초기 좌절을 통해 사람들은 통찰을 얻고, 전략을 조정하며, 회복력을 쌓는다. 예를 들어, 발명가들은 종종 돌파구를 얻기 전까지 여러 번 실패를 경험한다. 토머스 에디슨은 예를 들어, 전구를 완벽하게 만들기 위해 수천 번의 실험을 수행했다. 그는 이러한 실패를 패배로 보기보다는 가치 있는 교훈으로 여겼다. 사람들이 실패를 해석하는 방식을 바꾸면, 성장과 도전에 더 개방적이 된다. 궁극적으로, 실패를 받아들이는 태도는 개인의 발전과 장기적 성공으로 이어질 수 있다.

어휘

- assume 추정하다, 생각하다, 맡다, 책임지다
- failure 실패, 고장, 기능 상실
- weakness 약점, 취약점, 허약함
- ability 능력, 재능, 수완
- natural 자연스러운, 본래의, 자연의
- necessary 필요한, 필수적인, 불가피한
- process 과정, 절차, 가공하다
- insight 통찰력, 이해력, 식견
- adjust 조정하다, 적응하다, 맞추다
- resilience 회복력, 탄성, 복원력

40 정답 ④   난이도 ★★☆☆☆

해설

빈칸은 언어와 사고의 관계를 이해함으로써 얻을 수 있는 긍정적 효과를 나타내야 한다. 본문은 다양한 언어 구조가 사고와 세계 인식 방식에 영향을 준다는 점을 설명하며, 이러한 이해가 문화적 오해를 피하고 다른 세계관을 존중하는 데 도움이 된다고 강조한다. 따라서 밑줄 친 부분에 들어갈 말로 가장 적절한 것은 ④이다.

선지해석

① 언어의 문법 체계를 이해하는 것
② 차이를 무시하고 공통 목표에 집중하는 것
③ 다른 세계관을 비논리적이라고 일축하는 것
④ 언어와 사고의 연관성을 인식하는 것

지문해석

다른 언어들은 사람들이 생각하고 세상을 경험하는 방식을 형성한다. 예를 들어, 어떤 문화권에서는 좌, 우 대신 북, 남과 같은 절대 방향을 사용하며, 이는 화자가 항상 주변 환경을 인식하도록 만든다. 다른 언어에서는 미래 시제가 없어서, 화자들이 장기적 계획을 보다 실용적으로 세우도록 유도할 수 있다. 이러한 언어적 차이는 단순한 문법 이상의 의미를 가지며, 현실을 인식하는 독특한 방식을 반영한다. 이러한 차이를 이해하면 문화적 오해를 피하고, 낯선 세계관을 이해하는 데 도움이 된다. <u>언어와 사고의 연관성을 인식하는 것</u>은 더 큰 공감과 효과적인 글로벌 협력을 촉진할 수 있다.

어휘

☐ language 언어, 표현 수단, 말
☐ absolute 절대적인, 무조건적인, 완전한
☐ direction 방향, 지시, 지도 방위
☐ surrounding 주변 환경
☐ tense 시제, 긴장 상태, 팽팽한
☐ distinct 뚜렷한, 독특한, 별개의
☐ perceive 인식하다, 이해하다, 감지하다
☐ empathy 공감, 감정 이입, 이해심

41 정답 ①   난이도 ★★☆☆☆

해설

빈칸은 Maria가 온라인 과정을 통해 얻은 긍정적 성과를 나타내야 한다. 본문에서는 과정 수료 후 기술 능력뿐만 아니라 자신의 성과를 공유하고 포트폴리오를 만드는 과정을 통해 채용 담당자의 주목을 받았다고 설명한다. 따라서 밑줄 친 부분에 들어갈 말로 가장 적절한 것은 ①이다.

선지해석

① 전문적 인맥
② 더 강한 자신감
③ 디지털 마케팅에 대한 깊은 관심
④ 다양한 수입원

지문해석

Maria는 대학을 졸업한 후, 자신의 전공 분야에서 직업을 찾는 데 어려움을 겪었다. 그녀는 매주 수십 통의 이력서를 보내면서 지역 서점에서 파트타임으로 일했다. 새로운 기술을 개발해야 한다는 것을 깨닫고, 그녀는 디지털 마케팅 온라인 인증 과정에 등록했다. 이 과정은 그녀의 기술적 지식을 확장시켰을 뿐만 아니라, <u>전문적 인맥</u>을 쌓는 데도 도움이 되었다. 디지털 캠페인 포트폴리오를 만들고 LinkedIn에 진행 상황을 공유함으로써, Maria는 채용 담당자들의 관심을 끌기 시작했다. 결국 그녀는 마케팅 회사에 정규직으로 취업했고, 현재 여러 고객을 위한 소셜 미디어 전략을 이끌고 있다. Maria의 경험은 지속적인 학습과 자기 홍보가 불확실한 시기를 커리어 기회로 바꿀 수 있음을 보여준다.

어휘

☐ graduate 졸업하다, 학위를 받다, 졸업생
☐ struggle 힘겹게 노력하다, 투쟁하다, 싸움
☐ field 분야, 영역, 들판
☐ part-time 시간제의, 파트타임의
☐ resume 이력서, 다시 시작하다, 재개하다
☐ enroll 등록하다, 입학하다, 가입하다
☐ certification 자격증, 증명, 인증
☐ expand 확장하다, 넓히다, 증가시키다
☐ portfolio 작품집, 투자 목록, 포트폴리오
☐ recruiter 채용 담당자, 모집자, 신병 모집관
☐ self-promotion 자기 홍보

42 정답 ③   난이도 ★★★☆☆

해설

빈칸은 무엇이 두 도시국가의 정치 및 교육 제도를 형성했는가를 묻고 있다. 본문에서는 아테네와 스파르타의 가치관 차이(시민 참여 vs. 규율과 복종)가 교육과 정치 제도의 차이를 낳았음을 설명한다. 따라서 밑줄 친 부분에 들어갈 말로 가장 적절한 것은 ③이다.

선지해석

① 각 나라의 시민 의식 수준이
② 지리적 위치의 차이가
③ 문화적 가치와 우선순위가
④ 각 나라가 설립된 시기가

지문해석

역사 기록에 따르면, 고대 아테네는 직접 민주주의 형태를 실천했지만, 스파르타는 엄격한 군사적 과두정치를 따랐다. 이 두 도시국가의 대비는 단순히 정치 체제의 차이뿐만 아니라, 그들이 중시한 가치에서도 차이를 보여준다. 아테네인들은 시민 참여가 사회 기능 유지에 필수적이라고 믿었지만, 스파르타인들은 국가에 대한 규율과 복종을 강조했다. 이러한 차이는 <u>문화적 가치와 우선순위가</u> 서로 다른 정치 및 교육 제도를 형성했음을 보여준

다. 예를 들어, 아테네 소년들은 수사학과 철학을 배운 반면, 스파르타 청소년들은 인내와 전투 훈련을 받았다. 아테네인들은 토론과 표현을 중시했지만, 스파르타인들은 집단적 힘을 위해 개인주의를 억제했다. 이러한 차이에도 불구하고, 두 체제 모두 각 사회의 생존과 안정을 보장하는 것을 목표로 했다.

어휘

- historical 역사적인, 역사상의, 과거의
- ancient 고대의, 오래된, 예로부터의
- practice 실행하다, 연습하다, 관행, 실천
- direct democracy 직접 민주주의
- rigid 엄격한, 융통성 없는, 딱딱한
- militaristic 군국주의적인, 군사 중심의
- oligarchy 과두정치, 소수 지배, 소수 권력자 집단
- civic 시민의, 도시의, 공민의
- participation 참여, 참가, 관여
- divergence 분기, 차이, 갈라짐, 벗어남

43 정답 ④   난이도 ★★★☆☆

해설

빈칸은 고대와 현대 무역 경로가 역사적으로 어떤 역할을 했는가를 묻는다. 본문은 실크로드와 현대 무역이 상품과 아이디어의 교류를 촉진하며 다양한 사회를 연결했다고 설명한다. 마지막 문장에서는 "상업과 문화의 진화"라는 주제를 제시한다. 서로 다른 사회를 연결하는 역할이 양 시스템의 공통된 핵심이었다는 결론으로 자연스럽게 귀결된다. 따라서 밑줄 친 부분에 들어갈 말로 가장 적절한 것은 ④이다.

선지해석

① 어려움을 겪고 있는 지역 경제가 회복했고
② 널리 사용되는 교환 수단이었고
③ 사람들을 더 번영하게 만들었고
④ 다양한 사회를 연결하는 데 핵심적 역할을 했고

지문해석

고대 실크로드와 현대 세계 무역로는 모두 광범위한 거리에서 문화적·경제적 교류를 촉진했다. 실크로드는 동아시아와 지중해를 육로와 해로의 복잡한 경로로 연결했다. 이를 통해 비단, 향신료, 귀금속과 같은 상품뿐만 아니라, 불교와 종이 제작 같은 새로운 기술과 같은 아이디어가 전파되었다. 현대 무역로는 컨테이너 운송과 항공 화물 덕분에 훨씬 빠른 속도로, 더 다양한 상품을 취급할 수 있다. 디지털 통신은 고대에는 상상할 수 없었던 실시간 조정과 시장 대응을 가능하게 한다. 그러나 이러한 기술적 발전에도 불구하고, 두 시스템 모두 **다양한 사회를 연결하는 데 핵심적 역할을 했고**, 오늘날 우리가 사는 상호 연결된 세계를 형성했다. 이러한 유사점을 이해하면 역사 속에서 상업과 문화가 어떻게 함께 발전했는지를 통찰할 수 있다.

어휘

- ancient 고대의, 오래된, 예로부터의
- Silk Road 실크로드, 동서 문화·경제 교류를 연결한 고대 교역로
- facilitate 촉진하다, 용이하게 하다, 가능하게 하다
- economic 경제의, 재정의, 상업적인
- intricate 복잡한, 얽힌, 정교한
- maritime 해상의, 바다의, 항해의
- spread 퍼지다, 전파되다, 확산시키다
- coordination 조정, 협력, 조직화
- interconnected 상호 연결된

44 정답 ②   난이도 ★★☆☆☆

해설

빈칸은 디지털 환경에서 정보가 어떻게 빠르게 확산되는지를 설명하는 부분이다. 본문은 잘못된 정보가 특히 검증 없이 유통되는 플랫폼을 통해 퍼진다고 지적한다. 따라서 밑줄 친 부분에 들어갈 말로 가장 적절한 것은 ②이다.

선지해석

① 정부 승인 미디어만을 홍보하는
② 검증 없이 사용자 제작 콘텐츠를 배포하는
③ 스포츠 및 엔터테인먼트 뉴스만 다루는
④ 모든 기사가 게시 전에 사실 확인되는

지문해석

미디어 문해력은 디지털 시대에 점점 더 중요한 능력으로 인식되고 있다. 이는 개인이 온라인에서 접하는 정보-소셜 미디어 게시물부터 뉴스 기사까지-를 비판적으로 평가할 수 있게 해준다. 이는 특히 잘못된 정보가 빠르게 퍼질 수 있는 시대에 중요하며, 이러한 정보는 종종 **검증 없이 사용자 제작 콘텐츠를 배포하는** 플랫폼을 통해 확산된다. 적절한 훈련이 없으면 사람들은 편견을 강화하거나 감정을 조작하는 거짓 서사에 쉽게 속을 수 있다. 따라서 교육 기관은 어린 시절부터 미디어 리터러시를 교육과정에 통합해야 한다. 학생들은 신뢰할 수 있는 출처와 오해를 불러일으키는 콘텐츠를 구별할 수 있는 도구를 갖춰야 한다. 그래야만 다음 세대가 책임감 있게 시민 생활과 디지털 생활에 참여할 수 있다.

어휘

- crucial 결정적인, 중대한, 필수적인
- critically 비판적으로, 분석적으로, 신중하게
- evaluate 평가하다, 판단하다, 감정하다
- information 정보, 자료, 소식
- misinformation 잘못된 정보, 허위 정보
- spread 퍼지다, 전파되다, 확산시키다
- credibility 신뢰성, 확실성, 믿을 수 있음
- curricula 교육 과정

45 정답 ① 난이도 ★★☆☆☆

해설

빈칸은 시민 불복종이 단기적인 혼란을 넘어 궁극적으로 가져오는 효과를 묻는다. 본문은 이러한 행동이 부당함에 대한 공적 관심을 불러일으키고, 권위자에게 개혁과 정의로운 사회로의 변화를 촉구한다고 설명한다. 따라서 밑줄 친 부분에 들어갈 말로 가장 적절한 것은 ①이다.

선지해석

① 의미 있는 법적·문화적 변화를 이끈다
② 민주적 제도에 대한 공공의 신뢰를 약화시킨다
③ 성공을 위해 정치적 폭력에만 의존한다
④ 무관심과 정치적 참여 회피를 조장한다

지문해석

시민 불복종의 개념은 역사 속 정치 운동에서 중요한 역할을 해왔다. 가장 영향력 있는 사례 중 하나는 헨리 데이비드 소로가 노예제와 멕시코-미국 전쟁에 항의하여 세금을 내지 않은 것이다. 그의 저작은 마하트마 간디와 같은 후속 활동가들에게 영감을 주었으며, 간디는 비폭력 저항을 통해 인도의 영국 식민 지배에 도전했다. 마틴 루터 킹 주니어 또한 미국에서의 인종 정의 운동에서 소로에게 영향을 받았다고 언급했다. 이러한 지도자들은 때때로 도덕적 책임이 불의한 법을 어기는 것을 요구할 수 있다고 믿었다. 시민 불복종은 사회 질서를 일시적으로 혼란에 빠뜨릴 수 있지만, 장기적으로는 종종 <u>의미 있는 법적·문화적 변화를 이끈다</u>. 불의를 공론화함으로써, 권위자들에게 성찰과 개혁을 촉구하고 보다 공평한 사회로 나아가도록 압력을 가하기 때문이다.

어휘

☐ civil disobedience 시민 불복종
☐ significant 중요한, 의미 있는, 상당한
☐ movement 운동, 사회적 변화, 활동
☐ refusal 거부, 거절, 불응
☐ protest 항의, 반대, 시위
☐ inspire 영감을 주다, 자극하다, 격려하다
☐ nonviolent 비폭력적인, 평화적인
☐ resistance 저항, 반대, 대응
☐ disrupt 방해하다, 중단시키다, 혼란에 빠뜨리다
☐ equitable 공정한, 공평한, 정의로운

46 정답 ② 난이도 ★★★☆☆

해설

빈칸은 긱 근로자의 노동자의 장기적인 권익 보호를 위해 정책 입안자가 해야 할 역할을 묻는다. 본문에서는 노동자가 건강보험, 퇴직금, 고용 안정성 등의 혜택에서 제외되어 불안정성이 발생한다고 설명하며, 일부 기업이 자발적으로 제한적 혜택을 제공하는 사례를 제시한다. 따라서 밑줄 친 부분에 들어갈 말로 가장 적절한 것은 ②이다.

선지해석

① 프리랜서 소득에 대해 더 엄격한 세무 조사를 시행해야 하며
② 근로자 권리를 보호하는 균형 잡힌 규제를 도입해야 하며
③ 더 많은 사람들이 긱 근무로 전환하도록 장려해야 하며
④ 정규직 직원보다 긱 근로자의 권리를 우선시하며

지문해석

긱 경제는 전통적 고용 구조 밖에서 유연한 근무 기회를 제공하며 노동 시장을 변화시켰다. 많은 근로자들은 자신의 일정과 프로젝트를 선택할 수 있는 자유를 높이 평가하지만, 이 모델에는 중대한 단점도 존재한다. 긱 근로자는 건강 보험, 퇴직금, 고용 안정성과 같은 필수 혜택을 누리기 어려운 경우가 많다. 이러한 불안정성은 장기적인 재정 계획을 어렵게 하고 스트레스 수준을 높일 수 있다. 이 문제를 해결하기 위해 여러 국가에서는 긱 근로자에게 정규직 근로자에게만 적용되던 특정 권리를 보장하는 법률을 도입했다. 일부 플랫폼은 인재 유치와 유지 목적으로 제한된 혜택을 자발적으로 제공하기 시작하기도 했다. 그러나 긱 근로자에 대한 장기적 공정한 처우를 보장하려면, 정책 입안자들이 이 <u>근로자 권리를 보호하는 균형 잡힌 규제를 도입해야 하며</u>, 책임을 민간 기업에만 떠넘겨서는 안 된다.

어휘

☐ gig economy 긱 경제, 임시·단기 계약 기반의 노동 시장
☐ reshape 재형성하다, 바꾸다, 개편하다
☐ labor market 노동 시장, 취업 시장
☐ flexible 유연한, 융통성 있는, 탄력적인
☐ drawback 단점, 결점, 장애
☐ instability 불안정, 변동, 불확실성
☐ legislation 법률, 입법, 법규
☐ retain 유지하다, 보유하다, 지키다
☐ policymaker 정책 입안자, 정책 결정자, 행정 관계자
☐ burden 부담, 짐, 책임

47 정답 ③ 난이도 ★★★☆☆

해설

빈칸은 전통적 전시 방식을 넘어, 방문객의 참여와 감정적 몰입을 높이기 위한 전시 설계의 목적을 나타내야 한다. 본문에서는 조명, 음향, 몰입형 시각 자료 등 공간적 요소를 활용하여 다감각적 경험을 제공한다고 설명하며, 이를 통해 관람객이 단순 관람을 넘어 스토리를 체험하도록 한다. 따라서 밑줄 친 부분에 들어갈 말로 가장 적절한 것은 ③이다.

선지해석

① 고요한 전시 분위기를 조성하는 시스템
② 가치 있는 소장품을 보호하기 위한 보안 프로토콜
③ 공간 디자인을 통해 감정적 반응을 높이는 기법
④ 예술적 감상을 함양하는 프로그램

지문해석

많은 사람들은 박물관을 역사적 유물을 보존하고 유명 미술품을 전시하는 조용한 공간으로 생각한다. 그러나 일부 큐레이터는 이제 전시를 더 상호작용적이고 감정적으로 몰입하게 만드는 실험적 디자인 전략을 수용하고 있다. 한 가지 접근 방식은 환경음, 역동적인 조명, 몰입형 시각 자료를 사용하여 다중 감각적 경험을 창출하는 것이다. 관람객은 단순히 그림이나 조각을 수동적으로 관찰하는 대신, 분위기와 감정을 통해 이야기를 전달하는 공간을 이동한다. 이 추세는 특히 예술과 환경의 경계를 흐리는 경험을 원하는 젊은 층에게 인기가 있다. 그 결과, 전시 디자이너들은 신경과학자와 연극 전문가와 협력하여 **공간 디자인을 통해 감정적 반응을 높이는 기법**을 개발하고 있다. 이러한 노력은 예술을 더 참여적이고 기억에 남으며 감정적으로 공감할 수 있게 만드는 더 넓은 변화의 일환을 반영한다.

어휘

- artifact 인공물, 유물, 고대 물품
- curator 큐레이터, 전시 기획자
- experimental 실험적인, 새로운 시도를 하는, 혁신적인
- ambient 주위의, 환경의, 주변을 감싸는
- immersive 몰입형의, 체험형의, 감각을 완전히 끌어들이는
- multi-sensory 다감각의, 여러 감각을 자극하는
- participatory 참여적인, 참여를 촉진하는, 관여하는
- resonant 울림이 있는, 감정을 불러일으키는

48 정답 ③   난이도 ★★☆☆☆

해설

빈칸은 규제와 정책이 효과를 발휘하려면 개인이 실천해야 하는 요소를 나타내야 한다. 본문에서는 재사용 가방 사용이나 생수병 회피 같은 개인 행동이 실제 변화를 결정한다고 설명하며, 지속 가능한 미래를 위해 개인의 책임 의식이 필요하다고 강조한다. 따라서 밑줄 친 부분에 들어갈 말로 가장 적절한 것은 ③이다.

선지해석

① 기업 후원
② 학교에서의 교육
③ 개인의 헌신
④ 경제적 투자

지문해석

플라스틱 오염은 최근 수십 년간 가장 시급한 환경 문제 중 하나가 되었다. 매년 수백만 톤의 플라스틱 폐기물이 바다로 흘러들어가 해양 생태계를 해치고 식품 사슬에 들어간다. 정부와 환경 단체들은 일회용품 금지에서 생분해성 포장재 같은 대체품 장려까지 플라스틱 사용을 줄이기 위한 다양한 전략을 시도해왔다. 그러나 이러한 노력의 효과는 대중의 인식과 **개인의 헌신**에 크게 의존한다. 규제가 구조를 제공하더라도, 변화가 실제로 일어나는지는 개인의 행동에 달려 있다. 사람들은 재사용 가능한 가방 사용이나 생수병 사용 자제와 같은 습관을 바꿀 의지가 있어야 정책이 효과를 발휘할 수 있다. 특히 학교에서 일찍 시작된 환경 교육은 성인이 되어서도 친환경적 행동을 증가시키는 것으로 나타났다. 지속 가능한 미래를 위해서는 혁신과 규제뿐만 아니라, 공유된 책임 의식도 필요하다.

어휘

- pollution 오염, 공해, 환경 훼손
- pressing 긴급한, 시급한, 절박한
- biodegradable 생분해성의, 자연적으로 분해되는
- awareness 인식, 자각, 주의력
- regulation 규제, 규정, 관리
- responsibility 책임, 의무, 역할
- behavior 행동, 태도, 반응

49 정답 ①   난이도 ★★★☆☆

해설

이 글은 설득에 대한 냉소적 시각을 일부 인정하면서도, 설득이 사회적 협력과 공동 성취를 가능하게 하는 필수적인 역할임을 강조한다. 빈칸은 부정적 인식을 완전히 부인하지 않고, 설득의 본질적이고 긍정적인 기능으로 자연스럽게 논지를 전환하는 연결 고리 역할을 한다. 따라서 밑줄 친 부분에 들어갈 말로 가장 적절한 것은 ①이다.

선지해석

① 이러한 인식이 적대적 상황에서는 어느 정도 사실일지라도
② 그것의 효과가 오로지 감정적 호소에만 의존하기 때문에
③ 실제로 역사에서 설득은 착취의 기록일지라도
④ 책임감 있는 설득을 보장하기 위해 윤리적 지침이 필요하더라도

지문해석

설득이 어디에나 존재하다 보니, 많은 사람들이 설득을 침해적이고 조작적인 힘으로, 냉소적으로 보는 경향이 있다. **이러한 인식이 적대적 상황에서는 어느 정도 사실일지라도** 설득을 단지 수사학이나 강압으로 축소해서 보는 것은, 사회적 협력을 원활하게 하는 필수적인 역할을 간과하는 것이다. 도시를 건설하거나 위성을 발사하는 등 모든 집단적 인간 성취는 개인의 의도와 노력이 일치할 때 가능하며, 이 과정은 언제나 설득을 통해 이루어진다. 설득은 새로운 아이디어가 검증되고, 합의가 형성되며, 협력적 행동이 가능해지는 메커니즘이다. 따라서 사회에 참여한다는 것은 설득에 참여하는 것이며, 설득을 무조건 비난하는 것은 단순히 순진할 뿐 아니라, 서로 다른 이해관계를 공동의 비전으로 전환하는 설득의 사회적 기능을 간과하는 것이다.

어휘

- [ ] ubiquity 도처에 있음, 어디에나 존재함
- [ ] persuasion 설득
- [ ] cynical 냉소적인, 비관적인
- [ ] intrusive 참견하는, 방해되는, 거슬리는
- [ ] manipulative 조종하는, 사람을 교묘히 다루는, 속임수가 있는
- [ ] rhetoric 수사, 웅변술, 과장된 표현
- [ ] coercion 강제, 강요, 압박
- [ ] lubricant 윤활제, 원활하게 하는 것, 매끄럽게 하는 수단
- [ ] consensus 합의, 일치된 의견, 여론 일치
- [ ] mediate 조정하다, 중재하다, 매개 역할을 하다
- [ ] disparate 서로 다른, 이질적인, 본질적으로 다른

50 정답 ③ 난이도 ★★★☆☆

해설

빈칸은 본문에서 언급된 태양 위치와 건물 배치의 연관성을 현대 설계에 적용할 수 있는 형태로 나타내야 한다. 본문에서는 고대 건물이 계절별 태양 경로에 맞춰 지어져 자연적인 실내 온도 조절을 가능하게 했음을 강조한다. 따라서 밑줄 친 부분에 들어갈 말로 가장 적절한 것은 ③이다.

선지해석

① 구조적 안정성을 높이기 위해 사용되는 건설 기술
② 일일 일몰과 관련된 종교 의식의 이유
③ 빛과 열의 노출을 최적화한 설계 원리
④ 주거 배치에 반영된 사회 계층 구조

지문해석

고고학자들은 오래전부터 고대 도시 계획을 연구하면서 기념비적 건축물과 거리 배치에 주목해 왔다. 하지만 최근 연구자들은 건물의 태양광과의 방향성에 관심을 돌리고 있다. 중앙아메리카의 한 유적지에서는 주거 건물들이 계절별 태양 경로에 맞춰 정밀하게 배치된 증거가 발견되었다. 이러한 배치는 추운 계절에는 햇빛이 집 안으로 들어오게 하고, 더운 계절에는 차단되도록 설계되어, 초기 형태의 수동적 기후 조절 역할을 했다. 현대의 난방·환기·공조(HVAC) 시스템과 달리, 이 방법은 에너지를 전혀 필요로 하지 않으면서도 실내 온도를 효과적으로 조절했다. 이러한 발견을 바탕으로, 건축가와 지속 가능성 전문가들은 고대 설계도를 분석하여 **빛과 열의 노출을 최적화한 설계 원리**를 확인하고 있다. 이러한 통찰은 현대 디자이너들이 에너지 소비를 줄이면서 환경과 조화를 이루는 설계를 하는 데 도움을 줄 수 있다.

어휘

- [ ] archaeologist 고고학자
- [ ] urban 도시의
- [ ] monumental 기념비적인, 엄청난
- [ ] orientation 방향, 배치
- [ ] residential 주거용의, 거주와 관련된, 주택의
- [ ] alignment 정렬, 일직선으로 맞춤, 조정
- [ ] seasonal 계절의, 계절적 변화와 관련된
- [ ] passive 수동적인
- [ ] counterpart 대응물, 상대물

51 정답 ④ 난이도 ★★★★☆

해설

빈칸은 본문에서 강조된 운율적 읽기의 목적과 직접 연결되어야 한다. 본문에서는 단어를 소리 내어 읽는 것뿐 아니라, 의미 있는 단위로 묶어 리듬과 억양을 이해함으로써 정서와 이해력을 포함한 뇌 활성화와 깊은 독해가 이루어진다고 설명한다. 따라서 밑줄 친 부분에 들어갈 말로 가장 적절한 것은 ④이다.

선지해석

① 학술 논문을 속독하는 기술
② 문장 리듬과 구조를 분석하는 데 필요한 기술
③ 읽기 속도와 정확성을 향상시키기 위한 전략
④ 표현력 있는 읽기를 위한 인지적 기초

지문해석

아이들이 읽기를 배우기 시작할 때, 보통 글자와 음절을 소리 내어 읽는 것부터 시작한다. 하지만 읽기 유창성을 완전히 익히는 것은 단순히 단어를 해독하는 것 이상을 필요로 한다. 여기에는 단어를 의미 있는 덩어리로 묶는 능력도 포함된다. 이 과정을 "운율적 읽기"라고 하며, 독자는 이를 통해 말할 때처럼 리듬, 억양, 쉼표를 해석할 수 있다. 신경과학 연구에 따르면, 운율적 읽기는 언어 해독뿐만 아니라 감정과 이해와 관련된 뇌 영역도 활성화한다. 실제로, 적절한 구문 단위로 읽는 학생들은 더 많은 정보를 기억하고 글을 더 깊이 이해하는 경향이 있다. 이러한 이유로, 일부 교육자들은 어린 독자들이 자연스러운 구문 패턴을 인식하도록 훈련하여 **표현력 있는 읽기를 위한 인지적 기초**를 발달시키고자 한다. 이러한 교육은 속도보다 표현력에 초점을 맞추게 하여, 글과의 더 나은 몰입을 촉진한다.

어휘

- [ ] fluency 유창함, 능숙함, 숙련도
- [ ] decode 해독하다, 부호나 암호를 풀다
- [ ] syllable 음절
- [ ] prosodic 운율의, 억양·리듬과 관련된
- [ ] interpret 해석하다, 이해하다, 설명하다
- [ ] pause 잠시 멈추다, 중단, 일시적 정지
- [ ] neuroscientific 신경과학의, 뇌와 신경계 연구와 관련된
- [ ] comprehension 이해력, 이해, 파악, 독해 능력
- [ ] phrasing 말, 표현

52 정답 ④ 난이도 ★★★★☆

해설
빈칸은 본문에서 말하는 NEAT(비운동성 활동 열발생)의 핵심 개념과 연결되어야 한다. 본문에서는 몸을 꼼지락 거리기, 서서 일하기, 걷기 등 작은 무의식적 움직임이 하루 칼로리 소모와 장기 건강에 기여한다고 설명한다. 따라서 밑줄 친 부분에 들어갈 말로 가장 적절한 것은 ④이다.

선지해석
① 동기 부여 운동 프로그램 참여
② 운동선수들이 권장하는 식단의 실천
③ 여유 시간이 있을 때 걷는 시간
④ 사람들이 하루 동안 자연스럽게 수행하는 움직임

지문해석
신체 건강은 흔히 규칙적인 운동과 운동 경기 능력이 연관되어 생각되지만, 최근 연구들은 작고 무의식적인 움직임조차도 측정 가능한 건강상의 이점이 있음을 보여준다. 이러한 현상은 "비운동 활동 열생성"으로 알려져 있으며, 몸을 꼼지락거리기, 서서 일하기, 걷기 같은 행동을 포함한다. NEAT는 일상 칼로리 소모의 상당 부분을 차지할 수 있으며, 특히 정식 운동을 하지 않는 사람들에게서 두드러진다. 장기 관찰 연구에서, NEAT 수준이 높은 사람들은 시간이 지나도 체중 증가 가능성이 낮고 대사 지표가 개선되는 것으로 나타났다. 결과적으로 일부 건강 전문가들은 사람들에게 **사람들이 하루 동안 자연스럽게 수행하는 움직임**을 늘리도록 권장하고 있다. 이러한 행동은 헬스장 등록 없이도 장기적인 건강에 의미 있게 기여할 수 있는 간단한 활동이다.

어휘
- phenomenon 현상, 사건, 사례
- non-exercise activity thermogenesis(NEAT) 비운동 활동 열생성
- fidget 안절부절 못하다, 꼼지락거리다
- pace 걸음걸이, 속도, 보조를 맞추다
- metabolic 신진대사의, 신진대사와 관련된
- observational 관찰의, 관측에 의한
- structured 체계적인, 구조화된
- expenditure 지출, 소비, 소모
- contribute 기여하다, 도움이 되다, 이바지하다

53 정답 ④ 난이도 ★★☆☆☆

해설
빈칸은 제로(zero)가 인류 역사에서 어떤 의미를 가지는가를 묻는다. 본문에서는 5세기 인도의 수학자들이 제로를 도입함으로써 큰 수 계산이 가능해지고, 대수학, 회계, 현대 컴퓨팅까지 영향을 미쳤다고 설명한다. 이는 단순한 수학적 발견을 넘어 인간의 수 개념 이해를 혁신한 발명으로 해석할 수 있다. 따라서 밑줄 친 부분에 들어갈 말로 가장 적절한 것은 ④이다.

선지해석
① 초기 거래를 간소화했던 고대의 수 체계
② 초기 상거래를 규제한 상징적 법률
③ 윤리 이론을 형성한 철학적 상징
④ 인간이 수량을 이해하는 방식을 재정의한 발명품

지문해석
제로(0)의 개념은 오늘날 너무나 기본적이어서, 한때 논란이 되었던 사실을 잊기 쉽다. 고대 수 체계는 수량을 나타낼 수 있었지만, 많은 체계에는 "무(없음)"을 나타내는 기호가 없었다. 5세기 CE의 인도 수학자들이 자리 표시용 제로를 도입하면서, 큰 수를 다루는 계산이 훨씬 효율적이 되었다. 이후, 이슬람 학자들이 이 아이디어를 번역하고 확장하여 중세에 아라비아어 문헌을 통해 유럽에 전파했다. 역사가들은 이제 이 발전이 대수학, 회계, 심지어 현대 컴퓨팅의 혁신을 가능하게 했다고 평가한다. 그 변혁적 힘 때문에, 제로는 종종 **인간이 수량을 이해하는 방식을 재정의한 발명품**에 포함된다. 제로의 출현은 단순한 수학적 발견이 아니라, 문명이 부재라는 추상적 개념을 이해하는 방식에 변화를 가져온 사건이었다.

어휘
- concept 개념, 사고, 생각
- fundamental 근본적인, 기본적인, 필수적인
- controversial 논쟁의 여지가 있는, 논란이 되는
- placeholder 자리 표시자, 임시 표시
- efficient 효율적인, 능률적인, 효과적인
- algebra 대수학, 대수
- accounting 회계, 회계 처리
- transformative 변화시키는, 혁신적인
- abstract 추상적인, 관념적인
- absence 부재, 결석, 결핍
- breakthrough 획기적 발전, 돌파구

54 정답 ④ 난이도 ★★★☆☆

해설
빈칸은 언어가 단순한 의사소통 수단을 넘어 사회적 의미와 정체성을 어떻게 나타내는가를 묻는다. 본문에서는 언어 선택이 사회적 지위, 지역, 정치적 입장과 연결되고, 지역 방언 사용이 문화적 자긍심과 저항을 표현하는 정치적 행위가 될 수 있다고 설명한다. 따라서 밑줄 친 부분에 들어갈 말로 가장 적절한 것은 ④이다.

선지해석
① 구어 전통에서 거의 사용되지 않는 문법 체계
② 효과적인 번역을 방해하는 음성학적 변이
③ 과학적 오해를 드러내는 단어 기원
④ 상징적인 사회적 의미를 담고 있는 언어 사용 관행

지문해석

많은 다언어 사회에서, 언어는 단순한 의사소통 도구 이상으로, 정체성, 권력, 소속감의 상징이 될 수 있다. 언어 선택은 종종 사회적 지위, 지역적 소속, 정치적 입장을 드러낸다. 예를 들어, 식민지 이후 국가에서는 교육이나 정부에서 사용할 언어에 대한 논쟁이 종종 역사와 자율성에 대한 더 깊은 갈등을 반영한다. 과거 식민 언어 대신 지역 방언을 사용하는 선택은 문화적 자부심과 저항을 주장하는 정치적 행위가 될 수 있다. 이러한 이유로, 사회언어학자들은 **상징적인 사회적 의미를 담고 있는 언어 사용 관행**을 연구하여 언어가 대중의 인식과 집단 소속감에 어떻게 영향을 미치는지 이해하려 한다. 그들의 연구 결과는, 사람들이 무엇을 말하고, 어떻게 말하는지가 사회적 이동성과 사회적 결속에 실제적인 결과를 가져올 수 있음을 시사한다.

어휘

- multilingual 다언어를 사용하는, 여러 언어를 구사하는
- symbol 상징, 표시, 기호
- identity 정체성, 신원, 자아
- inclusion 포함, 포용, 참여
- linguistic 언어의, 언어학의
- status 지위, 신분, 상태
- affiliation 소속, 가입, 연계
- autonomy 자치, 자율, 독립
- dialect 방언, 사투리
- cohesion 결속, 응집력, 화합

55 정답 ④   난이도 ★★★☆☆

해설

빈칸은 위성 이미지와 AI를 활용해 지표가 눈에 보이기 전에 환경 변화를 감지하는 능력을 묻는다. 본문에서 토양 습도 변화와 가뭄·작황 실패와 같은 초기 경고를 언급한다. 따라서 밑줄 친 부분에 들어갈 말로 가장 적절한 것은 ④이다.

선지해석

① 홍수가 발생하기 쉬운 지역으로 조기 대피 계획이 필요한 지역
② 상층 대기에서 자외선을 반사하는 물체
③ 작물 건강 악화를 반영하는 생물학적 지표
④ 생태계가 위기에 처하기 전에 나타나는 스트레스 패턴

지문해석

위성은 오랫동안 날씨 패턴을 관찰하고 우주에서 지형을 지도화하는 데 사용되어 왔다. 하지만 최근 영상 해상도와 데이터 분석 기술의 발전으로, 과학자들은 이제 인간의 눈으로는 보이지 않는 변화를 감지할 수 있게 되었다. 예를 들어, 위성 센서는 가뭄이나 작물 피해가 발생하기 전에 일어나는 토양 수분의 미세한 변화를 식별할 수 있다. 이러한 조기 경보는 정부와 농부가 농업적 혼란에 미리 대비하도록 돕는다. 이러한 능력을 향상시키기 위해, 연구팀은 위성 이미지를 학습시킨 AI 시스템을 활용하여 **생태계가 위기에 처하기 전에 나타나는 스트레스 패턴**을 인식하도록 훈련하고 있다. 이것들은 지상에서 눈에 보이는 증상이 나타나기 훨씬 전에 나타나는 환경적 지표이다.

어휘

- satellite 위성, 인공위성
- monitor 관찰하다, 감시하다, 체크하다
- weather 날씨, 기상, 기후
- terrain 지형, 지역, 지세
- imaging 영상화, 이미지 촬영, 촬영 기술
- resolution 해상도, 결의, 결정
- detect 감지하다, 발견하다, 알아차리다
- subtle 미묘한, 희미한, 감지하기 힘든
- moisture 수분, 습기, 축축함
- indicator 지표, 표시, 신호

56 정답 ②   난이도 ★★☆☆☆

해설

빈칸은 해양 생물학자들이 개발하는 산호의 특성을 묻는다. 본문에서 기후 변화로 인한 산호 백화 현상과 산호 생존 위협을 언급하며, 이를 해결하기 위해 내열성과 내산성을 가진 산호를 개발한다고 설명한다. 따라서 밑줄 친 부분에 들어갈 말로 가장 적절한 것은 ②이다.

선지해석

① 생장률이 지역 어류 개체 수를 안정시키는 데 도움을 주도록
② 따뜻한 물과 더 산성화된 환경을 견딜 수 있도록
③ 내륙 강에서 외래종 확산을 제한하도록
④ 대기 중 산소를 유난히 높은 비율로 흡수하도록

지문해석

산호초는 그 생생한 아름다움으로 자주 주목받지만, 그 생태학적 중요성은 단순한 미적 가치 이상이다. 산호초는 전체 해양 종의 거의 4분의 1에 해당하는 서식지를 제공하며, 폭풍으로부터 해안선을 보호하는 자연 방벽 역할을 한다. 그러나 해양 온도 상승과 산성화로 인해 광범위한 산호 백화 현상이 발생하고 있으며, 이 과정에서 산호는 에너지 원으로 삼는 조류(알게)를 잃게 된다. 개입이 없으면 많은 산호초가 향후 수십 년 내에 살아남지 못할 수 있다. 이를 해결하기 위해, 해양 생물학자들은 선택적 번식과 유전 도구를 이용하여 **따뜻한 물과 더 산성화된 환경을 견딜 수 있도록** 개발하고 있다. 이러한 내성 있는 산호 품종은 훼손된 산호초를 복원하고 기후 변화에 직면한 해양 생물 다양성을 보존하는 데 도움을 줄 수 있다.

어휘

- coral reef 산호초
- ecological 생태학의, 생태계의

- habitat 서식지, 거주지
- acidification 산성화
- bleaching 표백, 탈색, 산호 백화 현상
- algae 해조류, 조류, 식물성 플랑크톤
- intervention 개입, 중재, 조치
- selective 선택적인, 선별적인
- resilient 회복력 있는, 탄력 있는, 강인한

57 정답 ③ 난이도 ★★★☆☆

해설
빈칸은 본문에서 설명하는 역설적 현상을 묻는다. 본문에서는 젊었을 때 권위에 반항하던 사람들이 결국 권력을 얻으면 그 권위를 강화한다는 점을 강조하고 있다. 따라서 밑줄 친 부분에 들어갈 말로 가장 적절한 것은 ③이다.

선지해석
① 권력 없이 시스템에 복종하는 시민
② 모든 형태의 권위에 계속 저항하는 반항아
③ 나중에 제도적 통제를 받아들이는 반항적인 청소년
④ 뜻밖에 권위에 반항하는 온순한 추종자

지문해석
나중에 제도적 통제를 받아들이는 반항적인 청소년은 고전적이면서도 자주 오해받는 역설을 나타낸다. 처음에는 Charlotte Linde의 연구 결과가 의아했다. 일부 경찰관들은 자신의 인생 이야기를 회상하면서, 어린 시절을 "나쁜 소년"으로 즐겁게 기억한다고 했다. 그들은 종종 자신의 무모한 청년 시절에 규칙을 어기고 법을 교묘히 깨뜨렸던 것을 자랑스럽게 이야기했다. 처음에는 이 모습이 아이러니하게 보였다. 하지만 사회의 위계적 성격을 더 깊이 이해하자, 모든 퍼즐이 맞춰지기 시작했다. 권위에 반항하는 사람들은 그것을 무시하는 것이 아니라, 사실상 그 존재를 매우 잘 인식하고 있다. 청소년 시절 권위를 거부하는 것은 자신의 정체성을 주장하고 복종을 피하는 방법으로 기능한다. 그러나 역설적으로, 이들이 결국 권력의 자리에 오르면, 한때 거부했던 체제를 지지하고 강화하게 된다. 이들은 이제 권위를 반항이 아닌 자기 주장의 도구로 사용한다.

어휘
- paradox 역설, 모순
- puzzled 당황한, 혼란스러운
- recount 이야기하다, 말하다, 서술하다
- fondly 애정 어린, 다정하게, 좋아하며
- flout (법·규칙을) 어기다, 무시하다, 경시하다
- reckless 무모한, 신중하지 못한
- hierarchical 계층적인, 계급 구조의, 위계적인
- defy 반항하다, 거역하다, 무시하다
- hyper-aware 과도하게 의식하는, 극도로 민감한
- submission 복종, 항복, 제출
- assert 주장하다, 단언하다, 확고히 하다

58 정답 ② 난이도 ★★★★☆

해설
빈칸은 앞 문장의 세대 집단을 획일적으로 보는 관점에 대한 평가를 요구한다. 본문에서는 단일 세대 내에도 다양한 하위 집단이 존재하며, 이를 무시하면 잘못된 판단으로 이어진다고 설명한다. 따라서 밑줄 친 부분에 들어갈 말로 가장 적절한 것은 ②이다.

선지해석
① 이 광범위한 접근법은 비용 효율적인 출발점으로
② 그러나 이러한 가정은 지나치게 단순화된 것으로
③ 이 인구 통계적 통찰은 브랜드 충성도 확보의 명확한 길을 제공하는 것으로
④ 세대 마케팅의 이러한 추세는 매우 성공적인 것으로 입증된 것으로

지문해석
마케터들은 종종 "밀레니얼"이나 "Z세대" 같은 세대 집단을 획일적인 블록으로 보고, 동일한 선호를 가진 집단으로 간주한다. <u>그러나 이러한 가정은 지나치게 단순화된 것으로</u>, 잠재적으로 자원의 심각한 잘못된 할당을 초래할 수 있다. 더 세밀하게 분석하면, 하나의 세대 안에도 여러 하위 집단이 존재하며, 각각의 생활 단계, 재정적 능력, 우선순위가 다르다. 예를 들어, 가족을 꾸리는 연장된 밀레니얼 세대와 막 사회에 진입한 젊은 밀레니얼 세대는 소비 패턴이 크게 다르다. 이들을 하나의 단위로 취급하면, 시장 행동을 결정하는 중요한 세부 사항을 무시하게 된다. 따라서 효과적인 마케팅 전략은 넓은 세대 구분을 넘어, 이러한 내부 변화를 반영하는 정밀한 세분화 모델을 채택해야 한다.

어휘
- generational 세대의, 세대별의
- cohort 집단, 동년배 집단, 특정 집단
- monolithic 획일적인, 하나로 통합된, 거대한
- uniform 균일한, 동일한, 일정한
- preference 선호, 기호, 선택
- misallocation 잘못된 배분, 부적절한 분배
- sub-segment 부분 집단
- distinct 뚜렷한, 구별되는, 별개의
- nuance 미묘한 차이, 뉘앙스, 섬세한 의미
- entity 실체, 존재, 조직
- granular 세분화된, 세밀한, 상세한

59 정답 ② 난이도 ★★★☆☆

해설
빈칸은 현대 학자들이 관심을 갖는 장소를 설명하며, 본문 전체 맥락에서 인간의 통제와 이해를 넘어서는 숭고를 느끼게 하는 자연 환경을 나타내야 한다. 본문에서 언급된 바와 같이, 산맥, 폭풍, 광활한 사막과 같은 장소는 경이로움과 두려움을 동시에 불러일으키며, 개인으로 하여금 자신의 존재와 한계를 성찰하게 만든다. 따라서 밑줄 친 부분에 들어갈 말로 가장 적절한 것은 ②이다.

선지해석
① 자연의 아름다움이 경외감보다는 편안함을 불러일으키는 장소
② 이성적인 이해를 넘어 내재된 감각을 불러일으키는 장소
③ 그 생태적 가치를 쉽게 측정하고 화폐화할 수 있는 장소
④ 철학적 통찰을 오직 시각적 현상으로만 제한하는 장소

지문해석

고대 철학에서 "숭고"의 개념은 일상적인 인식을 넘어서는 경험을 가리키며, 종종 경외감이나 두려움을 불러일으켰다. 원래는 수사학과 예술의 맥락에서 논의되었지만, 이후 숭고는 자연 속 경험과 연결되었다 – 예를 들어 우뚝 솟은 산, 격렬한 폭풍, 광활한 사막 등. Edmund Burke와 Immanuel Kant와 같은 철학자들은 이러한 풍경이 인간의 통제와 이해의 한계를 직면하게 만든다고 주장했다. 아름다움이 위안을 준다면, 숭고는 마음을 불안하게 하지만, 동시에 자신을 초월하는 무엇인가를 드러내며 정신을 고양시킨다. 환경 미학을 연구하는 현대 학자들은 특히 사람들이 우주에서 자신의 위치를 되돌아보는 데 도전하기 때문에 **이성적인 이해를 넘어 내재된 감각을 불러일으키는 장소**에 관심이 많다. 이러한 환경은 외부 지리와 내부 사유의 경계를 흐리게 만든다.

어휘
- sublime 숭고, 절묘한, 숭고한, 지고한
- transcend 초월하다, 능가하다, 뛰어넘다
- perception 지각, 인식, 이해
- awe 경외심, 두려움과 존경의 감정
- rhetoric 수사학, 설득 기법, 웅변
- landscape 풍경, 경치, 지형
- unsettle 동요시키다, 불안하게 만들다
- comprehension 이해, 파악, 독해 능력
- contemplation 심사숙고, 명상, 숙고
- geography 지리, 지형, 자연 환경

60 정답 ④ 난이도 ★★★★☆

해설
빈칸은 진화가 어떻게 일어나는가를 설명하는 부분으로, 본문에서 반복해서 강조된 기존 구조를 점진적으로 수정하는 방식을 나타내야 한다. 날개 진화 사례에서 앞다리를 변형하면서 원래 기능 일부를 잃은 점을 통해, 진화는 기존 구조를 기반으로 점진적 변화를 거친다는 원리가 드러난다. 따라서 밑줄 친 부분에 들어갈 말로 가장 적절한 것은 ④이다.

선지해석
① 이동의 필요성을 줄이는 생태학적 압력
② 모든 구조적 중복을 제거하는 유전된 패턴들
③ 기존 특성의 재사용을 촉진하는 환경 변화
④ 기존의 기능을 시간이 지나며 변화시키는 구조적 변화

지문해석

심지어 대규모 진화적 변형이 일어나는 동안에도, 동물들은 가능한 변화의 종류를 제한하는 제약에 직면한다. 그 인상적인 예가 척추동물의 날개의 진화이다. 박쥐, 새, 익룡은 각각 독립적으로 날개를 진화시켰지만, 모든 경우에 날개는 앞다리에서 발달했다. 이 적응은 대가를 수반했다. 이 동물들은 물건을 잡는 것과 같은 앞다리의 원래 기능의 상당 부분을 잃었다. 앞다리를 유지하면서 완전히 새로운 날개를 추가로 만들어냈다면 유리했겠지만, 진화는 그런 방식으로 작동하지 않는 경우가 대부분이다. 대신 자연 선택은 완전히 새로운 구조의 창조보다는 기존 구조를 점진적으로 수정하는 방향을 선호한다. 이는 더 넓은 진화 원칙을 반영한다. 즉, 생물은 무제한적인 재창조가 아니라 **기존의 기능을 시간이 지나며 변화시키는 구조적 변화**를 통해 적응한다. 이러한 절충이 진화가 걸어갈 수 있는 경로를 규정한다.

어휘
- transformation 변형, 변화, 전환
- constraint 제약, 제한, 구속
- striking 두드러진, 인상적인, 현저한
- vertebrate 척추동물
- independently 독립적으로, 자율적으로
- adaptation 적응, 조정, 개조
- forelimb 앞다리, 전지
- grasp 잡다, 이해하다, 움켜쥐다
- gradual 점진적인, 서서히 진행되는
- modification 수정, 변경, 개조

61 정답 ③ 난이도 ★★★★☆

해설
빈칸은 진화적 특징을 연구하는 목적을 설명하는 자리로, 본문에서 강조하는 과거에는 유리했지만 현재에는 제약이 된 구조적 특성을 나타내야 한다. 예시로 서술된 매머드의 큰 상아처럼, 한때 유리했던 구조가 환경 변화로 인해 제약이 되는 경우를 보여준다. 따라서 밑줄 친 부분에 들어갈 말로 가장 적절한 것은 ③이다.

선지해석
① 수렴 진화 압력에서 기원한
② 적응적 성공에도 불구하고 변하지 않은
③ 한때 기능을 수행했지만 이제는 유연성을 제한하는
④ 수생 동물에서 진화했지만 육지에서는 사라진

지문해석

많은 사람들은 진화가 항상 생존에 최적화된 특성을 만든다고 생각하지만, 이것은 오해다. 진화는 완벽을 향해 작동하는 것이 아니라, 특정 환경에서 유리한 누적적 변화의 과정을 통해 이루어진다. 한 환경에서 유용한 구조는 환경이 급격히 변하면 제약이 될 수 있다. 예를 들어, 일부 빙하기 포유류의 거대한 상아는 한

때 먹이 활동과 방어에 유리했지만, 나중에 숲이 툰드라를 대체했을 때 부담이 되었다. 이러한 절충안을 이해하기 위해 진화 생물학자들은 <u>한때 기능을 수행했지만 이제는 유연성을 제한하는</u> 해부학적 특징을 연구하여 과거의 장점이 현재의 제약으로 어떻게 바뀌었는지를 밝혀낸다. 이 접근은 생존이 항상 완벽이 아니라 "충분히 좋은" 상태임을 보여준다.

어휘
- evolution 진화, 발전
- optimal 최적의, 가장 알맞은, 이상적인
- misunderstanding 오해, 잘못된 해석
- cumulative 누적되는, 점증적인, 누적의
- beneficial 유익한, 도움이 되는, 이로운
- context 맥락, 상황, 환경
- liability 부담, 불리한 점, 책임
- foraging 먹이를 찾음, 식량을 구함, 채집
- anatomical 해부학의, 신체 구조의
- constraint 제약, 제한, 구속
- trade-off 상충관계, 균형, 거래

62 정답 ④ 난이도 ★★★☆☆

해설
빈칸은 '심리학자들이 연구하는 사회적 환경의 특징'을 설명하는 자리다. 본문은 반복적 노출이 친밀감과 신뢰 형성에 미치는 영향을 다루고 있으므로, 연구 대상 환경은 사람들이 반복적으로 만나는 환경이어야 한다. 따라서 밑줄 친 부분에 들어갈 말로 가장 적절한 것은 ④이다.

선지해석
① 언어적 추리와 논리에 기반한 의사소통을 히는
② 의도적 회피가 장기 기억 상실로 이어지는
③ 직접적인 상호작용 없이 사회적 친숙함을 증가시키는
④ 개인이 동일한 사람들을 반복적으로 만나는

지문해석
인간의 뇌는 익숙한 패턴을 선호하는 경향이 있으며, 이를 "단순 노출 효과"라고 한다. 사람들은 처음에는 중립적이거나 불쾌했던 것이라도 반복적으로 접하면 호감을 갖는 경향이 있다. 이 효과는 소비자 선호뿐 아니라 사회적 관계에서도 관찰된다. 직접적인 상호작용이 없어도 반복적으로 사람을 만나면 편안함과 신뢰감이 생길 수 있다. 이 현상을 연구하는 심리학자들은 종종 <u>개인이 동일한 사람들을 반복적으로 만나는</u> 사회적 환경을 조사하여 근접성과 반복이 정서적 연결에 어떤 영향을 미치는지 이해한다. 연구 결과는 자연스러운 친밀감처럼 느껴지는 것도 사실은 반복 노출의 결과일 수 있음을 시사한다.

어휘
- human 인간, 사람, 인류
- tendency 경향, 성향, 기질
- familiar 친숙한, 익숙한, 잘 알려진
- phenomenon 현상, 사건
- exposure 노출, 경험, 드러남
- preference 선호, 취향, 선택
- repetition 반복, 되풀이, 재현
- proximity 근접, 가까움, 인접
- affinity 친밀감, 유사성, 자연적 호감

63 정답 ③ 난이도 ★★★☆☆

해설
빈칸은 학자들이 연구하는 문자 체계의 특징을 설명하는 자리다. 본문은 문자 체계가 언어뿐 아니라 가치관, 권력 구조, 세계관까지 반영한다고 하며, 이를 통해 문화 정체성을 이해한다고 하므로, 연구 대상은 문명마다 독특한 사고 방식을 담은 문자여야 한다. 따라서 밑줄 친 부분에 들어갈 말로 가장 적절한 것은 ③이다.

선지해석
① 문화적 의미보다는 미적 선호를 반영하는
② 문화 전반에서 언어적 복잡성을 줄이는
③ 문명 고유의 사고 방식을 구현하는
④ 주로 수학 기호로 사용되는

지문해석
대부분의 사람들은 글쓰기를 의사소통 수단으로 생각하지만, 인류학자들은 글쓰기가 문화적 기술로서의 기능도 한다고 지적한다. 서로 다른 문자 체계는 언어뿐만 아니라 가치관, 권력 구조, 세계관까지 담고 있다. 예를 들어, 한자 같은 표의문자는 각 글자에 의미를 부여하며 역사적 상징성을 포함하며, 일파벳 문자는 의미보다는 소리를 우선시한다. 문자 구조는 사용자가 시간, 공간, 위계를 개념화하는 방식에도 영향을 준다. 학자들은 이제 글쓰기가 문화적 정체성을 어떻게 반영하고 강화하는지 더 잘 이해하기 위해 <u>문명 고유의 사고 방식을 구현하는</u> 고대와 현대의 문자를 연구한다. 이 관점에서는 문자를 단순한 도구가 아니라, 사회가 만들고 사회를 형성하는 문화적 산물로 본다.

어휘
- writing 글쓰기, 문자, 서면 표현
- anthropologist 인류학자, 문화 연구자
- function 기능하다, 역할을 하다, 작용하다
- cultural 문화의, 문명의, 교양의
- encode 부호화하다, 암호화하다, 의미를 담다
- logographic 표의문자의, 문자로 의미를 나타내는
- alphabetic 알파벳의, 문자 기반의, 음성 중심의
- conceptualize 개념화하다, 구상하다
- artifact 인공물, 유물, 문화적 산물

64 정답 ④ 난이도 ★★☆☆☆

해설

빈칸은 연구자들이 분석하는 음악 활동의 특징을 설명하는 자리다. 문장은 음악이 공간 추론, 기억력, 언어 습득 등 인지 능력에도 영향을 준다고 하며, 뇌의 논리·창의 영역을 동시에 활성화한다고 하므로, 연구 대상은 여러 인지 기능을 동시에 자극하는 활동이어야 한다. 따라서 밑줄 친 부분에 들어갈 말로 가장 적절한 것은 ④이다.

선지해석

① 기억력을 최적화할 수 있는
② 즉흥 기법에만 의존하는
③ 가상 관객에게 감정적 반응을 일으키는
④ 여러 인지 기능을 동시에 활용하는

지문해석

음악은 전통적으로 성능과 감정과 관련되어 연구되었지만, 최근 연구들은 음악의 인지적 측면에도 주목하기 시작했다. 신경과학자들은 음악 훈련이 공간 추론, 기억력, 심지어 언어 습득을 향상시킬 수 있음을 발견했다. 특히 어린 시절부터 악기를 배우기 시작한 아이들에게서 이러한 효과가 뚜렷하게 나타난다. 음악의 구조화된 패턴은 논리와 창의력 모두에 관련된 뇌 영역을 활성화하는 것으로 보인다. 연구자들은 이러한 발견의 더 넓은 의미를 이해하기 위해, **여러 인지 기능을 동시에 활용하는** 활동을 분석하고 있다, 그 활동이 신경 발달에 어떻게 영향을 미치는지 추적하기 위해서다. 이 연구는 음악이 단순한 오락이 아니라 정신적 성장의 강력한 도구로 작용할 수 있음을 시사한다.

어휘

☐ performance 수행, 연주, 성과
☐ emotion 감정, 정서, 감동
☐ cognitive 인지의, 지식의, 사고와 관련된
☐ neuroscientist 신경과학자
☐ spatial reasoning 공간 추론력
☐ retention 유지, 보유, 기억
☐ acquisition 습득
☐ structured 구조화된, 체계적인, 조직적인
☐ neural 신경의, 신경계의, 신경 관련

65 정답 ② 난이도 ★★★☆☆

해설

빈칸은 현대 직장에서 기술 혁신과 직원 기대 변화로 인해 불만과 이직률이 높아졌다고 설명하며, 이어 직원 복지와 참여를 우선시하는 환경 재설계를 언급한다. 이러한 변화의 목적은 직원 만족과 장기적 유지를 높이는 것이다. 따라서 밑줄 친 부분에 들어갈 말로 가장 적절한 것은 ②이다.

선지해석

① 자동화를 통해 근로자의 업무 책임을 줄이고자
② 직원 만족과 장기 근속을 촉진하고자
③ 지속 가능한 성장 기회 대신 단기적인 혜택을 제공하고자
④ 기업 의사결정의 투명성을 낮추고자

지문해석

현대 직장은 기술 혁신과 직원 기대 변화로 인해 빠르게 변화하고 있다. 많은 근로자가 단순한 금전적 보상을 넘어, 더 큰 유연성, 정신 건강 지원, 의미 있는 일을 원하고 있다. 그러나 전통적 관리 모델은 이러한 변화하는 요구를 충족시키지 못해 직무 불만과 높은 이직률을 초래한다. 장시간 근무, 자율성 부족, 성장 기회 부족이 번아웃에도 기여한다. 이에 대응하여 일부 기업은 직원 복지와 몰입을 우선시하는 근무 환경을 재설계하고 있다. 이러한 시도에는 원격 근무 정책, 정신 건강 휴가, 협업 중심의 관리 방식이 포함된다. 결과적으로 이러한 변화를 구현함으로써 조직은 **직원 만족과 장기 근속을 촉진하고자** 한다. 이 변화는 더 인간적이고 지속 가능한 노동 관행으로의 사회적 전환을 반영한다.

어휘

☐ workplace 직장, 근무지, 작업 공간
☐ transformation 변화, 변형, 혁신
☐ employee 직원, 근로자, 종업원
☐ flexibility 유연성, 융통성, 탄력성
☐ compensation 보상, 급여, 보수
☐ management 경영, 관리, 운영
☐ autonomy 자율성, 자치권, 독립성
☐ burnout 탈진, 소진, 심리적 피로
☐ engagement 참여, 약속, 몰입

66 정답 ② 난이도 ★★★★☆

해설

빈칸은 일상적인 작은 스트레스 요인(교통, 마감, 알림 등)이 장기적으로 정신 건강에 큰 영향을 미치며, 이를 인식하고 관리하면 부정적 영향을 줄일 수 있다고 설명한다. 결론은 작은 스트레스를 조절하는 것이 감정적 과부하를 예방하는 데 도움이 된다는 것이다. 따라서 밑줄 친 부분에 들어갈 말로 가장 적절한 것은 ②이다.

선지해석

① 만성 스트레스는 주로 감정적 트라우마로 발생한다
② 작은 스트레스 요인을 통제하는 것이 정서적 과부하를 예방하는 데 도움이 된다
③ 큰 스트레스 사건이 일상적인 사건보다 더 해롭다
④ 사소한 스트레스를 인식하는 것보다 억제하는 것이 더 효과적이다

지문해석

스트레스는 항상 큰 인생 사건으로 발생하는 것은 아니다. 사실, 일상의 작은 스트레스 요인들이 더 지속적인 영향을 미치는 경우가 많다. 교통 체증, 마감일을 놓침, 끊임없는 디지털 알림과 같은 것들이 우리의 정서적 회복력을 점차 약화시킨다. 큰 위기는 지원이나 회복 시간이 뒤따를 수 있지만, 이러한 작은 압박들은 지속적이고 종종 눈에 띄지 않는다. 연구에 따르면, 이러한 작은 스트레스 요인을 인식하고 관리하지 못하는 사람들은 불안, 불면증, 과민함에 더 취약하다. 반대로, 마인드풀니스를 실천하고 시간과 주의에 경계를 설정하는 사람들은 부정적인 영향을 덜 받는다. 이는 일상에서 간단하지만 꾸준한 대처 전략을 채택하는 것이 중요함을 보여준다. 따라서 우리는 **작은 스트레스 요인을 통제하는 것이 정서적 과부하를 예방하는 데 도움이 된다**는 것을 결론지을 수 있다. 작은 스트레스에 대한 대응 방식을 바꿈으로써, 우리는 장기적인 정신 건강을 보호할 수 있다.

어휘

- micro-stressor 작은 스트레스 요인, 일상적 압박
- traffic jam 교통 체증, 정체
- deadline 마감일, 기한
- notification 알림, 통지, 공지
- emotional 감정의, 정서적인
- resilience 회복력, 탄력성, 정신적 강인함
- anxiety 불안, 걱정, 근심
- insomnia 불면증, 잠을 잘 이루지 못함
- irritability 짜증, 과민성, 신경질

67 정답 ③   난이도 ★★★☆☆

해설

빈칸은 18세기 이후 산업화, 도시화, 교육과 정치제도의 변화 등으로 사회가 근본적으로 재편되었음을 설명한다. 그러나 효과는 지역과 맥락에 따라 다르므로 단순한 변화가 아니라 역사적으로 복잡하고 불균등한 과정으로 이해해야 한다고 결론짓는다. 따라서 밑줄 친 부분에 들어갈 말로 가장 적절한 것은 ③이다.

선지해석

① 형평성보다 효율성을 우선시한 일련의 제도 개혁
② 문화적 쇠퇴와 기술적 후퇴의 과정
③ 역사적으로 복잡하고 불균등한 변화
④ 농업 경제에서 산업 사회로의 선형 이동

지문해석

18세기에 시작된 근대화 과정은 전 세계의 사회를 재편했다. 산업화에 의해 촉진된 이 과정은 대량 생산, 도시화, 교통의 발전을 가져왔다. 전통적인 농업 중심 생활 방식은 공장 기반 경제로 대체되었고, 이는 사회 구조와 일상 생활을 변화시켰다. 동시에 근대 교육과 정치 제도가 등장하여 문해력, 시민 참여, 중앙집권적 통치를 촉진했다. 근대화는 경제 성장과 기술 발전을 가져왔지만, 노동 착취와 환경 파괴와 같은 새로운 문제도 초래했다. 되돌아보면, 근대화는 단일한 과정이 아니라, 맥락과 지역에 따라 다양한 영향을 미친 역사적 과정으로 볼 수 있다. 따라서 근대화를 이해할 때는 **역사적으로 복잡하고 불균등한 변화**로 이해하는 것이 필수적이다. 그래야만 우리는 그 유산을 비판적으로 평가하고 더 공평한 미래를 설계할 수 있다.

어휘

- modernization 근대화, 현대화, 개혁
- industrialization 산업화, 공업화
- urbanization 도시화, 도시 집중
- transportation 교통, 운송, 수송
- agrarian 농업의, 농촌의
- factory 공장, 작업장
- civic 시민의, 시민과 관련된
- centralized 중앙집권적인, 집중화된
- labor 노동, 근로, 노동력
- exploitation 착취, 이용, 개발
- degradation 악화, 저하, 타락

68 정답 ②   난이도 ★★★★☆

해설

빈칸은 법이 단순히 존재하는 것만으로는 충분하지 않고, 시민들이 법을 이해하고 존중하며 공정하게 적용될 때 효과를 발휘한다고 설명한다. 따라서 정부는 교육과 투명한 절차, 책임성을 통해 법이 사회 통제의 정당하고 신뢰할 수 있는 도구로 기능하도록 보장해야 한다고 결론짓는다. 따라서 밑줄 친 부분에 들어갈 말로 가장 적절한 것은 ②이다.

선지해석

① 엄격한 집행과 처벌을 통해 시민을 보호하도록
② 법이 사회 통제를 위한 합법적이고 신뢰받는 도구로 남도록 보장하도록
③ 사람들이 규제 없이 개인 법을 만들 수 있도록 권한을 부여하도록
④ 도덕적 판단을 공적 책임과 분리하도록

지문해석

사회는 질서를 유지하고 개인의 행동을 규제하기 위해 법적 규칙에 의존한다. 강제력이 있는 법이 없다면 사람들은 순전히 자기 이익에 따라 행동할 수 있으며, 이는 갈등과 불안정을 초래할 수 있다. 이는 특히 공동 자원과 공간을 필요로 하는 인구 밀집 지역에서 더욱 그러하다. 이러한 경우 법 체계는 권리와 책임을 정의하고, 구조화된 절차를 통해 분쟁을 해결하는 역할을 한다. 또한 위반에 대한 결과를 규정하여 다른 사람이나 사회에 해를 끼칠 수 있는 행동을 억제한다. 그러나 법적 규칙은 이해되고, 존중되며, 공정하게 적용되지 않으면 효과적이지 않다. 이러한 이유로 정부는 **법이 사회 통제를 위한 합법적이고 신뢰받는 도구로 남도록 보장하도록** 교육, 투명한 절차, 책임성에 투자한다. 그래야만 법은 복잡한 현대 사회에서 정의와 안정을 모두 구현할 수 있다.

어휘
- legal rule 법적 규칙
- maintain 유지하다, 지키다, 지속하다
- enforce 시행하다, 집행하다, 강제하다
- self-interest 이기심, 개인적 이익
- conflict 갈등, 충돌, 대립
- instability 불안정, 변동성
- dispute 논쟁, 분쟁, 이의
- deterrent 억제 수단, 방해물, 제지하는 것

69 정답 ④ 난이도 ★★★☆☆

해설
빈칸은 인지행동치료의 핵심 원리를 설명하고 있다. 핵심은 비현실적이거나 과도하게 부정적인 사고를 바꾸면 행동도 긍정적으로 변한다는 점이다. 특히 노출 치료를 통해, 두려운 상황을 점진적으로 경험하도록 하여 두려움에 대한 반응을 완화시키는 것이 목표이다. 따라서 밑줄 친 부분에 들어갈 말로 가장 적절한 것은 ④이다.

선지해석
① 자신을 두렵게 하는 것을 공개적으로 논의하도록
② 불편한 생각을 완전히 차단하도록
③ 두려움의 원인을 제거하도록
④ 두려움을 유발하는 상황에 맞서도록

지문해석
비현실적인 사고는 사람들이 부정적인 방식으로 행동하게 만든다. 이제 인지행동치료(CBT)가 이 악순환을 끝내기 위해 사용되고 있다. CBT는 사람들의 사고 방식을 바꾸도록 도와주며, 이는 긍정적인 행동으로 이어진다. 예를 들어, 어떤 사람들은 집을 나서는 것을 두려워한다. 그들은 그것이 치명적인 공황 발작을 일으킬 것이라고 생각한다. CBT는 공황 발작을 더 긍정적으로 보도록 돕는다—불쾌하지만 치명적이지는 않다. 이러한 사고의 변화는 사람들이 더 기꺼이 **두려움을 유발하는 상황에 맞서도록** 행동을 개선할 수 있다. 일부 환자는 이를 노출 요법이라는 CBT 기법을 통해 실천한다. 그들은 두려움과 직접 마주하도록 훈련받는다. 밖에 나가는 것을 두려워하는 사람은 근처 상점에 데려가질 수 있고, 다음 단계는 붐비는 슈퍼마켓을 방문하는 것이다. 점차 이러한 경험은 사람의 두려움 강도를 줄여야 한다.

어휘
- cognitive behavioral therapy (CBT) 인지행동치료
- unrealistic 비현실적인, 비현실적 기대의
- cycle 순환, 반복 과정, 주기
- panic 공포, 당황, 공황
- fatal 치명적인, 생명을 위협하는
- exposure 노출, 경험, 드러남
- intensity 강도, 세기, 격렬함

70 정답 ③ 난이도 ★★★☆☆

해설
빈칸은 1626년 네덜란드 정착민과 Lenape 원주민 간의 맨해튼 거래를 설명하며, 유럽인과 Lenape의 토지에 대한 개념 차이가 거래 오해의 핵심 원인임을 강조한다. 유럽인은 토지를 소유하고 거래할 수 있는 상품으로 보았지만, Lenape는 토지를 공동체 자원으로 여겼다. 따라서 밑줄 친 부분에 들어갈 말로 가장 적절한 것은 ③이다.

선지해석
① "소유권"이라는 단어를 둘러싼 언어적 모호성
② 네덜란드 정착민들의 의도적인 허위 진술
③ 영토 권리에 대한 깊이 대조되는 개념
④ 초기 식민지 무역에서 법적 문서의 부재

지문해석
1626년에, 식민지 역사에서 가장 놀라운 사건 중 하나로 여겨지는 거래가 네덜란드 정착민들과 Lenape라는 원주민 집단 사이에서 이루어졌다고 전해진다. 네덜란드인들은 약 24달러 상당의 물품과 맞바꿔 맨해튼 섬을 취득한 것으로 알려져 있다. 유럽인들에게 이 거래는 법적이고 구속력 있는 토지 매매로 보였다. 그러나 이러한 가정은 토지를 소유하거나 영구적으로 양도할 수 있는 상품으로 개념화하지 않았던 레나페의 세계관을 무시한 것이다. 그들의 문화적 틀에서는 토지는 생계와 영적 연결을 위해 공유되는 공동 자원이었으며, 개인 소유물처럼 거래되는 것이 아니었다. 만약 이 전설이 역사적으로 정확하다면, 그러한 거래의 본질이 잘못 해석된 데에는 **영토 권리에 대한 깊이 대조되는 개념**이 중요한 역할을 했을 가능성이 높다.

어휘
- transaction 거래, 매매
- astonishing 놀라운, 경이로운, 믿기 어려운
- colonial 식민지의, 식민지 시대의
- settler 정착민, 이주민
- acquire 획득하다, 얻다, 습득하다
- exchange 교환, 거래, 주고받음
- commodity 상품, 물품, 유용한 것
- conceptualize 개념화하다, 사고 속에서 이해하다
- communal 공동의, 공동체의, 공유된
- sustenance 생계, 양식, 유지 수단
- spiritual 영적인, 정신적인, 신앙과 관련된
- misinterpret 잘못 해석하다, 오해하다

71 정답 ① 난이도 ★★★☆☆

해설
빈칸은 Viktor Frankl의 심리학적 관점을 설명하며, 고통 자체를 피하는 것이 아니라 고통을 의미 있는 성장의 기회로 해석하는 것이 치유의 핵심임을 강조한다. 예시에서도 남성이 아내의 죽음을 재해석하여 자신의 고통을 의미 있는 내적 경험으로 바꾸는 과정을 보여준다. 따라서 밑줄 친 부분에 들어갈 말로 가장 적절한 것은 ①이다.

선지해석
① 고통을 의미로 가는 관문으로 재구성하는 것
② 과거의 트라우마와 감정적으로 단절하는 것
③ 긍정적인 감정에만 집중하여 고통을 피하는 것
④ 존재적 불안을 주의 분산으로 억누르는 것

지문해석

저명한 오스트리아 정신과 의사이자 홀로코스트 생존자인 Viktor Frankl은 심리적 치유가 단순히 고통을 완화하는 것만으로는 이루어질 수 없다고 주장했다. 그는 고통이 불가피하더라도, 이를 건설적으로 해석하는 선택을 한다면 성장과 의미의 원천으로 변환될 수 있다고 강조했다. Frankl에 따르면, 의미를 추구하는 것이 가장 근본적인 인간의 동기이며, 이러한 의미는 종종 역경 속에서 나타난다. 따라서 존재적 명료성을 추구하는 개인은 **고통을 의미로 가는 관문으로 재구성하는 것**을 배워야 한다. 한 치료 사례에서, 아내를 잃고 깊은 슬픔에 잠긴 남성에게 역전된 시나리오를 상상하게 했다 - 만약 아내가 남겨져 고통받는 쪽이었다면? 이러한 관점의 전환은 그가 자신의 고통을 이타적 인내의 형태로 재구성하게 해주었고, 결과적으로 그의 우울 증상이 크게 감소했다.

어휘

☐ renowned 유명한, 저명한
☐ psychiatrist 정신과 의사, 정신과 전문의
☐ Holocaust 홀로코스트, 유대인 대학살
☐ posit 가정하다, 제안하다, 주장하다
☐ psychological 심리학의, 정신적인, 심리적인
☐ alleviation 완화, 경감, 덜어 줌
☐ inevitable 피할 수 없는, 불가피한
☐ constructively 건설적으로, 유익하게, 생산적으로
☐ adversity 역경, 불행, 고난
☐ existential 존재의, 실존적인, 삶의 의미와 관련된
☐ reframe 재구성하다, 새로운 관점에서 바라보다
☐ endurance 인내, 참음, 지속력

72 정답 ②   난이도 ★★★☆☆

해설

빈칸은 소수 집단이 사회 변화를 이끌 수 있는 조건을 설명하고 있다. 모스코비치의 연구에 따르면, 중요한 것은 숫자가 아니라 행동의 일관성이다. 즉, 소수 집단이 자신의 입장을 확고하게 지속적으로 표현할 때 다수의 인식에 변화를 일으킬 수 있다. 따라서 밑줄 친 부분에 들어갈 말로 가장 적절한 것은 ②이다.

선지해석
① 지배적 서사가 기존의 정체성을 강화하는
② 소수의 목소리가 확신을 가지고 자신의 입장을 표현하는
③ 사회적 다수는 타협을 통해 반대를 흡수하는
④ 소수자들이 다수 의견에 따를 때 이념의 조화가 발생하는

지문해석

소수 집단은 종종 사회에서 소외되며 - 극단주의자, 반체제 인사, 또는 기인으로 낙인 찍히고 제도적 권력이 거의 없다. 그럼에도 불구하고, 역사는 이러한 집단이 때때로 광범위한 사회적 변화를 촉발한 사례를 보여준다. 사회심리학자 세르주 모스코비치에 따르면, 핵심은 숫자의 힘이 아니라 행동의 일관성에 있다 - 즉, **소수의 목소리가 확신을 가지고 자신의 입장을 표현하는** 방식이다. 예를 들어, 여성 참정권 운동은 흔들림 없는 헌신에 그 성공이 달려 있었다. 소수 집단이 단결되고, 목소리를 내며, 자신의 가치를 지속적으로 표현할 때, 지배 집단 내에서 인지 부조화를 일으켜 의심의 씨앗을 심고, 궁극적으로 이념적 변화를 가져올 수 있다. 이러한 소수 집단의 영향은 처음에는 미미할 수 있지만, 대부분의 주요 문화적·정치적 혁명의 기초가 된다.

어휘

☐ minority 소수 집단, 소수파, 소수자
☐ marginalize 소외시키다, 하찮게 취급하다, 주변화하다
☐ radical 급진적인, 근본적인
☐ dissident 반체제 인사, 반대자
☐ eccentric 이상한, 괴짜인, 특이한
☐ consistency 일관성, 견실함, 지속성
☐ cohesive 결속력 있는, 응집력 있는, 일관된
☐ vocal 목소리를 내는, 표현하는, 발언하는
☐ persistent 끈질긴, 지속적인, 고집스러운
☐ ideological 이념의, 사상적인, 관념적인

73 정답 ③   난이도 ★★★★☆

해설

이 글은 '호르메시스' 원리를 설명하며, 고용량에서는 해로운 물질이 저용량에서는 오히려 신체의 방어 기제를 자극하여 유익한 효과를 낳는다고 주장한다. 이는 스트레스 요인에 대한 신체의 반응이 적응적이며, 적절한 수준의 스트레스는 유익할 수 있음을 보여 준다. 따라서 건강을 추구하는 우리의 목표가 모든 스트레스 요인을 완전히 제거하는 것이 아니라면, 빈칸에는 보호적 적응을 자극하는 최적의 스트레스 수준을 찾고 적용하는 것이라는 내용이 들어가야 자연스럽다. 따라서 밑줄 친 부분에 들어갈 말로 가장 적절한 것은 ③이다.

선지해석
① 모든 농도에서 보편적으로 유익한 물질
② 모든 외부 자극이 무해한 것으로 간주되는 기준치
③ 보호적 적응을 유발하는 최적의 스트레스 수준
④ 유기체를 환경 독소로부터 완전히 보호하는 방법

지문해석

'호르메시스' 원리는 독성학과 의학에서 흥미로운 역설을 보여준다. 이 현상은 이중상 용량-반응 현상으로, 고용량에서는 해로운 물질이 저용량에서는 오히려 유익한 효과를 나타낸다. 예를 들

어, 높은 수준의 방사선은 명백히 발암성이 있지만, 저수준 노출은 DNA 수리 기전을 자극하여 암 발생 위험을 낮출 수 있다. 마찬가지로, 특정 독소를 소량으로 접촉하면 세포가 보호 반응을 일으켜 이후 더 강한 스트레스에 대한 내성을 높일 수 있다. 이러한 개념은 유해 물질이 조금이라도 위험을 지닌다는 전통적 선형 모델과는 상충된다. 호르메시스는 신체의 스트레스 반응이 선형적이지 않고 적응적임을 시사한다. 저용량으로 유도된 가벼운 스트레스는 신호로 작용하여, 유기체가 향후 더 큰 도전에 잘 대응하도록 사전 준비를 하게 한다. 따라서 건강을 추구하는 우리의 목표는 모든 스트레스 요인을 완전히 제거하는 것이 아니라, <u>보호적 적응을 유발하는 최적의 스트레스 수준</u>을 찾아 적용하는 것이 될 수 있다.

어휘

- [ ] hormesis 호르메시스(소량의 독이 약이 된다는 이론)
- [ ] present 제시하다, 보여주다, 나타내다
- [ ] paradox 역설, 모순된 상황
- [ ] toxicology 독성학, 독성 연구
- [ ] biphasic 이중상의, 두 단계로 나타나는
- [ ] dose-response 용량-반응
- [ ] substance 물질, 성분, 본질
- [ ] exposure 노출, 폭로, 접촉
- [ ] carcinogenic 발암성의, 암을 유발하는
- [ ] assume 가정하다, 추정하다, 맡다
- [ ] adaptive 적응적인, 조절 가능한, 순응하는
- [ ] optimal 최적의, 가장 알맞은, 최상의

74 정답 ② 난이도 ★★★☆☆

해설

빈칸은 데카르트는 극단적 회의를 통해 모든 감각 경험이 우리를 속일 수 있음을 전제로 했다. 그러나 회의하는 행위 자체가 생각하는 주체의 존재를 증명한다는 점에서, 그는 "나는 생각한다, 고로 존재한다"라는 확실한 출발점을 발견했다. 따라서 밑줄 친 부분에 들어갈 말로 가장 적절한 것은 ②이다.

선지해석

① 모든 착시는 숨겨진 외적 원인을 암시한다
② 의심 자체가 생각의 존재를 확인한다
③ 이성만으로 신적 질서에 대한 신앙을 회복할 수 있다
④ 감각 기반 지식은 전적으로 유효할 수 없다

지문해석

데카르트 시대의 회의론자들은 우리의 감각이 종종 우리를 속일 수 있으며, 따라서 세상에 대한 확실한 지식에 도달하는 것은 불가능하다고 주장했다. 이러한 근본적 회의의 문제에 맞서기 위해, 데카르트는 모든 이전의 가정을 거부하고 가장 엄격한 검증에도 견딜 수 있는 새로운 믿음의 기반을 찾아야 했다. 그의 돌파구는 모든 감각적 경험이 환상일 수 있지만, <u>의심 자체가 생각의 존재를 확인한다</u>는 것을 인식하는 데서 비롯되었다. 설령 모든 지각이 꿈이나 속임수의 산물일 수 있다고 가정하더라도, 질문하는 행위 자체가 의식적 존재의 존재를 암시한다. 이것은 그가 발견한 첫 번째 의심할 여지 없는 진리인 "나는 생각한다, 고로 존재한다"로 이어졌다. 이 기초적 통찰에서 그는 지식을 재구성하고 심지어 신의 존재를 증명하려 시도하며, 철학의 초점을 인간 정신으로 안쪽으로 전환했다.

어휘

- [ ] sceptic 회의론자
- [ ] deceive 속이다, 기만하다, 오도하다
- [ ] firm 확고한, 단단한, 안정된
- [ ] radical 근본적인, 급진적인, 철저한
- [ ] assumption 가정, 전제, 추정
- [ ] foundation 기초, 토대, 근거
- [ ] scrutiny 정밀 조사, 철저한 검토, 감시
- [ ] illusory 환상의, 착각의, 실체 없는
- [ ] conscious 의식적인, 자각하는, 인식하는
- [ ] indubitable 의심할 여지 없는, 확실한, 명백한

75 정답 ② 난이도 ★★☆☆☆

해설

빈칸은 독일의 혼인과 출생 통계 변화는 단순한 인구 변동이 아니라 다양한 민족적 배경이 결합된 사회로의 변화를 보여준다. 1960년과 1994년 사이 외국인 배우자와 외국인 부모 출생 비율이 크게 증가한 점을 근거로, 독일이 이제 민족적으로 복합적인 사회가 되었음을 나타낸다. 따라서 밑줄 친 부분에 들어갈 말로 가장 적절한 것은 ②이다.

선지해석

① 산업화가 밀집된
② 민족적으로 복합적인
③ 정치적으로 분열된
④ 인구가 감소하는

지문해석

독일은 가족과 결혼 패턴에서의 깊은 변화를 보여주는 사례를 제공한다. 1960년에는 거의 모든 결혼이 독일인 사이에서 이루어졌으며, 외국 태생 배우자가 포함된 결혼은 25건 중 1건에 불과했다. 1994년까지 이 비율은 7건 중 1건으로 바뀌었다. 출생에서도 동일한 추세가 나타난다: 1960년에는 외국 태생 부모를 둔 아기가 1.3%에 불과했으나, 1994년에는 거의 5분의 1에 달했다. 이러한 변화는 단순한 인구 통계 이상의 의미를 가지며, 독일의 문화적 정체성 변화도 반영한다. 오랫동안 민족적으로 동질적이라고 여겨졌던 국가가 이제 유럽에서 가장 민족적으로 복합적인 사회 중 하나가 되었다. 문화적 경계의 붕괴와 다양한 민족 정체성의 융합은 가장 친밀한 사회 단위인 대가족 구조까지 재편했다.

어휘

- case study 사례 연구
- profound 심오한, 깊은, 강력한
- marriage 결혼, 혼인
- native 토착의, 출생지의, 원주민
- ratio 비율, 비, 상대적 수치
- demographics 인구 통계, 인구 구성
- signify 의미하다, 나타내다, 중요성을 가지다
- ethnically 민족적으로, 인종적으로

76 정답 ③ 난이도 ★★★☆☆

해설

빈칸은 풍력 발전이 환경적으로 깨끗함에도 불구하고 시각적·생태적 영향 때문에 반대가 존재함을 설명하고 있다. 접근로 건설, 터빈 설치로 인한 서식지 파괴, 조류 충돌 등 부정적 영향이 언급되어 있으므로, 풍력 발전소는 종종 시각적·생태적으로 방해된다고 여겨진다는 의미가 들어가야 한다. 따라서 밑줄 친 부분에 들어갈 말로 가장 적절한 것은 ③이다.

선지해석

① 전통적인 방법으로 회귀해야 하는 근거로 여겨지는
② 야생 동물에게 사소한 위협으로 간주되는
③ 시각적·생태적으로 침해적이라는 이유로 무시되는
④ 대부분의 환경 운동가들에게 홍보되는

지문해석

풍력을 이용한 전기 생산이 많은 전통적 방법보다 환경적으로 더 깨끗하다는 것은 의심의 여지가 없다. 그러나 이러한 에너지 원에 대한 반대는 여전히 존재하는데, 주로 농촌 지역과 해안선을 따라 대규모 풍력 터빈을 설치할 때의 시각적·생태적 영향 때문이다. 풍력 발전소를 건설하려면 새로운 접근 도로를 만들고 깊은 기초를 파야 하며, 이는 종종 중요한 서식지 파괴로 이어진다. 게다가 터빈의 회전 날개는 지역 조류에게 심각한 위협이 되는 것으로 나타났으며, 수많은 보고서에서 치명적인 충돌 사례가 문서화되어 있다. 이러한 단점들은 풍력 단지가 종종 **시각적·생태적으로 침해적이라는 이유로 무시되는** 이유를 설명한다.

어휘

- wind power 풍력 에너지
- electricity 전기, 전력
- environmentally 환경적으로, 생태적으로
- opposition 반대, 저항
- visual 시각의, 눈으로 볼 수 있는
- ecological 생태학의, 생태계와 관련된
- turbine 터빈, 회전 날개 장치
- habitat 서식지, 생활 환경
- disruption 혼란, 방해, 붕괴
- collision 충돌, 부딪힘, 격돌

77 정답 ③ 난이도 ★★★☆☆

해설

빈칸은 디자이너의 역할이 단순히 의뢰인의 요구를 충족하는 것에 그치지 않고, 사회 구성원으로서의 책임과 윤리적 의무를 포함한다고 강조한다. 특히 건축 디자이너는 도시 구조, 환경 문제, 문화적 맥락 등 공공의 이익을 고려해야 할 책임이 있다. 그런데 디자이너가 오직 의뢰인의 취향만을 따라가고, 더 넓은 사회적 맥락을 무시한다면 이는 전문가로서의 윤리를 저버리는 것이며, 결과적으로 전문적 평판이 나빠지고, 대중의 비난을 받을 수 있다. 따라서 밑줄 친 부분에 들어갈 말로 가장 적절한 것은 ③이다.

선지해석

① 지역 건축 일관성을 약화시킬
② 시민 당국의 지원을 거의 받지 못할
③ 평판 손상과 대중의 비난을 받을
④ 도시의 자연경관을 훼손할

지문해석

디자이너에게 기대되는 것은 무엇인가? 디자이너와 계약하는 고객은 자신의 필요와 바람에 의해 움직인다. 그러나 디자이너는 더 넓은 책임을 가진다. 전문 디자이너에게 단순히 고객의 선호를 만족시키는 것만으로는 충분하지 않다. 디자이너는 또한 사회의 구성원이자 전문 지식을 가진 분야의 일원이다. 따라서 디자이너는 사회 발전의 방향을 형성하고 영향력을 행사할 수 있는 능력을 가지며, 이는 윤리적·시민적 의무를 수반한다. 이러한 의무는 프로젝트나 고객 계약의 즉각적 조건을 넘어선다. 이러한 관점에서, 고객의 개인적 선호를 우선시하고 도시 인프라, 환경 지속 가능성, 문화적 맥락과 같은 더 넓은 공공적 관심사를 무시하는 건축 디자이너는 궁극적으로 **평판 손상과 대중의 비난을 받을** 수 있다.

어휘

- client 의뢰인, 고객
- contract 계약하다, 계약
- responsibility 책임, 의무
- merely 단지, 그저
- trajectory 궤적, 진행 방향
- ethical 윤리적인, 도덕적인
- civic 시민의, 시민으로서의
- context 맥락, 배경

78 정답 ④ 난이도 ★★★☆☆

해설

빈칸은 요리를 창의성에 비유하면서, 창의성이란 무(無)에서 유(有)를 창조하는 것이 아니라, 이미 존재하는 요소들을 새롭게 조합하는 데서 비롯된다고 설명한다. 트러플 오일이나 사프란처럼 재료 자체를 만들어낸 것이 아니라, 그 재료들을 활용해 새로운 방식으로 구성한 것이 요리사의 창의성이라는 것이다. 따라서 밑줄 친 부분에 들어갈 말로 가장 적절한 것은 ④이다.

[선지해석]
① 원재료를 예측 가능한 패턴으로 변형하는
② 친숙한 요소를 심미적으로 배치하는
③ 흔하지 않은 재료를 찾고 선택하는
④ 기존 요소를 재조합하여 새로운 구성으로 만드는

[지문해석]

요리는 창의성에 대한 설득력 있는 비유를 제공한다. 셰프의 성공은 주로 새로운 것을 만들어내기 위해 **기존 요소를 재조합하여 새로운 구성으로 만드는** 능력에 달려 있다. 가장 영감 넘치는 요리 천재도 단순한 의지로 트러플 오일을 만들어낸 것이 아니며, 사프란이 자연의 설계에 포함되도록 신의 섭리를 호소한 것도 아니다. 창의성을 새로운 조합의 과정으로 이해하면, 혁신은 무에서 무언가를 만들어내는 것이 아니라 이미 존재하는 것을 재구성하는 데 있음을 창작자들이 인식하게 된다. 창의적으로 막혔다고 느낄 때, 재조합할 수 있는 요소의 범위를 살펴보라. 때로는 사물을 분해함으로써 그것이 어떻게 작동하는지, 그리고 어떻게 다르게 재조합될 수 있는지를 알 수 있다. 창의력을 향상시키는 것은 무에서 발명하는 것보다 인지적 인식을 확장하고, 잠재된 패턴과 새로운 융합을 인식하는 것에 더 가깝다.

[어휘]
☐ compelling 강력한, 설득력 있는
☐ analogy 유사, 비유
☐ chef 요리사, 주방장
☐ ability 능력, 재능
☐ produce 만들어내다, 생산하다
☐ inspired 영감을 받은, 창의적인
☐ novel 새로운, 신기한
☐ reconfigure 재구성하다, 재조정하다
☐ perceptual 지각의, 인식의
☐ fusion 융합, 합체

79 [정답] ④ 난이도 ★★☆☆☆

[해설]
빈칸은 생명체와 환경이 분리된 것이 아니라 밀접하게 연결되어 있다는 점을 강조한다. 생물학적 기능은 유기체의 내부 요인(구조, 화학, 생리 등)에 의존하지만, 그 기능은 항상 환경과의 상호작용 속에서 수행된다. 즉, 생물은 환경과 분리된 상태에서 기능할 수 없으며, 유전자 발현도 특정 환경 맥락 안에서만 일어나며, 다시 그 환경을 변화시키는 상호작용이 일어난다. 따라서 밑줄 친 부분에 들어갈 말로 가장 적절한 것은 ④이다.

[선지해석]
① 환경 압력에 의도적으로 반하여
② 맥락과 무관한 고정된 프로그램처럼
③ 내부 메커니즘을 외부 조건보다 우선시하여
④ 끊임없이 변하는 환경과 분리되어

[지문해석]

생물학은 생명을 연구하는 학문으로, 여기에는 유기체 자체와 유기체가 기능하는 환경이 포함된다. 그러나 생물학과 환경은 종종 서로 독립적으로 작동하는 별개의 영역으로 취급된다. 이러한 오해는 생물학적 과정에 대한 잘못된 이해에서 비롯되는데, 생물학적 과정은 동적이며 유기체가 존재하는 맥락과 불가분이다. 모든 유기체는 내부 구조, 화학, 생리학에 의존하지만, 그 기능은 결코 **끊임없이 변하는 환경과 분리되어** 수행된다. 유전자는 특정 맥락에서만 발현되며, 그 발현은 다시 환경을 재구성하여 상호작용의 연쇄를 촉발한다. 이러한 상호작용은 너무 깊이 얽혀 있어 분석적으로 분리하려는 시도를 거부한다.

[어휘]
☐ biology 생물학, 생명 과학
☐ organism 유기체, 생물체
☐ distinct 뚜렷이 다른, 별개의
☐ domain 영역, 분야
☐ misconception 오해, 잘못된 생각
☐ dynamic 역동적인, 활발한
☐ context 맥락, 상황
☐ internal 내부의, 체내의
☐ physiology 생리학, 생리 기능
☐ cascade 연쇄적 반응, 연속
☐ entangled 얽힌, 복잡하게 관련된

80 [정답] ③ 난이도 ★★★★☆

[해설]
빈칸은 속담 "물고기를 주면 하루를 살고, 낚시를 가르치면 평생을 산다"를 바탕으로, 효과적인 조언이란 무엇인지 설명한다. 핵심은 단순히 해결책을 직접 주는 것이 아니라, 상대방이 스스로 판단하고 결정할 수 있는 능력을 키워주는 것이라는 점이다. 따라서 밑줄 친 부분에 들어갈 말로 가장 적절한 것은 ③이다.

[선지해석]
① 자신의 뛰어난 경험을 강조하여 의견을 검증하게 하는 것
② 올바른 결과를 보장하기 위해 단계별 지침을 제공하는 것
③ 다른 사람이 스스로 의사결정을 내릴 수 있도록 준비시키는 것
④ 흔한 실수와 나쁜 결과를 경고하는 것

[지문해석]

"한 사람에게 물고기를 주면 하루를 먹지만, 낚시를 가르치면 평생을 먹는다"라는 옛 속담이 있다. 최근 연구에 따르면, 이 속담은 효과적인 조언의 가장 지속적인 원칙 중 하나를 잘 보여준다. 누군가가 특정 행동을 취할지, 특정 제품을 구매할지에 대한 의견을 물어볼 때, 직접적인 답을 제공하고 싶은 유혹을 받기 쉽다. 그러나 그런 조언은 선의적이더라도 독립적인 의사결정을 저해할 수 있다. 대신, 자신의 선택을 스스로 이성적으로 판단할 수

있는 능력을 향상시키는 조언이 더 잘 받아들여진다. 이러한 자율감은 결정 자체를 더 의미 있고 힘을 실어주는 경험으로 만든다. 따라서 누군가에게 단순한 처방이 아니라 관련 통찰이나 사고의 틀을 제공하는 것이 가장 가치 있는 도움일 수 있다. 즉, 효과적인 조언은 누군가의 문제를 대신 해결하는 것이 아니라, <u>다른 사람이 스스로 의사결정을 내릴 수 있도록 준비시키는 것</u>이다.

어휘

- proverb 속담, 격언
- enduring 지속되는, 오래가는
- tempt 유혹하다, 마음이 내키게 하다
- direct 직접적인, 곧바로의
- independent 독립적인, 자율적인
- decision-making 의사결정, 판단
- insight 통찰력, 이해
- prescription 지침, 권고
- empowering 권한을 부여하는, 자율성을 높이는

81 정답 ③ 난이도 ★★★★☆

해설

빈칸은 '극한'이라는 용어조차도 인간의 기준에서 나온 것이며, 생태학적 이해를 왜곡할 수 있다고 설명한다. 예를 들어, 사막의 더위나 남극의 추위는 인간에게는 극한이지만, 선인장이나 펭귄에게는 자연스러운 환경이다. 생태학자들은 인간의 관점이 아닌, 각 생물종의 관점에서 환경을 이해해야 한다는 것이 글의 핵심이다. 즉, 인간 중심적인 기준과 생물 중심적인 기준을 구분할 줄 알아야 한다는 것이다. 따라서 밑줄 친 부분에 들어갈 말로 가장 적절한 것은 ③이다.

선지해석

① 주로 인간에게 적합한 기후에서 번성하는 종에 집중해야
② 인간 생존에 대한 영향을 기준으로 환경을 평가해야
③ 인간 중심 관점과 유기체 중심 관점을 구분해야
④ 종 간 생리적 불편함의 보편성을 강조해야

지문해석

일부 환경 조건을 '극단적', '혹독한', 심지어 '거주 불가능'하다고 부르는 것은 직관적으로 느껴질 수 있다. 사막의 작열하는 태양이나 남극의 영하 기온은 우리에게는 의심할 여지 없이 극심하게 느껴진다. 그러나 이러한 인식은 인간 생리학을 통해 걸러진 것으로, 인간에게 특정한 내성 한계를 가진다. 사막의 열은 인간에게 치명적일 수 있지만 선인장에게는 그렇지 않다; 남극의 추위는 우리에게 위험할 수 있지만 펭귄에게는 완전히 정상적이다. 이러한 조건을 '극단적'이라고 부르는 것은 인간 기준을 전제로 하는 것으로, 생태학자들은 이를 피하도록 주의받는다. 대신, 그들은 유기체 자체의 관점을 채택하도록 권장된다—즉, 인간에게 어떻게 보이는지가 아니라, 그 안에서 살아가는 생명체에게 어떻게 기능하는지를 이해해야 한다. 따라서 감정적으로 과장된 언어

나 인간 중심적 언어를 사용하는 것은 생태학적 이해를 왜곡할 수 있다. 이를 피하기 위해 생태학자들은 <u>인간 중심 관점과 유기체 중심 관점을 구분해야</u> 한다.

어휘

- intuitive 직관적인, 본능적인
- extreme 극단적인, 극심한
- harsh 혹독한, 가혹한
- uninhabitable 사람이 살 수 없는, 거주 불가능한
- scorching 타는 듯이 뜨거운, 몹시 뜨거운
- subzero 영하의, 0도 이하의
- physiology 생리학, 생리 기능
- tolerance 내성, 허용 범위
- perceptual 지각의, 인지의
- anthropocentric 인간 중심적인
- distort 왜곡하다, 비틀다

82 정답 ④ 난이도 ★★★☆☆

해설

이 글은 심리적 면역 시스템이 병원체로부터 신체를 사전에 보호하기 위해 진화했다는 점을 설명한다. 생물학적 면역 반응은 효과적이지만 에너지와 자원을 많이 소모하고, 회복에 시간도 걸리기 때문에 병원체에 노출되기 전에 이를 피하는 것이 더 유리하다. 이를 위해 인간에게는 오염 가능성이 있는 신호에 과민하게 반응하는 심리적 메커니즘이 발달해 있으며, 이는 주의를 높이고, 역겨움이나 공포 같은 감정을 불러일으키며, 위협으로부터 거리를 두는 행동을 유도한다. 이러한 반응은 병원체와 직접 맞서기보다는 해로운 상황 자체에서 벗어나도록 하는 사전적 방어 전략이다. 따라서 밑줄 친 부분에 들어갈 말로 가장 적절한 것은 ④이다.

선지해석

① 감염에 대비해 면역 반응을 강화해야
② 외부 변수를 통제하여 위협을 격리해야
③ 환경 속 다른 사람들에게 가능한 위험을 경고해야
④ 개인을 잠재적으로 해로운 환경에서 제거해야

지문해석

생리적 시스템이 병원체로 인한 감염으로부터 몸을 방어하도록 진화한 것처럼, 심리적 시스템도 병원체가 해를 끼치기 전에 이를 막기 위해 진화했다. 생물학적 면역 시스템은 종종 몸을 살아있게 유지할 수 있지만, 그 활성화에는 많은 자원이 소모된다. 질병은 시간과 에너지를 소비하며, 몸을 2차 감염에 더 취약하게 만들고 다른 환경적 위험에 대한 반응성을 감소시킨다. 따라서 처음부터 병원체를 피하는 것은 신중할 뿐만 아니라 진화적으로도 유리하다. 이러한 보호 전략은 잠재적 오염을 나타내는 신호에 과민한 심리적 메커니즘을 통해 작동한다. 한 번 활성화되면, 이러한 메커니즘은 주의를 높이고, 혐오나 두려움과 같은 감정을 불러일으키며, 위협으로 인식되는 대상과 거리를 두는 행동적 반

응을 유도한다. 따라서 신체는 대면을 통해 노출을 피하는 것이 아니라, 잠재적 해로운 상황으로부터 개인을 미리 벗어나게 하는 행동을 통해 **개인을 잠재적으로 해로운 환경에서 제거해야** 한다.

어휘

- physiological 생리적인, 신체 기능과 관련된
- immune 면역의, 면역 체계의
- pathogen 병원체
- resource-intensive 자원이 많이 드는, 비용이 많이 드는
- secondary 이차적인, 부차적인
- responsiveness 반응성, 민감하게 반응하는 성질
- prudential 신중한, 사려 깊은
- hypersensitive 과민한, 매우 민감한
- contamination 오염, 감염
- preemptive 선제적인, 먼저 대응하는
- elicit (반응·감정 등을) 이끌어내다, 유도하다

83 정답 ③   난이도 ★★★★☆

해설

이 글은 사람들이 경력 성공과 가족 시간 같은 상충되는 목표를 추구할 때 생기는 긴장감, 피로, 불만족을 다룬다. 목표들이 서로 경쟁하며 시간과 에너지를 소모하면 결국 번아웃이나 두 목표 모두 포기하는 결과가 생긴다고 설명한다. 빈칸은 목표를 포기하기보다는 공존시키거나 충돌을 줄이는 방안을 찾아야 한다고 제안하며, 이를 위해 일정 재구성, 목표 재정의, 혹은 두 목표를 조화시키는 비전을 만드는 노력이 필요하다고 말한다. 따라서 밑줄 친 부분에 들어갈 말로 가장 적절한 것은 ③이다.

선지해석

① 성공한 사람들은 한 번에 한 목표만 추구한다
② 당신의 목표를 이루려면 편안함과 유연성을 포기해야 한다
③ 당신의 목표는 서로 상충하기보다는 정렬되어야 한다
④ 상충되는 목표는 결국 희생보다 더 큰 보상을 가져온다

지문해석

어떤 사람들은 경력 성공과 관련된 야심 찬 목표를 추구하는 반면, 다른 사람들은 개인적인 삶을 풍요롭게 하는 것을 우선시한다 – 사회적, 영적, 혹은 가족 내에서든지 간에. 그러나 "스타트업을 성장시키겠다"와 "아이들과 더 많은 시간을 보내겠다"와 같이 상충되는 목표를 추구하면 긴장, 피로, 불만족이 생길 수 있다. 서로 맞지 않는 목표는 시간과 에너지를 두고 경쟁하게 되어, 개인을 번아웃이나 두 목표 모두 완전히 포기하게 만들 수 있다. 현명한 대안은 모든 것을 희생하는 것이 아니라, 이러한 목표를 공존시키거나 최소한 모순을 줄이는 방법을 찾는 것이다. 이는 일정 재구성, 목표 자체 재정의, 혹은 두 목표 요소를 결합하여 보다 일관된 비전으로 만드는 것을 포함할 수 있다. 물론 말처럼 쉽지 않지만, 요점은 분명하다: **당신의 목표는 서로 상충하기보다는 정렬되어야 한다.**

어휘

- ambitious 야심 있는, 열망이 강한
- prioritize 우선순위를 정하다, 중요하게 여기다
- enrich 풍요롭게 하다, 질을 높이다
- conflicting 상충하는, 서로 모순되는
- tension 긴장, 갈등
- exhaustion 탈진, 극도의 피로
- dissatisfaction 불만족, 불만
- incompatible 양립할 수 없는, 서로 맞지 않는
- redefine 재정의하다
- coherent 일관성 있는, 논리적인

84 정답 ②   난이도 ★★★☆☆

해설

이 글은 습관의 효율성에 대해 설명하면서, 익숙한 문제를 새롭게 분석하지 않고도 빠르게 처리할 수 있다는 점을 강조한다. 사례로 등장하는 색소폰 연주에서는, 글쓴이가 같은 문제(C#, 음이 플랫하게 나오는 현상)를 여러 번 경험했기 때문에, 원인을 이미 알고 있고, 그에 대한 해결 방법 또한 익숙하게 적용할 수 있다고 말한다. 즉, "매번 새롭게 분석하지 않아도 된다"는 것은, 이미 알고 있는 해결책을 반복적으로 적용한다는 의미이다. 따라서 밑줄 친 부분에 들어갈 말로 가장 적절한 것은 ②이다.

선지해석

① 매번 다른 접근 방식으로 시도한다
② 이전에 성공적으로 사용한 전략을 적용한다
③ 훈련받은 기술자에게 전문적인 도움을 요청한다
④ 특정 음을 피하도록 연주 기술을 수정한다

지문해석

습관은 우리가 익숙한 문제를 효율적으로 처리하도록 해주며, 종종 의식적 사고 없이 문제를 해결할 수 있게 한다. 이전에 문제를 해결한 경험이 있다면, 우리는 처음부터 다시 생각하기보다는 기억에 의존하는 경향이 있다. 예를 들어, 악기를 연주하는 상황을 생각해보자. 색소폰은 여러 기계적 부품을 가진 매우 복잡한 장치이며, 어느 부품이든 고장이 날 수 있다. 시간이 지나면서 경험 많은 연주자는 소리나 감각만으로도 흔한 문제를 식별할 수 있다. 나는 내 색소폰을 여러 해 동안 사용해왔다. 가끔 C#음을 연주할 때 예상치 못하게 음이 낮게 나온다. 하지만 나는 이것이 넥 근처의 밸브 패드가 걸렸을 때 발생한다는 것을 배웠다. 매번 새롭게 분석할 필요가 없다 – 왜냐하면 나는 이 정확한 문제를 이전에 여러 번 경험했기 때문이다. 그래서 나는 단순히 **이전에 성공적으로 사용한 전략을 적용한다.**

어휘
- habit 습관, 버릇
- efficient 효율적인, 능률적인
- conscious 의식적인, 자각하는
- rely 의존하다, 믿다
- malfunction 고장 나다, 제대로 작동하지 않다
- mechanical 기계의, 기계적인
- occasionally 가끔, 이따금
- unexpectedly 예상치 못하게, 뜻밖에
- encounter 직면하다, 맞닥뜨리다
- analyze 분석하다, 세밀히 조사하다

85 정답 ②
난이도 ★★☆☆☆

해설
이 글은 카지노, 온라인 플랫폼, 고급 쇼핑몰과 같은 고급 상업 공간이 소비자의 행동을 은밀하게 조종하도록 정교하게 설계되어 있다는 점을 강조한다. 조명, 음악, 색상 등 모든 요소가 소비자의 욕망을 자극하고 지출을 유도하며, 사람들은 이러한 조작을 인지하지 못한 채 무의식적으로 영향을 받는다. 본문의 마지막에 이러한 설명을 정리하며, 이러한 세심한 설계의 목적이 소비자가 더 오래 머무르고 더 많이 구매하도록 유도하는 데 있음을 시사한다. 따라서 밑줄 친 부분에 들어갈 말로 가장 적절한 것은 ②이다.

선지해석
① 건설 및 운영 비용을 줄이기 위해
② 고객이 오래 머물고 더 많이 구매하도록 유도하기 위해
③ 소비자가 의도적 조작을 알아차릴 수 있기 위해
④ 각 건물의 기능에 따라 색상을 조절하기 위해

지문해석
일부 상업 환경은 소비자의 행동을 조작하도록 의도적으로 설계되며, 종종 소비자의 최선의 이익을 희생시킨다. 이러한 현상은 고급 소매 공간에서 특히 뚜렷하게 나타나는데, 조명, 음악, 색채 구성 등 모든 요소가 욕구를 자극하고 지출을 촉진하도록 설계되어 있다. 이러한 환경이 강력한 이유는, 명백한 위협처럼 직접적으로 우리를 대면하지 않고, 우리의 주의와 결정을 미묘하게 유도하기 때문이다. 우리는 종종 습관이나 선호에 따라 이러한 공간에 들어가면서, 그것이 우리를 과도한 지출에 더 취약하게 만들도록 설계되었다는 사실을 인식하지 못한다. 카지노, 온라인 플랫폼, 럭셔리 몰 등은 심리적 트리거가 배치와 감각적 경험에 내장된 환경이다. 매우 숙련된 디자이너들은 각 요소를 <u>고객이 오래 머물고 더 많이 구매하도록 유도하기 위해</u> 신중하게 계획한다.

어휘
- commercial 상업의, 영리적인
- deliberately 의도적으로, 신중하게
- manipulate 조종하다, 조작하다
- facilitate 촉진하다, 용이하게 하다
- subtly 미묘하게, 은밀하게
- trigger 유발하다, 촉발하다
- layout 배치, 구성
- sensory 감각의, 감각과 관련된
- meticulously 꼼꼼하게, 세심하게 계획된

86 정답 ④
난이도 ★★★☆☆

해설
이 글은 기존 신념과 충돌하는 정보를 마주했을 때 사람들이 느끼는 심리적 불편감(인지 부조화)에 대해 설명한다. 사소한 믿음은 쉽게 수정되지만, 감정적·경제적 투자가 큰 믿음일수록 새로운 정보를 왜곡하거나 무시하려는 경향이 강해진다. 본문의 후반에서는 투자가 클수록 기존 신념을 지키려는 동기가 강해지며, 극단적인 경우에는 새로운 정보를 왜곡하거나 전혀 받아들이지 않는 상황까지 발생한다고 설명한다. 따라서 밑줄 친 부분에 들어갈 말로 가장 적절한 것은 ④이다.

선지해석
① 새로운 사실을 바탕으로 문제를 재정의할 정도
② 기존 가정을 합리적으로 의문시할 정도
③ 자기 보호를 위해 상충되는 견해를 거부할 정도
④ 전달된 내용을 뒤집거나 완전히 무시할 정도

지문해석
사람들은 자신의 기존 신념과 모순되는 정보를 접할 때 종종 불편함을 경험한다. 이러한 정신적 스트레스는 긴장을 완화하고 내적 평형을 회복할 방법을 찾도록 이끈다. 새로운 정보가 개인적으로 중요하지 않은 사안에 도전할 경우, 사람은 사고를 조정하고 저항 없이 새로운 관점을 수용할 수 있다. 그러나 기존 신념에 깊은 정서적 또는 재정적 투자가 있는 경우, 반응은 매우 다르다. 이러한 상황에 있는 사람들은 새로운 정보를 무시하거나 재해석하여 원래 관점을 유지하려는 경향이 있다. 투자가 클수록, 기존 신념을 보호하려는 동기도 강해진다. 극단적인 경우 – 수년간의 노력이나 막대한 자원이 걸려 있을 때 – 개인은 새로운 입력을 완전히 왜곡하거나 오인할 수 있으며, 종종 <u>전달된 내용을 뒤집거나 완전히 무시할 정도</u>까지 나아간다.

어휘
- contradict 반박하다, 모순되다
- discomfort 불편, 불쾌감
- distress 고통, 괴로움
- equilibrium 균형, 평형
- significance 중요성, 의미
- dismiss 일축하다, 무시하다
- reinterpret 재해석하다, 다르게 이해하다
- perspective 관점, 시각
- motivation 동기, 자극
- distort 왜곡하다, 비틀다
- misperceive 잘못 인식하다, 오해하다

87 정답 ③   난이도 ★★★☆☆

해설

이 글은 스포츠에서 선수들이 경기 전에 반복하는 동작, 즉 사전 수행 루틴에 대해 설명한다. 골프에서 클럽을 몇 번 흔들거나, 테니스에서 서브 전에 공을 여러 번 튀기는 것처럼, 이런 루틴은 자기 주도적으로 실행하는 기술(예: 프리 스로우, 퍼팅) 직전에 사용되며, 집중력을 높이고 방해 요소를 줄이며, 최상의 수행 상태로 자신을 준비시키는 역할을 한다. PPR이 미신이나 무작위 습관이 아니라, 정신적 집중과 일관성을 높이는 데 도움이 되는 과학적인 전략임을 강조하고 있다. 따라서 밑줄 친 부분에 들어갈 말로 가장 적절한 것은 ③이다.

선지해석

① 집중적인 연습을 대신하는
② 무의식적 습관을 유발하는 신호
③ 정신적 준비를 유지하는 정신적 지주
④ 상대방을 압도하는 수단

지문해석

스포츠에서 선수들은 중요한 동작을 수행하기 전에 특정 행동을 반복하는 경우가 많다. 골퍼는 클럽을 몇 번 흔들고, 테니스 선수는 서브 전에 공을 여러 번 튕길 수 있다. 이러한 행동은 사전 수행 루틴으로 알려져 있으며, 퍼팅이나 자유투처럼 자기 속도 기술을 실행하기 직전에 사용하는 의도적인 순서이다. 이 루틴은 일반적으로 운동 행동과 정신 집중 전략을 체계적으로 연습한 것을 포함한다. 무작위적이거나 미신적인 것이 아니라, PPR은 집중력과 일관성을 향상시키는 도구로서 코치와 스포츠 심리학자들이 널리 권장한다. 이러한 루틴을 수행함으로써 선수들은 마음가짐을 안정시키고, 산만함을 줄이며, 최적의 수행을 준비할 수 있다. 본질적으로, PPR은 <u>정신적 준비를 유지하는 정신적 지주</u> 역할을 한다.

어휘

- athlete 운동선수
- repeat 반복하다, 되풀이하다
- waggle 좌우로 흔들다
- deliberate 의도적인, 신중한
- execute 수행하다, 실행하다
- self-paced 스스로 속도를 조절하는
- systematically 체계적으로, 조직적으로
- stabilize 안정시키다, 고정시키다
- distraction 주의 산만, 방해
- optimal 최적의, 가장 좋은

88 정답 ③   난이도 ★★★☆☆

해설

이 글은 복잡한 지식을 통합적으로 이해하려면, 그 이전에 개별 요소들을 체계적으로 분석하는 과정이 필요하다는 점을 강조한다. 초반에서는 지식 간의 관계 탐색은, 개념이 충분히 정리된 뒤에야 가능하다고 설명한다. 학자들은 서두르기보다는, 복잡한 시스템을 잘게 나누어 분석하며, 이러한 분석이 더 큰 통찰에 이르는 기반이 된다고 말한다. 그리고 이후 단락에서는 이런 분석적 접근이 사회 과학의 등장과 맞물렸다는 역사적 맥락을 덧붙인다. 따라서 밑줄 친 부분에 들어갈 말로 가장 적절한 것은 ③이다.

선지해석

① 모든 아이디어는 궁극적으로 직관에서 나온다
② 모든 과정은 처음부터 끝까지 완벽해야 한다
③ 전체를 이해하려면 먼저 부분을 분석하는 것에서 시작한다
④ 복잡할수록 다른 사람의 도움을 더 많이 받아야 한다

지문해석

지식 체계 간의 상호 관계를 탐구하기 위해서는, 먼저 그것들이 개념적으로 정제될 정도로 성숙해야 하는 것으로 보인다. 통합된 결론을 서두르기보다는, 학자들은 먼저 복잡한 시스템을 관리 가능한 요소로 분해하려 한다. 이러한 체계적 분리를 통해서만 나중에 각 조각이 더 큰 이해에 어떻게 기여하는지를 인식할 수 있다. <u>전체를 이해하려면 먼저 부분을 분석하는 것에서 시작한다.</u> 20세기 초 서구 세계에서, 이러한 지적 접근은 사회적 사고의 변화와 맞물렸다. 사회과학의 등장은 주로 소수의 사회적 책임감을 가진 개인들의 강한 도덕적 분노에 의해 촉발되었으며, 이들은 대중이 겪는 열악한 조건에 깊이 충격을 받았다. 전통적인 종교적 체계가 사후 보상을 강조하며 약화되기 시작하자, 사람들은 신의 개입을 기다리기보다는 노력과 개혁을 통해 현생에서 인간 조건을 개선할 방법을 모색하기 시작했다.

어휘

- body of knowledge 지식 체계, 전문 지식 집합
- mature 성숙하다, 발달하다
- conceptual 개념적인, 사고의
- refinement 정제, 개선, 세련됨
- unified 통합된, 하나로 결합된
- methodical 체계적인, 방법적인
- separation 분리, 구분
- contribute 기여하다, 도움이 되다
- intellectual 지적인, 학문적인
- coincide 동시에 일어나다, 일치하다
- outrage 분노, 격분

89 정답 ③ 난이도 ★★★☆☆

해설

이 글은 유머가 정해진 요소(색깔, 옷, 몸짓 등)에 있는 것이 아니라, 맥락에 따라 달라진다는 주장을 설명하고 있다. 구체적인 예로, 들판에서 일하던 생물학자가 정장을 입고 학교 세미나에 등장했을 때, 그가 평소 진흙투성이 환경에서 캐주얼한 복장으로 일하던 사람이라는 점과, 그날 정장을 입은 모습 사이의 '불일치'가 웃음을 자아낸다고 설명한다. 그는 이를 알고 있었고, 스스로 상황을 유머로 전환하는 농담을 하며 웃음을 이끌어낸다. 따라서 밑줄 친 부분에 들어갈 말로 가장 적절한 것은 ③이다.

선지해석

① 그는 청중과 소통하지 못했다
② 캐주얼하게 입는 것은 너무 억지스러워 보였을 것이다
③ 정장 차림이 의도치 않게 우스꽝스러워졌다
④ 그의 과학자 경력이 오해를 받았다

지문해석

우리는 일반적으로 유머를 특정 색깔, 옷차림, 제스처와 연관짓지 않는다. 오히려 어떤 것이 웃긴지는 전적으로 상황에 달려 있다. 예를 들어, Nature Conservancy의 현장 생물학자가 학교 세미나에 정장과 넥타이를 착용하고 등장했는데, 청중들은 평상복을 입고 있었다. 그는 평소 진흙투성이의 거친 환경에서 청바지나 반바지를 입고 일하던 사람이었기 때문에, 그의 격식 있는 차림은 눈에 띄게 어색했다. 이러한 대비를 의식한 그는 재치 있는 발언을 했다: "나를 아는 사람들은 놀랄지도 모르지만, 내 어머니가 자랑스러워하는 것이 하나 있어요: 나는 잘 차려입는다." 웃음이 이어졌다. 여기서 유머는 옷 자체에 있는 것이 아니라, 기대와 실제 모습의 대비에 있다. 그 상황에서, **정장 차림이 의도치 않게 우스꽝스러워졌다**.

어휘

☐ associate 관련시키다, 연관짓다, 어울리다
☐ context 상황, 문맥, 맥락
☐ field biologist 현장 생물학자, 야생 생물 연구자
☐ formal 격식을 차린, 공식적인
☐ strikingly 눈에 띄게, 두드러지게
☐ contrast 대비, 대조, 대조를 이루다
☐ expectation 기대, 예상, 기대치
☐ presentation 발표, 제시, 외관, 모습

90 정답 ② 난이도 ★★☆☆☆

해설

이 글은 약물 없이 신체적 통증을 완화할 수 있는 간단한 방법을 소개한다. 핵심은 바로 의도적으로 호흡을 느리게 하는 것이다. 연구에서 여성 참가자들은 손바닥에 열을 가하는 실험 중 호흡을 평소의 절반 수준으로 줄이자, 통증 강도와 불편감이 30% 정도 감소했다고 보고했다. 전문가에 따르면, 느린 호흡은 심박수와 혈압 같은 스트레스 반응을 낮추는 데 도움이 되고, 이는 명상 등이 통증 관리에 효과적인 이유와도 연결된다. 따라서 밑줄 친 부분에 들어갈 말로 가장 적절한 것은 ②이다.

선지해석

① 주의를 다른 감각으로 돌리는 것
② 의도적으로 호흡을 늦추는 것
③ 혈압을 규칙적으로 측정하는 것
④ 누군가와 통증에 대해 이야기하는 것

지문해석

중간 정도의 신체적 통증을 약 없이 줄일 수 있는 간단한 방법을 찾고 있는가? 놀랍게도 효과적인 한 방법은 **의도적으로 호흡을 늦추는 것**일 수 있다. 최근 연구에서, 연구자들은 52명의 여성의 손바닥에 통제된 열 자극을 가했다. 호흡 속도를 평소의 거의 절반 수준으로 조절한 참가자들은 통증 강도와 불편감이 모두 크게 감소했다고 보고했는데 — 최대 30퍼센트까지 낮았다. 애리조나 주립대학의 Alex Zautra 박사에 따르면, 호흡 속도를 낮추는 것은 심박수나 혈압 상승과 같은 생리적 스트레스 반응을 몸이 조절하도록 돕는 것일 수 있다. 이는 또한 일부 명상 방식이 임상 통증 관리에서 효과를 보여온 이유를 설명해 줄 수도 있다. 이를 시도하려면, 1분당 호흡 횟수를 확인한 뒤, 조용히 앉아 호흡 속도를 의도적으로 늦추면 된다.

어휘

☐ drug-free 약물을 사용하지 않는, 무약물의
☐ controlled 통제된, 관리된, 조절된
☐ burst (짧은) 폭발, 갑작스런 발생, 터뜨리다
☐ palm 손바닥
☐ adjust 조정하다, 적응시키다, 맞추다
☐ rate 속도, 비율, 요금
☐ discomfort 불편, 불쾌, 고통
☐ downregulate 낮추다, 조절하다, 감소시키다
☐ physiological 생리학적인
☐ meditation 명상, 심사숙고, 묵상

진가영 영어

신경향 대비 **합격률 4.2배 증가**

기본서
- 단판승 문법 적중 포인트 100
- 유형별 독해 전략서
- 단기합격 VOCA

기출문제집
- 반한다 기출

예상문제집
- 독해 끝판왕 500제 −전반부
- 독해 끝판왕 500제 −후반부
- 문법 끝판왕 300제

진가영 영어 후반부
독해 끝판왕 500제 정답 및 해설

 박문각 공무원
진가영 영어 온라인강의
www.pmg.co.kr

 박문각 북스파
박문각 공식
온라인 서점

 박문각 공무원
진가영 영어 연구소
cafe.naver.com/easyenglish7

 박문각 공무원
진가영 영어
오픈채팅방

2025년 국가직 9급 일반행정 합격 수강생 강**

교재와 커리 구성만으로도 탄탄하게 이루어져 있지만 마지막으로 가영쌤만의 장점! 왜 가영쌤이어야 했는지, 그 이유를 꼽자면 바로 진심을 다해 수강생을 도와주시려고 한다는 점입니다! 저의 경우에는 처음 공시를 시작했을 때 어려움을 겪었던 문법 파트와, 공부 기간이 늘어남에도 불구하고 마땅한 해결책을 찾지 못해 힘들어했던 독해 순서 맞추기 유형과 문장 삽입 유형에 대한 고민이 깊을 때마다 가영쌤께 찾아가서 질문을 드리고 도움을 요청하였습니다. 그럴 때마다 항상 진심을 다해 도와주려 하시고, 구체적으로 어떻게 문제인지 정확하게 진단해 주시면서 명확한 솔루션을 주신 덕에 단점을 보완하고 무려 100점이라는 성적으로 합격할 수 있었습니다~!!~!! 항상 너무 감사드립니다 교수님~!!~!!
Thank you for everything you've done for me!!

2025년 국가직 9급 교정직 합격 수강생 한**

제가 공시하러 처음 왔을 때 2024년 4월 월간 모의고사 영어점수가 30점이었어요. 그러다 5월부터 수업을 들어가기 시작했는데 그때 임신 중인 선생님께서 저희를 위해 일요일에도 보강하시는 모습 보고 저는 이 선생님 밑에서 최고득점하고 싶은 마음이 들었습니다. 선생님 커리큘럼 상담 모든 게 다 반영돼서 95점이 나온 거 같아요. 인생에 목표가 있어 행복한 시간이었고 좋은 친구 옆에서 공부한 거에 감사하고 최고의 선생님의 가르침을 받아서 인생에서 가장 기억에 남을 순간일 것 같습니다. 앞으로 저는 더 많은 걸 도전할 거 같아요. 저는 꺾이지 않고 계속 노력하는 선생님이 너무 좋았습니다. 가끔 올라가서 인사 올리겠습니다. 존경하는 선생님.

2025년 검찰직 합격 수강생 대**

2024년 1월부터 박문각 인강으로 공부해서 1년 3개월 동안 공부했고 검찰직 합격했습니다. 인강 들으면서 전화 상담까지 해주셨던 교수님은 진가영 교수님뿐이셔서, 게다가 영어가 심리적으로 오랫동안 힘든 과목이었기 때문에 감사한 마음뿐입니다. 워낙 영어가 취약 과목이었고 꽤 오랫동안 독해 때문에 힘든 시간을 보냈지만 임신, 출산하시면서도 강의에 영향 없이 최선을 다해 주시는 모습에 감동을 받았고 그만큼 교수님께서 이 일을 얼마나 소중히 하고 계시는지 느껴졌습니다. 교수님이 안보이는 곳에서 얼마나 노력하고 계시는지 너무 잘 알 것 같아서 그저 리스펙이라고 밖에는 표현할 길이 없습니다. 마지막 문법 특강 끝에 기도하시듯 손 모으고 말씀하시는 모습에 뭉클했고 나는 교수님처럼 내 일에 최선을 다한 적이 있었는지 스스로 반성도 하게 되었습니다. 간절한 시간을 보낸 만큼 앞으로 최선을 다해서 공직 생활하도록 하겠습니다.

2025년 국가직 9급 우정직 합격 수강생 경**

제가 생각하는 가영쌤만의 장점은 첫째로, 미친 반복입니다. 공부가 하기 싫어도, 저절로 하게 되고, 강의를 듣지 않아도 떠오르는 경지가 될 때까지 정말 열심히 가르쳐주십니다. 동형 문제를 풀 때 알아서 개념이 뽑아져 나올 정도로 들었고, 단어강의는 최소 20회독을 했을 정도로 많이 복습하니 이젠 툭 치면 알아서 가영쌤이 가르쳐주신 내용이 나옵니다. 둘째로, 가영쌤의 친절하고 꼼꼼한 학생관리입니다. 현강에서는 학생들을 하나하나 잘 챙겨주시고, 질문은 시간이 오래 걸려도 자세하게 받아주시며, 상담 신청했을 때 누구보다도 열정적인 자세로 상담을 받아주십니다. 카페에서도 학생들 질문을 잘 받아주시기도 하니, 현강생 뿐 아니라 인강생도 가영쌤의 정성을 느끼실 수 있습니다. 셋째로, 자신의 실력을 점검하고 보완할 수 있는 다양한 커리큘럼입니다. 구문이 부족하면 구문 강의로, 문법이 부족하면 단어승으로, 독해가 부족하면 독해 끝판왕으로, 신경향이 낯설면 신경향 독해 마스터로 보완할 수 있도록 세분화되어 있습니다. 꼭 모든 강의를 강제로 들을 필요는 없지만, 부족한 부분이 있다면 발췌하시는 것도 좋은 선택입니다.

 2025 고객선호브랜드지수 1위 교육(교육서비스)부문

 2024 고객선호브랜드지수 1위 교육(교육서비스)부문

 2023 고객선호브랜드지수 1위 교육(교육서비스)부문

 2022 한국 브랜드 만족지수 1위 교육(교육서비스)부문 1위

 2021 조선일보 국가브랜드 대상 에듀테크 부문 수상

 2021 대한민국 소비자 선호도 1위 교육부문 1위

 2020 한국 산업의 1등 브랜드 대상 수상

 2019 한국 우수브랜드 평가대상 수상

2년 연속 수석 합격자 배출 2023~2024년 박문각 공무원 온/오프 수강생 기준

박문각 www.pmg.co.kr 교재문의 02-6466-7202 동영상강의 문의 02-6466-7201

정가 20,000원

ISBN 979-11-7519-216-4
ISBN 979-11-7519-214-0(세트)

진가영 영어

신경향 대비 합격률 4/2배 증가

'단기합격' 커리큘럼

단계	강의명	학습 내용 및 특징
[0단계] 입문	기초탄탄 입문 이론	**기초부터 탄탄하게, 차근차근 시작!** • 공무원 영어의 기초를 쉽게 이해하고, 탄탄하게 다질 수 있는 입문 강의 • 영어 공부가 처음인 분들도 기초부터 확실히 잡고, 영어에 대한 장벽을 낮춰주는 강의
[1단계] 이론 완성	단기합격 All In One (문법/독해/어휘)	**흔들리지 않는 실력을 위한 공무원 영어의 뼈대를 세우는 과정!** • 공무원 영어의 전반적인 이론 및 내용을 한 번에 배우고, 중요한 내용은 집중적으로 학습할 수 있는 강의 • 시험장에서 흔들리지 않는 토대를 만드는 필수 이론 과정을 완성하는 강의
[2단계] 기출 분석	반한다 기출 분석 시리즈 (독해/ 문법·어휘&생활영어)	**출제 경향 및 알고리즘 분석으로 문제를 보는 안목을 키우는 과정!** • 출제 경향과 알고리즘 분석을 통해 시험의 흐름을 완벽히 이해하고 배운 내용을 문제 풀이 실력으로 만드는 강의 • 자주 출제되는 문제 유형을 철저히 분석하며 실력을 쌓아 시험을 꿰뚫어 볼 수 있는 안목을 키우는 강의
[3단계] 문제 풀이	끝판왕 문제 풀이 N제 시리즈 (어휘/문법/독해)	**배운 것들을 문제에 빠르고 정확하게 적용하는 과정!** • 영역별 문제 풀이로 각 부분을 체계적으로 점검하고 약점을 보완해 점수 상승을 이끄는 강의 • 출제 예상 문제를 집중적으로 풀면서 빠르고 정확하게 문제를 풀 수 있는 기술을 배우는 강의
[4단계] 파이널	만점으로 가는 실전 동형 모의고사	**100% 실력 발휘를 위한 실전 모의고사 과정!** • 실제 시험과 유사한 구성의 고퀄리티 모의고사로 전 범위를 점검하고, 실력을 최종 완성하는 강의 • 다양한 난이도의 실전 동형 모의고사로 어떤 시험 상황에서도 굳건한 점수를 얻을 수 있도록 하는 강의
	'진족보' 마무리 합격 특강	**합격의 열쇠, 단 한 권으로 마지막 준비 완료!** • 시험 직전, 전 영역 핵심 내용을 완벽하게 총정리하며 부족한 부분까지 확실히 채우는 합격 특강 • 시험의 마지막 순간에, 쌓아 온 실력을 시험장에서 발휘하도록 돕는 총정리 특강

✯ 단기합격 필수 커리 ✯